哈佛百年经典

伯克文集

[爱尔兰]埃德蒙·伯克◎著
[美]查尔斯·艾略特◎主编
廖　红◎译

北京理工大学出版社
BEIJING INSTITUTE OF TECHNOLOGY PRESS

图书在版编目（CIP）数据

伯克文集 /（爱尔兰）伯克著；廖红译. —北京：北京理工大学出版社，2014.11（2019.9重印）

（哈佛百年经典）

ISBN 978-7-5640-9476-8

Ⅰ. ①伯… Ⅱ. ①伯… ②廖… Ⅲ. ①社会科学 - 文集 Ⅳ. ①C53

中国版本图书馆CIP数据核字（2014）第148996号

出版发行 / 北京理工大学出版社有限责任公司
社　　址 / 北京市海淀区中关村南大街 5 号
邮　　编 / 100081
电　　话 /（010）68914775（总编室）
82562903（教材售后服务热线）
68948351（其他图书服务热线）
网　　址 / http://www.bitpress.com.cn
经　　销 / 全国各地新华书店
印　　刷 / 三河市金元印装有限公司
开　　本 / 700 毫米 × 1000 毫米　1/16
印　　张 / 21.75
字　　数 / 320千字
版　　次 / 2014 年 11 月第 1 版　2019 年 9 月第 2 次印刷
定　　价 / 59.00元

责任编辑 / 刘永兵
文案编辑 / 刘永兵
责任校对 / 孟祥敬
责任印制 / 边心超

出版前言

人类对知识的追求是永无止境的，从苏格拉底到亚里士多德，从孔子到释迦摩尼，人类先哲的思想闪烁着智慧的光芒。将这些优秀的文明汇编成书奉献给大家，是一件多么功德无量、造福人类的事情！1901年，哈佛大学第二任校长查尔斯·艾略特，联合哈佛大学及美国其他名校一百多位享誉全球的教授，历时四年整理推出了一系列这样的书——《Harvard Classics》。这套丛书一经推出即引起了西方教育界、文化界的广泛关注和热烈赞扬，并因其庞大的规模，被文化界人士称为The Five-foot Shelf of Books——五尺丛书。

关于这套丛书的出版，我们不得不谈一下与哈佛的渊源。当然，《Harvard Classics》与哈佛的渊源并不仅仅限于主编是哈佛大学的校长，《Harvard Classics》其实是哈佛精神传承的载体，是哈佛学子之所以优秀的底层基因。

哈佛，早已成为一个璀璨夺目的文化名词。就像两千多年前的雅典学院，或者山东曲阜的“杏坛”，哈佛大学已经取得了人类文化史上的“经典”地位。哈佛人以“先有哈佛，后有美国”而自豪。在1775—1783年美国独立战争中，几乎所有著名的革命者都是哈佛大学的毕业生。从1636年建校至今，哈佛大学已培养出了7位美国总统、40位诺贝尔奖得主和30位普利策奖获奖者。这是一个高不可攀的记录。它还培养了数不清的社会精英，其中包括政治家、科学家、企业家、作家、学者和卓有成就的新闻记者。哈佛是美国精神的代表，同时也是世界人文的奇迹。

而将哈佛的魅力承载起来的，正是这套《Harvard Classics》。在本丛书里，你会看到精英文化的本质：崇尚真理。正如哈佛大学的校训："与柏拉图为友，与亚里士多德为友，更与真理为友。"这种求真、求实的精神，正代表了现代文明的本质和方向。

哈佛人相信以柏拉图、亚里士多德为代表的希腊人文传统，相信在伟大的传统中有永恒的智慧，所以哈佛人从来不全盘反传统、反历史。哈佛人强调，追求真理是最高的原则，无论是世俗的权贵，还是神圣的权威都不能代替真理，都不能阻碍人对真理的追求。

对于这套承载着哈佛精神的丛书，丛书主编查尔斯·艾略特说："我选编《Harvard Classics》，旨在为认真、执著的读者提供文学养分，他们将可以从中大致了解人类从古代直至19世纪末观察、记录、发明以及想象的进程。"

"在这50卷书、约22000页的篇幅内，我试图为一个20世纪的文化人提供获取古代和现代知识的手段。"

"作为一个20世纪的文化人，他不仅理所当然的要有开明的理念或思维方法，而且还必须拥有一座人类从蛮荒发展到文明的进程中所积累起来的、有文字记载的关于发现、经历以及思索的宝藏。"

可以说，50卷的《Harvard Classics》忠实记录了人类文明的发展历程，传承了人类探索和发现的精神和勇气。而对于这类书籍的阅读，是每一个时代的人都不可错过的。

这套丛书内容极其丰富。从学科领域来看，涵盖了历史、传记、哲学、宗教、游记、自然科学、政府与政治、教育、评论、戏剧、叙事和抒情诗、散文等各大学科领域。从文化的代表性来看，既展现了希腊、罗马、法国、意大利、西班牙、英国、德国、美国等西方国家古代和近代文明的最优秀成果，也撷取了中国、印度、希伯来、阿拉伯、斯堪的纳维亚、爱尔兰文明最有代表性的作品。从年代来看，从最古老的宗教经典和作为西方文明起源的古希腊和罗马文化，到东方、意大利、法国、斯堪的纳维亚、爱尔兰、英国、德国、拉丁美洲的中世纪文化，其中包括意大利、法国、德国、英国、西班牙等国文艺复兴时期的思想，再到意大利、法国三个世纪、德国两个世纪、英格兰三个世纪和美国两个多世纪的现代文明。从特色来看，纳入了17、18、19世纪科学发展的最权威文献，收集了近代以来最有影响的随笔、历史文献、前言、后记，可为读者进入某一学科领域起到引导的作用。

这套丛书自1901年开始推出至今，已经影响西方百余年。然而，遗憾的是中文版本却因为各种各样的原因，始终未能面市。

2006年，万卷出版公司推出了《Harvard Classics》全套英文版本，这套经典著作才得以和国人见面。但是能够阅读英文著作的中国读者毕竟有限，于是2010年，我社开始酝酿推出这套经典著作的中文版本。

在确定这套丛书的中文出版系列名时，我们考虑到这套丛书已经诞生并畅销百余年，故选用了“哈佛百年经典”这个系列名，以向国内读者传达这套丛书的不朽地位。

同时，根据国情以及国人的阅读习惯，本次出版的中文版做了如下变动：

第一，因这套丛书的工程浩大，考虑到翻译、制作、印刷等各种环节的不可掌控因素，中文版的序号没有按照英文原书的序号排列。

第二，这套丛书原有50卷，由于种种原因，以下几卷暂不能出版：

英文原书第4卷：《弥尔顿诗集》

英文原书第6卷：《彭斯诗集》

英文原书第7卷：《圣奥古斯丁忏悔录 效法基督》

英文原书第27卷：《英国名家随笔》

英文原书第40卷：《英文诗集1：从乔叟到格雷》

英文原书第41卷：《英文诗集2：从科林斯到费兹杰拉德》

英文原书第42卷：《英文诗集3：从丁尼生到惠特曼》

英文原书第44卷：《圣书（卷Ⅰ）：孔子；希伯来书；基督圣经（Ⅰ）》

英文原书第45卷：《圣书（卷Ⅱ）：基督圣经（Ⅱ）；佛陀；印度教；穆罕默德》

英文原书第48卷：《帕斯卡尔文集》

这套丛书的出版，耗费了我社众多工作人员的心血。首先，翻译的工作就非常困难。为了保证译文的质量，我们向全国各大院校的数百位教授发出翻译邀请，从中择优选出了最能体现原书风范的译文。之后，我们又对译文进行了大量的勘校，以确保译文的准确和精炼。

由于这套丛书所使用的英语年代相对比较早，丛书中收录的作品很多还是由其他文字翻译成英文的，翻译的难度非常大。所以，我们的译文还可能存在艰涩、不准确等问题。感谢读者的谅解，同时也欢迎各界人士批评和指正。

我们期待这套丛书能为读者提供一个相对完善的中文读本，也期待这套承载着哈佛精神、影响西方百年的经典图书，可以拨动中国读者的心灵，影响人们的情感、性格、精神与灵魂。

目录 Contents

论品味

On Taste

主编序言

埃德蒙·伯克，1729年1月生于都柏林。父亲是一名律师，是新教徒；母亲是天主教徒。伯克追随父亲的宗教信仰，但也从不排斥其他宗教信仰。他在都柏林的三一学院接受教育，并于1748年取得学士学位。两年后去伦敦学习法律。但是他更喜欢文学，因此他违背父亲的期望，放弃了法律。在成为律师之前，他被迫依靠写作维持生计。

伯克的第一部受关注作品《为自然社会辩护，一个晚期贵族所著》，是对博林布鲁克风格及论点的讽刺性模仿，撰文技巧娴熟。这部作品充分证明伯克是既定规则的捍卫者。同年，即1756年，他最有名的论文《论崇高与美丽概念起源的哲学探究》问世。

1759年到1764年这五年间，伯克潜心担任威廉·吉罗德·汉密尔顿的秘书。期间，他仅有的著作是用了好几年完成的《年鉴》，但他仍抽时间与包括加里克、约书亚·雷诺兹爵士、约翰逊博士在内的著名人物交往。在罗金汉侯爵短期执政期间，伯克担任其私人秘书。1766年1月，伯克成为下议院的成员。当时议院上下均在为美国事务争论不休，伯克很快在辩论中脱颖而出，成为一名著名的演说家。他认为美国应给予殖民地居民更多自由，应该采取明智的权宜之计而非残酷地坚持理论上的主权。

1768年伯克在白金汉郡买了一处不动产，但一直都没能付清房款；为此，他在大半生中都面临着财政危机。在格拉夫顿政府任职期间，伯克写下了著名的《思考当前不满的起因》。在这部作品中，他反对恢复法庭的影响力，拥护人民的利益。此时议会的主要精力仍然放在美国事务方面。在与殖民地争斗期间，伯克一直呼吁和解。伯克在其信仰者福克斯的帮助下，强迫诺斯勋爵下台。1782年，辉格党执政后，伯克被指派为军队主计官。由于贵族的嫉妒和其暴躁的性格，伯克不久后就被解除了内阁的职务。

伯克人生中另一重大事件是控诉沃伦·黑斯廷斯。期间，伯克极尽其雄辩之能，从1787年开始，这项控诉历时七年，最后以伯克九天的演讲结束。尽管黑斯廷斯被无罪释放，但伯克在控诉中所表现出的慷慨激情以及控诉本身，都体现了在君主统治下，仁慈地对待人民这一责任感正在增强。

与此同时，英国对早期法国革命的同情也促使伯克在他著名的《对法国大革命的反思》中表明了他的反对立场。在接下来的辩论中，伯克与他的朋友谢里丹和福克斯出现分歧，最终他脱离其政党，在孤独中结束了自己的政治生涯。

1794年，伯克从国会退休，国王赐予他一份养老金，匹特还曾想方设法为他争取更多养老金。然而，仅仅是这份应得的奖励也是在对手的批判声中获得的。他在一生中最后的日子里还在极力支持反法战争。伯克于1797年7月8日去世。

虽然伯克从来没有获得过一份与他能力和贡献相称的政治职务，但他却成功地对其所处时代的思想产生了深远影响。尽管下议院厌倦了伯克激昂的、富有想象力的雄辩才能，可能也不愿意做一些必要的努力去理解他敏锐的、理智的雄辩过程，但是伯克的作品却赢得了更多的读者。巴克尔说："培根也承认'伯克是为英国政治实践奉献自我的最伟大的政治思想家'。"

查尔斯·艾略特

作者自序

我曾努力让这个版本比第一版更加详尽，让读者更加满意。我曾经以最大的热情搜索和细读公众对我的所有反对意见；我曾邀请直率和坦诚的朋友们指正；通过这些方式，我能更好地发现作品的不足之处，尽管作品不尽完美，但大家给予我的厚爱让我有了新的动力，愿不遗余力地加以完善。尽管我还没有找到充足的理由（至少是我认为的充足的理由）对我的理论进行实质性的改变，但我发现有必要在各种场合对其进行解释、阐明和推广。在《论品味》中，我增加了一段介绍性的文字，这本来是很奇怪的，但是这段文字却能极其自然地引入最主要的探究。这段文字，再加上其他的解释，使得工作量巨大；另外，我担心内容增加，错误也会随之增加；因此，尽管我耗费了大量的精力，它比第一版更需要大家的理解和宽容。

那些熟悉此类研究的人会预料到，因而也会允许这么多错误的出现。他们知道我们研究的许多问题对于他们自己而言都是模糊的、复杂的；由于附庸风雅或者错误理解，许多其他问题同样也被认为是模糊的、复杂的；他们知道事物本身和其他人的偏见，包括我们自己的偏见，都会形成许多障碍，这些障碍使得清晰表明事物真实的本质变得极其困难。另外，他们还知道当思维关注于事物的轮廓时，一些细节会被忽略掉；风格必须取决于事物的本质，优雅的赞美也必须以准确的描述为前提。

众所周知，自然的特性是容易辨别的；但也没有简单到走马观花的读者也能读懂。因此，我们必须小心谨慎，我曾说过，前进的时候应该谨小慎微。在我们还没有学会爬时，是不能尝试飞的。在考虑复杂的问题时，由于自然条件使我们囿于严格的规则和严厉的限制，因此我们应该仔细地、逐一地检查文中的独特部分，使其尽可能地简洁。另外，我们既要根据原则审视文章，也要根据文章效果重新审视原则。我们应该把我们的主题与同类性质甚至相反性质的事物都进行比较，因为对比可以避免简单的认知，也可以让我们常常有所发现。我们所做的越全面、越细致，归纳就会更广泛、更完善，我们的知识也更有可能得以提高和完善。

如果如此仔细地研究最后还是不能发现真理，最有用的结果就是承认我们认知存在缺陷。我们不懂，但是我们可以谦虚。如果错误不能避免，至少不能出现思想上的错误；大量的工作仍然导致文章的模糊，就应该小心谨慎、肯定、迅速地承认。

我希望在审视理论的过程中，采用我在理论形成过程中曾致力遵循的方法。我认为应该提倡反对意见，因为这些意见或是经过深思熟虑的原则，或是从原则中提炼的正确结论。然而，大家很容易跳过前提和结论，直接提出理想化的反对意见，根本无法解释我曾致力建立的原则。我认为这种行事方式是不正确的。我们在阐明诗人和演说家的每一个人物或每一次描述的复杂本质之前，都应该确立原则，否则工作将无穷无尽。尽管我们绝不应该为了原则而牺牲人物形象的效果，但由于以特定的、不可争辩的事实为基础，这也绝不会推翻理论本身。基于实践而非假想的理论正如它自身所阐释的一样完美，我们没有能力将它无限推广，也没有理由反对它。这种无能为力可能是因为缺少一些必要的媒体手段，缺少正确的应用，也可能是因为其他原因，包括我们所采用的原则的自身缺陷。事实上，在处理问题的方式上，这个主题所需的关注程度远远超过我们所宣称的。

如果作品的目录中没有包括这个主题，我必须提醒读者不要希望我会就“崇高与美”做一篇完整的文章。我的研究仅仅是这些思想的起源。如果“崇高”下所列的特征被认为是相互一致的，他们与“美”下所列的特征就会有所不同；如果构成“崇高”类别的事物之间具有同样的一致性，他们与“美”类别下的所有事物相比就具有不同性；于是，假设允许我以不同名目提出的事物在事实中的本质是不同的，我就不会在乎人们是否接受我所选用的词汇。尽管人们可能批评我所选用的词汇过于局限或过于宽泛，但不会误解我的意思。

总之，就此事而言，无论寻找真理的过程是多么艰难，我都不会后悔为之付出的艰辛。这类研究具有极其重大的意义，不仅需要审视灵魂自身，也需要集中力量适应伟大的、强大的科学精神。在研究人类自身的过程中，我们打开思维，扩大视野；在这个过程中，无论我们是胜利还是失败，这种追求肯定是有价值的。西塞罗是一位真正的学术哲学家，否定人类自身的作用就像否定某种知识一样，但是他也承认人类自身对人类理解力的重要影响；“我们的天赋来源于这些年来我们对天然食物的认识和了解”。如果在想象的初级阶段，我们能够驾驭这些从深入思考中所提炼的成果，并且能够仔细研究我们的激情，追踪我们激情的过程，我们可能不仅能够把品味当作一种哲学品质，而且还可以根据更加严密的科学来反思品味的高雅和优雅，而如果没有这种反思，科学中最精华的部分可能就会存在于某种狭隘和偏执中。

从表面上看，我们相互在推理和兴趣上可能存在着极大的差异。我个人认为这一差异远比现实中存在的更为明显。如果没有这一差异，人类推理和品味的标准很可能就是相同的。然而，如果没有共同的判断和情感标准，人类的推理和感情就没有足以维持各自平凡而与之相符的生活的共同支撑。众所周知，真理与谬误之间是相对固定的。争吵时，我们往往受各自本性的驱使而求助于某种有利于自身的检验和标准。然而，和品味相关的统一的或固定的原则没有明显的一致性。大家甚至认为，这种令人捉摸不透的品味能力根本无法定义，这种能力微妙而虚幻，不受方法的检验，也不受标准的约束。我们一再提倡训练推理能力，人们无止境地争论也强化了这一能力，因此，箴言在最愚昧无知的情况下悄悄地成形。有识之士从这原始科学中得到了提高，并且将这些箴言精简为一个系统。如果不能如此很好地培养品位，那不是因为主题贫乏，而是品味之人太少且太疏忽。说实话，这世上并不存在可以驱使我们专注于一个主题又能接受另一个主题的相同兴趣的动机。毕竟，人们对于这样或那样的事会有不同的看法，也就会随之产生不同的思考结果。另外，我怀疑品味逻辑（如果允许我这样表达）是否能够被很好地理解和消化，也怀疑我们是否能够在讨论品位一类的事情时，像讨论那些看起来更多的是属于推理范畴的事物时一样肯定。的确，在我们此刻开始探究时，有必要将这一点尽可能地搞清楚。原因是：若品味没有固定的准则，若想象力未受某种固定规律的影响，那我们所付出的努力就丝毫没有意义。为随意和想入非非的立法者制定规则，即使算不得荒谬，也一定会被认定是无用的。“品味”一词，像其他比喻术语一样，并不十分精确。通过品味知晓的远不是大多数人心目中能简易确定的想法，因此极容易导致不确定性和困惑。对这一混乱情况，有人鼓励以定义的形式加以补救，但我对此没什么想法。当我们定义时，我们并不是根据自然规律开拓思维去了解大自然所包含的一切，而是会陷入一种受限制的危险，即会局限于我们各自的观点。这些观点或产生于偶然，或来自我们的信仰，或源于我们对所面临事物的有限的、局部的理解。严格的规律制约了我们的探究，而我们在一开始就必须遵守这些条条框框。

——作茧自缚，既怕人笑又怕乱了写作规则，因而不敢越雷池一步。

即使再精确的定义也无法完全解释所定义事物的特性；然而，如果只是让事物（按定义）顺其自然地发展，那我们探究的就是已有结论的事物，即没了超前性，而是遵循原有结论而已。毋庸置疑，我们必须承认探究和教学方法有时是不同的；然而，在我看来，最接近探究方法的教学法最好、最不可比拟；如果不满足于提供干瘪、无趣味的事实，就应该在不断积累的基础上努力发展；因此，只要作者乐于做这些有意义的事，那他就能投身创造之中，且还会被指引着踏上探索的征程。

要是撇去不必要的借口，“品位”一词不过就是这样或那样的思维能力而已，这些能力要么受想象和高雅艺术的影响，要么对它们做出了评判。我认为这是对“品位”一词最普遍的解释，且和任何特定的理论无关。对于此次的探究，我旨在寻找一些规则：它们能够影响想象力，能够适用于万事万物，并且能够为万事万物提供确定无疑、令人满意的论证方法。我想这就是品味的规则，那些只看表面现象的人或许认为这自相矛盾。然而，不管他们怎么看，品味在种类与程度上的确存在差异，这一点是毋庸置疑的。

据我所知，人类所有天生的能力都与外在事物息息相关，这些能力包括：感觉、想象、判断，其中首要的是感觉。对此，我们不得不假设：每个人的器官构造都几近相同，这样，人类接受外部信息的方式就相同了，或差别甚微。令我们感到满意的是：眼睛对光的感受一样，味蕾对甜味的感觉也相同，痛苦、伤心的感觉是一样的。我们甚至可以说：人体所有的自然特性和喜好都一样，诸如对大小、软硬、冷热、粗糙和光滑的感受。我们可以进一步假设：如果不同的人以不同的形象理解感觉，怀疑的过程将使任何事物的推理成为徒劳和无用，甚至怀疑过程本身也使我们对我们的理解能力产生怀疑。然而，不可否认的是：身体对所有物种而言所产生的形象都相同，而且，人类还用自然、简单且适当的方式培养着自己对不同事物的感受，包括喜悦和痛苦。如果否定这一切，那同样的原因、方式和种类就将产生不同且荒谬的效果。首先，让我们从味觉方面想一想，因为我们正在谈论的问题正是得名于此。人们都说醋是酸的，蜜是甜的，芦荟是苦的；由于人们在这些方面的特征上达成了一致，因此在对这些事物带给人的感受是痛苦还是快乐上毫无异议。他们都说甜代表快乐，酸和苦代表不快乐。他们的这些观点并无差异。然而，真正品味、揣摩隐含之意时，却没能得出完全一致的看法。我们都能够理解这些措辞，如厌恶的脾性、痛苦的表情、恶毒的咒骂、悲惨的命运等。我们也非常理解以下这类事情，如甜美的性情、亲切的人、美妙的境遇等。无可否认，习惯以及其他原因使得原本自然而然品味出的愉悦与痛苦产生了一些偏差。因此，我们得将与生俱来的品味与后天获得的品味区分开来。有这样一个人，通常情况下，他更偏爱香烟味，而不大喜欢甜食；更钟爱醋的香味，不大喜欢牛奶的腥味。然而，这样的品味并未对他造成困惑，他明白香烟和醋并不甜，同时他也知晓是习惯让他的味觉认同了这彼此并不相容却令他愉悦的两类事物。我们甚至能跟这样的人仔细地谈论品味。但我们真的能寻到一个视烟草和糖同味、无法区分牛奶与醋的人吗？换言之，他认为烟草和醋是甜的，牛奶是苦的，糖是酸的。如果他真这样认为，我们就可直接认为这人的器官出毛病了，味觉不灵了。我们不可能和这样的人谈品味，就像我们不可能和“否认各部分相加等于整体的”人推论品质之间的关系一样。我们会说他们疯了，而不是说他们的观点错误。此外，还有两种例外：一是我们没有质疑普遍原则；二是我们不能断定品质与品味之间各种各样的原则。因此，当人们提到品味时，品味本身是毫无争议可言的，而有争议的是：没有人能够解释一个人从某特定事物中获得喜悦和痛苦的程度。

这实在不容置疑。但我们也有足够清楚的理由争论：有些东西天生讨人喜欢，而有些东西天生让人厌恶。然而，当我们谈论一个特殊或长期形成的口味偏好时，必得了解此人的习惯、偏好以及他身心的健康状况，然后才能得出我们的结论。

人们一致的看法并非局限于味觉。视觉中得到的愉悦，在本质上也是相同的。光明比黑暗更讨人喜爱。夏季，当大地裹上绿装，天空明亮晴朗，人就会感到格外高兴；而使一切都变了样的冬季则不然。我从没比较过人、兽、鸟和植物展现的美丽。即使问100个人，他们也很难立即得出哪一个更美丽。这一过程中，尽管一些人会认为某物并未达到美的预期标准，或者认为其他的东西更美。但我想没有人会认同鹅比天鹅还美，也不会有人狂想到弗里斯兰的母鸡比孔雀更漂亮。值得注意的是，由于后天习惯与联系不会像影响味觉一样影响视觉，那么视觉上得到的愉悦就不会很复杂，也不会让人很迷惑，于是也更能为大家普遍接受与认同。它通常不会为视觉以外的原因改变。然而，世间万物并不会像它们呈现给视觉那样自发地呈现给味觉。味觉常作用于食物和药物，并根据其具有的营养和药用价值特性，关联分析，从而产生了不同程度的味道。因此，鸦片产生的醉生梦死对土耳其人充满诱惑。烟草弥漫的慵懒与麻醉成为荷兰人的最爱。陈酿的酒之所以能够让世人喜欢，是因为人们能借酒忘却未知的忧愁、顾虑和当前的不幸。若它们“一醉解千愁”的特性消失，单留其味，那对它的喜爱就可以完全忽略。茶和咖啡等一系列药物一起从药剂师的店铺搬上了餐桌。开始时，人们并未意识到它们能用于取乐。这些药物产生的神奇效果使我们频繁地加以取用，这种频繁带给了我们愉快，并最终定性为愉悦。但这丝毫未困扰到我们的推理，因为我们最后总会分清那习惯了的滋味与它本身的味道。描述未见过的水果时，你不太可能说道：它的味道就像烟草、鸦片和大蒜那样甜，令人舒服。即使你是长期使用这类东西，并从中得到了极大乐趣的人。人们大都记得最初开心的理由，从而以此为标准体会他们感受到的所有感觉，并且根据该标准调节情感与评价。假设有一个人，他的味觉受到了严重损害，黄油和蜂蜜也比不上他从鸦片中获得的愉悦。现在，我们递给他一个洋葱。毫无疑问，与令人作呕的洋葱相比，他会更喜欢黄油和蜂蜜。他不愿意尝一小口洋葱，也不愿意去尝那不熟悉的药的苦味。这表明，于万物，他的味觉与其他人天生一样，很多事物对他与对其他人也仍然一样，唯有在一些特殊点上，他的味觉才失灵了。判断新事物时，他觉得味觉受到了天生行为的影响，或者说是那些普遍的原则的影响，即使新事物的味道和他喜欢的味道相同。因此，感官中得到的愉悦，不论其高低，也不论其是否早已知晓，都是一样的。视觉如此，味觉如此，最易引起歧义的感觉也是如此。

品味让他们产生了想法，也让他们产生了那附带着的痛苦与愉悦。人类具有创造力，他们要么将获得的愉悦按规则和习惯表现、想象出来；要么按新的方式和规则与想象结合起来。这就是想象力，也被称为智慧、幻想、发明等。但必须注意，想象力绝对无法生成新事物，它只能使感觉倾向多样化。痛苦与愉悦大多源于想象力，它带给我们希望与恐惧，我们的感情也与之相连。想左右人类的想象力，就得与自然主导的原始影响力相抗衡。这是因为感觉只表现为想象力，因此现实的感觉直接影响了人类对想象的满意程度。由此可知，人类的感觉与想象力紧密相连。我们只需稍加留心，就能确信上述的真实。

发挥想象时，我们时而因事物原本的内涵感到喜悦，时而又为它烦恼。此外，想象中的相似也令我们快乐，而这必衍生出对原物的模仿。因此，我认为想象本身并不具备娱乐性，它不过是因果关系罢了。这些因果关系与习惯和优点无关，它们遵循自然界的原则运行，均等作用于所有人。洛克细心地捕捉到了与这相似的、紧密相连的智慧，并声称：判断即差异。按此推断，不具娱乐性的想象与判断是同一能力的两种体现，二者并无实质差异。但不管它们是否属于同一种能力，在面对现实诸多情况时，它们却有着天壤之别，要将二者完美地组合比登天还难。通常，我们只想到不同的物体彼此区别，并且这些普通的事物并不引发想象。但让人始料不及的是，不同的物体竟会彼此相似。对此我们感到高兴、感触颇多，并对它们加以关注。相较于物体之间的差异，人类天生执着于追寻相似、能从中得到极大的快乐与满足。通过对相似部分的结合，我们能创造并丰富想象。可以说，相似催生了新的想象，而两者间的区别不会为想象提供任何养料。苛刻地想让区别也为想象力服务真是一件令人倒胃口的事。漫长曲折地等待之后，我们便高兴地得知，那根本不可能。

上午，我听到一则振奋人心的消息，并对此浮想联翩。到了晚上，我发现自己被欺骗了，根本就没那回事，于是不满充斥于我的脑海。由此便知，人类天生偏于轻信，而非怀疑。因此，在这一原则的支配下，最野蛮、无知的国度频频在比喻、对照、隐喻和象征上优于他国，尽管他们在区分和辨别思想上显得无能为力。正是如此，东方作家和荷马都不愿把写作的对象过于精准化，尽管他们喜欢比喻，且赞扬之情溢于言表。但他们写作时，只求大致的相似，并对这种大致性浓墨重彩地描写，甚至到了将相比之物的差异置之不理的程度。

为何人们都对物体间的相似感到高兴？那是因为所有人对两个相比较之物的认识都依赖于想象力。而这种认识与天生能力的优劣无关，常出于偶然的观察与体验。由于所得认识不同，因此出现了不同的品味。初见雕塑的人立马会因理发店的木质假头或一般雕塑兴奋不已——可真像人！这等相似物如此袭来，以致他完全忽略了此物的缺陷。我想也不会有人初见某仿造品，便对它指指点点吧！可以料想，一段时间后，这位新手就会重新认识这同一性质的仿制品。此时，他就会对最初称颂的物体嗤之以鼻。他欣赏那雕塑是因为看到它与人体的相似，尽管这种相似不怎么精确，而并未在意它与真人的差异。严格意义上讲，一个人在不同时期对这些迥异雕塑的欣赏之处是一样的。认识会提高，但品味不会改变。从以上看来，这个人的错误源于对艺术认识和体验的缺乏，但或许他对自然的认识也有待提高。因此，上述这类人的品味就可能止步不前，大师们的鬼斧神工与民间艺人不入流作品于他无异，都不能取悦他。事实上，人类并不缺乏高雅的品味，只是由于粗略的观察使他们难以对仿制品做出恰当的品评。从现实中的几个例子便可得出：品评要求人们具有出众的学识，而非尾随前人的原则。以下几个事例就充分说明了这一点。我们早已对鞋匠与老画家的故事耳熟能详。故事中，鞋匠纠正了画家在为人物绘鞋中存在的错误，而一心求个大概的画家对鞋草草了事，没能注意到鞋子上的败笔。但这丝毫不影响对画家品味的信任，仅表明画家对鞋缺乏了解。试想，有一位解剖学家走进一间画室，并看到一幅即将完成的画作；对画家而言，此幅人体画像，姿势优雅，动作与各部分完美协调；而解剖学家则用他的艺术批评道：做该动作时，肌肉不该这么隆起。虽然这与鞋匠指出的相去甚远，但那的确也是画家忽略了的。即使缺乏对鞋子的准确了解，天赋异禀的画家和其他观画人都还可能品出些猫腻；但解剖学角度的看法就远远超出了他们的品味范围。一次，土耳其国王对施洗者圣约翰头颅的创作大加赞赏，但同时捕捉到了一个缺点，即颈部皮肤未因伤痕收紧。此时，这位统治者的观点尽管正确，但并不代表他的品味天生优于该画家，也不表明他比欧洲成千的鉴赏家更具慧眼。无疑，这位土耳其皇帝对砍头相当熟悉，其他人也只能幻想而已。彼此的不同兴趣使得人们在知识构成和理解程度上各异，品味便也随之改变。但他们（画家、鞋匠、解剖学家和皇帝）有一点相同，即只要对自然恰当模仿，他们都能从中感到快乐。面对自然、不造作的事物，人们都会流露出相同的感受。他们会为人像的协调心满意足，也会为感人的事动容。

人们对诗歌及其他充满想象力的文体也表现出了相同的感受。诚然，一个人可能对唐·贝利亚里青眼相待，却对维吉尔冷眼旁观。而另一个人在对维吉尔的《埃涅阿斯纪》爱得不可自拔的同时，又把贝利亚里那本书扔给了小孩玩。这两人的品味看上去彼此相异，实则相差无几。要知道，这两部作品的主人公都充满活力与激情，都经历了多舛的命运，并在跋涉中挣扎地获得了成功。尽管催生的情绪不同，但都引发了读者对主人公的欣赏。贝利亚里的崇拜者们或许只是不熟悉《埃涅阿斯纪》优雅精练的描写方式罢了。要知道，如果用《天路历程》那种俗套的手法写，读者就能感受到他不屈的精神，就能使他们像对贝利亚里那样，对维吉尔大加赞赏。

只要是出自自己喜欢的作家笔下，读者就不会在意那本书是否违反了概率学，时代是否混淆，是否违反了礼仪或践踏了地理学，因为他自己对地理和年代也一无所知，而且他也从来没有检验过此事的可能性。当他读到对波西米海岸遇难船的描述时，他可能完全陷入了趣味情节当中，满心念叨着主人公的命运，丝毫不会因为此次奢侈的事故而感到揪心，反问道，为什么就非得对海岸上的残骸装作震惊啊？它不是大西洋上一座无人问津的小岛吗？假设一个天生具有高品味的人去品这些，他又品得出什么啊？

时至今日，想象衍生出的品味仍同等地作用于每个人。这便使得我们受到影响的方式大同小异，产生好感的原因也相差无几。然而，天生的敏感与后天是否耐心细致地观察造成了我们在品味上的差异。现在，我们用感觉对这种差异加以说明。我们将一张平滑的大理石石桌摆放在两个人面前，他们都为这种平滑感到惬意。注意，到目前为止，他们未产生分歧。然而，当第二张更为平滑的桌子亮相于他们面前时，后果会怎样？此时，曾“志同道合”一同赏玩的两人就会为哪张桌子更为平滑争论不休。事实上，每个人心中都有一杆不同的秤，孰多孰少，根本就没标准可循。因此，当相差的程度不大时，就很难解决差异导致的这一难题。如果在量上真的出现了分歧，我们常可求助比一切都精确的准则，进而利用它破解难题。但当我们缺乏评判标准时，事物之间微妙的粗滑、软硬、亮暗就无法像大量差异聚集时那样容易区分了。假设人们对物体具有相同的洞察力，那么谁能持之以恒地观察，谁就会获得正确的认识。向大理石打磨工打听刚才石桌的问题，无疑更为准确。然而，即使没有这一标准，我们也会发现品味与想象的争端在原理上是相同的；而且只要我们不钻牛角尖，就不会出现分歧，并帮助我们得出判断。

目前我们对具体事物的特性都有所了解，却并未将这一认识延伸至对想象力的探究，更不用说富有情感的想象领域了。为什么不加以探究？因为每个人受天性的驱使，可以不借助推理，便可得到彼此公认的看法，而爱恨、惧喜、悲伤这些情感又反过来影响着每一个人。这种影响与生俱来，不受外界改变，也不会随心所欲加之于人。但由于富有想象力的作品并不局限于表达具体事物和感情，它们往往延伸至表现人类的态度、个性、行为和理想，也会展现人类社交过程中的美与恶。这些信息是人类判断的基础，之后经留心观察与推理使判断更上一层楼。上述就是品味蕴含的大多数要旨了。贺瑞斯建议并引领我们进入哲学世界追寻指导：不管道德与生命学的归宿是什么，我们的模仿使我们在某种程度上与此种归宿紧密相连。事实上，他表示我们的行为、时空洞察以及通用标准都适用于事物比较中产生的品味，而且没有比这更精确的了。通常我不会认为品味简单易懂，相反，我认为在一定程度上，它是快乐感觉、美好幻想以及总结归纳的源泉。它的关系网极其复杂，包罗了人类的感情、态度与行为，所有这些都是人类品味前必须具备的前提条件。由于我们的品味出自主观，那么我们获得的快乐也是从我们自身出发得来的。若它们是确定的、非任意的，那么我们获得各自品味的整个过程就会相同。于是，在问题的推论上便也有了令人心服口服的理由。

当我们只从类型区分品味时，它们的原理几乎全相同。但原理以不同的程度作用于不同的人，它们的差异是原理本身差异的衍生。这些不同的识别与判断构成了我们各自天南地北的品味。错误的识别就会导致品味能力的不足，而带倾向的判断就会使品味结果大错特错。有些人的品味时常处于波澜不惊的冷漠状态，因此他们都是在睡梦中过完一生的。最石破天惊的事也不过是模糊的一闪而过。而另外一些人屡受外界不良事物的蛊惑，耽于声色之乐；抑或是奴役他们的贪婪使他们深陷名与利的泥淖。它们对人类的洗脑犹如狂风暴雨般袭来，使那些人再不能被想象的优雅与美妙触动。尽管如此，自然与艺术品透射出的优雅与伟大还是触动了这两类麻木不仁的傻瓜。

判断的缺陷产生了不恰当的品味。实际情况中，无论个人能力多么强，他天生认识能力的缺陷以及缺乏唯一能使判断提升的正规训练都必然导致品味的失误。无知的偏见、个性的鲁莽顽固以及行事的轻浮疏忽——这些人性中富有“感染力”的缺点一起妨碍着判断，这其中的佼佼者偏见更是扎根于人类社会的优雅之中。在这些原因的作用下，当我们理解事物时，无原理可循，就会使我们的理解出现差异。事实上，整体而言，人类从现实中得出的品味差异比单靠推理得出的品味的差异小得多。就像人们更容易认同维吉尔身上的优点而不是亚里士多德关于真相与谎言的长篇大论。

高品味是一个人通过感性而获得的对艺术品正确的认识。若人没有沉溺在获得想象的乐趣中，他就不足以获取相应的认识。尽管感性在一定程度上为判断必需，但好的判断并不一定源于感性那一闪而过的愉悦感。通常，品味不高的人在一系列复杂感觉的驱使下，易受低俗物件的影响；而佳品却难打动品味不高的人。这是因为一切新事物都很特别，都能让人充满激情。它深深打动了人，让他们感到纯粹无比的快乐，就连缺点也在他们面前遁形。另外，由于这种愉悦仅源于想象，而不受限于规规矩矩的判断，因此它会使人们分外高兴。判断为想象除去了绊脚石、为现实拂去了神秘面纱，并让不情愿的我们与论证推理相契合。当人们获得正确认识时，他们只会感到自己的判断明显优于他人，并为此无比自豪。在这之后，他们还会为期望中的连锁反应高兴，这就是间接的快乐了。清晨，万物清新妩媚，整个人神清气爽，我们对周边的一切都感到好奇；这种感受是多么令人激动啊。但我们对这些东西的判断的错误率、不精确率又如何呢？当我今天为天才作品欣喜时，也会因自己曾为低俗轻佻的作品窃喜而觉得沮丧。每一种琐碎的愉悦都常常影响天生乐观的人，他们的乐观表现得过于激烈，根本无法承受那种细腻的感情。他们各个方面都像奥维德笔下爱中的感觉：

> 他划着快桨行进在海上，虚弱不堪，
> 他不道德地追寻，不道德地失去财富。

然而，他们的判断没一个是精准的，也不像《挑剔的观众》描述的那样滑稽搞笑。由于作品不可能了解每个人的脾气和性格，因此它们的魅力还不足以完全影响每个人，而那些粗俗、有着瑕疵的诗乐或仍深刻地影响并伴随着人类。由于原始人类鉴别不出缺陷，因此他们被最原始的艺术打动。但随着艺术日臻完美，科学的评判也同步向前，从判断中获得的乐趣也时不时因完美作品中的丁点瑕疵而被扰乱。

在结束本文之前，我不禁注意到很多人可能持有的一种观点，即品味是一种与判断、想象不相干的能力。这种直觉源于本能，是不经推理、一眼便能认定事物具有的优缺点的能力。我认为，当想象过于情感化时，就会丧失理性；但当涉及天性、举止以及理性与情感的协调一致时，即当最好的品味区别于最差的品味时，发挥作用的就是长期主导人类的理性而非其他。然而，突然闪现的理性多有偏颇。在思考过程中，有品位的人常改变最初匆忙的判断，他们的思维也经历了厌恶到中立，不确定到确定的过程。众所周知，丰富学识、提高判断以及持久观察与训练会使品味得到提高。不采取以上方法加以训练的人，只会轻率、自以为是地迅速得出错误的品味，智慧之光也不能瞬间驱散他们心中的阴霾。就像其他学习的方式一样，人们渐渐积累了品味事物的稳定能力，并习惯时刻加以利用。刚学习拼写时，人们一百个不愿意，但后来都能轻松、快速地运用其能力，但此种快速并不能说明这种能力的特殊。我想，只含推理的讨论是不会吸引人加入的。讨论的过程，必须在穿插品味的同时，随时探究讨论存在的基础，以及在此基础之上提出的问题、回答和结论。因此，讨论要么只能靠推理，要么就带着怀疑一步步走下去。从很大程度上讲，用叠加原理证明事物不同表象的方法，不仅无用而且是缺乏理智的表现。

这一题材还可继续探讨，本文的主题也从未给思想设限，这世上真有能不把我们带入无限探讨的主题吗？然而，由于本文探讨的独特脉络与视角，我们就在此止步吧。

论崇高与美丽概念起源的哲学探究

The Sublime And Beautiful

主编序言

伯克，著名的政治家、演说家和政论思想家，但这些成就都不能与他的美学成就相提并论。可能是因为他的政论过度掩盖了他对美学的贡献，在英国尤其如此。

《论崇高与美丽概念起源的哲学探究：序言品味》于1756年首次发表，次年增订版又得以发行，但人们认为该文远早于成书时间。莫利说：该书对艾迪生隐晦的原理进行了强有力的扩充。艺术评论家的错误探寻，导致了天生情感与能力在艺术品评中的缺位，使得艺术缺乏吸引力，诗歌、图画、雕刻和建筑都受到了限制。艾迪生对美的认识犹如蜻蜓点水般流于表面。而伯克大胆地运用他的心理学知识，对该主题进行了科学分析。他在探索中采用的全方位心理学角度，已然在该领域一枝独秀。

这部专著在英国以外地区获得了强烈的反响。在为数不多的翻译作品中，我们可以看出“希神”拉奥孔也因伯克的理论受惠。因此，德国伟大思想家们的思想，也包含着孜孜不倦的伯克做出的极大贡献。

第一部分

第一节　新奇

对万物的好奇是人类最原始、最简单的情感。我所指的好奇就是指我们对新奇事物的渴望和由此产生的乐趣。我们总看到，孩子们不停地从各个地方探寻新鲜事物，又急匆匆、不加选择地接受面前的事物。在人生的各个阶段，他们都不断地被新奇的事物吸引。然而，一时的新奇无法长久，因此好奇是所有喜爱中最流于表面的情感。通常，我们前一秒好奇这，后一秒好奇那，不断变换对象，并轻易地获得满足。我们自己也觉得，这太过轻率，并因此感到焦躁不安。从本质上讲，好奇是一种非常主动的情感。人们通常快速地打量好奇事物，之后便对这一物体的不同花样熟视无睹了。同一事物越频繁地出现于我们的脑海中，就越不会引起我们的好奇。总之，生活中已然渐渐被我们知晓的事物不会再带来新奇感。这些事物除了当初的新奇，便无其他打动我们的能力了；所以除了厌倦外，我们不会对它们产生任何感情。我们应该思考一下：除了新奇以外，还有什么能引起人们感情的力量。无论这些力量是什么，也无论它们靠什么影响人类，但必然能够确定的一点是：这些力量不会作用于日常生活中那些老掉牙和熟悉得不能再熟悉的事物了。外界事物使我们对物体产生了一系列感情，好奇便在某种程度上，或多或少掺杂其中。

第二节 痛苦与快乐

为了丰富人类的情感，万物不仅要使人类产生新奇，还需具有诱发人类悲伤或愉快的其他因素。痛苦与快乐是无须定义的两个简单概念。感觉不怎么欺骗人，但人对感觉的描述和推导却频频出错。就像很多人认为痛苦的减轻与不再痛苦会产生快乐，他们也认为快乐的遗失必然导致痛苦。但我则倾向于快乐和痛苦有各自鲜明的本性，它们用自己最简单、自然的方式影响人类，彼此从未依赖。我想，人们对万物大多抱有既不为之喜也不为之忧的心态，我将这称为无动于衷。当无动于衷的我快乐时，不必半路经历一场痛苦。当你满不在乎、惬意平静，或者随便你怎么称呼的时候；音乐会上的演奏刹那间响起；形体色彩俱佳的物体突然呈现；玫瑰醉人的芬芳扑鼻而来；抑或不口渴的你尝到琼浆玉酿；不饥饿的你吃到蜜饯；无疑，听到、尝到、闻到的一切都会让你感到快乐。若我问满足之前的感受，你不太可能回答：痛苦。或者，当你欢天喜地，感到无比高兴时，你还会说感到痛苦吗？相反的情况则是，一个人满不在乎时，狠狠地被揍了一拳；喝药喝得直吐舌头；或者耳际充斥了抓狂、刺耳的声响；此时并非消除了愉悦感，但人却真切地感到了痛苦。这时，人们可能会说：这些情况下的痛苦正是人们不再快乐时产生的，之前快乐的程度太低，等到我们失去时，才被我们察觉罢了。但对我而言，不能自然而然发现的东西太过玄乎了。因为，如果痛苦前并没有高兴过，那我就无法断定这样的东西存在过，而快乐只有被感知了，才是快乐。这个理由同样适用于痛苦。我无法自欺欺人地认为，快乐与痛苦只是一种比较对照的关系。我想，我完全能发现纯粹的、彼此毫不依存的快乐与痛苦。我也能对我无动于衷时、高兴时、痛苦时的感觉分辨得很清楚。除此之外，还有什么能让我感到再清楚不过的吗？我无须联想它们之间的关系，也能真切地感受三者中的任何一方。绞痛令凯厄斯受尽折磨，他的确很痛苦。若再把他置于绞刑台上，他就会更痛苦。但我们能说绞刑台上的痛苦是不再快乐造成的吗？或者说，绞痛是快乐还是痛苦，全随我们意愿，高兴怎么说就怎么说吗?

第三节　痛苦消失与绝对快乐的差异

对这一命题，我们可以进一步探讨。我们还可大胆假设：痛苦和快乐不仅不相互依存、此消彼长，而且快乐的减少与消失也不会引起绝对的痛苦，痛苦的减少与消失也不会引起快乐发生类似的变化①。我想，前一命题比后者更易让人接受。因为很显然，只有当快乐感朝我们袭来时，我们才会感到快乐，而且快乐都能迅速使人感到满足。而当快乐消失时，我们就又陷入了对万物满不在乎的状态。更确切地说，我们心神稳定、柔柔和和，残存了前者惬意的色调。在此，我提出自己的观点，尽管乍一看不很明显，即痛苦消失并不等于绝对获得了快乐。让我们来回想一下，当我们逃脱迫近的危险，或者从某种极度痛苦中解放出来时，我们处于怎样的状态。若我没弄错的话，面对此情此景，我们的心境绝不像绝对快乐的一样。相反，我们很严肃，并且敬畏发生了的一切；稳定的心绪中也透露出丝丝恐惧。

我们此刻的面部表情与体态姿势强烈反映了我们的心理状态，就算陌生人也能猜出我们如此表现的原因，十之八九处于惊慌失措，而不是享受极度的喜悦。

> 像一个人发生了严重的神经错乱，
> 他在祖国杀了人，逃往异乡避难，
> 去到一个富人家，使旁观的人诧异；
>
> 无耻之徒蓄意的谋杀，
> 引来故土千里迢迢的追寻，

① 洛克认为（《人类理解论》第16章，1.2.20），痛苦的消失和减轻可视作快乐，快乐的消失和减少可视作痛苦。这就是我们此刻考量的观点。

国界线上受惊，脸色惨白，气喘吁吁，
路人投来凝视与惊讶。

荷马在此假设了一个经历九死一生的人，此人惊惧的面部表情混合了恐惧与惊喜，并且影响了旁人。此段描绘刻画出我们面对相同场景下的相同行为。因为当我们经历了情感的冲击后，尽管最初的缘由已不再扰乱我们的思绪，但我们仍自然而然地受这一相同状态影响，就像风暴后的大海依旧翻腾；而当恐惧感完全消失后，由此事件产生的所有感情也随之平息，思绪便回到了通常的冷漠之中。简而言之，我想：我们从不会因痛苦与危险的消失而感到快乐（我指的是实际愉悦产生的任何内在情感或外在表现）。

第四节　相互对立的欣喜与愉快

然而，我们能因此说痛苦的消失和减轻总令我们感到不快吗？或者断定快乐的消失和减少总是令我们感到快乐吗？我们绝不会这样说。我只想表达如下内容：第一，这世上存在完全独立的快乐与痛苦。第二，痛苦的消除与减轻不会对快乐产生类似的感情影响，也就不必对二者冠以相同的本性与称谓。第三，在同一原则的支配下，快乐的产生与消失不会对痛苦产生类似的变化，而且确定的一点是，之前的情绪（痛苦的消除与减轻）绝非令我们痛苦或不愉快。这种与快乐截然不同的感觉令我惬意，但我却无以言表。不过，这也不妨碍它的真实存在，它还是那般与快乐不同。最确定的就是：无论满足与快乐以怎样的方式影响人类，人们都能真切地感受。这种快乐无疑都是真实存在的，而形成这种快乐的原因则不甚明了。因此，最为合理的做法便是用术语区分本质不同的两个事物，就像区分纯粹孤立的快乐和与痛苦相连、并存的快乐一样。若这两种快乐的起因不同，那么它们产生的效果也会存在天壤之别。然而，胡乱地将其归为一类会混淆人们对它们的区分。无论何时，我都称这种相对的快乐为欣喜，而且我也尽可能正确地对它加以使用。我还确信：该词并未广泛正确地使用，用它来代替、限制原来那个词也比引入不太适合语境的新词效果好。我也从未想过要对文字做丁点改动，若语言本来就是为了描述事物而非哲学研究，那么本文独特的论述，就论证了我不必对文字改变的初衷。若要冒失地对文字加以改变，就得小心了。由于我用欣喜表达不再快乐和痛苦的感受，那么谈到绝对快乐时，我就得称它为愉快。

第五节　欢乐与悲伤

大家肯定已发现，快乐的消失对我们产生了三种影响：若快乐简单地消失，那么消失一段时间后，我们就又回归到对万物漠不关心的状态；若快乐突然中止，那么紧接的就是一种称为“失望”的不舒服感觉；若完全不快乐，而且没法再次快乐起来，那我们心底就产生了悲伤。我想，这三类影响都不会对痛苦产生类似的后果，最强烈的悲伤也不例外。悲伤的人忍受着恣意流淌的悲伤，他爱这种感觉；然而，痛苦不会引发这种感觉，也没有人愿意长时间忍受痛苦。人们愿忍受绝非快乐的悲伤，这并不难理解。因为悲伤的本质就是物体在人们眼中的永恒定格，它以它最宜人的方式呈现，重现所有细枝末节，甚至是最不起眼的部分。悲伤让我们回忆起某一快乐时刻，咀嚼出无数未曾明了的尽善尽美。悲伤中得到的快乐也仍然是至高无上的快乐，而我们憎恨的、唯恐避之不及的痛苦与苦恼不会产生类似的变化。荷马在《奥德赛》中，描绘了众多自然而然的感人形象。但最为感人的莫过于斯巴达王对朋友悲惨命运的讲述，以及他的感受。事实上，他并不愿一直回想那种悲伤；但在回想过程中，他竟品出了愉悦。

逝去的人们，光环笼罩，
想念着他们，无所凭依，
甜蜜之忧伤，占据我心，
感恩之泪水，悄然滑落。

——荷马，《奥德赛》. A. IOO

愁眉舒展的瞬间，

忆起蹉跎的友谊，
我亲爱的挚友，
泪水为你恣意流。

另一方面，重获健康、逃离迫切危险的我们是否获得了欢乐？意料之中的愉悦绝不会产生那种经历世事后云淡风轻的满足感。痛苦减轻便生成欣喜，这道出了欣喜产生过程的一成不变和简简单单。

第六节　论自我保留的情感

人能感觉到的大多数强烈情感，无论是单纯的痛苦或愉悦，还是痛苦或愉悦的缓解，几乎都可归为两类，即自我保留情感与社会情感。这二者就是我们所有情感的归宿，非此即彼。涉及自我保留的情感大多与痛苦和危险有关。带来痛苦的疾病与死亡让人心生畏惧，而带来快乐的生命与健康却被人置之不理。因此，与自我保留相关的情感主要表现为痛苦和危险，而且它们也是众多感情中最强烈的。

第七节　论崇高

凡是能以某种方式适宜于引起痛苦或危险的事物，即凡是以某种方式令人恐怖的、涉及可恐怖的对象的，或是类似恐怖那样发挥作用的事物，就是崇高的一个来源。换言之，崇高是人类能感觉到的最强烈的情感。我之所以称它最为强烈，是因为我相信痛苦远比带有快乐的情感更具冲击力。毫无疑问，相对于痛苦对我们身心的影响，那些最博学的酒色之徒绞尽脑汁想到的乐子、那些想象天才想到的乐趣，以及那些最敏感和最健全的感官所能体会的快乐，对我们身心的影响都黯然失色。而且，我还怀疑，是否有人本应该过着完美满足的生活，但却在痛苦中结束了一生。然而，若说痛苦的力量远超过愉悦，那么死亡就比痛苦更甚了。原因在于：极少有痛苦堪比死亡，不管它多么锥心。不但如此，在我想来，痛苦的原因会比痛苦本身更痛苦，痛苦不过是痛苦之王的使者罢了。当痛苦与危险逼近时，我们只会感到恐怖，而非欣喜；但若保持在一定距离以外，或者状况有所缓和，危险和痛苦也可以变得愉悦的。其原因我将尽可能在下文探究。

第八节　论社会情感

我将另一类感情划分为社会情感，而它又可分为两类：一类是两性的交往，它满足种族繁衍的需要；一类是一般的交往，除了人与人之间的一般社会要求外，还有其他动物，甚至有时还有无生命的世界也有这种交往。如果说属于自我保留的情感总体上注重痛苦和危险，那么繁衍的情感则主要是满足和愉悦。繁衍产生的愉悦真实、轻松且强烈；它也被公认为是感官的最高享受。然而，即便缺乏这种高享受，我们也很少为此局促不安。除了特殊时刻外，我根本不认为它会对人类造成影响。当人们描述他们如何受痛苦和危险影响时，他们不会因老想着健康快乐和舒适安全而哀叹缺乏满足感。相反，他们谈论的都是实际隐忍的痛苦与恐惧。然而，你会发现，恋爱中被弃一方抱怨的大多是逝去或曾盼望的快乐以及他们渴望的尽善尽美。在他心中，失去的总是最美好的。强烈的爱还不时让人产生疯狂的举动，但这并不与我们求证的原则相悖。陷于疯狂的人会渐渐停止想象外的一切情感活动，并冲破限制想象的一切藩篱。显然，由于产生疯狂的原因多种多样，那么任何情感都可幻化为疯狂。然而，这只表明爱能产生异于常理的感情冲动，而这种冲动与痛苦无半点关联。

第九节　论自我保留情感和两性情感差异的起因

自我保留情感与物种繁衍的激情存在差异，对它追本溯源将能深化之前的论述。我想，这现象本身就值得探寻。由于人生使命（梦想）的实现依赖于生命，行之有效的实现又依赖于健康；因此，两者遭到的损害都将对我们造成威胁。由于我们不认同生命和健康，因此并未把对它们的享受当作真正的快乐；不仅如此，我们还唯恐此等肤浅的满足只能带来慵懒与无所作为。另一方面，繁衍是人类长远的目标，因此人类需有实施“造人工程”的强大动机。因此，这一过程伴有极度的愉悦。然而，这种愉悦绝非寻常普遍的快乐，因此即便缺少，我们也不会痛苦万分。人和畜生在这一点上有着天壤之别。人们总是同等地享受着爱的快乐，因为享受中的人们都受到时间与方式的理性引导。若这种快乐都不能带来满足，痛苦便产生了；这时，我担心理性也难以发挥作用。畜生遵守特定季节交配的法则；然而，这种理性在畜生的情感上没有共通点。若发情过程中缺少宣泄，那么它们就会狂躁不安。这一需要必须得到满足，否则就会一再错失，永远错失。因为它们只在特定季节发情。

第十节 论美丽

繁衍过程中的激情不过是性欲罢了。很明显，畜生们的激情更纯粹，追求的方式也更直接。对它们而言，性的本能是区分同类的唯一方式。它们区分出各自的同类，并且对彼此产生强烈的性倾向。我想，这种倾向并不源于同类身上的美感，而像艾迪生所述，某种自然法则对其客体的影响罢了。从它们明显受限的择偶倾向，我们便可如实得出以上的结论。

人类适应了更复杂多变的关系，并将社会特性与普遍激情相连。这样，与所有动物共通的情欲便因社会性得到了引导和加强。由于人类不像动物那样在广阔天地间生存，所以他们得有倾向，以便做出选择。如此，选择便普遍具有感性，而且感性的快、狠、准也让其他可能的判断方式难以比拟。

因此，激情混合的爱便是因性之美而生。人类对性有普遍倾向，这是因为性是普遍的自然法则。但是，人却受到个体美的吸引，我将这种美归于社会。注视男男女女以及其他生物时，我们常会获得高兴和喜悦（很多生物都能产生类似感情），这也激起了我们对他们的绵绵爱意。除非有强烈的反对，我们便想靠他们近些，想和他们建立一种关系。但大多数情况下，我始终想不透：人类为何形成了这种倾向。我看不透人们竟与一些缺乏吸引力或吸引力很小的人联系起来，更看不透人们与打扮入时的动物建立的关系。或许造物主并非有意为之，但此种区分却可能含有某种远见。我们无法知晓这种远见，因为他的智慧与行事方式都远非我们所能理解。

第十一节　论社会交往与孤独

第二类社会情感是社交中普遍使用的情感。在我看来，社交就仅仅是社会交往；它未经任何特殊升华，因此不会带来愉悦。但绝对的完全的孤独，即完全排斥在全部交往以外，是一种所能想象得到的巨大的真切的痛苦。社会交往带来的快乐程度和绝对孤独带来的痛苦程度相比，后者往往更胜。然而，特定社交带来的欢乐却总能大大超过由于缺乏这种特定享受而引起的不安。特定社交习惯产生的最强烈情感便是愉悦。真挚的友谊，妙趣横生的交谈，都会使我们心中充满喜悦。另一方面，暂时的孤独本身也令人惬意。由于交往和孤独都会带给我们快乐；因此，这或许证明我们是既善思考又善活动的生物。从之前的观察，我们便可得出：既然人类对死亡本身存在极度恐惧，那么若与世隔绝地过完一生，不是违背了我们的生存目的吗?

第十二节　同情、模仿与雄心

社会交往的情感种类复杂可派生出多种形式，而这些多样化情感也恰当地在社会链条中找到了各自的归宿。链条上的三个主要连接点是：同情、模仿和竞争心。

第十三节　同情

对事物最初的同情感使我们关注周遭事物，使我们感他人所感，使我们不致成为他人遭遇的冷漠旁观者。同情是人与人之间的感情替代，它使我们设身处地为他人着想，进而从多个方面感他人所感。因此，这种感情掺杂了自我保留的色彩，而这种保留色彩下的痛苦就可能产生崇高和喜悦。无论是社会交往中的一般情感还是特殊情感，同情都能发挥作用。在这一原则的支配下，蕴含于诗歌、绘画和其他艺术中的动人感情传递给了一个又一个人，而人们也能将接收到的喜悦嫁接于不幸、痛苦和死亡之上。大家都知道，现实的震惊通常催生悲剧和其他表现形式的高度喜悦。事实上，这便是诸多推理产生的原因。我们通常感到满足的原因有：第一，悲伤故事的虚构性使我们得到了宽慰。第二，一想到我们远离了作品描述的邪恶，我们就感到了愉悦。探寻过程的轻易满足已不能使我们将这种感情既单单归于身体机能，又单单归于心智的构造；我们也不能对此推理做结论。因为我认为这种感情产生的原因，并没有寻常认为的那么广泛、那么多。

第十四节　同情他人苦难的作用

若想用适当的方式检验悲剧的效果，就得先考虑我们对同类不幸遭遇的反应。我深信，他人的不幸与痛苦会给我们带来一定程度的窃喜，而且不是丁点窃喜。暂不论这种窃喜的外在是什么；若这种外在不能抑制窃喜，反而加深了窃喜的程度；抑或这种外在让我们老想着、回味着这种窃喜；那么，我想，当人们思忖他人的痛苦时，必为之欣喜、愉悦。读到这类史实时，我们难道不会像品评虚构的诗歌和传奇文学一样，高兴劲十足吗？当阅读到虚构王国的繁荣、无冕国王的伟大时，我们的惬意感不也像从马其顿的覆灭、倒霉国王的痛苦中所感到的一样吗？历史中的灾难也与神话中覆灭的特洛伊一样，产生了同等无异的触动。此种情况下，若主人公本身就是一位命运不济的骄子，那我们就会得到更多的愉悦。就像西庇阿和加图，他们同为人们心中正直的角色；但顺风顺水、一往无前的西庇阿并未像加图那般打动世人；要知道，夭折的加图及其未竟事业都让人们为之动容。产生此情感的原因便是：擦身而过的恐惧往往带来欣喜，爱与社会交往中的同情也常伴有喜悦。无论何时，也无论其对象的主旨要义，我们都天性积极地对目标饱含某种欣喜和愉悦。造物主早已想好：要用同情的纽带把我们相连，再用适当的欣喜加强这种连接。因此，当他人的痛苦急需同情时，我们也最为高兴。若同情带来的只是痛苦，那我们就会尽可能地避开产生这种感情的人和场合，进而和懒散、无动于衷的人一样。不过这和大多数人都有所差异。日常生活中，我们通常无法看到盼望的壮观场面，像不同寻常、撕心裂肺的灾难等东西；因此，一旦眼前发生灾难或从历史记载中读到灾难时，我们总会获得丝丝喜悦。这种不纯粹的喜悦夹杂了其他难以释怀的情感。同情中获得的喜悦感使我们无法对他人的苦难袖手旁观，而宽慰他人的痛苦也使我们自己释然，所有这些非理性的直觉都发挥了无法料想的作用。

第十五节　论悲剧的作用

前面所述涉及了现实的灾难和模仿灾难，而与之的唯一区别便是获得愉悦的效果。拙劣地模仿灾难，使我们知其为模仿，也使我们获得了愉悦。其实，很多情况下，我们从模仿中获得的喜悦远超过事实本身。我想，若只将满足感归之于悲剧的虚假性、非真实性，那我们就大错特错了。模仿越接近现实，越能使我们觉得它的非虚构性，也就越能使它的影响力臻于完美。但无论是何种力量，也无法替代事物本身的影响。让我们挑个日子，上演一部最崇高感人的悲剧。期间，我们挑选了最好的演员，不遗余力地装扮了场景，还打造了诗歌、绘画、音乐的完美结合。然而，就在满怀期望的观众纷纷就位时，剧场突然宣布，一名确证了的犯罪头目将在隔壁广场处决。于是，人们一溜烟跑了，只留下空空如也的剧场。这既表明了艺术模仿的苍白，又宣告了现实同情的胜利。我想，面对现实时，我们会痛苦；但对其艺术的再现，则表现出一分喜悦。其根源在于：面对过往之事，我们混淆了自身对结局的无能为力和内心改变结局的渴望。我们的心声在艺术再创作中得到了弥补，因此，当面对现实中无能为力的事时，我们有了丝丝欢乐感。伦敦是圣洁的首府都市，也是英国和欧洲的骄傲。我想没有人缺德到盼望一场大火、地震使伦敦覆灭，就算他与这场灾难八竿子打不着，他也不会有这种想法。假设毁灭性的灾难已然发生，那么，会有多少人蜂拥至此目睹这片废墟？满意而归的人中，又有多少人从未领略过伦敦之美？从真真假假的灾难中，我们都不可避免地获得了快乐。我觉得我是无法发现与之类似的情感了，这种误解是经常加于我们身上的一种谬论。

这种谬误乃是因为我们分辨不出引发灾难的一般先决条件和特殊行为条件。比如，双方在砍杀事件前好好活着，是对方用剑杀死我的必要条件。但若将我的死亡、他的犯罪行为统统归于双方还活着的事实，就只会显得荒谬了。因此，当我真真假假地为他人莫名的痛苦乐滋滋前，绝对有必要让自己远离潜在的危险。然而，这便引出了谬论，即我的无灾无难是我为这样或那样的灾难感到欣喜的原因。我想没人能弄清这种欢喜的原因。此外，我们也弄不清，为何当我们既无眼前的剧痛，又无潜在的危险时，仍对他人的苦难感同身受，特别是当我们从痛苦中解脱出来时，感觉尤为明显。于是，带着怜悯，我们将他人的痛苦当成了自己的“分内事”。

第十六节　模仿

社交过程的第二种情感是模仿，即人从模仿的渴望中获得喜悦感。这种感情产生的原因与同情类似；正如同情让我们感他人所感，这一感情也让我们仿他人所为；这样，我们便不经大脑、天性机能使然地模仿这，模仿那，而且还获得了乐趣。造物主赐予了我们这种行为，以便我们能从客观自然物和主观意志中获得乐趣和消遣。正是由于模仿，我们跳出了规则的制约、习得了万事万物。而习得之物，反过来不仅提高了我们的效率，还使我们获得了更多的喜悦。总之，它塑造了我们的人生态度、人生看法、人生的一切一切。模仿使社会无限紧密地联系起来，我们也心甘情愿地彼此认同、彼此顺从、彼此讨好地留下好印象。绘画和其他悦人艺术也正是由这一情感，才奠定了其主要的影响力。由于模仿对我们的态度和情感产生了长远影响，因此，我在此冒险提出一条原则，让我们能够更好地确定艺术的影响力何时应归于模仿，何时应归于对技艺的欣赏，何时又应归于同情，何时又应归于与之相关的原因。若诗歌、绘画的再现物已使我们无心关注其现实的对应物，那么可能确定的一点就是：此诗歌、绘画的影响力来源于模仿，而非事物本身；画家所称的静物写生几乎都属此类；无论这类画作所绘是粪堆、村舍，还是最普通的日常厨具，都能给我们带来欣喜。相反，若我们只关注物体的庐山真面目，那么，影响我们的便是事物本身，而非模仿或模仿者的高超技艺了。当我们关注物体本身时，无论这种现实的感觉多么奇怪，我们都可能对之信赖有加。由于亚里士多德无惮地在《诗论》中反复提及，因此显得其他论述模仿作用的文章都有了画蛇添足之嫌。

第十七节　竞争

尽管造物主大量依靠模仿让我们臻于完美。但若相互间都亦步亦趋、全盘模仿，那我们很明显就会陷入原地踏步的无尽怪圈了。若真是那样，如今的人们从生到死就会和牲畜一样。为阻止这事，上帝又为人植入了竞争感，即人们在有价值的领域超过同伴而得到的满足感。正是因为这种感情，我们才不断追求与众不同；也正是因为这种感情，我们内心才涌动着功成名就的喜悦。这种极富冲击力的情感会让悲者难以释怀地认为——他最惨。还能确定的一点是，当我们自己无法脱颖而出时，我们便会从他人的弱点、愚蠢或这样那样的缺点中找到满足感。正是在此原理的支配下，恭维和溜须拍马比比皆是。然而，说实在话，溜须拍马不外是让人获得了前所未有的优越感罢了。不管溜须拍马是基于怎样的目的，它都会对人类产生极受用的感觉，促使人们情绪高涨，优越感油然而生。与他物相较，四面楚歌下的全身而退，总能让人们感到自己的重要和尊严，也更能引起人们的情绪高涨。继朗吉弩斯的内在荣耀观之后，人们又总从诗歌、演说文中品味到了崇高。这是人们在此种境况下都会产生的情感。

第十八节　要点归纳

我将前文归纳为以下几点：痛苦和危险是自我保留的感情，当它们发挥作用时，我们会立刻感到痛苦，而且只有痛苦。而当我们置身于危险事件以外时，尽管有痛苦，我们却能感到丝丝欣喜。我之所以没称欣喜为愉悦，是因为它含有痛苦的成分，与绝对意义上的愉悦相异。因此，我将这种饱含痛苦的欣喜，称为崇高。在所有感情之中，自我保留的情感最为强烈。

按情感的根源划分，归属于第二类的就是社会交往情感。社会交往情感又分为两类，一类是建立于女性阴柔之美上，包含情欲的两性交往，我们称之为“爱”；另一类是人和所有动物都有的一般社会交往。这种次等的、无情欲的感情仍叫“爱”。但引发这种爱的美平庸至极，因为只要物体的某些特性能引起我们的爱恋、温柔或类似感情时，我们都能冠之为“美”。爱带来了真正的愉悦。然而，当我们无能为力地失去所爱之物时，爱就像引起愉悦的其他情感一样，使我们变得局促不安、难以释怀。我没将难以释怀的爱归为痛苦，因为我们从中获得过实际的快乐，还因为它与痛苦的原因、主要后果都截然不同。

紧接社会一般交往感情的是同情；这一特殊感情在选择对象时，受到愉悦的引导，而且选择范围最广。同情的实质在于：无论境况，设身处地，感他人之感。因此，在不同情形下，同情要么让我们欣喜，要么让我们痛苦。在第二节中，我已举出了欣喜并痛苦的同情实例。至于模仿和竞争引起的优越，就不用多说了吧。

第十九节　结语

我想我得排列、梳理一下我们的主要情感，以便为下文的探讨做足准备。那些我已提到的情感，在目前水平来看，不过是能意识到的情感，而实际上，情感的种类数不胜数，而且每一分支都值得深入探讨。我们越精细地探查心智，越能处处强烈觉察出造物主的伟大智慧。若有关人体机能的文章是对造物主的赞美，那有关感情——心理器官的产物——的论述，就不仅仅是枯燥的赞美了。因为情感类的理性文章不仅对赞美和科学的罕见相连有所裨益，而且还能独自对无限智慧进行崇高的探索。这种探索便是，我们任何正确、善、公正都归于造物主；与此同时，任何缺点、不完美也归诸造物主。当洞悉了造物主加之于人类的力量和智慧时，我们便对之给予荣光。当无法洞悉和探索时，我们便为其深刻崇拜不已。而且，对造物主加之于人类的一切，我们可能好奇心十足，但不会莽撞探寻；可能自感高尚，但不会骄傲。恕我直言，由于对全能上帝杰作的思考，因此我们或能对他提出些建议。心智的提升应是人类探究领域的主要归宿，而似乎当研究不能带来一定结果时，研究就会毫无用处。但我想，除了终极目标以外，还有必要对感情的原理进行思考，因为所有原理都固定地影响着感情的变化。然而，笼统地了解原理是不够的，更别说想用微弱的情感影响人类，或想恰当评判影响人类的作品了。相反，我们得了解评判的明确分界线，捕获情感的一切活动，还得深入看似无法探明的人类本性之秘。

隐藏在天机之后，露出锋芒。

若一个人不能做到上述要求，他就可能迷迷糊糊地满足于自己作品所谓的那分真实感。然而，他却永无规则可循，也无法向人们传达他的主张。就像诗人、演说家、画家以及其他从事艺术的人，尽管对评判不甚了解，却仍在各自领域崭露头角，而且将继续沿成功之路走下去，即能工巧匠不受条条框框束缚，随心所欲地创造发明。因此，我想错误规则对现实的恰当效用也是常有的事，大家也都乐于看到这种情况吧！然而，人们感觉对的行为，往往得不到理性的认可；由于人类无法阻止理性思维，也就无法剔除它对实际行为的影响。因此，为让理性合理化，我们有必要努力让理性回归真切的感受。然而现实是：艺术家——我们心中最可能的权威——一直陷于实践的泥淖，哲学家则一直“纸上谈兵”，他们的所作所为大都着眼于自己的规划、体系；至于那些所谓的评论家，总是从艺术（诗歌、绘画、雕刻、雕塑、建筑）中错误探寻艺术法则，而艺术本身则不会给出“艺术之所为艺术”的准则。我想，这便是所有艺术家和大多诗人都受限于狭窄圈子的原因，即更多的互相模仿，而非自然的模仿。自远古以来，人们都忠实于一致性，以致很难说清第一个模式到底是谁给出的。只追随艺术评论家必然无法指导艺术，而我也只能拙劣判断，因为采用的估量标准往往局限于事物本身。艺术的真正标准是所有人的力量结合。当我们从容观察自然的稀松平常时，真正的曙光便在眼前。若忽略它们，我们就只能处于黑暗中，甚至被错误地诱导和消遣，这点连最睿智勤奋的人也不例外。探究时，一切都得有正确的起点。我为自己并非局限于事物本身的观察心满意足。要是导致科学崩溃的不是它本身的停滞，那我就不必（为了它的发展）费劲地理解，也更不必将我的理解忐忑地公之于众了。尽其才前，必遇诸多坎坷。当一个人的研究超过了事物本身时，即使是错误的，也能为其他人扫清前进的障碍，因为他的错误可能叩开真理之门。由于我在本章中探讨了崇高和美这两种感情。因此，我将在下文探寻：我们为何会产生崇高和美。我只求读者们不要将文章的每一部分孤立，也不要以每一部分的本身循环评判；因为我很清楚，我文章材料的安排只适合冷静下的宽容对待，而非吹毛求疵的辩论；在各个方面，它们都未为战斗做准备，它们是为平和接受真理的人准备的。

第二部分

第一节　论崇高引发的感情

当自然界的伟大和崇高以最强烈的形式作用于人时，人便产生了惊惧。惊惧是一种灵魂完全终止活动的状态，而且还伴随某种恐惧。

当人们感到惊惧时，物体就会完全占据内心；这时，我们不再受他物影响，也无法再对物体做出理性分析。这时便生成了崇高的强大力量，它先于理性，与初期力量相去甚远，让人类无法抗拒。正如之前所述，惊惧是崇高的最高表现形式，次一点的便是羡慕、崇敬和敬佩了。

第二节　恐惧

没有哪种感情能像恐惧这般有效地摄人心魄，影响其行为和推理[①]。由于恐惧是对痛苦和死亡的担忧，所以它也以类似于实际痛苦的形式表现

---

① 希腊语中，Qanfios是恐惧或惊叹；buvos是可怕或可敬；aldeu则是崇敬或害怕。拉丁文的Vereor则对应希腊语的aidea。古罗马人用生动展现惊奇状态的动词stupeo，表达了人或恐惧或惊奇的感情效果。而attonitus（目瞪口呆的）也是这一类概念，联合的同义词。此外，法语的etonnement和英语的astonishment，amazement不也清楚表达了与恐惧、惊奇类似的感情吗？我确信，那些对语言有高造诣的人会举出更多同样惊人的例子。

出来。而且不管其多么恐怖，也不管其根源对人类的影响有多大，只要见到了，便也是一种崇高的感情。原因在于，面对一切可能的潜在危险时，人们不可能卑劣、轻佻地加以对待。然而，很多远非庞大的动物，却能带给我们崇高感，因为它们就像蛇和其他所有有毒生物一样，使人毛骨悚然。然而，若给本就庞大的动物附加某种恐怖色彩，那它在人们心中的大便无以复加了。当我们看到辽阔低矮的平原时，一定不会感到恐怖，因为它的景色就像大海一般开阔。但它能像大海般震撼人心吗？这归咎于多个因素，但万变不离其宗的是：大海是令人极度恐怖的事物。事实上，无论哪种形式的恐怖，也不管其隐、现，都是引发崇高的根源。一些语言也强有力地证明了类似的观念，比如，他们会频用一词表达惊讶、羡慕、恐惧之类的感情。

第三节　模糊

要让事物显得恐怖，模糊通常是必需的。当我们完全洞悉了危险，而且也习惯面对它时，对恐怖的担忧便自然而然地消失了。每个人都能或多或少地察觉出：面对危险时，黑夜会使我们感到更加恐怖；而当人怀有无法言明的鬼怪观念时，就会影响心智，就会更相信有关妖魔鬼怪的谣言。感情至上的国家，尤其是令人闻风丧胆的专制政府，总会让其统治者尽可能地远离公众的视线。这一原则在有宗教信仰的国度同样适用：异教徒的庙宇几乎都昏暗无光；如今，就算那些美国蛮子，也将他们的偶像神圣地供于屋角昏暗处；为示尊崇，巫师们往往在草木幽深之处或古老、盘根错节的橡树荫下举行法式。我想，只有弥尔顿用常人难以理解的智慧，洞悉了恐怖产生的背景与震撼效果，照亮了人们前进的道路。在《失乐园》第二卷中，他就对死亡做出了精辟的理解和研究。他以变幻无常的笔调、生动的描写，勾勒渲染出了令人窒息的仪式；在一片惊鸿声中，他结束了对恐惧之王的描述，也给人们留下了意味深长之感。

畸形

他不成形，

不成形的眼耳口鼻、不成形的手足关节，
他有鬼魅婆娑之影，
他难分形影，他是黑黢之夜。
他有凶神恶煞的脸庞，炼狱般的狰狞。
玩转死亡之镖的他，头顶，
王者之冠。

这一描述布满了黑暗、不确定、混淆、恐怖，乃至崇高。

第四节　论清晰与模糊的感情差异

弄清某一观念是一回事，而用观念引发想象又是另一回事。若让我画宫殿、神庙和风景，我均能一一清晰呈现，但（尽管考虑到了模仿的重要），它发挥的最大功能也不过是宫殿、庙宇、风景在现实中的影响。另一方面，尽管我生动活泼地表述，不能将物体清晰完美地展现，但我却能用它引发强烈的感情，我画得最棒的画对此也只能望尘莫及吧！这种感受常常带有指示性；人们交流感情的正确方式是语言，因为其他的交流方式都有极大的缺陷；要传达感情，画得再清楚也无济于事，而且也没必要，因为画不像某种语言，它无法对感情应付自如，也无法传递心中的意象。这一点，从乐曲的众所公认的震撼力量也得到了印证。现实生活中，高清晰对感情没多大的影响，因为在某种程度上，它是所有激情的大敌。

第五节　清晰与模糊的感情差异之续

贺拉斯《诗艺》中的两首诗似乎与这一观念相左，因此，我得费点力气，以便清除它的影响。诗为：

受耳闻所影响的心灵，其驿动
要远弱于当我们以忠实的眼睛看到部分的时候。

对此，阿贝杜·博思评论道：在激发感情方面，他更青睐绘画，而非诗歌。很明显，他考虑的主要是绘画使观念更为清晰。我想，这位出色鉴赏家的错误（假如，我们称其为错），是由其理论造成的。而且，与我的经验所得相比，他认为他的理论与现实更调和。我认识好几个爱画之人，他们通常会对绘画赞不绝口，却会对画中对象冷淡视之；相比之下，动人的诗词更让他们热血沸腾。而且，我一点也不曾感到，绘画会让普通百姓的情感剧烈波动，他们真的难以对鬼斧天工之画、阳春白雪之诗透彻理解。然而，确定无疑的是，他们的情感会被狂热的传教士调动，会被吟唱的民谣——“追来追去，丛林之孩”——触动，也会被当下生活中短小通俗的诗歌、故事深深吸引。而我认为画无论好坏，都不会产生同等的效果。这样便知，模糊感十足的诗歌比其他艺术，都更能广而有力地掌控人类情感。我想自然能解释为什么观念的模糊（传达得体时）比清晰更让人动容，答案便是：我们对不甚了解事物的崇拜，促发了心中的激情。随着了解的深入和熟识，最与众不同的事物也只能“曲高和寡”了。普通人的反应就是如此；而在面对无法知晓的事物时，所有人都是普通的。

我们这些普通人被很多观念影响着，而触动最深的莫过于无限和永恒了，然而现实是我们对无限和永恒的了解少之又少。弥尔顿那首著名的诗是对崇高的最佳描绘。诗中赋予撒旦以高贵的形象，与主题恰到好处地互相契合：

身躯和姿态，在群魔中，
赫然耸立，好似高塔。
堕落天使的原本光辉，
也未改分毫。
消减着的荣光，
宛如穿透雾霭的东升旭日，
被夺去光芒，又如惨淡的日食，
在月后洒下幽光，

足迹遍布半个世界，改天换地的勇气，
让君主们猝不及防。

这是对高尚的礼赞；而这般诗意的画面：高楼、天使、日食、覆灭的君王、穿透雾霭的旭日、王国风起云涌的变革，又存在于何地？思绪纷飞，夹杂着宏伟、混乱的意象，而这混乱与乖张不清，正是情感的导火索。撇去它们，你将与大多数崇高擦肩而过；加盟它们，你必将混沌杂乱。尽管诗的意象总是模糊不清，但诗造成的影响，绝不能一味归咎于它。接下来，我们将对此多加探讨。尽管绘画让我们体验到模仿的乐趣，但它的影响仅限于所画影像。而就算绘画中的模糊感乃刻意为之，也能为图画的效果增光添彩。原因在于所画之物乃是对自然的翻版；而自然界中，凡暗淡、模糊、无法定性的事物，往往能引发更多的想象和激情；而清楚明晰被排除于想象和激情之外。然而，至于我们能何时何地实际观察，观察的程度又如何，最好是参考物体的性质和具体场合，而非任何规则。

我清楚一直有人反对这种观点，而且将来也可能会有。不过让我们想一想，在用其巨大来影响心智的物体中，有哪个不是想方设法向无限靠拢。当我们认清事物的范围时，我们就不会对它们"感冒"了。而实际上，看清事物与认清范围是同一回事，于是一个清晰观念成了另一小观念的别名。当读到《约伯记》中的一篇文章时，崇高感油然而生，而它产生的根源主要是因为事物不确定的恐怖。"思索夜象之间，世人沉睡之时，我恐惧、战栗，全身骨打战。接着，幽灵从面前闪过，引得我汗毛直立。幽灵止步，仍无法辨其形。我静默注视眼前无形的影像，听到：凡人怎能比神更公义？"开始的时候，我们会特严肃地看待这一幻象；而在还没来得及弄清模糊的情感时，我们首先会被吓一跳。但当恐怖的原因浮出水面时，它对于人类来说，又是什么呢？难解难分的阴影下，恐怖之因显现；然而，最逼真的形容、最清晰的画作也难以将它展现，因为它恐怖、可怕、令人震惊。

当画家们试图清楚展现奇异、恐怖的想法时，我想，他们大多都以失败告终。当我注视所有描绘地狱的画作时，我完全糊涂了。于是，在此状态下，我根本不知道画家意欲何为？他是想制造笑料吗？有一些画家就接手过此类画作，而他们靠的是集合自己对鬼怪之事尽可能多的想象。画家对《安东尼的诱惑》布局繁多，而所有布局中，我对荒诞不经刚好感到满意；而引发严肃情绪的，则很难合我胃口。在描写这一类主题时，诗歌最能让我满意。因为它能将异象、鬼魂、鸟人怪物、寓言式人物，恢宏而震撼人心地呈现。尽管，维吉尔在《维吉尔的名声》中模糊，荷马在《荷马的冲突》中费解，但他们仍显高贵。我们可以将两人画得足够清楚，不过，恐怕会显得可笑。

第六节　力量

除了能让人直接想起危险的崇高，以及因固定原因产生类似印象的崇高外，我不知道有哪种崇高不是力量的变体；这类崇高自然与前两类一样，都一般源于产生崇高的恐惧。乍一看，力量似乎属于中立派，因为它既属于痛苦，又属于快乐。而事实是，从强大力量迸发出的情感与中立相去甚远。对此，我们得首先记住：极度痛苦甚于极度快乐；其次得记住：痛苦较之其他次级情感观念更具优势。因此，即使当获得同等苦乐的概率几乎持平时，获得痛苦的可能性仍居主导地位。痛苦，尤其是死亡，对我们的影响实在是太深了。因此，当我们处在两相强加的境地时，只会惊恐万分。再者，体验一下便知：我们不费吹灰之力，便可享受快乐。而当我们为之殚精竭虑时，只会适得其反地毁掉满足感，原因在于快乐只能在不经意间获得，而非强加。由于快乐随上述意志支配，因此当事物的力量远弱于我们（我们不用殚精竭虑时），我们就感到快乐。相反，由于我们不愿对痛苦坐以待毙，因此痛苦总以强制的力量加诸我们。因此，力与暴力、苦与恐惧总一股脑涌入我们心头。当看到力量超常的人或动物时，还未做出反应的你，第一感觉是什么？是诚服，还是让你感到惬意？是让你快乐，还是符合了你的某种利益需求？不，都不是。你只会唯恐这种强大的力量可能会被用于掠夺和破坏。这种力量从相伴而生的恐惧中获得了崇高，而这一点却难以被人们发现。因此，这难明晰事实，或在某种程度上减轻了它的伤人力量。当你这样做时，你就毁掉了崇高，进而让它们变得平庸、可鄙。尽管阉牛的力气很大，但它们却是无害、极其有用的动物，而且毫无危险可言。因此，阉牛的观念绝不宏大。公牛也很强壮，但它的力量完全是另一回事，因为它总带破坏性，也很少为我们使用（至少在我们之间）。因此，公牛的观念很宏大，也更影响心绪，且总在崇高的描述中占有一席之地。让我们从截然不同的两个视角瞧瞧另一种强壮的动物——马。这种牲畜很有用，既能犁地、赶路，还能搬运。尽管这类社会功用毫无崇高可言，但我们却被强烈地触动了，诚如诗所述："脖伴响雷，鼻息狂而人惊，发怒般生吞，哼哈间，绝无小号悠扬之声。"这段描述毫不涉及马儿的有用方面，瞬间点燃了恐怖与崇高。我们都知道这些动物力气超常，但未必有害。在它们之中，我们也从未寻到崇高。相反，崇高源于树林阴森行走的猎豹、犀牛，荒野嚎叫的老虎、雄狮。只要某种力量有用，并带给我们好处、愉悦时，那它就无所谓崇高了。原因在于那些讨好的事物，都必受我们的支配，都无一例外地会遵从我们的意志；长此以往，便不可能再形成崇高与权威的概念了。《约伯记》中有段对野驴的描述，它带给了我们巨大的崇高感，而原因仅是驴为争自由而反抗人类的态度。除此以外，这类动物又怎会有高贵可言！书中如是说："谁能解开驴的绳索，我让旷野贫瘠之地成为它的住所，它对城市的绵延嗤之以鼻，它对赶车的吆喝充耳不闻，漫山才是它的草原。"这本书同样有对独角兽和海怪的崇高描述，而且同样的崇高情节俯拾即是。例如："独角兽愿伺候你吗？你岂能将它捆绑于犁沟之中？是因它力大无穷，才信任它吗？你能用鱼钩钓上海怪吗？你能和它定下一辈子为奴为仆的协议吗？人一见到它，难道不被吓破胆吗？简言之，无论我们在哪里觉察到了力量，也无论我们以何种方式看待这种力量，我们从始至终都能发现与恐惧力量相伴的崇高；而对那些从属、无害的力量，我们则轻蔑视之。在狗的大家族中，很多都具备力量与速度，而且靠着力量、速度以及其他宝贵品质，它们为人类带来了大量的便利和欢乐。在所有牲畜中，它们的确是最社会化、最通人性，也最好脾气的了。但我们对狗的喜爱与通常的爱不同，它更倾向于一种轻视的爱。因此，尽管我们爱抚狗儿们；但当我们要骂人时，我们就会借它们的名义，造出最乌七八糟的说法，而且这些说法都普遍代表了那种语言里最轻蔑无耻的字眼。尽管有几类狗的力量都胜过狼，但一想到狼无法驯服的残暴，那狼的观念就不可能任人鄙视了，而这都是我们对其外表描述中无法避免的。因此可以说，我们对力量的感知是与生俱来的。我们对君主这一类掌权者的权力同样感到恐惧，因此他们常被冠以“恐怖君王”的称号。大家可能都注意到了：那些涉世未深、不善在权势身边周旋的年轻人往往对力量敬畏有加，他们常被吓得说不出话，行事能力也变得极为笨拙。从约伯的话中，便能印证这一点：“我打算在街上坐定，少年见了我，却都回避。”事实上，对权威的胆怯是很正常的，因为这种胆怯植根于内心深处，鲜有人将其克服；我们只能陷在纷扰的大千世界之中，尽可能地反抗天性。我知道其他人有不同的看法，即权威并不让人敬畏和恐怖。更有人冒失地断言：我们可以“面不改色心不跳”地探究造物主的想法。需说明的一点是：为了使论证的例子不至沉闷无趣，在刚考虑这一主题时，我就有意没将万能之主的想法拉进来；尽管这一理由不会反对我，反而是我观点的强有力论证。我希望我不是在自以为是地说下去，因为我们这些凡俗之人几乎不可能中规中矩地讲话。我想只有我们把主的理性头脑当对象来理解时，才会察觉主的力量、智慧、公正、善良远远超出了我们的理解能力。当我们这般精细抽象地看待神性时，想象和激情便离我们渐行渐远了。而且我们因受本性所限，故不能经感性意象升华出纯粹的理性；更不能从明显的行为运用中判断神性。因此，要我们从将知晓的纠结结果中解脱，就难上加难了。然而，当神性和众神运转天地这类想法一股脑涌上我们心头时，对神我们就形成了可感知的影像，进而触发了想象。此时此刻，我们对神有了公正的认识，但这并不是哪种神性主导的。然而，这也足以让我们将神的力量，想象得遥不可及了。为满足我们对他智慧、公正、善良的好奇，我们需要反思和比较；而要被其力量吓傻，就只需睁大双眼了。然而，当我们于臂弯下，对这等力量的庞然大物看了个遍后，就会对本身的渺小自惭形秽，进而认为在他面前，我们如同某种遁形。尽管想想他的其他品行，能从某种程度上缓解我们的忧虑，但他没有哪种公正、悲天悯人的情怀，能让我们确信不再对他恐惧。原因在于他的恐怖锐不可当，而我们也就自然而然地恐惧了。因此，就算欣喜，我们也是战栗地欣喜；就算获得利益，我们也只会对其给予利益的强大力量惊惧不已。当先知大卫琢磨着人类社会展现的智慧以及权力的奇观时，他似无缘无故地吓得目瞪口呆并哭号道："我感到恐惧和惊叹。"一位异教诗人也抒发过这种情感。贺拉斯认为，从哲学角度来讲，坚强意志的最后努力，就是不带恐惧、惊讶地注视无边和无上荣耀的宇宙构架。

有人曾目睹
此太阳，诸星辰；季节隐退
于固定时期，不染任何恐惧。

人们通常认为，诗人卢克莱修不会陷入对迷信的恐怖中。然而，当他熟练地从哲学角度对自然机理展开思索时，他变得万分激动，使得他原本色彩泼辣、生动活泼的诗作笼上了一层隐秘的畏惧和恐慌。

某种神圣的愉悦，及令人震颤的敬畏
攫取了我，因而以你之力
自然诸部舒展，如此坦白地向众人显示。

然而，单用《圣经》便能解答这一伟大的课题。《圣经》中，只要上帝出现或讲话，自然界的一切恐怖力量就会来烘托神显现时的肃杀氛围。《诗篇》以及其他预言书中也布满了此类例证。《诗篇》作者就曾说道："主降临时，天旋地转。"而耐人寻味的是，所有经文对此的描述都相同，也不管主降临尘世是为惩治邪恶，还是为用神力赐福人类。"主降临时，即雅各布神降临时，大地啊，颤抖吧！他让磐石永化水，燧石永成泉。"不论那些作家信教还是不信教，他们在这方面的文章都不胜枚举，而这些篇章也证实了当人们面对与神紧密相连的神圣恐惧感时，我们普遍表现出的情感。因此，出现了这样的箴言：最初的恐惧在地球上造出了神。我想，这箴言或许错置了宗教的起源。当箴言的作者察觉到观念密不可分的同时，他忽略了一个概念，即引发恐怖的强大力量必然先于恐怖本身，而且只有强大力量的出现才能必然在我们脑海中激发出恐惧感。这一原则让我们认识到，真正的宗教为了使加于人们身上的恐惧百试百灵，必然混杂了强大的力量；而虚假的宗教除了恐惧，就再无其他支撑了。当基督教还未将神人性化，并带入我们之间以前，很少有人宣扬上帝之博爱；柏拉图之流说过一点，仅一点点。而在异教徒久远的历史中，无论是诗人还是哲学家，都未开垦过这一处女地。那些不理会朝生暮死之物，往往全身心对待虔诚思索这一主题的人，或那些爱神、愿意为神奉献一切的人，都能不费劲地觉察出博爱并不是神的最初想法，也不是理所当然和最应突出的一点。这样，我们便一步步接近了能让想象终止的最高级别的力量。这一过程中，恐惧形影不离；而且无论我们走多远，滋长的恐惧就会跟多远。由于崇高大量产生于力量，这点不容置疑；因此，我们如今需明白指出，力量源于何处，又将归于何处。

第七节　匮乏

由于任何意义上的匮乏（精神空虚、缺乏光明、无人陪伴、拙劣言辞）都很可怕，因此匮乏都崇高。当维吉尔立于地狱之门前时，他将周围的一切看了个遍；借助丰富的想象、严谨的判断，他知道所有崇高意象都会在此汇集。在他还未来得及揭开隐秘前，宗教下的恐惧揪住了他的心，使他在自己的大胆想象面前恐惧和逡巡不前。

> 哦，你们诸神，掌握着对幽灵的统治，你们沉默不语的阴影。
> 哦，地狱火河！哦，卡俄斯，广阔无声的黑暗领域。
> 你们让我重述我所被告知的；让我以你们之力
> 揭示埋葬在大地深处、黑暗之中的事物。
> 在朦胧中，在黑夜下，它们穿越阴影，
> 穿过冥神的无人的居所，空虚的领域。
>
> ——皮特

万能之主的可怖统治，
让飘忽的幽灵，静静的树荫也顺从了，
白茫茫的混乱，幽深的地狱火河；
这肃穆的帝国向外延伸。
赐予我伟大的力量吧，
让我分辨地狱深处的奇异景象。
给我展示一下您的无上秘密吧，
从黑夜之都再到白昼。

恍惚中，幽灵穿过阴暗树荫，
荒芜中，死亡，无处不在。

——屈莱顿

第八节　巨大

规模的巨大能强有力地促发崇高。尽管这是无须过多说明的一点，很容易被发觉，也很普通；但不普通的是，思考“质广量大的事物”以何种方式产生了最突出的影响。在规模相同的事物中，一定存在（与其他相比）使之产生更大影响的方式或模式。而规模无非就是长度、高度和深度了，三者中，长度最无法打动人。就像100英尺（译者注：1英尺≈0.3米）的平地，绝不会有100英尺高塔的影响；也不会有100英尺高的石头、100英尺的高山的影响。而且，我还倾向于（尽管不是很肯定），高无深之崇高。就像悬崖峭壁的俯视，绝对会比仰望同一高度更来得惊心动魄，垂直而下的飞机也比斜飞而过的飞机更让人崇敬，崎岖破碎的表面也比平坦、光亮之地更具冲击力。这些可能会背离初衷，把我们引入到对现象原因的探求中；但也正是因此，我们的思路广了，也更有成效了。不过，把以下观察归于崇高或许也没错。由于大尺寸是崇高的来源；因此极小事物，从某种意义而言，也照样是崇高的来源。当我们无限切割物体，当我们对动物的探究已经穷尽动物的最小存在方式时，任何感觉都无能为力了。若对这一发现继续深究，生物于认知就将越来越小，存在规模也越来越窄。这样想象便与恐惧同时消失了。此刻，我们对物体奇异的小，惊奇而迷惑，并且对极端大或极端小二者各自的效果也难以区别了。产生上述的原因是：分解与添加一样，都是无限的；完美的组合和无法添加的微小整体一样，都难以获得。

第九节　无限

崇高的另一来源是无限，假设无限不属于前面提到的“巨大”。无限是崇高最本真的体现与最好的检测标准，它往往让人类既喜又忧；几乎没有哪种事物，既能为我们所感，又能在本质上的的确确无限。不过，由于许多边界远非视力所及；因此，那些好像无限的事物，便产生了与无限相同的影响，好像它们真的无限。我们也同样地被欺骗了。例如，我们会认为，一些大事物的某些部分已趋向无限。于是乎，开始了我们欢喜、天马行空的想象。

若不断重复某想法，那么，即使起因不发挥作用之后，它也会生理使然地重新回到我们的脑海。[①]旋转后坐定，我们会发现，周围的一切仍在旋转。长时间暴露于噪声（湍急的水声，铁锤淬炼撞击声）中，声音会久久盘旋于想象中。而之后，它们则无声无息，渐渐消失。当你拿根直竿子朝上看时，它好似达到了不可思议的高度。[②]若往竿子等距之处刻上一致标记，那么它们会起到相同的欺骗效果；因为，这些标志看起来在无限增加。这些感觉对人影响强烈，使得他们无法快速转换心智，也无法与他物合拍。

在最初动因消失以前，它们会继续保持影响。这便是疯子常常疯狂的原因。他们往往整日整夜，甚至整年，不断重复相同的话，抱怨相同的事，唱相同的歌。发狂的最初力量，强烈主导着他们时常的想象力，而且

① 参见第四部分第十二节。

② 参见第四部分第十四节。

每一次的重复会发出新的力量。没了理性的抑制，他们狂躁的心将持续到他们生命的终结。

第十节 连续性和一致性

多部分的连续一致，便构成了人为的无限。首先，连续性是这种无限的必备。有了它，各部分才能朝同一方向延伸。有了它，才能频频刺激感觉，影响想象力，进而突破想象力的实际局限。其次，让我们来谈谈一致性。要是各部分会发生变化，那么想象就会在各变化处遭遇阻碍。而你将在变动处看到前一观念的终结和后一观念的诞生。就是说，缺乏一致性时，你将无法连续想象，也就丧失了唯一赋予边界事物无限性的能力。[①]我想，我们之所以对圆产生崇高感，就是因为这种人为的无限。当你处在一个圆形物体中时，不管是建筑还是农场，你都难以对它加以界定。而且，不管你怎样转，眼前还是那个物体，想象也就没有了停歇。为赋予物体此等强大的力量，各部分必须清一色、循环放置。因为各部分间的任何差异——不管是位置还是外形，甚至颜色——都会严重损害无限，让无限在每一变化、每一新生串联处遭遇阻碍、停顿。在连续与一致的原理下，我们便能轻易揭示出：古老壮丽的异教神庙为什么往往在方形外表的每一面都安上一系列相同的柱子。老教堂过道的宏伟感，或许也归因于此吧！在我看来，现在某些教堂采用的十字架结构，远不如老式的平行四边形合理。我想，至少外观不甚合适。假设十字架的四臂完全相同，而你平行地挨边壁或石廊柱站着，此时的你不会受视觉的欺骗，不会误以为这建筑仍在往外延伸。相反，你视力所及之处，大大受限，只有实际长度的三分之一。由于十字架的四臂各有各的方向，因此，它们都和横梁形成了直角。这便使得想象就此打住，不再重复之前的想法，并最终阻止了所有可能的连续。或假设观察者站在可直视建筑物的地方，结果会怎么样呢？最可能

① 艾迪生曾在《旁观者》中谈到想象的愉悦。他认为圆之所以给你带来愉悦，是因为你看到它的第一眼，就看到了它的一半。对此，我不敢苟同。

的结果是，十字架臂交汇的那个直角基础将会在观察者视线中完全消失。那么，整体势必破碎不堪、无法相连，而光照也会因分布不均，此强彼弱。而且它还缺少了沿直线连续设置而呈现的显著渐变性。无论你怎么想，这世上总会有一大串理由反对十字架建筑，就拿希腊十字建筑为例，缺陷是何等的明显，但事实是这些缺陷都或多或少显现在交叉建筑中。而真正影响建筑美感的，不是其他，而是众多的棱角，的确是棱角。人们之所以都犯这样的错误，是因为过度追求风格的多变。要知道，当多变成流行趋势时，也定没什么真正品味可言。

第十一节　建筑之巨大

要想使建筑变得崇高，大体积似乎不可或缺，原因在于建筑物的一角或小型建筑，根本不能引起我们的无限想象。建筑形式再精良，也不能从根本上抵消体积过小的负面影响，况且建筑物奢侈般的体积并不会将人类置于危险之中，因为它本身就有一个度。而太长只会毁了建筑物的崇高，取得适得其反的效果；因为，在你看来，建筑长一分，高度就减一分；减到最后，它会缩成你眼中的一点，成为你见过的最丑陋的“三角”建筑。我一直觉得适当长度的林荫道和走廊比绞尽脑汁得来的延伸更显崇高。一位真正的大师能用寥寥几笔的设计引来观者对崇高的错觉。尺寸设计的大，往往只带来寻常低水平的想象。没了视觉欺骗，哪件艺术作品都够不上崇高；当然，自然除外。好的艺术眼光会给两相对立之物带来平衡，使它们不致过长、过高、过短、过滥。若沿具体艺术探讨下去，或许就会得到某种精确的答案了。

第十二节　令人无限喜悦之物

就像带给我们欢乐的崇高和影像一样，无限也是喜悦的源泉。四季中最讨人喜欢的是春，最惹人怜爱的不是成年动物，而是远远未成形的幼崽。这是因为期望能给人更多的想象空间。我常常在未完成的画作中品出趣味，而在画好的画作中则不能。我想，这也应归于以上原因。

第十三节 困难

困难[①]也能产生崇高，那些看起来要花费巨大人力、心力的工作，就会显得很崇高。人们对史前巨石阵的赞叹，既不因它的摆放，也不因它的装饰，而是因为人们想到了竖着叠起未经雕琢的石块的巨大工作量。此外，未经艺术雕琢的原始工作也会使人们肃然起敬。要知道，发展完善了的技艺与原始技艺完全是两回事。

第十四节 壮丽

壮丽，即大量珍贵、辉煌的汇合，它同样是崇高的来源。尽管星空频频出现在人们的视野中，但它却从未失其壮美，但这不能归功于点缀在天空的颗颗星斗。要知道，数量才是原因。秩序井然才是壮丽感的大敌，因此星空的混乱反而增添了壮丽；而且那星空混杂的星星不计其数，这便给人们带来了一种无限的感觉。然而，艺术作品是否应该追求这等壮丽的集合，就值得商榷了。这是因为我们不能或很难驾驭如此之多的美妙事物，而且这等混乱的壮丽会让整体效果得不偿失；因为大多艺术作品最应关注的，还是整体效果。还有一点需要注意的是，如果你无法用混乱表现无限，那么你的作品就只是“胡乱涂鸦”，毫无壮丽可言。然而，也有成功展现壮丽的，像焰火等艺术作品。诗人和演说家也对它们大加称赞，称它们的崇高来自大量的、令人眼花缭乱的意象。这些意象使我们无法间接连贯地做出判断，而这原本在其他时候是可以办到的。

最突出的例子，就是戏剧《亨利四世》中对皇家军队的一段描述。

> 全副武装地，装配着铠甲

① 参见第四部分第四至六节。

就像一群羽毛鲜亮的鸵鸟，立于风中；
又像一群饱食后的猎鹰，浴后；
五月般意气风发，
仲夏骄阳般气宇轩昂，
像小山羊般蛮横，像小牛犊般狂暴。
我看见小哈利套上了海狸皮毛，
像插翼的麦鸠利从地面站起，
轻松地跨上坐骑；
像云中掉落的天使，
驾驭着烈性天马。

《希拉之子》是一部绝无仅有的好书，它不仅描写生动，而且语句也环环相扣，颇有深度。书中有段颂词，极度歌颂了奥尼阿之子——大祭司西蒙，它也是我们当前论点的绝佳例证。如下：

他从圣殿走出，沐浴在民众的崇敬中，多大的荣耀啊！他是云雾中，明亮的晨星，高悬的满月。他是照耀神庙的骄阳，也是驾驭彩云的虹。他是明媚春季的玫瑰，水边的睡莲，也是盛夏的乳香树。他是炉中升腾的焰火、熏香，也是金石镶嵌的宝船。他是孕育果实的新鲜橄榄，也是耸立云端的柏。穿着尊贵的华衣，带着十全十美的荣耀；他踏上了圣坛，光芒四射。他，立于圣坛中央，兄弟同胞们围绕左右；像极了众星拱月下的黎巴嫩雪松，周围点缀了无数棕榈。瞧啊，这就是亚伦荣耀的子孙，手持祭献上帝之物……

第十五节　处光

在对引发崇高的观点进行了通盘考虑之后，让我们接下来谈谈颜色。由于光决定了颜色的形成，因此，得先对“光”以及它的反面“暗”考究一番。光要想产生崇高，单靠照射的力量绝对不够，它得有其他某些条件。要知道，光本寻常，不会让人印象深刻。然而，无深刻，就无所谓“崇高”了。但事实上，当阳光径直朝眼前逼来时，感觉崩溃了，我们感受到了壮观。若次一些的光能以急速袭来，也会给人这种感觉。闪电之所以让人感觉崇高，是因为移动之极速。无论是急速地从光明到黑暗，还是黑暗到光明，都会给人们带来强烈的感觉。然而，我们伟大的诗人更深知的一点是：与光明相比，黑暗更能让人感到崇高。因此，当他们刻画上帝时，尽管（字里行间）溢满了壮丽的意象，脑子里却尽想着怎样把黑暗的力量完美编排。于是乎，主题的壮丽在笔尖处处流淌，又时时不忘对所有最晦涩事物的灰色描写。

> 肃穆阴沉的黑暗，
> 包围了王位。

值得注意的是，即使笔端的内容早已远离了黑暗，作者却仍隐隐想着描绘黑暗。就像诗人在描绘神迹流溢的光与荣耀时，异乎寻常的光就被幻化成了某种黑暗：

> 异常的光，透露着黑暗的裙摆。

这一观点不仅斩获了诗歌的高峰，还蕴含了哲学般的严谨。的确，当极亮之光袭来时，我们的感官就会失效，眼前一切化为乌有，营造出一种类似的黑暗。而当我们盯着太阳，看了一段时间后，眼前就会留下两个翩翩起舞的黑影。因此，两相对立的观点可以在极致中得到调和。这时，不论双方多么形同水火，都能同时带来崇高。在所有蕴含两极的不甘平庸的事物中，两种极限同放崇高光彩的例子并不少见。

第十六节 建筑之光

由于光线的处理对建筑极为重要，因此我们有必要探究一下，上述观点在多大程度上适用于建筑。我认为，所有想要展现崇高的大型建筑，都得显得阴森、黑暗。这有两个原因：其一，根据相关经验，很多时候黑暗比光对感情的影响更大。其二，若要使事物崇高，就得让它与我们眼熟之物尽可能地分割开来。这便能解释，当你进入一建筑时，为什么里面的光线总比外面暗。若光线减少的程度不大，那么它对你的影响也不大；若你想让它对你产生极大影响，你就得从建筑的极亮之处径直走进极暗之处。到了夜晚，这个原则得反过来用，但原理都是相同的：房间越亮，就会越壮美。

第十七节 能产生崇高的色彩

在所有色彩中，属于柔和与欢乐的色调（让人愉快的鲜红除外）都不太适合产生壮美的意象。与阴沉、黑暗的高山相比，一座布满鲜亮绿草坪的高山，又算得了什么呢？要知道，乌云密布比蔚蓝的天更壮美，黑夜也比白昼更显崇高、肃穆。因此，在古往今来的画作中，若不假思索地调配花哨色彩，绝不会产生满意的效果。若建筑物想传达无与伦比的崇高，那么它的建筑装饰材料，就不应是白、绿、黄、蓝、浅红、紫罗兰色或带有条纹的颜色，相反，它们应是深紫、黑色、褐色等阴郁的深色调。就好比大多镶嵌矫饰的画作、雕塑从未得到崇高的青睐。然而，我们并不必对此原理（深色带来崇高）大费周章；除非这一原理本身在任何特殊情况下，都能使事物产生相同震撼的崇高。因为有必要了解的是：虽然阴郁是一种无与伦比的崇高，但它并不存在于一切大型崇高建筑中。要知道，很多情况下，让建筑崇高的原因还有很多。然而，当事物显得悦人、轻浮时，我们就得警惕了，因为没有什么能比这更能破坏整体的崇高感！

第十八节　声音与巨响

眼睛不是唯一能感受崇高的器官，因为声音也会对崇高及其他情感产生重大的影响。我所指的声音与通常的理解完全不同，它并非那些毫无影响的字词发音，而是那种摄人魂魄的巨响，它不仅让人瞬间丧失行动能力，还能让人内心填满恐慌。这世上有很多声音，尽管不如音乐精细、美妙，却能唤起人内心的巨大情感，比如瀑布的倾泻、暴风雨的袭来以及雷鸣炮响，就连民众的呼喊声都有相同的效果。声音的独到力量，惊了也混淆了人类的想象。即使最心平气和的人，也无法忍受这样的惊慌失措；他们往往会大哭起来，然后逃离人群。

第十九节　突然

蕴含相当力量的声音，无论突然响起还是结束，都会产生同样震撼的效果。当声音响起之时，我们的心一下被揪住了，防卫感也被调动了起来。无论是从看到的还是从听到的一种极端过渡到另一种极端，都是相当不容易的、会令人恐惧的。因此，就有了崇高。任何突如其来、意想不到的事，都容易让我们恐惧。换言之，天生对危机的感应唤起了自我防御意识。大家可能已经发觉，有一种声音尽管力量不大、持续时间也不长，但若中断后再次出现，同样会有令人震惊的效果。就像当夜晚一片静谧之时，“当、当”巨钟骤然敲响，你的注意力一下收紧，还有什么比这更糟糕呢？这同样说明了人们对鼓声间隔一击、远处断断续续炮响的反应。本节所提影响的原因，几乎都是这样。

第二十节　断断续续

低沉、发颤、断断续续的声音，好似与之前所提相悖，却也能产生崇高。这值得我们讨论一番。然而，事实最终得由个人体验与反思加以确认。在上文中，我已提过：夜晚比任何事物都更让我们恐慌。当不知道将发生什么时，我们会自然而然地联想出更为恐怖的事物。因此，当我们面对未知事物时，即使冒着危险，我们也要寻求办法以摆脱这种讨厌的感觉。此刻，低沉混杂的声音隐约停留于耳畔。这种声音到底来自哪里？我们担心着、焦虑着；然而，我们周围没有光，或许有点氤氲的光，但我们无法看清周围的一切。

借着朦胧的月色，在微弱的光芒下，
旅者踏入森林——
微弱难辨的光芒
就像一盏灯光，越来越弱。
又像夜色中，乌云包裹的月，
行走的人儿，惊惧不已。

——斯宾塞

这种断断续续、时隐时现的光比漆黑一片，更令人毛骨悚然。同样在某种特殊情况下，模糊不清的声音也比完全的静默更恐怖。

第二十一节　动物的嚎叫

当含混不清的说话声和动物遭遇危险发出的痛苦的嗷嗷声响起时，你会有种特别的感觉。除非你所听到的声音是某熟知生物发出的，否则你绝不敢小觑这种声音。野生动物发怒时的龇牙咧嘴声，同样会使你格外恐惧。有诗为凭：

此处传来雄狮凄厉的哀号与怒吼。
欲挣脱它们的枷锁，咆哮经夜不衰。
刚毛野猪，和囚禁在栏中的熊群
发出可怕的怒吼；呼啸则来自野狼的巨大声音。

这些动物（在进化中）演变的声音似乎同它们的本性联在了一起，因此它们必然会发出属于自己的那种声音。当我们听到动物与生俱来的声音时——即使是那些不曾见过的动物——我们也足以知晓它们究竟是什么生物。对此，我们无法做出解释。这些演变出的、令人叹为观止的声音，真是不计其数。我略举一二，只为让人们了解其原理罢了。

第二十二节　臭味与气味，苦味与恶臭

臭味与气味都能产生某种崇高，但这种崇高在本质上小而弱，并且产生的形式也很受限。我只是觉得，那些熏天的臭气，除了让人们感到难以忍受的“哑巴吃黄连”之苦外，就不会让我们有大的感受了。的确，当这些臭气铆足了劲迎面扑来时，我们连一丝笑容都挤不出来；相反，我们只感到了痛苦。但当淡淡的臭味飘来时，就如记叙、描绘的一样，我们会像对待其他事物一样，真正对它们感到崇高。这和淡淡痛楚产生崇高的原理相同。“一杯苦涩人生”、“饮尽命运的辛酸”、“罪恶之源的苦苹果”，这些描写都带有崇高。维吉尔下面这段话，饱含了崇高；其间，阿尔布尼之林飘荡着蒸腾的臭气，它们与林中肃杀的恐怖交融，氤氲地预示着什么。

> 但是拉丁努斯，被这些征兆所困扰，
> 征求其祖先法务努斯的神谕，在树林中
> 高高的阿尔布尼泉流之下，巨大的森林与圣泉共鸣，
> 在荫翳中释放出野蛮的恶臭。

在该书第六卷中，有一段对地狱的崇高描述。在那里，蒸腾的恶臭与周围的所有意象都“相得益彰”，让人对其难以释怀。

那里有一个门户宽敞的山洞：幽深、巨大、岩石嶙峋，

> 被阴暗的湖泊与荫翳的树林所保护。
> 没有飞鸟能够飞越而不伤及羽翅。

如此可怕的气息被释放出来，
从黑暗的低谷到天穹。

我举这么多例子，部分原因是：我的一些朋友（我很在乎、尊重他们的鉴赏力）曾说过，干瘪陈述观点的文章，读者一眼扫过去，就会觉得滑稽可笑。但我想我主要顾虑的是，由于苦味和恶臭常与粗俗、卑劣结合，因此，在研究苦味和恶臭时常不免残留了这些观念的影响。毫无疑问，这些与苦味、臭气结合的例子以及其他例子都会有损崇高。但不可否认，不管苦臭味是与卑劣相连而显得卑微，还是与公认的崇高相连而显得熠熠生辉，苦味和恶臭都是检验意象是否崇高的标准之一；因此，令人厌恶的东西往往是伟大的。然而，就算事物令人不快、如坐针毡，只要它们的危险气息能一下被人类克服，那它们就像癞蛤蟆和蜘蛛一样，只能让人作呕了。

第二十三节　情愫和痛苦

无论肉体承受哪种形式和程度的苦、痛、折磨，情愫（不用说）都比它们更能激发崇高感；而且从某种意义上来说，没有什么东西能与之抗衡了。对此，我不必给出新例子，因为之前的例子已足够将它阐明。事实上，只要我们看看周围，一切都明晰了。

在此，我已简要地阐述了人类所有崇高感源自哪里，也清楚地证实了我（第七节）的首个论点，即崇高是自我防卫心理下的观念；它对我们的影响极其强烈，它越强，我们就越痛苦，而且它从不主动带来喜悦[①]。除了已提到的例子，还有很多例子都能证明这一事实，我们或许还能从下面得出许多实用的结论。

但是同时，时间飞逝，飞逝，一去不复返，
而我们被爱俘获，依次巡行。

---

① 参见第一部分第六节。

第三部分

第一节　论美

我打算先把美剥离出崇高，再在探究中检测这一观点是否与现实相符。但在此之前，我们得回顾一下种种时兴的美学观。我认为很难把它们的形成都归结为某种固定原理的作用，因为人们习惯了对美的比喻，换言之，他们对美的描述极其模糊、不确定。我认为美就是物体散发出的某种特质，它能让人产生爱恋或其他类似的激情。为了让事物保持最简单的一面，我将上述定义局限在物体的感性上；要知道，当我们不直接观察人和事物，而去考虑那些不必过多考虑的情感因素时，就总会让自己分心。此外，我还认为爱恋就是不管对方是什么，却总能从它的美丽中获得的满足；而情欲是脑海中的欲望，它催促我们去占有，即使是对那些我们不认为美的事物的占有。这与爱恋完全不同，因此我将它们分割了开来。我们会对一个不怎么样的女人迸发强烈的情欲；对帅哥、可爱的动物尽管爱恋，却丝毫没有非分之想。这就表明，尽管爱（由美等感情激发）有时掺杂了情欲，却不同于情欲。因为情欲不仅包含一些狂暴、剧烈的激情，还充斥了在爱的名义下产生的生理冲动；而这绝不是所谓的美引发的。

第二节　“比例”非植物之美

人们总在说比例产生美，而我在思前想后下，极大地怀疑是不是所有的美都得归于比例呢？比例似与一切有条理的事物一样，都与便利画上了等号。因此，它常被认为是理性的产物，而非想象、感觉的触动。要发现美，不必长期观察与探究，也不必借助理性推理，甚至连决心也不必下。因为物体散发的美，会让我们产生行之有效的爱恋，就像冰之冷、火之热一样作用于我们的头脑。要想在这一点上得出满意的结论，就得对“何为比例”好好考察一番。“比例”，尽管大家都在用，但却难找到几个明白个中深意的人，更别说清楚理解与之相关的概念了。比例是量的相对尺度；由于所有的量都是可分割的，因此每一部分不管怎么分，它都与其他部分或整体存在着某种联系。这些联系便催生出了比例最初的概念。人们在测量过程中发现了它们，因此它们成了数学研究的领域。不过，我们对精确的量似乎显得漠不关心：它们是整体的四五六分之一或一半也好；长度与其他部分相同，或两倍，或一半也罢；都与我们无关，对此我们完全中立。但正是靠着人们对它的不屑与冷漠，数学运算才充分发挥了它们最大的优势；因为比例的研究激不起半分想象，因此它才摆脱了评判与偏见。

即使比例不同、数量不同，也可让人产生相同的理解，因为我们可以从或大或小，或均等或不均等的运算中推导出相同的事实。不过，可以确定的一点是：美无法测量，也无法进行计算和几何推理。要是它真能和这些沾上边，我们或许就能指出某种美的计量方式，从而能展现自认为的那种美，或相互映衬的美了。有些东西我们感觉很美，却没有证据加以证实。因此，（如果能和计算之类沾上边）我们就能从这些物质中推导出某种符合心意的标准，然后借着这种理性来证明，我们的激情并非无的放矢。然而老天并没有帮助我们，我们只好自己琢磨：比例（从某种意义而言），是不是就像大多数人认为并确信的那样，真的就是美的来源呢？要是比例真的是美的要素之一，那么我们定会得出——比例之所以美是由于其测量方式的某种内在自然特性，这种特性按习惯的轨迹，周而复始地影响我们对美的感受——的结论。如若不然，我们也会得出——比例之所以美，是因为某些比例的量恰到好处地达到了特定的标准——的结论。这样一来，我们就得对美丽的动植物研究、再研究了，看它们的各部分是否依据某测量方式构成；看它们是否能在某测量方式的基础上，习惯地、周而复始地或者通过某特定目的下的恰当比例，使我们对它们的美感到满意。我将按它们各自的顺序一一检验。但在此之前，我要说明一点：如果我在此探索过程中所遵循的原则误导了我，引我进了歧途，请大家不要生气。第一，当我们检验“产生相同或相似影响的两物体”时，如果它们的特性既有相同处又有相异处，那么就将影响归于相同处，而非相异处。第二，对于自然物体与人造物体不同影响的差异，我将不予说明。第三，若自然原因明摆着，我就不再对自然物体的影响与其效用的理性结论相比较。第四，若影响来源于相异或相对的测量方式和联系，抑或存在的测量方式和联系不产生一点影响，那么我将不会承认造成影响的原因是那些确定的量或任何数量关系。以上就是我大致遵循的原则，我将把它们融进对比例（视作自然因素）的检验中。如果读者认为合理，我就请你们带着这些原则进入下面的探讨。首先，让我们想想，哪些物体会产生美；其次，看一下那些美丽的事物中是否存在某种比例，以使我们确信美即源于此。我们探究的将是一种在植物、低级动物以及人类身上共存的愉悦力量。先让我们将视角转向植物。我想植物当中没有什么比花更美的了。然而，花形状多变、千姿百态，且每一种都衍生、幻化出了无限多的品种。就连植物学家的命名也因此繁多了起来。花的叶与茎之间的比例如何？叶与蕊又如何？玫瑰细长的枝干和硕大的花朵，又是怎样协调的呢？诚然，玫瑰硕大的花朵绽放在了细小的灌木上，很不协调，但的确很美丽。难道就非得让我们说，它的美悉数归于某种协调比例？除此之外，高大的苹果树也只开小小的花，尽管枝干间不协调，但到开花时，枝干却作为最动人的装饰，增添着它们的美丽。我们难道还会认为，有什么比枝繁叶茂、果实累累的橘树更美？然而，无论高宽还是整体，我们都找不到任何呈比例的尺寸，也找不到它们间的相互关系。我承认，有些花长得很匀称，叶子也搭配得很有条理。譬如玫瑰（尽管枝干不搭）就有搭配适宜而匀称的花瓣。但我更愿意相信：玫瑰——即使匀称的外形被打破，叶子乱长——仍能保持它的美。或许，怒放前的它更美——含苞待放，未成形前的它也更美！这不是唯一能精确证明论点的例子，但它的确说明了：比例不是美的原因，而只是我们对美的偏见。

第三节 “比例”非动物之美

很明显，比例算不上构成动物之美的一分子。在这个大千世界中，尽管动物的体态千差万别，但它们都能引发美感。众所周知，天鹅是一种伸着长脖子（比身体还长），拖着小尾巴的鸟类。这个比例美吗？我们不得不说：美啊！但我们又怎么来说孔雀，它那较短的项颈，和比颈加躯干都更长的尾巴呢？有多少鸟类能与上述标准沾边，又能有多少鸟类与你可能找到的其他标准沾边？要知道，它们的外形特征往往与此水火不相容。然而，无可否认的是：很多鸟都极美。当我们在打量鸟儿时，不会先入为主地说——某物怎么怎么样……才美；也不会事先就对它们做什么实质性的猜想，因为任何经验都只会误导我们，让我们败兴而归。接下来，我们来谈谈花卉与鸟的颜色。这两者在颜色上是有共通点的，即无论在颜色的种类还是变化上，都不存在比例。这些动植物要么只有一种颜色，要么就有彩虹般斑斓的颜色；要么是些原色，要么是些混合色。简言之，只要你留心观察，就能很快得出像对体态一样，比例在颜色中同样没有一席之地的结论。接下来，让我们把视线转向兽类，检验一下骏马的头部是否与躯干、四肢呈现出一定的比例和相互关系。当你定格了这些美的标准比例后，就代入其他动物中看看，譬如猫和狗，看看这些动物在颈部、头部与躯干的相同部位处的比例，到底与之前的比例差别有多大？此刻，我想我们能安心地说：每类动物的比例都不同，但全然不同的种类，却都能展现独特、惊人的美丽。现在，如果大家都认为：在体态、构造上相异、相对的事物能与美相连、相伴发生的话，那就表明我的想法（自然界中并不存在能让物体产生美的度量法则）得到了默认；目前，至少在兽类中适用吧！

第四节 “比例”非人之美

有观点认为，人体有些部分相互间存在着某种比例。若其要为“美有效地存在其中”自圆其说，就得先表明是否人有了某种特质（不管正确与否）就美。我的意思是，当我们看着的时候要感觉到美，不管这种美来自某部分，还是整体。此外，还得表明各部分的相互联系能很明显地对照出来，以便使我们的喜爱之情能自然地流淌出来。我曾多次认真地探究过这些比例，发现它们几乎完全相同地存在于实验对象身上，而这些实验对象不仅外表相异，而且有的还巨丑，有的则超美。至于他们那些成比例的部分，要么是在部位上相去甚远，要么就是在气质、行为上有天壤之别。因此，我看不出他们是怎样对照出比例的。因此，也看不出比例带来了什么影响。有人声称，若一个人很美，那他的颈部就得像小腿般长、两手腕般粗。这类见解在文学作品及日常对话中比比皆是。然而，颈部与小腿有关系吗？怎么把手腕也扯上了呢？诚然，漂亮的人中的确有这种比例，但丑陋的人也会有，只要你不辞辛劳，总有可能找到。不但如此，我想（不怎么确定）当着最美事物的面，那些（与手腕等成比例的）美更本无立足之地。或许你能给出令你满意的人体比例，但我保证，如果画家愿意教条式地、不计后果地遵循，那他一定会画出令你恶心的人体像来；而当他大胆地偏离（你给出的）比例时，一个可人儿便出现了。事实上，那些古今的雕塑杰作或已昭示了一切。由于雕刻家在各部分的明显考虑，使得个别雕塑在比例上完全不同于其他雕塑，也不同于活着的人，但它们的美却令人注目、驻足。那些比例派，终究认同了多少种美的人体比例呢？有人说，有7种；还有人说8种，甚至10种。这么一点竟引出了如此大的分歧。此外，还有人用其他方法对其进行检验，并且获得了相应的成功。但所有帅哥身上的比例都完全相同吗？美女身上都有那种比例吗？没人敢这样说。无可否认，男人和女人都能很美，但女性更甚。这种有优势的美，我想，绝不可能归于性别上精确的比例优势吧！性别之说，暂且不予考虑。先让我们来看看，人类这个物种在雌雄性之间的类似部位上，到底有何差异。

当你确定了人类的四肢比例后，或当你认为人类之美仅限于这些比例后，你就只得把不符合标准样式的女性归为平淡无奇，尽管你不是这样想的。你要是想遵从自己的想法，那就只得放弃之前的条条框框，拿起比例尺和圆规，再探“人缘何美”。要是美的标准依附某自然法则，那为什么同一部位有着不同样式的美？同一物种有着不同形式的美？让我们想得更开阔一点，你就会发现几乎所有动物的各部位都相似，作用也相同，如眼耳口鼻、脑袋、脖子、身体和四肢。然而，造物主为尽可能满足动物们的各自需求，又为证明他伟大的智慧、创作的精良，便在标准的联系与安排上，赋予了这仅有的几种相似器官以无限的可能性。

由之前的观察，我们便知在这无限的多样性中，有一特别的东西是多个物种都共通的，即有些个体的构成，能让我们产生喜爱之情；在对它们产生喜爱之情的同时，它们各部分间的比例又极其不同。这方面的考虑足能让我义正词严地拒绝“自然产生美”的比例之说。然而，那些终会认同我的人，却先入为主地倒向了更含糊的一派，即他们认为尽管宜人动植物不需要什么标准便能达到普遍意义上的美，但想达到特殊的美，就必然依赖某种比例。他们还说：看看我们周边所有的生物就知道，广义上的美没什么可循的标准；但由于身体各部分的独特联系标准区分出了不同的物种，因此，在单一物种内部就可找到美的标准比例。如果不这样，它们就会脱离原来的物种类型，而变成了“四不像”。然而，我想，没哪个物种会严格遵循某比例，否则就会在个体中出现许多雷同的变体。人类世界的现象，或也表明了兽类中认定的美与比例无关，也无所谓脱离物种之说。正是由于物种观念，才使我们进行了对比例的所有探讨，否则，我们就得倒向某自然作用了。事实上，稍加考虑便知：所有形态上的美并不是某标准在起作用，而是因为我们习惯了某些美而已。做装饰设计的我们，从所谓的比例中获得了什么启示呢？有一点我很好奇，如果艺术家真的像他们装的那样对“美即比例”深信不疑，那为什么当他们设计文雅艺术时，却不总是求助各种动物身上精确比例的美呢？特别是他们还经常宣称，于自然界中观察到的美指引着他们实践。我知道，这个说法由来已久（从建筑比例源于人体构造开始说起），从这位作家到那位作家，反反复复上千次了。为了完成这个牵强的推理，他们画了个四肢完全伸展的人，并且还沿怪异形体的手足处，绘制出了个正方形。但我很清楚，此画从未给建筑师带来任何灵感。首先，因为人很少有此等既不自然又不好看的紧绷姿势。再者，见到该人体时，人们会更倾向于十字架，而非正方形。若真的是正方形，那就在两臂与地面的巨大空间内填塞些东西吧。其三，就算大师们建造的不是几座正方形建筑，效果也同样会很好，甚至更好。如果一个建筑师视人体为工作的模板，那你肯定认为他在闹着玩；是啊，还有什么比“人肉房屋”、“人形寺庙”更异想天开的？它们的用途根本不同，这难道还需指出吗？我更怀疑，这种推断就是为艺术设计好了的歌功颂德，它只想表明此艺术媲美于自然的杰作，而非后者的启示促成了前者的完美。现在，我更确信，当“比例”这一人为观念上升至自然之物后，它的信徒们就不会再假借“之前作品中的比例”了。我给出这些原因在于，无论何时谈论到这一主题，他们都会尽可能地躲闪出“动植物王国”开阔的自然美，而转向论证建筑线条和角度的“人为美”。很不幸，人有种倾向，即总为自己、自己的想法、作品找到最佳的解决方式，也不管这个方式到底是什么。因此，我们常发现人类的住所宽敞而结实——就像把人丢进了一个各部分相连的对称图形中一样。这些观念也移植进了花园，看看圆柱树、金字塔树、方尖石塔树就知道了。他们还把篱笆染成了绿墙，把小路精确对称地隔成了正方形、三角形等数学图解。他们想，就算不是模仿自然，也至少是在教自然如何改进自己。自然最终还是挣脱了他们的条条框框和枷锁。于是园艺开始宣称：精确的概念并非美的真正标准。它在动植物世界显然也无立足之地。因为那些通常所见的杰出的绘画作品和世界上口耳相传的无数挽歌颂词，还有那些经久不衰的作品，都以饱满的激情塑造了“爱”，以无限的视角展现了“物”，却没有“比例”的只言片语。就算这样，还是有人固执己见地认为：比例即美。同时，又不断高调地提及比例的其他几个特性。他们称：若比例无此能力，那人们最初对它的偏爱就显得太奇怪了。我想，原因我已提过，是因为人对自己作品与观念的盲目推崇和偏爱罢了，还因为人们对动物常态推理的错误。柏拉图的天资适应论也为其画上了浓墨重彩的一笔。在下一节，我会就动物常态这个原因讨论；之后，我还会讨论适应性的问题。我想，若不是自然标准掌控着比例，那就一定就是习惯或功利心，此外，再无其他解释了。

第五节　再探比例

要是我没弄错，有人会这样认为：我们对比例偏爱，大多不是因为我们在美丽事物身上发现了某种标准，而是因为我们错误地把“缺陷与美”这两个对立的事物相连了。照此原理，便会推出：只要把导致缺陷的缘由剔除，美定会自然而然地溢出。我想，这一错误彻头彻尾。因为与缺陷相对的并不是美，而是一种完全的常态。“一只腿长、一只腿短”常被视作缺陷，这是因为对于人这个完整的概念而言，它还缺了点什么。不管这是天生的，还是事故后截肢造成的，它都被人视为“缺陷”。因此，驼背是一种缺陷，它让人驼得很不正常，还让人觉得遭遇了某种疾病或不幸。脖子太长、太短也是人体某部位的缺陷，因为（我们认为）人通常不会长成那个样子。但我们每时每刻的经验都告诉我们：一个两腿健全、脖子正常、背部挺直的人，不一定同时还让人觉得美艳惊人。事实上，美绝非来自习以为常的事物，要知道，习惯了的事物对现实中的我们影响太小了。打动我们的美是新颖的，而且还得从缺陷中透露出来。因此，熟知的动物（只要有缺陷）仍会打动我们。若一新物种摆在我们面前，我们定会快于习惯一步，自己判断美丑，而不是等着固有的比例。这就表明，惯常的想法和比例之说一样，都不能有助美感的产生。缺陷是一种惯常比例的缺失现象，然而，当事物以惯常比例呈现时，又不一定产生美。若假设自然物的比例与惯常思维、效用有关，那么这两者的性质将向你表明：强大而纯粹的美，不可能来自缺陷！我们是造物主精心制作的生物，不但热切渴望新颖，还强烈地依赖着自己的习惯。我们不会对那些早习惯拥有的东西产生多少感觉，但当失去的时候却会备感痛心。我记得有一段时间，我常去一个地方。说老实话，去那里并没乐趣可言，甚至还有某种厌烦的情绪。我来了，又走了，期间并没产生任何快乐。然而，若某一天的那个时刻我没去那里，我就会心神不宁。这种如坐针毡的感受，直到我踏上那条老路，才会平复。那些老拿着灯花的人，似乎从不曾感到灯花在手，灯花的呛鼻味也闻不到了，好像他们的嗅觉迟钝了，不再敏锐。然而，若从他们手中夺下那个盒子，他一定会变成这个世界上最坐立难安的人。实际上，习惯性使用某物绝不会让人产生喜悦感，它只会完全消磨掉人们的喜爱，不管它是什么。因为，就像长期的使用最终会让人摆脱痛苦一样，它也会以同样的方式消减喜悦感；接着，在二者的共同作用下，我们变得见怪不怪、无动于衷。因此，我们该把使用的后果称作人类的第二天性。处于自然状态下的我们，通常会对痛苦、快乐冷眼旁观。但当我们脱离这种状态，或当维持这种状态的必要物被剥夺，再或因些“老掉牙的原因”让我们不再快乐时，我们也总会为此神伤不已。于是，在第二天性的影响下，习以为常的事物也会让我们产生类似的感觉。那些缺少了正常比例的人和动物，只会让我们厌烦，尽管他们的出现不是我们快乐的源泉。的确，人身上提取的美丽比例，频频在“可人儿”身上得到了印证，但那不过是人类普遍的共性罢了。若我们能在庸脂俗粉身上发现这种比例或者没有这种比例，美却频频出现时，我们就可表明：美的确还有其他原因。我们自然可以得出结论，美和比例根本是两回事。与美相对的不是不协调的比例——缺陷，而真正原因该是“丑陋”，因为它产生的原因与产生纯粹美的原因完全对立。若非对此进行了讨论，我们也不会得出这一点。美丑之间存在着平庸，所谓的“比例”在这一类人中比比皆是，但却不会让我们产生激情。

第六节　美之因，非适合性

有一种观点认为：实用性或对“目的”的适用性就是美之所在或美本身。要不是这一观点，“比例之说”就不可能长时间大行其道了，世人也不会不厌其烦地聆听诸如“自然原则”、“适应目的性”标准等一派胡言。要知道，对某种“目的”的适应就是人类对比例的普遍看法。这一看法也没出多大差池，因为人们从未为它和其他标准抓耳挠腮。故这一理论又继续声称，不管是人制造的事物，还是自然存在的事物，都是因为适应了各自的目的而获得了美丽。对这一理论框架，我不敢苟同。单个的体验恐不足为凭吧！因为若照此原则，内置硬软骨的楔状猪嘴、深陷的眯眯眼——整个猪头一起就应该显得美轮美奂，你看，它是多么适合乱拱乱窜的猪啊！同样，鹈鹕在我们眼中也应该是美丽的，因为在它嘴上挂着个大大的袋子，这可对它极为有用。除此之外，全身布满刺的刺猬和豪猪，也应该看起来很优雅，因为它们可是有保护自己免受袭击的刺。很少有哪种动物的构造比得上猴子。它有人一样的手，弹跳力十足的后肢，还有奔跑、跳跃、悬挂和攀爬的能力，这都令人称道。然而，在人类看来，鲜有比猴子更丑的了。不用说，大家也知道，大象的鼻子有各种各样的用处，但却无半点美感可言。狼的奔跑和跳跃能力让人无话可说、为战斗而武装的狮子让人不得不钦佩，但有人会说狮子、老虎、大象很美吗？我想没人会认为我们的腿能像马、狗、鹿等动物一样适于奔跑吧！至少外形就不一样。然而，我坚信人的一双美腿怎么也比动物的好看。如果部分对整体的适合能构筑美，那么实际的应用无疑会大大提高美。有时（在其他原理的作用下）的确如此，但实际上，并不是这么回事。展翅飞翔的鸟并不比休憩时更美。那些家禽，你从未见它们飞过，它们就因此在美上稍逊一筹了吗？然而，由于鸟的生理构造与人类、兽类迥然不同，因此你不能靠适应性原则判断它们的美，除非你认为这般构造另有目的。我从未见过一只飞翔的孔雀，但远在我考虑它的飞行能力前，我就被它的美震撼了，我想它比最美的飞禽还要美。就算它与猪一起养在农场，生活方式也沾染上猪的习性，我也不会改变我的初衷。这对公鸡、母鸡之类（拥有飞禽的外表，运动方式却接近人和兽类）动物同样适用。这些暂且不予考虑。要是人身上的美与用途相连，那么男人应该比女人动人得多，因为力量与敏捷将是男人独有的美。若称力量为美，那就是将属于维纳斯的特点与赫尔克里斯的等同。他们可在各个方面都不同，上述观点既奇怪又混淆视听，简直是对文字的滥用。我想产生混淆的原因在于，我们总是一开始就认为人和动物的各部分都很美，也都明确地适用其目的。其实，我们只是被谬论欺骗，误把相伴发生的事当作原因罢了；就像战车上的苍蝇，误把扬起的尘土当成自己扬起的谬论一样。胃、肺、肝等其他的器官都兢兢业业、各司其职，但它们一点也不漂亮。再者，很多美的事物并无多大用处。只消求助最直接、最自然的感觉，便能对上述观点加以印证，即不管它们是浓眉大眼、樱桃小嘴，还是苗条细腿，都必须先以能看、能吃、能走的方式展现自己。花作为植物界美的化身，有用吗？的确，拥有无限智慧与善的主，总慷慨地将美加在对我们有用的事物上。但这并不表明，有用和美是同一回事。它们也绝非相互依存。

第七节　适合的真正作用

虽然我没把比例和适合性算作美的一分子，但我决绝地说它们没价值，也无意在艺术上忽略它们。要知道，艺术是它们大展拳脚的地方，它们能在此发挥出所有的力量。当造物主想影响我们时，他绝不会单靠运作懒散、不确定的理性思维，他将用他的智慧阻碍我们的理解，甚至我们的意愿。那些阻碍的力量和特性，在我们还没来得及领会或反对之前，它们就摄取了我们的感官与想象力，俘获了我们的灵魂。经过长期的推演和研究，我们终于领略到上帝“令人咂舌”的智慧。然而，我们领略的效果却是不同的，这不仅体现在获取的方式上，还表现在获取事物本身的特性上。这种猝不及防的特性，让我们瞬间感受到了崇高与美。当解剖学家探知到肌肉与肌肤的效用时，即肌肉在身体各部位运动时的精密结合，全身上下每一寸肌肤的绝美质感，以及内外相通性，都令解剖家心满意足。当普通人见到“一吹即破”的平滑肌肤（及其他美丽部位时），也会获得一种感情，但这不需要某种学术上的研究。前一个例子中，我们会赞美主，崇敬地仰视主，即使我们感到作呕、生厌，也会不改初衷。后一个例子中，我们丝毫未察觉构造之精妙，触动的力量常来自想象。若要此时的我们考虑其创作时的强大智慧，就得诉诸强烈的理性，以便把我们从“被吸引”中解脱出来。至少到目前为止，我们只是出于事物本身的考虑，而产生了彼此默认的比例和适合性，这是一种认同，但却不是爱或类似爱的激情。让我们来仔细瞧瞧表的构造。就算我们对它各部分的效用了如指掌，就算它整体的实用性令我们相当满意，我们也不可能从表本身发现什么美感。让我们来看下一个例子，当锐意进取的艺术家努力雕刻时，他并没想着“有没有用”，但我们却能从中体会到更生动的美，这是表本身无法给予的，就算大师格雷厄姆做的表也不例外。就像我说的，美先于我们对事物效用性的认识。要判断比例，就必须了解事物这样设计的目的。目的不同，比例也就不同。就像塔有塔的比例，房有房的比例，画廊、礼堂、会议厅也有它们自己的比例。要判断这些事物的比例，就得先熟知它们为何这般设计。只要经验丰富的我们感觉到位，就能找出在每样艺术品中，怎样做才合适。我们是理性的生物，做每件事情都在考虑目的、意图。至于激情，无论它的产生是多么单纯，它都只能退居二线，得不到满足。这便是适合性与比例的真正力量所在。它们建立在理解的基础上，反过来，又对作品中展现的适合、比例加以赞同和认可。此时，想象力与它引发的激情就只能束手无策了。然而，相反情况也俯拾即是。一间裸露的屋子、未经粉饰的墙与天花板，一切都这样合乎比例，我们却丝毫也高兴不起来，最多木然地对它点点头。相比之下，文雅的花边彩饰，散布的玻璃片，装饰性的家具，再耷拉一个不成比例的房屋外壳，感觉很美。于是，想象开始反抗理性。要知道，它可比一个干瘪瘪的比例悦人得多，尽管理性只对前者的目的适应性大加赞赏。我之前说过，在这也说过，我绝非愚蠢地要让大家在艺术品中忽略掉效用。我只是为了表明，美与比例（这两个突出的概念）不是同一回事罢了，无视两方中的任何一方都不是我的初衷。

第八节　摘要重述

综上所述，要是人身上各部位间呈现出一定比例，那它不仅经常在漂亮的人身上找得到，不漂亮的人身上也有。要是真有这种比例，那我们应该在对比的过程中感到喜悦（然而，我们从未经历此种喜悦）。要是在动植物中找到了些特定比例，那它们定与美相伴发生（但真实情况并非如此）。与目的相适应的各部分就很美，没有目的性便不美（这与我们一直的体验相悖）。从上述的错误推论中，我们或可总结出美感经由比例或功用产生。然而，各个方面都表明，事实与这完全相反。对于美不依赖比例的事实，我们或许还挺满意，就让美归于那个尚不清楚的原因吧！

第九节 完美不产生“美”

近来流行一观点，它和之前的观点还颇有一种联系，即要想美，必须完美。这一观点不再局限于能感知的物质。但把美的原因归结为完美，也太离谱了。要知道，女性所能展现的最高程度的美，往往夹杂有某种缺点与不完美。对此敏感的女性为此学会了咬舌，学会了摇摇摆摆地走路，也学会了装得虚弱、病怏怏的样子。这一切都是天性使然，因为忧伤的美最动人。此外，脸红也会增加女性的魅力。内敛、沉默这种瑕疵，在女性身上，常被视为脾气好、亲近人，这也使女性的内在相互提升。我知道每个人的嘴里，都念念有词地说着：我们“理应”热爱完美。我想，这就充分证明了完美并不适合“爱”（怎么能全都追求完美，物极必反）。你们听谁说过，理应爱一个完美的女人，或理应爱一只既悦人又漂亮的动物呢？要真受到这样的影响，意志也就没必要存在了。

第十节 美的观念在多大程度上作用于人的品质

上述言论同样适用于人类的诸多品质。坚韧不拔、正直不阿、聪慧明智等美德，让人由衷地钦佩与崇敬；然而，它带给人的是恐惧而非“爱”。你会发现有这些品质的人都很难亲近。与之相对的是那些溢满了心房，让我们由衷喜爱的美德，它们都很温和；像温和的脾性、怜悯、善和宽容这一类。尽管后者在社交中不能直接表现，看起来也没“前者”重要和高尚；但正因如此，它们才看起来亲近人。那些崇高的美德要么源于危险，要么源于惩处，再要么就源于困顿，它们意在最大限度地阻止危害，而非讨人欢心。因此，广受崇敬的它们一点也不动人。那些居次要地位的美德，常表现为宽慰、满意、放任。由此，它们显得很可爱，却逊了高尚一筹。那些能走进大多数人心间的人，常被视为闲暇时刻的伴侣。有了他们，便远离了焦虑与不安，这是那些怀有强烈道德感的人给不了的，他们都太“灼眼”了。跟他们在一起，我们会感到心累；与注视这些耀眼的光芒相比，心灵氤氲的点点绿光更适合我们。萨鲁士特生动地描绘了“恺撒”和“加图”，然而两人是极具反差的。有必要观察一下我们对两人的反应。这两人，一个“宽容慷慨”，一个“尖刻吝啬”；一个是“不幸者的避难所”，一个是“邪恶者的克星”。对于后者，我们满怀崇敬与敬佩之情，甚至可能畏惧。我们敬重它们，却不敢靠得太近。前者令我们有似曾相识之感，我们喜爱他；他所到之处，我们都紧随。为了近距离、更真实地观察，我将在本节中添一段对话，这是我一个天才朋友（读完本节后）讲的。父亲树立的权威，有利于我们的成长，我们对他的各个方面都很敬佩，但却不敢像爱母亲一样爱他们。在母亲那儿，父亲的权威几乎融成了溺爱与迁就。然而，我们对父亲却始终有种不同寻常的爱。因为随着岁月的消磨，父亲的权威会渐渐从我们心中剔除，取而代之的是“女性般温柔的偏爱”。

第十一节　美的观念在多大程度上作用于美德

综上所述，我们或能轻易看出何种程度的美适宜作用于美德。将美作用于美德往往会强烈混淆我们对事物的看法，甚至会催生出多种异想天开的理论。这些理论包括：美等同于“比例”、美等同于“适合性”、美等同于“完美”。当然，还包括了那些根本不沾边、“自顾自”琢磨出的观点。这些观点，一个接一个，混淆着美的观念，使得我们再无评判的原则和标准可循。要知道，它们比我们的幻想还要难以捉摸。因此，这种散漫、不明了的说法只会让我们在品味与道德上误入歧途；进而诱使我们抽离伦理科学的基石——理性、社会交往、自然规律，而把“无实质的它”不切实际地置于人类社会的基座之上。

第十二节　美的真正原因

我一直在努力表明，美不是哪些东西，也到了至少该用同样的精力考察“美是什么”的时候了。由于美那么触碰神经，因此，它一定依赖着某明确的特性。考虑到它不是理性的产物，在不怎么涉及“有用没用”甚至“根本没用”的情况下也能打动人；还考虑到我们的标准与比例之说完全不同于自然界的原则与秩序。因此，我们会下如此结论：很大程度上，由于内在的某种特性受到了感觉的刺激，再模式化地反应给人脑，于是，美产生了！因此，我们得留心体验那些“激发美与爱等类似情感”的事物，以便观察出它们的特性倾向于用怎样的方式获得人们的关注。

第十三节　小事物的美

当我们观察物体时，映入脑海最深的不外乎是大小与长度。体内蕴含的力量多大时，才能称为美呢？或许我们能从惯常的说法中获得答案。听说，在大多数语言中，令人喜爱的对象总带有个描绘“小”的词语。在我了解的所有语言中，的确如此。像希腊语iu等含义为小的词语就几乎与喜爱、温柔等同。在与人交流过程中，希腊人常把这些状“小”的词语加在那些“交情好，又亲近”者的名字中。尽管罗马人不怎么敏感，也不怎么心思细密；但在上述情景下，他们同样会自觉地采用有“变小”含义的词尾。在古英语中，ling表示“变小”，它常加在令人喜爱的人、事物名称后面。现代英语也还有所残留，像Daring、Little Dear等。在现如今寻常的交谈中，如果谈到喜爱的事物，我们仍喜欢把“小”挂在嘴边。而你我对这些昵称的使用却远不及法国人和意大利人。在那些非人的诸多动物中，我们也比较偏爱小个头的动物，像些小鸟、小野兽。我们通常不会用“大而美”来描述事物，“大而丑”倒是经常听到。崇敬与喜爱有着天壤之别：因为前者的崇高建立在大物体上，很可怕；后者栖居于小事物中，很悦人；它们两个，一个让我们屈服，一个让我们被屈服；一个逼我们顺从，一个让我们乐意顺从。简而言之，崇高与美的基础不同。很难，几乎不可能，将二者协调于一个事物中，除非我们大刀阔斧地削弱一种影响。因此，美丽事物的量都相对较小。

第十四节　光滑

说到美丽事物，我们还经常谈到一点，那就是：光滑。它对美是不可或缺的，反正我想不起有什么美的东西不光滑。花草树木中，光滑的叶子很美吧！苗圃里，平滑的斜坡也挺好看的吧！风景区平缓的小溪，鸟儿与野兽柔顺的皮毛，女性光滑的肌肤，以及那些光鲜的装饰性家具，无不彰显其美丽。美大多归于这种光滑的特性，而且还不是一般的多。因为，就算一个物体在其他各方面的构造再美，若给它加上个破碎凹凸的外表，它怎么也不会让人高兴。然而，一个残缺不全的物体，只要拥有了光滑感，就几乎能比所有粗糙的物体更悦人。这看起来也太明显了，难怪我自己都惊奇不已：细数人们给出的构成美的原因，为什么就没人提到光滑呢？要知道，崎岖的表面、凹凸、尖角的确与美背道而驰啊！

第十五节　逐步的变化

由于完美无缺的事物没有尖角突出的可能，因此它的每一部分都不会在同一方向上绵延。每时每刻，它们都变换着方向，就算在我们的注视下，也在不断发生着偏离。然而，我们并不知晓它们的起点、终点，因此很难断定“哪里又转了”。看一下漂亮的鸟，你就知道了。瞧，它的身体从中部隆起，往头顶渐渐地变小，小到几乎看不到的脖颈处时，便与脑袋相连。朝尾巴那边是个新的方向，它又从隆起的中部，开始了整个变小的过程。不过，它一会儿往这边，一会儿又往那边。就这样，它不断向上向下、向左向右地变化着，各部分也混杂在了一起。在我进行这段描述时，参照的是我脑海中鸽子的形象。它非常符合美的标准。瞧，它的羽毛光滑柔软，身体各部虽不断变化，却融成了一个全新的整体；而且，你在它身上找不到任何“突然冒出的东西”。让我们来研究一下，女性身上可能最美的部分：脖颈和胸部——肌肤滑而柔，线条流而畅，不断变化，却没半分隆起，每一细微处都别有洞天，每一寸肌肤都像迷宫，令我们眼神迷离，不知道该往哪儿看，也不知道看向的是哪里。这不就是对不断变化表面的最佳诠释吗？我们从它的变化中看出了美的成分了吗？我发现霍格斯“曲线美”的观点极为正确，他真是个天才！不过，更为欣喜的是，他的观点可以巩固我的理论。但他关于“变化方式”的观点，就不太精确了。他竟认同了尖角物体的美。是，我承认它们的变化的确很大，但它们变得也太突兀、太破碎了。我发现那些物体在有尖角的同时，不可能还表现得漂漂亮亮。事实上，很少有哪些物体天生就尖模尖样。不过，我想那些极接近的就已经是最丑的了。就我对自然的观察而言，我还得补充一点，尽管我们能从变化的曲线中发现绝对的美丽，但这世上并不存在产生美的特定曲线，因此，所有曲线都受到了美的青睐。至少，我还没发现哪种特别能产生美的曲线。

第十六节　娇弱

有损美丽的事物常表现得强健有力，而美丽必须有娇弱，甚至虚弱的外表。只消看看动植物，你就知道上述原则广泛存在于自然界。我们不会认为，林中那些像橡树、榆树一样的“大个头”树很美。对我们而言，它们威严而可怕，于是尊崇之情油然而生。而娇弱的桃金娘科植物，像橘、杏、茉莉、葡萄，却是我们眼中——植物界美的化身。由于花的脆弱与刹那芳华人所共知，因此带给了我们最逼真的优雅与美。动物里的小灰狗比猛犬生得漂亮；塘鹅、巴巴里家鸽、阿拉伯小马比“体力稳定”的战马、辕马更让人亲近。两性之别不必多说，我想把这一点说清楚也很容易。女性的美大多源于虚弱、娇弱，甚至胆怯（一种类似于娇弱的思维）。如果说健康不佳导致的虚弱反而有助于美丽，这可能很难让人理解。而事实上，病态带来的影响并不是虚弱，而是病态中的虚弱改变了美的其他条件。这时，身体的各部分都趋于崩溃。满面红光已不在，青春靓丽也远去，舒展变化的线条也代之以皱纹、突起、直直的身体“曲线”！

第十七节 美丽的颜色

在那些漂亮物体身上，颜色随处可见，但却很难把它们弄清，这是因为多重自然因素已使它们变得纷繁复杂。然而，尽管它们千变万化，我们还是能找出一点确定的原则。第一，美丽的事物身上没有灰色，也没有像“泥”一样的颜色，它们都明朗清晰。第二，着色都不会特别浓。那些柔和的颜色与美最相搭，如浅绿、淡蓝、微白、粉红、淡紫。第三，要是颜色生动、浓烈，那它们总会富有变化，绝不会让哪种颜色独大。此时，几乎是一大堆颜色呈现在你面前（就像那些斑驳的花）。于是辉映的力量与炫目之光大大消减。一个人气色好，不仅是因为他面部的颜色富有变化，还因为那些颜色（无论红白）都不曾强烈、刺眼。此外，它们的混合方式、渐变阶段，无不让我们对它的边界难以捉摸。这一原理同样可以解释：为什么孔雀脖颈上、尾巴上以及公鸭头上那“难以置信的斑驳颜色”会让我们如此惬意？事实上，形体之美与颜色之美紧密相连。由此我们可以设想：集不同性质于一身的美的确可能存在。

第十八节 摘要重述

美是只能靠感知而获得的事物特性，它表现在如下几个方面：其一，它得比较小。其二，它得光滑。其三，各部分的方向得富有变化。其四，各部分得相融，不能表现得棱角分明。其五，它得娇弱，不要展现出过强的力量。其六，颜色明朗光鲜，不要太浓烈，也不要太刺眼。最后，让刺眼的颜色与其他颜色混杂。我想，这些就是美所依赖的特性。这些特性受自然支配，与他物相比，它更不会任意改变，也更不会因纷繁的鉴赏而混淆。

第十九节 相貌

相貌对人极为重要，它对美也占有很大的比重。行为举止会在某种程度上决定一个人的面容。通常，姣好的面容与身体结合，就能形成令人赏心悦目的效果。因此，为了塑造人整体的美，也为最大限度地展现美，面部表情必须得温和亲切，同时，还得有外在的柔软、光滑与娇弱。

第二十节　眼睛

一直以来，我都对“眼睛”只字不提，这是因为它对美有不容忽视的影响，因此我不能在前面章节中泛泛展开——事实上，原理都是相同的。我想，眼睛要美，首先得澄澈。人们会对五光十色的眼睛表现出钟爱，但却没人喜欢呆滞暗淡的双眼。我们对眼睛的喜爱，就像对砖石、玻璃、清水这类透明物质一样。其次，灵动双眼咕噜咕噜地来回转动，也促成了瞳孔之美。不过，缓慢、惺忪的转动比“不停眨巴”要美。它们当中，前者是动人，后者是活泼。再次，眼睛与周围的结合，采用之前给出的原则——它不得与周围各器官的曲线过度偏离，也不能“边是边，角是角”地构成一个几何图。此外，它得能传递出内心的想法，这也是眼睛之所以美的主要源泉。因此，我们针对相貌的论述同样适用于眼睛。

第二十一节　丑陋

接下来如果谈丑陋的话，就好像是对之前的重复。我想，之前针对美的一切都与丑相对，不管是在性质，还是在构成要素上。然而，尽管美丑相对，但丑却不与比例、适用性对立。因为，完全有可能存在一种比例相搭，适用性极强，却很丑陋的事物。同样，我认为丑一贯与崇高相连。但我绝没暗示说：丑本身即崇高；除非它本身丑得让你恐怖，让你胆寒！

第二十二节　优雅

优雅与美相差不大，两者在很多地方也都很相同。优雅是一个姿势与动作的概念。要想优雅，就不能在动作与姿势上表现得笨拙；还得在小转一圈中，表现得平稳；也不能让身体各部位相互阻碍，更不能截然分开或突然转弯。这样的转动，让运动姿态的娇弱展露无遗。就这样，优雅魔幻般地产生了，换言之，“吾不知其所以然”。人们都应该很明显会从“麦蒂奇的维纳斯”、“安提诺乌斯”等雕塑中，感受到非同寻常的优雅。

第二十三节　典雅和美观大方

当物体的组成部分光滑、鲜亮，彼此之间没有挤压，也没表现得粗糙或混沌不堪，同时兼具适宜的外形时，我们就将之称为“典雅”。除了唯一表现的规律性，它几乎与美等同。然而，正是由于感情上的巨大差异，我们把它另归了一类。典雅的事物精致而有规则，模仿而不落“自然”的俗套，就像那些典雅的建筑、文雅的家具。当一个庞然大物具备了上述特征，或者说美的特征时，那它展现的就远非“美”了，我将之称为雅致或美观大方。

第二十四节　触碰的美感

前面提到的美，都是从视觉出发的。然而，通过触觉或能产生同样的效果，也可能更好地印证（前面所述的）物质的特性。我将之称为“触碰的美”。它与从视觉中获得的愉悦极为相像。事实上，人所有的感觉都是相通的，它们不过是被不同的物体影响，产生出不同种类的感觉罢了，但其方式都是相同的。摸起来很舒服的物体，一定没多大的阻力。阻力要么是沿表面运动时产生的，要么是一物施加给另一物的。前一情况中的微弱阻力，我们称其为“光滑”。后一情况，则称之为“柔”。因此，我们从触碰中获得的快乐非此即彼。要是物体能兼具二者，那我们的喜悦自会大幅提升。这种情形的普通，使得我们不必去找例子加以证明，要知道，它天生就能用来论证其他事物。触碰的另一喜悦来源，像其他领域中一样，是不断“推陈出新”的。每个人都可能经历过一件事，即我们会觉得表面不断变化的物体最美，也最令我们精神亢奋。触碰感美妙的物体的第三个特性，即不管在表面如何回旋转动，都不会显得很突兀。忽然而至的事物，就算其影响、力道小到无法计量，也会令人怏怏不乐。要是不怎么关注的手指头异于常温，忽冷忽热，我们一定会大吃一惊。不经意间的肩头轻拍，也会产生同样的效果。那些在轮廓方向上突兀变动、棱角分明的物体，不会让我们有多少好感。正方形、三角形等尖角图形的每一次改变，都是一种缩小了的上升与下降，因此，我们看不到它的美，也触碰不到它的美。任何人，只要把他感到的柔软、光滑、斑驳、溜滑与他看到的美相比照，就能觉察出二者惊人地相似。通过这一点，我们或能寻到揭开二者共同原因的“好路子”。触觉和视觉只在细节上存在着一些差异。例如，触觉能从柔软中获得欢愉，视觉则不能，但它却能领会色彩——这一点，触觉则无能为力。再者，触觉对温热事物的感知略胜一筹，从中我们获得了安逸舒服。而在事物的无限性、多样性上，视觉则独占鳌头。然而，由于这些感觉的欢愉感来得太相似，我不得不想：颜色是否也能靠触觉觉察出呢？（听说，有些盲人就能做得到）。要是看着觉得美、搭配着也觉得美的色彩，能在触碰中同样地感受到，那将是一件多么令人“感激涕零”的事情啊！这些猜想，先放在一边，让我们进入下一个感觉：听觉。

第二十五节　声音之美

我们的听觉同样受柔软、娇弱形式的影响。悦耳、美妙的声音在何种程度与美符合，完全取决于个人经验。少年弥尔顿曾在诗中描绘过这类美妙的歌声。[①]不用我说，大家都知道弥尔顿拥有精湛的艺术造诣。他对声音的鉴赏无人能及，也没人能像他那样能用比喻，欢喜地表现这种喜爱。他的诗如下：

> 驱走了所有难以释怀的忧伤，
> 我被柔柔的吕底亚音乐包裹，
> 绵延的音调流转，

① 《快乐的人》。

甜美的歌声向天际拉伸，
奔放于天际间，眩晕回荡，
歌声酥骨，人迷醉，
不再束缚了，一切都解开了，
灵魂深处和谐了，也宁静了。

我们完全可以将诗中的描述，比之于——蜿蜒柔软的平面，不曾中断的延续，以及不断蜕变的美。这几种感官呈现出的所有差异，以及对它们不同的喜爱，都有助于把它们一个个理清。这样，它们便能从整体上保持一致，而不会因复杂多变引起人们的费解。

对于以上所述，我还想加上一两段话。首先，音乐的美承受不了强音量的喧闹，因为强音量通常诱发其他激情；美的音调不能尖锐刺耳，也不能低沉。最好是那种清晰、平稳、圆润、柔弱的声线。其次，一种唱腔方式的转变[1]常瞬间引爆多样性的变化，这与音乐天籁般的美背道而驰。尽管这种转变能激发欢乐和瞬间狂暴的激情，但无法激发那种独特的让人沉醉、让人融化、让人柔情到无力的美。实际上，歌声传递的美更接近于某种忧郁，而远非愉快欢笑。我并不是要把音乐限定在某种唱腔和音调上，因为我对音乐这种艺术不甚了解，因此也不敢信口开河。我说这段话只是想表明我对美的一贯观念。一颗聪明的脑袋和一对敏锐的双耳能让各种声音曲线激发出对“灵魂无限的爱抚”。同一类事物也会有属于自己的独特；它们相互一致的背后隐藏了巨大的差异，有时甚至是互相抵触的庸俗概念；然而，用美的标准对它们加以明晰辨别，也算不得偏见吧！我不过想从中找出些重要论点，以证明听觉和其他感觉在愉悦性方面具有一致性。

第二十六节　味觉与嗅觉

当我们考虑到味觉和嗅觉时，各感觉间的普遍一致就被更明白地显

① 当甜美的音乐传来，我感受到前所未有的欣喜。——莎士比亚

现了出来。通过暗喻，我们将甜美赋予了视觉和听觉；然而，由于痛苦和快乐并不适合人类尝到，也不适合人类闻到（与其他感觉相比，它们获得的感受很不明显）；因此，我们对它们进行了类推；而它们“无限地朝一个地方靠拢”，使我们认识到所有美的感觉皆源于此。我想，要得到清晰确定的美的观念，最合适的方法就是检验存在于所有感官中的“类似愉悦”。要知道，某一感官上的清晰，在另一感官上就可能模糊。只有当我们明晰一切时，才可能以更确定的方式对它们评说一二。按此方式，感觉之间就可以互为见证，自然本也是这样审查万物的；因此，我们不能对她（自然）胡编乱造，只是接收她的信息罢了。

第二十七节　崇高与美的比较

在结束对“美”的泛泛讨论之际，我自然不会忘了“它与崇高间的对比”。对比中，我们可以发现“崇高与美极端对立”。崇高的事物很庞大，美丽的事物较娇小；美丽的事物光滑鲜亮，崇高的事物则粗糙不堪；“避开直线的美”进行着无法察觉的偏离；而崇高大多钟爱直线，即使偏转也会很猛烈。美不能模糊不清，崇高则青睐黑暗与晦涩。此外，美当轻柔娇弱，崇高则当坚实厚重。事实上，它们一个痛苦，一个愉悦，性质上完全不同。虽说之后可能会在“原因的直接性质”上有所改变，但它们仍会保持永恒的鸿沟。而且，这一鸿沟不会因引起感情的不同事件而被遗忘。在自然无限的结合中，我们得找到某些特性，这些特性能将看似风马牛不相及的事物统一于一个整体中。此外，我们还得将这些结合反映在艺术中。但在考虑那些“能激发感情的物质”的力量时，我们得知道，它什么时候要用它主导的特性影响我们的心智。要知道，想引发绝对同步的感情，物体的各特性就得在本质上和目的上相同。

要是黑与白柔和地相融，
千种变幻后，难道黑就不是黑，白就不是白了吗？

就算崇高与美有时混杂了，但这能证明它们就是相同的吗？或者能证明它们有某种联系吗？要不然能证明它们不相对、不矛盾？黑白两色或可混合，但它们不会因此变得相同。它们之间的交融，或与其他颜色间的交融，都不会对彼此造成影响。要知道，黑就是黑，白就是白，它们一律强烈独立地展现着自我。

第四部分

第一节 论崇高与美的直接原因

当我在说要探寻崇高与美的直接原因时，并不像读者理解的——我要找它们的根本原因。在有关“肉体上的触动为何会在心灵上产生如此独特（而非其他）的激情；为何肉体受心智影响，心智又反过来受肉体摆布”这一类问题上，我不想装得自己好像能解释一样。事实上，稍动脑子想想就知道这根本没法解释。但我想，只要我们能找出“何种心灵触动”能引发“肉体的某种感觉”，或者只要我们能找出“何种肉体感觉的特性”能在心灵上引发“这种或那种特定的激情”，那我们还是会硕果累累的。这些成果对研究我们独特的情感还是会有一定用处的，至少现在就可以拿来参考参考。我想这就是我们能做的全部。要还想进一步，就困难了，因为我们离最初的那个原因还远着呢。引力的发现者是牛顿，他将引力的特性视为定理，并认为可以用它解释好几个自然异象。然而，考虑到事物的普遍规律，他当时只是将引力看成某结果，因此没想着去探寻其原因。后来，当他开始用“难捉摸的活性以太”对引力进行解释时，这位伟大的科学家（发现伟人的瑕疵，并不是对伟人的不尊敬）似乎远离了他论述中惯有的严谨。我想，就算我们圆满解决了“一问题衍生出的所有问题”，困难还是会在前面等着我们。这一长串原因，一个连着一个，甚至与上帝相连；对此，我们只能“望洋兴叹”。因为当我们跨出直接感知领域时，面前的一切都不是我们熟悉的了。此后，我们唯一能做的就是垂死挣扎，这表明我们踏入了一个不属于我们的领域。因此，当我说到原因或者直接原因时，我所指的是引起生理变化的心理情感，或者是引起心理变化的生理特性和机能。要是让我解释自由落体运动，我会说：万有引力；而且，我还会努力解释“引力靠什么方式起作用”，但我绝不会解释为什么起作用。如果你又要让我解释“事物间碰撞的影响”，我会说出一串碰撞的普遍原理，但绝不会努力解释运动本身是如何如何。

第二节 联系

想要深入探寻激情，困难重重，因为它们只在特定时机出现；而当那种决定的运动力量出现时，我们往往来不及反应，随后，残留的记忆也只在脑海中一闪而过。原因在于事物影响我们的方式多种多样，除了与生俱来的能力外，还跟各阶段有着纷繁的联系；因此，我们很难将它们与自然效果理清楚。更何况，令人反感的事物不计其数，因此，我们不可能记得：嶙峋峭壁何时比一马平川更恐怖？水火何时比泥块更骇人？凭借自己的经验或者他人的告知，我们或能得出结论。而且，它们当中的某些影响“在之后”还可能很深刻。然而，要是我们已然认同“影响我们”的是“联系的某种方式”，而非“某一用途的自然力量”；那么，反过来说“事物只靠联系影响着我们”，就会显得荒谬。由于有些事物天生就能让人“喜”、让人“忧”，而且还从中衍生出了诸多相连的力量。因此，我认为“从联系的激情中找原因”完全是徒劳，不过是本末倒置罢了。

第三节 恐惧痛苦的原因

我之前说过，凡能产生恐惧的事物就具备了崇高的基础。除了这些，我还想说，那些感觉不到危险的事物可能产生相同的效果，因为它们都以同样的方式起作用。我还发现，凡能产生喜悦（实在的喜悦、最初的喜悦）的事物都是适宜产生美的源泉。为了把这些理清楚，有必要对痛苦和喜悦解释一番，看看它们依赖的是什么！假设你面前有一个人，他忍受着来自身体的剧烈疼痛（把这种痛想得越剧烈越好，因为只有这样，举例才能收到明显的效果）。这个人忍受着锥心刺骨的疼痛，牙关紧闭，眉毛缩成一团，额头卷成一堆，双眼剧烈翻滚，直往瞳孔里缩，汗毛立起，嘴里挤出一丝丝尖叫与呻吟，整个身体都在瑟瑟抖动。人们常将死亡和疼痛理解为恐怖、害怕；而当人们意识到的时候，恐怖、害怕就会产生与上述效果相同的剧烈痛苦；就这样，在类似原因的影响下，脆弱的人心忍受着面前的一切。这不仅表现在人身上，因为我曾不止一次地发现，当狗意识到惩戒时，它们也会因痛苦四处打滚、狂吠、哀嚎，好像真被毒打了一番。由此，我可以说，痛苦与恐惧会对人体产生相同的影响，其采用的方式也相同，不过程度上有所差异罢了；我还可以说，当恐惧与痛苦产生时，我们的神经有种不同寻常的紧张，它们那时不时的非自然力量，能令人瞬间崩溃。而且，其效果常交替出现，彼此混杂。这便是人们剧烈哆嗦的本质所在，而那些娇弱、胆小的人尤其如此，对于痛苦与恐惧，他们的感触最深。痛苦与恐惧的唯一区别在于，痛苦经身体感觉反应给头脑，恐惧则是大脑的危险意识传递给了身体器官。不管谁主谁次，它们都让人的神经紧张、剧烈、缩成一团。当然，还有其他相似的表现。通过此例及许多其他的例子，我清楚地感觉到：当人获得一种激情时，人体就极易受此情绪的摆布（不管其方式如何）；而且，人本身就会（不由自主地）产生类似激情的情绪。

第四节　恐惧痛苦的原因之续

关于这一问题，史邦在他的《古代研究》一书中，讲了个奇妙的故事。故事主人公正是著名面相学家——康帕奈拉。此人不仅对“脸皮”进行了精确的研究，模仿的技术也堪称“首屈一指”。当他要深入了解交往对象的兴趣爱好时，他会让他的整个外表、姿势看起来（尽可能）就像他要研究的对象一样。之后，他会根据（自己）身体的变动，仔细观察心理上的反应。该书作者如是说："他能有效感知每个人的性情与思想，仿佛他就是那个人。"而且，我也发觉，当我努力模仿他人的外表时，我自己就会被不知不觉地拉入那种情感，我要么变得惊恐愤怒，要么变得勇敢温和。不但如此，我还确信：就算我们为"外在姿势与内在情感的分离"费尽心机，结果还是很难逆转。也就是说，我们的心理活动与躯体形影不离，缺少了任何一方，你都可能不再痛苦与喜悦。我们说的这位"康帕奈拉"却能将身体上的痛苦"置之度外"，因此，尽管他内心受着煎熬，肉体上却没有什么疼痛感。大家应该也发现了，当我们关注其他事物时，疼痛感便减轻了，有时好像停止了一般。然而，从另一方面来看，不管外在行为表现得多么强烈，只要你此时的状态并不适合这样的姿势，或者你此时根本没心情理会"这样一般化的情绪"，那么它也不会对你产生什么影响。心理层面的一点影响都没有，也不会直接影响任何感官。面对鸦片、烈酒，任何刺激我们的行为都是徒劳，因为我们已经抽得忘记了愤怒、恐惧，喝得失去了悲伤。身体中的麻醉感让所有激情靠边站！

我并不想和生理学家争论"痛苦到底是神经的紧缩还是拉伸"。因为，这两方面都和我无关。我所说的神经紧张不过是"体内纤维组织"的拉伸，而且它也只和构成它的肌肉组织和膈膜有关罢了。至于其怎么做到的，不是我该考虑的。

第五节　崇高是怎样产生的

恐惧是一种非自然的紧张状态，同时它表现为"神经性的剧烈情绪"。关于以上这点，我们已经达成了共识；因此，不难想到凡宜制造紧张状态的事物，一定能产生类似于恐惧的情绪。因此，无可否认，这种没有丝毫危险感的紧张，便是崇高的原因之一。关于崇高的原因，我已经讲得够多了；但对于我在第二部分给出的例子，我还想再说说；那些例子都主要是在"生理与心理上"易使人紧张的事物：它们都与危险意识相伴，都毋庸置疑地经历着感情上的变化，并产生了恐惧。但恐惧感足够强烈，便确定无疑地引起了（之前提到过的）生理反应。要是崇高建立于"令人痛苦、恐惧”中，或类似这一类情感中，那反方面来探究“如何触发欣喜”，就显然很具有先见之明。我所说的欣喜，一直与“实际的纯粹欢愉”无关，它们不仅在原因上不同，本质上也有着天壤之别。

第六节　痛苦缘何触发喜悦

“休息时的无行为状态”是造物主为我们安排好了的。在这一过程中，我们可能尽情地享受着那分慵懒，但同时也面对着诸多不便。由于这分慵懒会造成“身心机能”失调，因此我们得从事某种劳作（这绝对必要）以求满意地度过一生。休息的本质在于“全身心的放松”，因此，它不仅令各身体器官丧失了功能，还让活性纤维组织发挥不了效用。要知道，它（活性纤维）可是人体“自然分泌代谢”所必需的。与拥有足够张力的状态相比，这种懒散更容易让神经恐怖性地抽搐。也就是在“我们的这种放松状态”下，悲观向我们袭来，于是忧郁、沮丧、绝望甚至自杀的念头产生了。对此，最好的弥补方式是锻炼或劳作。劳作是一种有难度系数的肌肉收缩，它就像神经拉锯间产生的痛苦一样，只是程度上有所差异。想要让“大块头”的身体器官发挥作用，劳作是必不可少的一环；此外，就连我们精巧、细微的器官也离不了它们。因为有了它的参与，我们才能发挥想象等心理反应；或许“灵魂低级阶段的感情”和“知性力量”本来就需要躯体器官在其中大放光彩。尽管在“哪些器官的哪些部位”很难确定，但从目前情况来看，我们的确用到了它们，要不然怎么解释“长时间地用脑会令我们的整个身体陷入无休止的疲惫中”。另一方面，长期的痛苦劳作、体力不佳有时也会实际性地瓦解掉“心理行为能力”。适当的锻炼为大型肌肉组织必须，因为有了它们各个器官才会健康有活力；因此，细微的器官也得遵照上述原则，加以锻炼。只有适当地锻炼、刺激，它们才会保持良好的状态。

第七节　需锻炼的精细器官

我们可以视“普通劳作”为一种痛苦，它能用来锻炼我们的“大块头”器官。那么恐怖就能用来淬炼身体中的一系列精细器官。当某种痛苦“原原本本”施加于眼睛和耳朵时，感觉就与心理的反应接近了。无论在哪种情况下，只要呈衰减之势的恐惧与痛苦达不到“有害的程度”；只要痛苦不怎么剧烈，恐惧不怎么有毁灭之势；那么，这些情感反倒能清除“大小器官”中的危险与累赘，进而让我们迸发出喜悦。这不是快乐，而是一种恐惧后的欣喜，惊恐后的平静，一种自我保留情感，更是所有情感中最强烈的一环；它剑指崇高，面对着的不仅有最高程度的崇高“惊愕”，也有低一档次的“敬畏、敬重、尊敬”。单从词源，就可看出这些词的出处，也可看出它们与纯粹愉快间的不同。

第八节　不危险的事物为何让人恐惧

某种恐惧与痛苦是崇高的原因所在。我想，之前关于“恐惧与夹带危险”的论述已经够多了。难说明一点的是，崇高为什么会带来痛苦，又为什么与恐惧扯在了一起（详见第二部分举的例子）。我想相同的原理即可解释一切。这一类事物得在尺寸上展现出庞大，当然，我所说的是那种“看得见的庞大”。

第九节　视觉上巨大的物体为何崇高

物体反射的一段光线经“视网膜”快速成像，即触及视神经末梢，便形成了视觉；或者如他人所说：物体一闪而过的一点，经此方式快速地被眼睛“捕捉”并“成像”。转眼间，我们将接收到的片段，快速集合成完整的画面。如果大家认同了第一个观点，那么也一定会认同：巨大物体的光线能迅速传达至眼部。然而，别忘了，事物本身得清楚可辨才行。因为只有“独特”点的独特光线，才能给视网膜带来点刺激。尽管每一点带来的紧张感对视网膜的影响微乎其微，但当它们一个接一个地袭来时，紧张感定会越来越强。当发展至其顶点时，双眼接收到的一切，便像极了真正的疼痛，让眼睛的各部分颤颤生疼，并自然而然地产生了崇高。要是再一次“一点一点”地接收之前独特的光线，还是会得出“相差无几”的效果，也还是会获得崇高，不过此刻的崇高就更明显了。原因在于，当我们一次只看一个点时，眼睛定会以“迅雷不及掩耳之势”扫视，精细的神经和肌肉也必为这“运动态势”紧张不已；于是，它们得灵敏地、尽全力地应对这种高强度的紧张。除此之外，它没有丁点影响，也不管各部分怎样相连，有怎样瞬间的震撼。每一次它们都给人们带来深刻的一点，之后各深刻的点相似地彼此连成一片。从火把和木头上闪动的火花，便能明显看出：正是靠其迅速，才形成那一团火。

第十节　巨大为何必须“连贯一致”

大家可能会反对以下理论，即“眼睛接收的光线通常都是相同的；物体不会因其巨大，放射出更多光线来影响人类，因此，那些巨大的物体和我们平时睁眼见到的其他物体相差无几”。对此，我认为尽管袭入眼睛（所有事物）的光线与光粒子通常都相同，但它们的本质却呈现出差异。颜色上，它们可能忽蓝忽红；终止方式上，它们可能一会儿小三角，一会儿小四方，一变一个样。不论其颜色还是形态，都让感官处于某种闲适放松的状态中。然而，这种闲适中的劳作常被打断，因此算不得真正的闲适，更别说达到“清一色、活力充沛”的效果。留心观察那些剧烈的运动，并在细节中找出差异，你就会明白，曾经的“烦躁”与“讥讽”只会令当时的你疲惫，之后便没什么大不了的。这些刺激的确比单单的痛苦更甚，因为它们的改变连续而突然，一会儿一个方向。不过，它们还未完全释放其紧张感；只有不断重复地劳作，才会体验到那种刻骨的痛，进而感受到崇高。各部分光线的总和，可能会在数量上与整体相等，但对身体器官的影响却绝不会相同。除了上述原因，还有个深层次的理由可以解释它们间的差异：事实上，大脑很难在“同一时间”对不同事物都细致琢磨，因此小个头的事物影响就小，那些其他更小的事物甚至都没引起我们的关注。因此，我们的大脑思维是限制在一定事物框架中的思维，那些顾及不到的小事物就好像“不存在”一样，不会产生影响。然而，当眼睛、心智面对这类“巨大得没两样”的物体时，就再没什么框架之分了，它们会一刻不停地注视着、思考着。然而，不管怎么看，眼前的一切都不会改变。因此，巨大崇高的事物必得（在量上）简单、纯粹、统一。

第十一节　人为的无限

我们之前说过，崇高来源于一系列人为的无限，而这种无限体现于各部分的一致延续之中。我们还说过，声音中也有这种类似连续一致的力量。然而，面对事物的影响，一些感觉会比另一些明显；此外，由于所有感觉都是类似的、相互阐述的，因此我就可以开始说，听觉的延续性比其他感觉都更能明显地促发崇高。接下来，我便能安心地（一劳永逸）指出：除去好奇感，只要我们能考察出激情的自然与机械原因，我们就能强有力地论证之前（其他事物上）的原则了。当声音传来时，空气会震动，这种震动因声音性质与种类的不同，使耳膜及其他膜状部分产生相应的颤动。当这强烈袭来时，听觉器官就得承受巨大的紧张感。要是知道“它还会出现”，我们就会产生它“下一次”到来的预期。得注意的是：预期本身就能促发紧张。这在动物身上表现得尤为明显，比如当动物准备听某声音时，它们就会很警觉地竖起耳朵。所以，声音的效果会因附加的“预期”大大增强。经过多次刺激，我们便会惯性地认为刺激还会更多。然而，我们不能预计它们到来的准确时间；因此，它们的出现仍让我们惊讶，并随之加剧了我们的紧张。我发现，任何情况下，当我警醒地等着某个间或传来的声音时（譬如连续的炮声），我总会被吓一跳，尽管我早就知道它会到来。我知道，此刻我的耳膜受到了刺激，身子也随之一颤。因此，在刺激本身、预期、惊讶三者结合的情况下，紧张感会因每一次的撞击递增，直至最后引发崇高，甚至带来痛苦。就算声音终止，耳膜还是会长时间震颤，因为听觉器官已经习惯了这种相同的“接二连三”的声响。

这也助推了崇高的效果。

第十二节　震动必须相似

若震动的影响不尽相同，那它永远都不会带来实际的影响。物体被驱动时，就像钟摆，只要不产生一个绝对静止的原因，它就会一直呈圆弧左右摆动下去。然而，若改变物体移动的方向，那它就再不可能回到原来的方向。原因在于，它无法自己移动自己，所以只能受最后一股运动力摆布。然而，要是你能在同一方向上多施加几次影响，转动的弧度就会更大，持续时间也会更久。

第十三节　物体连续的视觉效果

如果能清楚理解“事物是如何作用于各个感官的”，那么对于它的影响方式，就不难理解了。要是还（在感官的情感上）这样说下去，就只可能是差劲的重复；不如摆脱这种劳累，换一个视角，用一种全面、深入的方式对待感官。然而，由于此书主要涉及崇高——视觉影响下的崇高，那我们就得好好想想：为什么直线型的“连续一致部分”能促发崇高，又是哪一原理让这种排列竟能以“小量”诱发了“大”崇高。要知道，换种排列方式，量再大也没用。为了不让大家产生（对一般术语的）混淆，让我们设想前方有一条直线柱廊，而我们站的地方能直视整条柱廊，因为“这样才能取得最佳视觉效果”。在此情形下，来自第一根圆柱的光会让眼睛产生某种震颤，进而形成这一圆柱的形象。紧接而来的圆柱，又会不断增强这种感觉，强制性地加强这一形象。于是，在这种井然有序中，刺激一个接一个袭来，也一个接一个地刺激双眼；直至眼睛因长久刺激，再无法转移片刻注意力。这种持续的震动激起了某种强烈的感觉，反映在脑海中的就是宏大的崇高感。要是目之所及不是一系列相同的圆柱，而是我们设想的交叉连续摆放的柱子，比如方形和圆形。那么，当此之时，第一根圆柱的震颤会在形成后不久消亡，接下来的方形柱子更会将它取而代之。然而，不久之后，它又得让位于圆形柱子了。因此，眼睛看到的一切随之不断替换。所以说，只要柱廊延伸，我们得到的就是“一会儿圆，一会儿方”。很明显，最后一根柱子带给人的“刺激”比最开头的刺激（持续得）长不了多少。事实上，这是因为除了最后一根柱子的形象，感官并没有任何其他“独特”的感受了；再加上，它自己无法凭空想象出另一种刺激来。由于对象的每一次交替，都是视觉的一次修整和放松；因此，这便缓解了那种强烈的情绪，使得崇高再无产生的必要。正如之前所述，为了完美地产生崇高，物体就需在排列、形态和颜色上，保持绝对的简单、纯粹和一致。照此连续一致的原理，大家可能会问：为什么一面裸露的墙比不上柱廊带来的崇高呢？要知道，它们的连续并不曾被打断，眼睛也不存在任何障碍感，而且也再难找到这样一致的物体。然而，就崇高感而言，一面裸露的长墙的确比不上“同长同高”的柱廊。这一差异并不难解释。当我们面对一面裸墙时，它的平整能让我们迅速地尽收眼底，一眼望到头。这一过程中，目光并没有被任何事物打断；然而，正因为没被打断，它才不可能（在适当时机）产生持续崇高的影响。毫无疑问，一面很长很高的墙也会造成某种崇高。然而，这仅是一时的想法，不会同样地重复下去。而且这种崇高并不依赖于无限，靠的不过是那种巨大罢了。除了那种异常化的刺激，没有哪种刺激能强大到完全俘获人心；因此，我们受到的都是一连串相似的刺激。原因在于：当动因消失以后，感觉神经不会习惯性地重复与之前相同的感觉。此外，在一堵裸墙上根本找不到“第二章节所述的预期和惊奇”。

第十四节　洛克关于黑暗的观点

按洛克所说，黑暗并不是一种天生就能引起恐惧的力量；而且，过度的光亮会令人痛苦，但过度的黑暗却不怎么令人生厌。然而，他在另一个地方又说：一位老妇和一名护士由于曾在黑夜中联想到了妖魔鬼怪，（之后一回想）就变得痛苦、恐惧。毫无疑问，洛克的这种观点极具权威性，因为这似乎就是普遍认同了的看法。我们之前已经承认黑暗是产生崇高的原因之一，而且我们始终都认为“崇高是由恐惧和痛苦转化而来”。因此只要那些不迷信的人，不产生对黑暗的痛苦和恐惧，那么黑暗就不会让他们感到崇高。尽管我相当尊重洛克的权威，但我还是觉得人类有一种联想的天性，这种天性能让黑暗显得恐怖。当我们处于“伸手不见五指”的黑暗中时，周围的一切都不再熟悉，“不知道安全与否”的我们每时每刻都在与危险做抗争。或许跨出一步，我们就会跌入深渊；或许敌人来了，我们无法防卫半分。此时，力量不再是保护的盾牌，智慧也不过是种猜想，最勇敢的人会为之踌躇，从未祈祷帮助的人也会为之祈求光明。

父宙斯啊，给阿开奥斯人拨开这迷雾，
让晴空显现，让我们的双眼能够看见，
如果您想杀死我们，也请在阳光下。

说到联想中的妖魔鬼怪，我们自然会认为：由于黑暗产生了最初的恐惧，因此成了“最适合产生妖魔的”背景。然而，我们不会说：妖魔令黑暗恐怖。人们很容易犯上述错误。然而，难以理解的是：像这样一种经久不衰、流传甚广的恐怖事物，其来源竟可能是一些虚幻的故事；或者说，它们的来源竟是如此的微不足道，如此的不确定！

第十五节　黑暗本就恐怖

或许大家已经注意到，黑色、黑暗天生就能让人产生某种程度上的痛苦，而且跟“联系”毫不相干。我得说明一点：黑色与黑暗在观念上是大致相同的，唯一的不同只在于“黑色的范围窄些”。切赛尔登曾讲过一个离奇的故事，故事的主人公是个小男孩。他生下来时就失明了，直到十三四岁时，接受了白内障手术才获得视力。男孩第一次看到这么多的事物，对他来说一切都很独特；然而，当男孩接触到黑色物体时，切赛尔登说，他就变得局促不安了。之后，他很偶然地遇见了一位黑人妇女，刹那间，他变得惊恐万状。这一例子中的恐惧不可能来自什么联想，而“男孩展现的”（按描述来看）是这一年龄阶段特有的观察和判断力。第一眼看到黑色时，如果他是因为想到了“什么厌恶的东西”而感到不安，那他很有可能就是意识到了“什么可以说得出来的东西”。只有在联想到不愉快的观念时，我们才足以对“初次得见的东西”产生某种坏情绪。这种“情绪”通常很少见得到。因为，很小的时候，我们就对外界产生了联想，这种想法之后也在不断重复。从我们来看，男孩根本没时间形成这一习惯。因此，也就没理由认为黑色对他的消极影响源于联想中的令人生厌的观念，也没理由认为悦目色彩的积极影响源于联想中的愉悦感受。事实上，它们都可能是天性使然的效果。

第十六节　黑暗为何崇高

黑暗怎样用上述方式达到了痛苦，这值得探究一番。当我们远离了光线，即当我们休息时，虹膜会进入休眠状态。此时，我们的瞳孔就像造物主设计好了的那样，放大了。要是此时的我们不再是远离一点点光，而是完全陷在黑暗中，会怎么样？有理由相信，此时的虹膜辐射纤维会大幅度紧缩，神经也会在这种黑暗中紧绷地失去了原有的形态。由此，我们感到了痛苦。陷入黑暗中的我们必然会经历这样的紧张，因为即使在这种状态下，眼睛还是会不停地睁着，寻找光线。当光亮在此种状态下闪现在面前时，上述观点就会再清楚不过了。要知道，当我们费力寻到光亮时，除了事物本身的光亮外，还会因眼中的光亮，受到个别强烈的刺激；于是，在这种常有的经历中，我们除了抽搐，还是抽搐。那些认同黑暗崇高力量的人，可能根据瞳孔的放大，认为是松弛或紧缩导致了崇高。然而，他们绝没想到：尽管虹膜环属于某种意义上的括约肌，能在松弛状态下得到扩张；然而，从一方面来说，它区别于体内的其他括约肌，因为它还有部分虹膜纤维辐射下的对抗肌。圆环肌休息的刹那，纤维就会因缺少平衡，而被强制性拉回。尽管我们对此不甚了解，但我想只要他睁开眼睛努力朝黑暗的方向看，就会感受到随之而来的痛苦。一些女士就曾对我说，要是长时间在黑暗中工作，她们的眼睛会变得酸痛、疲惫不已，甚至很难看清东西。有人或许会对“黑暗机械般的理论”持反对意见，认为黑暗、黑色的消极影响不是生理反应，而是心理作用。然而，我却认为这一点是真的，它们的确如此。这全得归于身体精细的器官系统，因为它们我们才有了这样的感觉。正是那些忧郁沮丧的人，才通常会从恶劣天气中感受到消极；无疑的是，身体器官一定会先感知，接下来才是心灵。

第十七节　黑色的作用

由于黑色只是一种部分的黑暗，因此它能和周围的有色物体混杂，从而获得属于它的某些力量。从本质来看，黑色算不得什么色彩。要知道，黑色物体几乎不能反射光线，对于我们的视觉而言，它们不过是散布在物体上的诸多空白。当目视彩色的我们达到某种紧张，转而注视邻近的黑色空白时，我们就会像压紧的弹簧，瞬间进入了放松状态。为了加以说明，让我们想象自己准备坐在一张椅子上；然而，要坐的时候，我们却发现它比想象中矮得多，我们的内心也因此被强烈地震惊了。要知道，两张不同的椅子不太可能产生如此大的心理落差，在上述震惊面前，它们真是太微不足道了。如果在下楼过程中，不经意间多往下踩了一个台阶，那此时的我们定为之惊恐不已，甚至暴跳如雷。要是我们对事情早有预料，并且有所准备，那我们就不会这般震惊了。我所说的预料是“同当前情况相悖的一种预料”，而非单指“一种预期”。同样，要是感官在某一时刻受到了某种形式的影响，而又由于它来得太突然，那么随后就会引起痉挛。这种痉挛正是由于发生了与预期相反的情况。或许大家会奇怪，怎么突然的放松也会导致痉挛？然而，事实就是这样，且对所有的感官而言，都是如此。众所周知，睡觉是一种放松的状态。而当我们处在静默无声、听不到任何响动的时刻，就达到了最佳的放松状态。然而，若一个人伴着喃喃声入睡，那么当喃喃声中止，他就会突然醒来。换言之，他突然绷紧，然后就醒了。这样的事情我经常经历，从别人那里也听说了很多。同样，若把一个“大白天睡着的人”突然置于黑暗中，那他就会即刻醒来——尽管缓缓的黑暗与静默（本身）有助于睡眠。最初，这些都只是我从对“感官”

的理解中推测出来的；但之后，我也亲身体验了。而我体验的是千万人都有的经历，即当第一波睡意袭来时，我们会被猛然地惊醒。而这通常是梦境造成的，比如“梦中的我们坠落悬崖”。这种奇怪的行为是源于某生理机能快速有力地收紧肌肉吗？是源于身体突然间的放松吗？梦本身就是放松状态下的产物，二者间如此相关的性质，使我们难以将它归于其他原因。睡眠中的我们放松得太快了，快得就像往下掉的物体。随后，身体上的这种变化就会反映在脑海中。要不是遭遇了这样突然或极端的变化，绝对健康、精力充沛的我们，绝不可能对此种不快大加抱怨。

第十八节　适度黑色的作用

尽管黑色原本令我们痛苦，但我们不能总这样认为。习惯会让我们接纳一切。只要我们看惯了黑色物体，恐惧就会消退。此外，黑色物体具有的“平缓光滑”等其他悦人的感觉，会在某种程度上舒缓黑色的严肃与恐怖——尽管最初的想法自始至终都存在。此外，黑色总带着某种忧郁，这是因为当我们从其他颜色转向黑色时，感觉太强烈了。当整个视野都被黑笼罩时，黑就成了“黑暗”，也就是之前所说的那样。我并不想对黑暗与光线作用的理论说什么，也不想对二者不同的变体、混合的差异进行考察。如果说前面的说法有某种根据，那它们就足以解释所有“黑色与其他颜色结合”的现象了。由于详细的阐述、各对各的反驳，是一件永没尽头的工作，因此我们只遵循最主要的脉络。在对美的原因进行探讨时，我们还会用到这种相同的方法。

第十九节　“爱”的生理原因

要是我们面对的是那些能激起“爱恋自满”的物体，那么就像我观察到的那样，影响他们的方式就会表现在以下方面：脑袋微倾，靠向一边；眼睑比平常闭得更紧，眼睛也会随着物体慢慢转动，嘴微张，呼吸缓慢，时不时发出低沉的叹息；整个身体异常安静，手懒散地置于两侧；整个过程都伴随着一股内在的动人柔情。主人公的这些动作与表情往往取决于所见物体的美丽程度以及观察者的细腻程度。若他面临的是美丽至极的物体，而观察者恰恰也细致入微，那所描写出的文字如何？而看到的若只是平常之物，且在淡漠的观察者笔下，这些动作与表情又如何？我们心里都得有个底，否则就会被夸张成原本不是的模样。然而，不可能仅凭以上所述就作结道：美能够使整个身体放松。放松有很多外在的表现形式。然而，对我而言，只有那种自然形式下的放松才是愉悦真正的源泉。谁能对“时刻”发生在身边的常见愉悦视而不见呢？又有谁没经历过愉悦带来的宽慰、消融和放松呢？人们发自内心地对这种普遍效应一致表示赞同。尽管也许会有少数特例，即人们感到极大程度的愉悦，却丝毫不觉得放松。但我们不能因此就否定此前诸多实验得出的结论。我们得坚持我们的结论，并附上可能发生的特例，这是艾萨克·牛顿在《光学》第三卷中提出的明智规则。我想，只要我们能够证明我们观察到的事物是美的真正组成部分，而且它们各自单独都具有放松神经的作用，那我们的结论就毋庸置疑了。要是得让我们通过人体的外在表现进一步支撑这一论点，那我们可以试着说：当美的所有元素都被我们感知时，会因这样的放松产生一种叫作“爱”的情感。同理（曾用来考察崇高的原因），我们可以总结道：事物之所以美，是因为放松感在大脑中激起了“爱”。如果爱以某种方式首先出现在了头脑中，那么外在器官也会紧接着产生与之相对应的放松感。

第二十节　光滑缘何美丽

让我们来解释视觉美的真正原因。在此我借助了其他感觉。看起来，光滑不仅是触觉、味觉、嗅觉和听觉产生愉悦感的主要原因，还多半是视觉美的一个要素。我之前还特别说过，有这种特性的物体通常都“无一例外”地美。毫无疑问，粗糙生硬只会激起感官的痛苦，而且这种痛苦还根植于肌肉纤维剧烈的拉紧收缩中。相反，光滑给人的感觉是一种放松。手的光滑轻抚会让疼痛减轻、痉挛减缓，不自然的紧张感也会随之减轻。因此，它通常具有消除肿胀，疏通堵塞的作用。光滑会让人感到极其满意，就像一张光滑柔软、没一丝粗糙感的床，它让人享有全身心放松的奢侈，并诱人进入梦乡。

第二十一节　甜美及其本质

放松的愉悦感不单单表现在对光滑事物的触摸上。味觉和嗅觉也拥有令人愉悦的光滑特性，即我们通常所称的“甜美”，而且它们都能明显地使各个感官放松。先让我们说说味觉。最简单不过的就是对“液体的特性”考察一番，要知道，所有有滋有味的食物都需要水的参与。因此，我打算谈谈食物的液态部分而非固体部分。水和油是各种味道的载体，而决定味道的则是一定量的盐；根据盐分的性质以及调味品的不同搭配，就可以获得不同的味道。简单来看，油水能为品尝带来某种满足感。纯净水清淡、无色无味、口感光滑，温水能够治疗痉挛、放松神经，这还得归于水的那一分光滑。根据通常的看法，流动性须依赖各部分的丰富、光滑以及淡淡的黏合。由于水仅是一种纯净的液体，它的流动遵循流动性的原理，也遵循放松的状态，也就是说，它的手感光滑、顺溜。味道的另一载体是油。单单是油，仍然清淡、无色无味、触感细腻、口感光滑；而且，它比水更滑，大多情况下也比水更能让人放松。总之，与水相比，油的清淡更能让视觉、触觉和嗅觉产生某种程度的愉悦。除了说“水没油柔，没油滑”，我再也找不到其他的解释了。假如把定量的盐融入水或者油里，那么盐分就会在味蕾上轻颤。这种情况下，就好似溶进水或油的“糖”一样。这样滑溜的油和“令舌颤”的盐，就造就了所谓“甜美”的感觉。从甜美的事物中，你会经常发现糖分或者“与糖分类似”的物质。用显微镜观察，你会发现每类盐的形态，既独特又规则恒定。硝酸钾是有角的长方形，海盐是标准的立方体，糖是完美的球形。要是你曾感受过“像弹珠那样”球体的光滑，那你就会像“在上下翻滚中，不断玩弄弹珠的孩子们那样”轻而易举地知道，蕴含于盐分中那分甜美如何触动了味觉。若只是一个球体，尽管在某种程度上能让人愉悦，但由于它形态规则，线条的变化又太过突然，因此，它比不了触摸了多个球体给我们带来的快乐——当我们伸手想要触摸这个球时，手却落在另一只球上；若各球体不断运动、相互翻滚，则更加乐趣无穷。原因在于，球体的连贯排列会让人倦怠，适度的变化则能抑制疲劳。因此糖汁这种流动的载体，尽管大多浑圆，但却很微小，掩于构成元素中，最好的显微镜也难以察觉。由于它们的微小，因此喝起来会有种朴实感，就像摸到了光滑物体一样。要是构成物体的微圆形颗粒紧密结合，那它的表面无论是看起来，还是摸起来，都会给人以近“平坦光滑”之感。通过显微镜，就能揭开它们的面纱：糖分颗粒比水和油大得多，因此糖的圆滑感比水和油都更突出，舌精细的味蕾也更能感知糖分的存在，这样我们便会尝到甜美的感觉。想从油中获得这种感觉，效果不会很佳；想从水里获得，效果就更次了。水和油之所以引起了某种程度的甜美，是由于它们的清淡。大家可能都发现了，越清淡的物体越接近甜美，而非其他滋味。

第二十二节　令人放松的甜美

在论及其他感觉时，我们已经说到光滑能令人放松。看起来，甜的东西也能令人放松，因为它是一种味道上的光滑。值得注意的是，柔软与甜美在某些语言中会共用一个词。比如法语里的Doux就含有柔软与光滑的双重含义。拉丁文的Dulcis、意大利语的Dolce，在很多情况下也有这样的双重含义。很明显，甜美的物品总能令人放松。原因在于，所有甜美的物品，尤其是那些“油大量多”的物品，都能让胃大大地安稳下来。闻到与尝到的甜美极为相似，它们都能令人放松至极。花的香味易让人产生睡意，神经衰弱的人也偏爱用它们来达到一种放松，我想这已够明显了。我们早就该对甜美事物、愉悦的本真味道考察一番，看看它们是否是由“油的润滑”“盐的放松”促发的呢？因为在很多情况下，使用它们并不会让人获得最初的惬意。检验方式如下：首先看看它们到底能给我们带来什么确定无疑的原始愉悦感，之后再对结果进行分析。牛奶是婴幼儿时期的主要饮品，它的成分为油、水以及被称为“奶糖”的甜美盐分。它们能融成一股味觉的润滑，让每一寸肌肤都感到放松。水果对孩子也极有诱惑力，它主要表现为甜。大家应该知道，水果的甜是由微量的油和上节提到的盐分构成的。等我们长大以后，由于风俗习惯、个人嗜好、对新奇的追逐等众多原因，混淆、模糊甚至改变了我们的味觉。至此，我们不再理性地对待甜美，更不会轻易地对其感到满意了。在结束这一主题前，我们须注意：由于光滑的事物，既尝来令人愉悦，又含有令人放松的特质，因此从另一方面来说，那些含有绷紧纤维质、能让人体验强健特性的物品，几乎都会对味觉造成刺激；而且在很多情况下，摸起来都会感到粗糙。我们常把甜美比喻性地赋予看到的对象，而借助感觉的惊人相似，我们又能称甜美为味觉之美。

第二十三节　变化为何美

美丽事物的另一主要特性，是它们的各个部分线条均是一点一点地变换方向；且这种变化难以察觉，不会猛然变化令人吃惊，也不会突然转向令视神经颤搐、痉挛。一成不变的物体难拥有美感，变化太快的物体也难拥有美感。因为这两者都对立于令人愉悦的放松，并与放松特性下的“美”背道而驰。所有感觉都如此。以直线形式“近温和”地运动下去，就会少遇阻碍。然而，这也会让我们产生一丝倦怠。休息是一种放松，但别的运动能使我们更为放松，比如“一上一下的微震”。大家知道，轻摇比“单纯躺下”更能令孩子入睡。事实上，在那个年纪，还有什么比上下轻摇更令人舒心的呢？再大一点，保姆与孩子们间的摇晃嬉戏，不也充分表明“他们视这为最佳娱乐方式”吗？坐着马车，享受着在平缓草地上奔驰，感受着上下轻微的颠簸，大多数人都会有种美妙的感觉，也更能让他们理出点美的思路。相反，要是一个人在粗糙、破碎的路面疾驰，刹那间不平坦造成的痛苦足以表明，相似的视觉、触觉、听觉为何与美靠不上边。此外，不管是我用手抚摸某样式粗糙的表面，还是粗糙物体摩擦我的手，都会带来相似或近乎相同的触觉效果。接下来，将这种“类似的感觉”带到视觉中考察一番。要是面前是一幅此起彼伏的表面，那它反射的光线则会以不易察觉的方式一点一点由强到弱地持续变化（表面缓慢发生变化的常见情况），那它也必会在视觉、触觉上造成极相似的效果。当然，它们一个直接，一个间接。即使表面线条不持续发展，甚至变化得令人厌倦、使人注意力分散，那这个物体也具有美感，因为这变化本身也必持续变化。

第二十四节　关于“小”

为避免进行过度频繁的相同推理，也为不在同一性质上过度阐释，我将不再深究美的各个细节。要知道，美建立在量的安排以及量本身的基础之上。说到事物的大小，就存在诸多不确定性了。因为大小观念几乎等同于事物的无限种类本身。一旦确定了事物的种类，以及各个个体间的尺寸，那我们兴许就能发现超出标准或低于标准的物体。那些超标物体不美，反而会使其本身显得巨大而恐怖。然而，在动物界（和某种程度的植物界）中，构成美的要素或许能跟事物的巨大尺寸结合起来。然而，结合之时，它们既不崇高，也不优美，只能被称作“还好”。但我想，这一形式既不会被赋予大物体的崇高特性，也不会产生与“小”结合的那种美。大物体身上的美能让人产生喜爱，并且紧张感也会慢慢消失，直至趋近平常。然而，要让我说（此类情形下）自己的感想，我会说，“崇高与美之特性结合的损失”会弱于大质量物体（崇高特性物体）与美结合之下的损失。那些令我们敬畏、多少让我们恐惧的事物，总有某种力量在起支配作用，而且没有什么能取代它们的地位。它们要么让美完全丧失特性，要么让美起不了作用。它们也让恐惧之肃杀、严厉最大程度趋于平缓，要知道“恐惧”是相伴崇高产生的。除了这类超大的个体，那些与之对立的“异常矮小”的物体也应该好好考量一番。若事物仅仅微小，那它也不会与美相对了。蜂鸟，无论在形体还是颜色上，都比不过其他带翅生物；然而，它是当中最小的，它的美或许因此得到了加强。此外，还有一群生物，尽管极小，却难显美丽。看看人群中男男女女的侏儒就知道了，相对于他们的身高，他们通常也显得太“粗壮”、“魁梧”了。因此，他们的形象不会令我们感到愉悦。然而，要是一个人，身高两三尺，身体各部分相得益彰，又兼具了美的一般特质，那足以视“有这等身材的人”为美。他们或许会成为爱恋的对象，也或者看着他就能令人高兴。或许唯一不让我们获得愉悦的，是那些“形状怪异”、被我们称为怪物的家伙。这些庞大虽与崇高同在，但却与美相对。我们不可能去爱那些“大怪物”。“徜徉于传奇文学”中的我们，往往会把巨人与专横、残酷、没人性等一切令人恐惧厌恶的东西联系起来。我们会把巨人刻画成蹂躏国家、抢劫无辜路人的形象，他们甚至还会大嚼“半死不活”的人。传奇文学和英雄史诗就充满了这一类大块头，比如波吕菲摩斯、卡克斯等。它们的死亡与失败是最令我们喜闻乐见的事。《伊利亚特》描写了无数次死亡，但我从不记得，哪一次巨人被击倒能让我产生怜悯；要知道，它们可拥有巨大的身体与强健的力量。就算这位深谙人性的作者，也从未试图表现出怜悯之情。西摩伊希尔斯自小便被他父母残忍对待，因为他们认为他的“胆量”不能与他的力量相配。另一位巨人则因战火匆匆离开了他“刚娶进门”的娇妻，我们同情的不过是他“多舛的命运”。荷马不仅赋予阿基里斯“美得宜人”的外表，还让其他优点为他增色不少，然而，我们很难喜欢上这样一个人。看得出，荷马赋予了特洛伊人一种亲切的社会品质，这种品质远甚于希腊人，因此他们的命运令我们同情。说到特洛伊人，荷马会选取基于爱的情感，以便让我们心生怜悯。次一点的内在品德，他（荷马）则让特洛伊人显得最为亲切。然而，他赋予希腊人的是些超群的政治和军事优点。诚然，普里阿莫斯的议会“拿不上台面”，赫克特的军队也不堪一击，他的胆量更敌不过阿基里斯。然而，比起阿伽门农，我们更喜欢普里阿莫斯；比起阿基里斯，我们更喜欢战败了的赫克特。荷马要让我们不喜欢希腊人，因此希腊人身上的优点与喜爱无关。这似乎有点离题了，但并未整体脱离我的安排。因为，我就是要证明：尺寸大的物体难以与美融合，它们的尺寸越大，矛盾也会越大；反之，小事物就算不美，也难以将之归咎于它们的尺寸问题。

第二十五节　颜色

要说色彩，真是再怎么说也说不完。但我想，文章开头埋下的伏笔就足以解释色彩的作用以及透明物体的愉悦性，且不管这一物体是固态还是液态。假设我面前有瓶蓝色或红色的混浊液体，而且这红蓝光线还不怎么清晰可见；若在没准备的情况下，突然被某混浊物质大小不一地挡住，那我们的感觉就会随之变化，而且变得令我们相当不舒服，这与第二十四节提到的原则相呼应。要是穿过的光线并未遇到玻璃瓶或液体的阻碍，那光线就会时不时地缓和下来，并且变得惬意。当液体均匀反射光线特有的颜色时，那么它对视觉的影响就像是光滑混浊物体对视觉与触觉的影响一样。因此，此时的愉悦混有了反射光线的温柔与均匀；而且，这种愉悦感也会因事物间的一些普通原理增强。比如：当盛装“透明液体”的玻璃杯经过了特殊设计，此时，它就能根据鉴赏的不同要求，在颜色上来回增减变化，以让人获得愉悦感。让我们对二者进行一次回顾，看看它们的原因与结果。很明显，崇高与美建立的基础不同，引起的感情也不同。崇高的基础为恐惧，缓和一点，就生成了心中的惊讶。美则建立在纯粹愉悦的基础上，它会激起人心中的爱恋。对它们原因的探讨，就是此部分的主题。

第五部分

第一节　论文字

物体间的运动、构造以及随之而来的感情都存在某种联系的法则，造物主已然将这确定好了，因此，这些自然物影响了我们。绘画也以同样的方式施加着影响，但它添加了一分模仿的喜悦。影响建筑的是自然与理性的法则：建筑设计最终是否令人满意得依据理性的比例，这样我们便能对整体或部分提出赞赏或者批评。但在我看来，话语发挥影响的方式与自然物质的影响方式不同，比如它就不同于绘画与建筑。然而，话语却能在很大程度上激发崇高与美，甚至于有时远超于任何事物。因此，在本文探讨一下它们激发感情的方式就不会显得多余了。

第二节　诗歌的常见影响，不是唤起对事物的想法

一般来看，诗歌、修辞和日常对话中的文字一样，能唤起思维中代表的事物。为检验其真实性，有必要把文字分为可能的三类。第一类是那些自然状态下组合而成的“简单限定”集合体，比如人、马、树以及城堡。我称它们为“集合词”。第二类代表简单的概念，比如红、蓝、圆、方这类无多余成分的词。我称它们为“简单抽象词”。第三类是一个随意的组

合，它们之间的关系交织，因此或多或少复杂些，像美德、荣誉、信仰、法制等。我称它们为“复合抽象词语”。我感觉，这些词还能更“奇妙独特”地划分。但看起来现在这样就已经自然了，对我们来说也已经足够了。这就是通常认为的文字分类，思维也从中获得了其代表的观念。我将从第三类文字“复合抽象词”说起，它们包括：美德、荣誉、信仰以及温顺。我想，不管它们由何种力量触发感情，它们都不能从脑海中获得所代表的（具体）观念。它们的成分不具有实质性，而且也无所谓“真实想法的起因”。听到声音、美德、自由、荣誉的一刹那，不会有人将这种“特殊行为和思维”与它们所代表的“简单观念、各自联系”相互关联，它们也不会有“一般意义上”混杂的观念。要是极个别真有这样的“混杂情况”，就算它们表现不明显、令人糊涂，人们也能随后察觉。但我想，这难以与实际相符。原因在于，当你分析其间的一个文字“符号”时，你肯定会把它从“一串笼统的文字”中分解出来，随后你会区分其是“简单抽象词”还是“集合词”。总之，这比预想的过程长，远在你真实想法出现前，也远在你能找出任何基本规则之前；因此，就算真让你找到了，也完全没用。要知道，这一系列的思考太长，长得（在日常对话中）没必要去做，也完全不需要。实际上，它们就是“特定情形”下的声音；其间，我们会经历“善”，也会遭遇“恶”，还会看到别人的善与恶。要不然，我们还会将“听到的文字”用在些有趣的大小事上。而在这些纷繁有趣的事情中，我们已经习惯其属性，因此，“随后的提及”会在我们的脑中产生与之前情况相似的影响。这些声音通常无特别指向，它们不过是脑海（一直残留）的最初印象；最后，它们会与“产生它们的特殊情境”不存半点关系。然而，这种无附加的声音还会像以前一样延续。

第三节　先于观念的一般文字

一贯精明的洛克曾指出：属于善恶美丑的文字，大都会因抢先于某特殊行为方式而早早地反映在人脑中。这样，就形成了对一方的爱，对另一方的恨。由于孩子的心智易受影响，因此，保姆及其身边人的好恶，甚至是个别字眼，都会对孩子的天性造成相同的改变。在随后的成长中，这些观念还会与生活中的很多事结合，如此，人们才往往因邪恶产生快乐。我们称那些难以与本性相融的为“善良”和“美德”，这也让我们在思想与感情方面感到困惑，因为它们的外在观念与行为是那么的冲突。有很多人，他们既非虚伪地一心向善，也非装作痛恨罪恶，但他们对自己“恶劣缺德”的行为往往不带任何悔恨。这些情况不显于人前的原因，在于“正义的情感因人之言辞获得了强烈的升腾与感染”。因此，尽管其本身不会发挥什么作用，但（之后）我们也很难“不受影响”地保持言行的统一，要伴有热情与感染就更难了。例如，明智、勇敢、慷慨、善良、伟大，当这些词不做任何用途时，大概就没什么实质作用。而当它用在通常的“神圣”场合时，我们就会受其感染，即便不在特定场合也是如此。这些文字常会不经理智地糅合在一起，也常以不协调的形式使用，这便是我们所说的“浮夸”。因此，要想驾驭这些文字就得有事实上的见识与经验。这样说的原因在于，“使用不当”只会让富有感染力的文字陷于大量的滥用之中，此外，还会引发众多任意拼凑的现象。

第四节　文字的力量

文字可能具有的全部力量，可以在听话人心中产生三种影响。其一，声音；其二，图像，也就是“声音表现的意象”；其三，前两方中的一方或双方激荡出的情感。之前说到的复合抽象词（荣誉、公正、自由等）都会产生第一和第三种效果，然而第二种除外。简单抽象词可以来表示某个简单概念，但这并不涉及绿、蓝、热、冷之类的词，因为它们有可能产生第二种影响；也就是说，它们能产生文字的三种效果。至于集合词，它们的程度就更高了，比如人、城堡、马。在我看来，这些最普遍的影响（即使文字本身）都不是几个物体所能代表的幻象。因为，我已对自己的头脑细致地考究了一番，并且也让其他人想了想，但都没形成这样的图像，二十次里一次都没有；即便有，也不过是想象刻意为之的结果。但集合词就像“复合抽象词”一样不会产生意象，它有的不过是之前提及的相同影响，而这些都是最初产生的效果。为了达到这样的效果，让我们来读一段文章："多瑙河发源于德国中部"山峦起伏"的潮湿地带，历经九曲折回，贯穿数个公国，流经奥地利的维也纳，又流向匈牙利。在离开基督教世界时，萨伏河、德拉瓦河的汇入增加了水流量，因此河水滚滚流经与鞑靼接壤的荒蛮地带；最后，它经多个出口汇入黑海。"这段描述提到了诸多事物，如山、河、城市、海。但扪心自问，我们是否折服于"河水、山峦、湿土、德国"。事实上，这根本不可能，因为这段话"不管是文字声音本身，还是展现的意象"都太快了。这些实质性的文字糅合了太多普遍具有象征性的文字，因此，要想从感觉跳到思维，从细节跳到整体，从事物跳到文字，就像在回答人生目的那样，几乎不切实际；或者，我们根本不必这样。

第五节　无意象文字之实例

我发现，要让本身没什么想法的人相信"他们的情感受文字的影响"是很难的；而要让他们确信"日常对话在不触发任何相关意象的情况下，就足以充分理解"，则会更加困难。而且无论其头脑中是否有想法，这一议题对任何人而言，似乎都是古怪而富有争议的。乍一看，每个人都应该能在自己"内心法庭"上独立做出判断。然而，奇怪的是我们对事物的想法总显得不知所措；要不然，就根本不知道是否对物体产生了想法。为了在头脑中达到完全满意的效果，这甚至需要我们更多地注意。自我写这些文章起，我就发现了两个可能惊异的例子。当一个人听到一段文字的时候，可能对文字的象征性的含义没有任何概念；但之后，他们就会回想起什么，而且还能以"得体、新颖、生动而富有规则的形式"加以运用。布莱克洛克就是其中一个例子。这位诗人先天失明，然而说到生动精确的描绘，没几个人能比得上他，就算其他诗人拥有完美的视力。大家不可能认为，他对事物认识的清晰度超过了其他人吧！在为他（盲诗人）的作品作序时，斯宾塞曾以优美的文笔、独到的见解指出了原因。我想，斯宾塞对这一特殊想象的解释大体正确。然而他的观点，我并非完全苟同，因为他认为诗中不妥的“语言与思想”是因为盲诗人的认识有缺陷。事实上，诗中的不恰当在比布莱克洛克更好的诗人那里也有，甚至有更不恰当的，他们可是拥有完美的视力。毫无疑问，这位诗人所受自己文字的影响并不亚于读者所受的影响。然而，诗人所描绘的事物他自己都不曾拥有，他对这些事物的了解也不会超过他对一个单调声音的理解。他的不具任何真实感的描述，为什么就不能以同样的方式使读者受到触动呢？我们再来看第二个例子：剑桥大学数学教授桑德森。他是一位博学之人，在自然哲学、天文学以及“以数学为基础的科学方面”都有很高的造诣。然而，最非同寻常，也最贴近我主题的是他在光与色上的教学理论。他所教的确实是与自己无关而“别人拥有的观念”。然而，对他而言，红、蓝、绿这些词可能就是色彩本身的观念。原因在于，它们的程度“可大可小”，并且对词语都适用。比如，盲人就能听到人们对这些词褒贬不一的评价，因此，就能轻松地做出解释，仿佛他完全掌握了一样。得承认的是，在这种事实的经历中，他根本没有什么新的发现。在我刚写的句子中，我用到了“每天”与“日常交谈”，但其实我心中没任何连续的时间观念，也没想到什么彼此间的交谈，更不要说想让（读这些话的）读者有这样的观念。当我说到红、蓝、绿以及它们间接的传播时，我并非要将这些色彩光线归于不同介质中去，也不是想改变方向，让它们意象般展现在我的面前。我很清楚，愉悦中的大脑拥有促发这些意象的能力，但前提是得有意志性的活动。在通常的交谈与阅读中，大脑几乎不会产生任何意象。就好比我说“明年夏天，我要去意大利”，对方很容易就明白了我的意思。但我想，没有哪个人会清晰地勾勒一幅想象的场景：有人正穿越陆路、水路；脑海中也不会有“一会儿马背、一会儿马车”之类的画面。总之，不会有什么旅行中的细节，更别说想到我所指的意大利了。换言之，思维难以在不同的季节间变换，想不到“绿油油的田野”、“累累的果实”，也想不到“空中的热浪”；这些观念代表的就是夏天。然而，最不可能产生意象的词就是“下一个”，原因在于这个词指代“除去一个词后所有的词”，即它代表了许多个夏天。当然，一个人说“下一个夏天”时，他不会产生什么连续的意象，也不会排除其他意象。

简言之，这些观念不仅是通常意义上的抽象（它们本身不会形成任何意象），而且就算是特定真实的事物，都无法以谈话的形式闪现于脑海。只要我们细致审视内心，就会对这一点了然于心。事实上，诗大都不会唤起感性意象的影响力。因此在我看来，要是诗所描述的影响是人内心“自然而然”产生的感性意象，那么它就会失去很大的活性。原因在于，就算它们是最有力的诗歌工具，也能贴切一致，但在常常促发感性意象的情况下，那些感染性的文字也会失去力量；也许再也没有像《埃涅阿斯纪》这整本书中对“埃特纳火神雕像”及其艺术品更宏大震撼的描述了。维吉尔专门描述了雷电的构造，说此乃“独眼巨人”捶打而成。然而，这样非同寻常的集合，其原理又到底是什么呢?

而他们已经加上了三阵扭曲的风暴三朵积雨的云、
三道红光的闪电、三阵南风；
现在他们将巨大的闪光、呼啸、恐惧、与愤怒
和灼人的火焰混合在了一起。

在我看来，这些是令人惊叹的崇高画面。然而，只要我们冷静看待“由这类观念组成的感性意象”就会发现，就算疯子般“荒谬疯狂的幻想”也比不上这种意象，即“三注交织的雨水，三朵载满水的云，三堆火，三次‘一扫而过’的南风。它们在闪电之声中交融、喧嚣、恐惧、愤怒，还有追逐的火焰”。这种奇怪的结合形成了某种臃肿。它由独眼巨人捶打，有的完美无瑕，有的粗陋不堪。事实上，要是诗人把崇高的想法与这些意象巧妙地排列组合，让他们之间能依时空情景连接，那它们就互为因果了。要不然，它们就会通过其他方式自然地紧密结合；于是，它们就可能与任何形式相混合，并且还能完美地发挥影响。然而，我们并不需要这样特别的联合。因为那根本就不会形成真正的画面，且关于这一点的描述效果也极其少。普利阿摩斯及长老对海伦的描述，被一致认为向我们揭示了最高意义上“致命的美”：

特洛伊人和胫甲精美的爱开奥斯人
为这样一个妇人长期遭受苦难，
无可抱怨，看起来她很像永生的女神。

他们哭喊着，如此天仙般的美貌
难怪会让世界陷入这场九年之战；
多么诱人的魅力！多么绰约的风姿！
她，如女神般行走，如女王般美貌。

——教皇

这里并没有一个词谈及她的美丽，也没有能帮助我们想象出她具体形象的描述。然而，比起对海伦外貌冗长细致的描述，我们更易受传说与幻想的触动，而这正是某些作者惯用的写作方式。我想，这样的形容方式比斯宾塞关于贝尔菲比的细微描述更能打动我。尽管（我认为）它的部分描述和那位杰出作家一样精彩，且富有诗意。卢克莱修刻画的都是宗教的丑恶一面，并以此展现他笔下英雄的冷静与宽宏大量，而这都被看作“大胆而富有气魄”。

当人类在大地上到处悲惨地呻吟，
人所共见的在宗教的重压底下，
而她则在天际昂然露出头来，
用她凶恶的脸孔怒视人群的时候——
是一个希腊人首先敢于
抬起凡人的眼睛抗拒那个恐怖——

面对这般精彩的描述，你想到什么了呢？你肯定什么也没想到！诗人所说的单个字都表现了幻象的四肢和面貌，且还没有一个字多余；这样，他就展现了感知到的恐怖想象。事实上，诗与修辞的描述都无法“像绘画一样”精确。它们所做的不是“模仿”而是引起“心灵的共鸣”。展现的不是事物本身直白的概念，而是说话人内心的感受。这就是它们最广阔的领域，也是其优越所在。

第六节　严格说来，诗并非模仿的艺术

我们或能做出结论：从严格角度讲，诗歌不应称为模仿的艺术。事实上，只有用语言描述人类的行为与感情时，才能称为模仿，而且模仿会影响阐释之语调。从严格的模仿角度讲，它们就是戏剧诗。但叙事诗主要靠语言的代换，或者说依靠现实习惯的声音。那些对他物的仿造才能叫作“模仿”。毫无疑问，文字并不是对指代观念的仿造。

第七节　文字如何影响感情

由于文字不仅会以起初的力量发挥影响，而且（有人这样认为）它们对感情的影响应该偏轻。然而，事实恰恰相反。我们从经验可以发现，修辞与诗歌的影响生动而强烈，甚至（在很多情况下）还会超越其自身性质。这主要有三个原因。第一，我们对他人的感情有着非同寻常的影响，他人行为的象征意义也触动了我们，让我们陷入同情之中。更为重要的是，其他象征性的语言无法完整表达绝大多数感情产生的情境。因此，要是一个人谈到这之中任何一个问题，他传达的就不仅是事物的观念，还同样传达出了影响事物的方式。确定无疑的是，事物对我们的影响绝大多数不会源于其本身，而是“我们持有的观点”。它大多依靠人们的想法，而且只能通过文字传递。第二，虽然很多事物天生就极具感染力，但现实中却很少出现，文字反而会再现其影响。因此，尽管其现实想法转瞬即逝，但它们仍有机会展现得深刻，并根植于心。或许就算从来没产生过真实的观念，它们都同时令我们产生了同样的感触，比如战争、死亡、饥荒等。此外，人们对诸多观念的感觉不过就是些文字，像上帝、天使、魔鬼、天堂和地狱；然而，这些文字都给情感带来了强烈的影响。第三，（当我们运用时）这些文字的组合力量，非他物所能及。通过组合所添加的专门

情境，我们还能使简单的物体“更新”和“生长”。绘画或许能再现愉悦的美好形象，但却没有文字般动人的力量。在布上画天使的时候，也不过就是画个长翅的美丽少女。有什么伟大的画法能表达“上帝之使”的内涵呢？显然，我没这方面的清楚认识。但文字却能比“感官意象”更能触动人的心弦，这也是我极力追求的。有这样一幅画，画中的普里阿摩斯正一步步挪向圣坛底部，而在那里他被杀害了。这幅画要是能处理好，无疑会让我们非常感动。但我们无论如何也展现不出其情形之“恶劣”：

他自己的鲜血玷污了他曾祝圣火焰的祭坛。

另一个例子是有关弥尔顿诗句的，描述的是堕落天使穿过其阴沉的住所：

黑暗、阴郁之谷，
这悲哀之地，
冰冻三尺、烈火焚烧，
笼罩死亡阴影的岩、窟、沼、洞、泽，
死亡世界。

一句话展现出一组事物的力量：

笼罩死亡阴影的岩、窟、沼、洞、泽。

然而，要不像下面这样，它们就会失去大部分的效果：

笼罩死亡阴影的岩、窟、沼、洞、泽。

——死亡

就因为一个词，我们获得了这样的想法与感情，这个词融进了其他词中，让我们感受到了极大的崇高，而后面“死亡世界”触发的崇高就更强了。这两个观念只是表达了出来，却并不动听。它们之间的组合令人惊异。要是它们不能展现清晰的意象，那就不知道它们是否能称为观念；然而就算是观念，我们还是弄不清：为什么“不能清晰地再现一切事物”的文字却能比真实事物更能打动人。之所以难以理解，是因为在我们理解语言的时候，我们无法区分“清晰的表达”与“强烈的表达”。尽管它们在事实上极为不同，但却通常彼此混淆。前者属于认识，后者则属于感情。前者描述事物是什么，后者则描述感受是怎样的。这种动人的声音、充满激情的表情、激动的手势都能独立施加影响，因此“文字与文字的组合”能单独用于充满感情的物体；而且这总被激情十足的人应用，让我们更受其清晰再现事物本身方式的影响。我们不再赞同，也不再描述。事实上，所有的口头描述，若仅仅是直率的描述，即使表达异常准确，传达的意念也是如此贫乏与不足，简直没有任何作用。要是说话者运用另一方式，比如激情、活力四射的演讲，其效果就是另一回事了。他会用热情感染对方，点燃对方的激情，而在此之前对方很可能从未被该事物触动过。运用之前提到的方式用文字强有力地传递情感，能够完全掩盖其他缺陷。大家或许注意到了，越是再三修饰的语言越是不够有力，就像那些清晰明了广受赞美的文字。法语有其完美，也有其不足之处；然而，东方的语言以及粗人的语言却都有惊人而自然的感染力。没什么文化的人通常看待事物的眼光很普通，在辨别自然事物时也不怎么吹毛求疵。但正因为如此，他们表现出更多的敬佩，也更易受“所见之物”的影响；这样，他们就会更热切地表达自我。如果这种感情得到了很好的表达，就算没什么清晰的观念，也能达到效果。要知道，这些感情都是自然而然的。

从这一丰富的主题，我认为诗歌大多崇高而美妙。但必须注意的是，这已经明了了，而且也把握得相当不错了。我并不想评论艺术之崇高与美，不过想找点原则来弄清、区分并组织出一系列标准罢了。我的意志或许最会受事物本性特质的影响，比如我们的爱怜与惊讶，而这靠的是展现感情的方式。因为我已经展现了它们能作为自然物代表性的原则，也展现了它们所代表的经常性的强烈影响力（它们时强时弱），因此我们就只考虑至此了。

法国大革命反思

The Revolution In France

主编序言

伯克一生特有的激情是对秩序的热爱。他在英国的政治生涯中，尽管对不同的政党采取了不同的立场，但我们仍能很容易地找到他核心原则的一致性。当国王的政党设法增加王权时，他反对；当辉格党试图通过一种途径为自己谋利时，他反对；当法国大革命的追随者（如伯克所想）企图废除政府时，他反对。

他声称热爱自由，却认为“自由应当与秩序相结合”，而且在刚才提及的一系列政治运动中，他也看到了自由（或者秩序）遭到了攻击。他很尊崇几个世纪以来经验中积累的智慧，并认为应当谨慎地、逐渐地扩大自由的范围。一个政治制度已经存在了很久，因而在很大程度上必然符合它的目的，我们不能贸然改变它。

基于这样的观点，伯克一定会反对法国大革命。革命把传统一扫而空，以抽象理论为基础确立了新的政体，这与他所倡导的思想格格不入，因此遭到了他的强烈反对。他未能看到大革命的希望所在，也没有仔细甄别追随者及其革命动机。

但在暴动发生前，他把情况的预测写入了这本《反思》中，足以彰显出他敏锐的洞察力和预知未来的智慧。

这本书在当时的英国引起了轰动，瞬间让作者成为了欧洲的风云人物。然而，在时下英国发生剧变时，我们仍能通过伟大的保守党的视野来看待这些重大事件，更显其巨大价值。

查尔斯·艾略特

一封准备寄给巴黎一位先生的信
——法国大革命的反思

（1790年）

我想有必要告知读者，这本《反思》源于作者与巴黎一位年轻先生之间的通信。正是这位先生，才使作者得以表达了他对一些重要事件的看法；之后，也才引起了人们的广泛关注。回信完成于1789年10月的某天，但由于作者审慎的考量而被搁置了下来。接下来的开端部分对这封信也有所提及。后来这封信还是按原地址寄给了那位年轻人。作者在给这位年轻人的另一封短信中解释了对信件延迟寄出的原因。这使得他产生了一种新的、想迫切了解作者观点的想法？

作者对该主题再次进行了更全面的讨论。去年春天，他发表了一些看法，但他发现论及的问题不仅远非一封信所能包含，且其重要性也要求他付出更多的时间来做更为详尽的思考，而当时他已经利用了所有的闲暇时间。然而，他最初的想法就是想以书信的方式表达他的思想；事实上，当他坐下来打算写一封私人信件时，他的思维已经超出了最初的范围，且思维方向也发生了改变，此时，他想改变称呼已经很困难了。他非常清楚，不同的计划也许更有助于分配和处理他的问题。

尊敬的先生：

你由衷地高兴再次听到这样的称呼吧，因为我带来了法国最新事件的看法。我认为这些看法很有价值，以至于我希望自己能被邀请阐述它们，所以我将不会给你理由去想象它们。它们太无足轻重了，简直没有必要非常急切地交流或保留。而你却对此很感兴趣，其实也只有你感兴趣。当你第一次希望收到它们的时候，我还很犹豫。我很荣幸给你写了第一封信，并且寄出了它；我不为任何人写，也不从任何人的角度写，当然这一次也不例外。如果有任何错误，都是我个人的，我会用自己的名誉去负责。

你是知道的，先生，在我寄给你的那封长长的信中，我是多么衷心地希望，法国可以通过一种理性的自由精神来保持生机与活力，并且我认为你们应当按照可靠的政策来提供一个常设机构。在这个常设机构中，自由精神能够得到体现。此外，还应设置一个可以发挥作用的有效机构。在你们最近的事件中，我不幸对几个实质性的关键点产生了巨大的疑惑。

你在上次的信件中写到，根据我在伦敦的两个绅士社团——“宪法协会”和“革命协会”中公开发表过庄严的支持，因而猜测我可能是法国某些行动的拥护者。

我的确有幸属于很多社团，但不是其中一个。在那里，人们高度尊崇我们王国的宪法和光荣革命的原则，并且我认为，在维持宪法和这些原则的纯洁与活力方面，我的热诚最具前瞻性。这是因为我愿意这么做，我也认为自己有必要这样做，而且这样做也是对的。那些支持我们革命的朋友和加入我们王国宪法的朋友，要慎重地与一类人打交道。这类人用革命和宪法热诚的借口，非常频繁地偏离真正的原则，且准备在任何场合都坚定而又谨慎、有意地脱离产生革命和存在于宪法中的精神。在我继续回答你信中重要细节之前，请允许我告诉你一些我打听到的关于这两个协会的信息——它们作为主体，认为应当干涉法国事务。首先我向你保证，我不是，也从来没有成为过这两个协会中任何一方的成员。

第一个社团自称为“宪法协会”或“宪法情报协会”，或其他类似的称谓，我相信它已经成立七八年了。这个协会的制度似乎具有慈善性质。到目前为止，这个性质是值得赞赏的；它旨在让会员出资以确保许多书籍的流通——而那些书常是鲜有人购买，或可能是滞留在书商手里，而给真正需要它们的人造成了巨大损失。至于这些通过慈善手段流通出去的书是否被慈善地阅读了，我就不得而知了。也许它们中的一些已经输出到了法国，就像我们这里不受欢迎的商品一样，在你们那儿却能找到市场。我曾听说很多关于灯光的谈论都是从这些书中得到的。而他们的文章里是否真有什么高见（如据说一些洋酒漂洋过海后就变得好喝了），这个我可不敢说。但我从未听过一个有正常判断力的人，或拥有最小知识量的人，说过一句话来称赞该协会流通的大部分出版物，也没有人把他们的行动视为庄严。当然，除了他们自己协会中的某些人。

你们的国民议会似乎持有我对该可怜慈善社团一样的意见。作为一个民族，当“革命协会”的同伙在“宪法协会”里平等地享有席位时，你们对其保留了所储存的全部动人感激。因为你们选择了“革命协会”作为民族感激和歌颂的伟大目标，因此你会认为我把它的近期行为作为观察的主体是情有可原的。法国国民议会对追随它的先生们显得格外重要，而他们的回报方式是：在英国通过担当委员来传播国民议会的信念。今后我们必须把他们看作一类特权人物，当作外交使团中的要人。革命把显赫赋予了默默无闻，把荣誉赋予了不易察觉的优点。直到最近，我也没有想起听说过这个社团。我十分肯定它从未占据过我的思想，我相信它对其他人也如此。经调查，我发现1688年的革命纪念日，一个反对派的社团（我不知道属于哪个教派）长期有在他们的一个教堂里听布道的习惯，然后在酒吧里和别的社团一样快活地度过这一天。但我从未听说过他们有用任何公共措施或政治制度，更别说任何外国宪法的优点作为其节日正式流程的主题。令我无比惊讶的是，直到最近我才发现他们以一种公共的资格，通过贺词对法国国民议会的流程表示权威的支持。

至少到目前为止，他们在该社团中宣称的古老原则和行为，我看不出有什么是可以反对的。我觉得新成员为了某种目的已经成为他们的一员是极有可能的，有些真正的基督教政客喜欢分配福利，但却小心地隐藏那只分配的手，可能他们已经成为宗教计划的工具。无论我可能以什么理由去怀疑他们有什么私下的操纵，而我要谈论的都不是关于确凿的东西，只有什么叫公开。

有件事我很抱歉，就是被认为直接地或间接地与他们的行动有关。我一定会承担我全部的责任，与世界上的其他人一道，以我个人的名义，思索在社会舞台上哪些事情已经做了，哪些事情还正在进行中：在任何古老或现代的地方，在罗马共和国或巴黎共和国，我没有使者普遍的使命，而是作为一个特殊国家的公民，在相当大的程度上，我受到了该国公共意志的约束，然而要打开与外国现行政府公开的正式通信，却没有得到我所在国家政府当局的允许，至少对我来说，我认为是不恰当的，也是不符合常规的。

我更加不愿意加入到有点模棱两可的通信中，这对许多不了解我们用法的人来说，可能使我参与的评论似乎像某个集体所为，这个集体的人得到了该王国法律的承认，并且被批准讨论其中有意义的部分。由于一般未授权描述的模糊性和不确定性，及通过它们可能进行的欺骗不仅仅来自正式的手续，而且下议院将会以署名的方式拒绝人们对最琐碎事情的卑鄙诉状，在这种署名的方式下，你们却打开出席会紧闭的大门，想想你们曾经用那么多的仪式和游行以及阵阵如雷的掌声引进了你们的国民议会，仿佛整个英国的权威人士代表访问过你们似的。如果这个社团认为适合送出的思想是一则论证，那么是谁创作的就显得不那么重要了。它不会因为来自哪个政党而增添或减少了说服力。但这竟是投票与决议的事情。论证全依赖权威，然而在这种情况下，它纯粹依赖个人权威，只是个人的名字没有出现罢了。在我看来，他们的署名应该采取一定的措施。然后世界就会有办法知道他们有多少人，都是些谁，并且从他们的个人能力、知识量、经验，或者由这个国家的领导力和权威性得知他们的观点可能有什么价值。就我而言，本人只是一介草民，这个行动看起来似乎太完美、超具独创性，有太多政治谋略的味道。它的采用是为了以高调的名义增强该社团公开声明的重要性，而当人们仔细审查这个事情时，他们就不会都认为值得这么做了。它是一种掺杂了太多陷阱的谋略。

我认为自己热爱高尚的、有道德的和有规矩的自由，如同我爱这个社团里的任何一位先生一样，不论他是谁，也许我在自己的整个公众行为中，对此给予了很好的证明。我也认为自己与他们一样几乎不嫉妒任何国家的自由，但我无法站出来称赞或责备任何与人类行为有关的或人们关心的事情，简单地说，按照现在的情况剥夺所有的关系，而完全处于形而上学的抽象影响下的赤裸裸和孤独的状态中。环境（某些先生们毫不重视）实际上给予每个制度突出的色彩和特有的功效。它使得每一个惠民计划和政治方案对人类都有好有坏。抽象地讲，政府和自由一样是好的，照常理，10年前我会祝贺法国享有一个政府（因为它当时有一个政府），而不去询问它的性质或治理方法吗？那么，现在我是不是应该祝贺它享有自由呢？是不是因为抽象的自由可能散布在人类的祝福中，所以我要认真地祝贺一个疯子逃出了监狱"防护性的约束"和"保护性的黑暗"，而再度享用他的阳光和自由呢？又是不是我应该祝贺越狱的强盗和杀人犯恢复了他们的天赋人权呢？这样就再次上演了罪犯被罚到船上当奴隶，以及他们那位英勇的拯救者——面带忧伤的形而上学的骑士的一幕。

当我看到自由的精神在行动时，我就看到了一种强大的原则，这是我目前所知道的一切。这狂野的煤气和凝固的空气挣脱了出来，但我们不要急着下结论，直到第一个冒泡稍微平息、直到液体变得清澈、直到我们看到更深层次的东西，而不是混乱多泡的表面跳动起来。我只有十分确定别人真正得到幸福之后，才敢于公开祝福他们。奉承腐蚀了听话者，也腐蚀了说话者，它对于人民比对于国王没有更多的作用。所以我要推迟对法国新自由的祝贺，直到我得知它与政府相结合，与公众力量、军队的纪律和服从、一种有效而分配合理的税收征收制度、道德和宗教、财产的稳定、和平和秩序、公民的社交礼仪相结合。这些（以它们的方式）都是美好的事物，若没有它们，自由就没有用处，更不可能存在下去。自由对个人的作用是：他们可以做自己喜欢做的事，因此在冒险祝贺他们之前，我们应当了解什么东西可以取悦他们，要不然可能立马招来抱怨。至于单独的和孤立的个人，需要谨慎地处理，但是当人们集体行动起来时，自由就是权力。在表明态度前，深思熟虑的人会先观察权力是怎样运用的，特别是，新领导人如何使用新权力，因为他们对领导人的原则、脾气和性情只了解一点，或者一无所知，而那些在这种场合看起来最激动的人，极有可能不是真正的推动者。

然而，我所有的顾虑都不在“革命协会”超然的尊严里面。有时我一直待在这个国家，并且有幸在这里给你写信，我对他们的事情只有一个小小的意见。我一来到城镇，就向他们索取了会议录。这本会议录是由他们的权威机构出版的，其中包含了一篇普莱斯博士的布道词，它与罗奇富科公爵和埃克斯大主教的信件写在一起的，还有几个其他文件。整个会议录让我感到非常不安，因为它很明显地把法国事务与英国事务联系起来，吸引我们去模仿国民议会的行为。这种行为对法国的权利、声望、繁荣和安定的作用与日俱增。即将确立的宪法形式对未来政策的作用也更加明显。我们现在的处境是：用可以接受的准确性，去识别我们要模仿对象的真正性质。如果出于谨慎或恪守礼仪，而命令别人在某些情况下保持沉默，那么在更谨慎的情况下，我们讲出自己的想法就显得合理了。目前，英国混乱初期造成的后果还很渺小，可是在法国，我们看到的是一个婴儿，尽管十分脆弱，但她的力量却与日俱增，最终成长为绵延不断的高山，与天作战。无论什么时候，我们邻居的房子着火了，消防车在我们的房子上洒了点水是不会有错的，由于过度忧虑而遭到鄙视总比对安全过分自信而被毁灭好。

我主要是担心我们国家的和平，并非不关心你们国家的事务，而我希望更多地和你交流，不过仅仅是为了让你个人满意。我会把你们的事情放在心上，并且继续给你写信。由于迷恋上了书信交流的自由，请允许我说出我的想法和表达出我的感受，就像它们出现在我的脑海那样，一般的方法很少关注它们。我从“革命协会”的行动出发，但我不会局限于它们。可以这样做吗？依我看，我似乎陷入了一个大危机中，这危机并不仅仅属于法国，而是属于整个欧洲，也许还不止欧洲。迄今为止，把所有的情况加起来，法国大革命是世界上发生的最令人惊讶的事。在许多情况下，最奇妙的事情都是由最荒唐的方法、以最荒谬的方式引起的，而且也很显然地使用了最卑鄙的手段。在这个多变与凶猛的奇怪混乱中，每件事似乎都不正常，各种各样的犯罪与罪恶都混在了一起。在这个怪异的悲喜剧场景中，最敌对的各种感情势必接踵而至，鄙视和义愤、欢笑和眼泪、嘲笑和恐惧相互交织印在了我的脑海里。

然而，不可否认的是，某些人对这个怪异的场景持有完全不同的观点。对他们而言，只是激发了他们那欣喜若狂、欢天喜地的情感，别的没有了。他们没有看到法国所做过的努力，只看到了自由被稳定地、适度地运用。就全体而言，自由与道德和虔诚如此顺利地结合，以至于它不仅应该得到大胆的马基雅弗利式政客们世俗的掌声，而且应使它适合所有神圣雄辩真诚流露的主题。

去年11月4日上午，作为一名卓越的非国教牧师，理查德·普莱斯博士在老犹太人的教堂里，为他的俱乐部或社团做了一场混杂的、非凡的布道。在该布道里有一些道德和宗教方面的好观点，它们并不是糟糕的阐述，而是混合了许多优秀的政治观点和伟大的思想，不过法国革命是其中的主要成分。我认为经由“革命协会”的斯坦霍普伯爵递交给国民议会的演讲词来源于其中的原则，而且还从中得出了一个推论。宣讲的那位牧师推广了它。它也得到了散发着布道气息的人无条件的认可。然而，不妨假设任何一位与此相关的先生希望把布道从决议中分离出来，那么他们就知道为什么肯定这个，而否定另一个。他们也许做得到，但我却不能。

就我而言，我把该布道看作一个人的宣言，而这个人与国内外的文学阴谋家、独具慧眼的哲学家、政治神学家和神学政治家密切联系。我知道他们把他树立为某种圣人，因为他带来了世界上最好的意愿，自然而然地要菲利普化，与他们的计划一道唱出他的预言歌。

自1648年来，在本王国任何一个被接纳和被支持的讲道坛上，我相信这样的布道是未曾听过的，当普莱斯博士的一位前辈——休·彼得牧师在圣詹姆斯广场，以圣人的名义和特权建造国王教堂的穹顶时，这些圣徒“口中高度赞扬上帝，手持一把双刃剑，为要报复列邦，刑罚万民要用链条绑他们的国王、用铁镣铐他们的贵族”[①]。除了在你们法国联盟的日子

① 《旧约·诗篇》第149篇第6~8节（按：作者此处原文中“列邦”作“不信教者”（heathen），引文中的重点号是作者加的）。

或英国庄严盟约的日子，讲道坛上很少有高谈阔论比老犹太人这里的演讲更为激进。然而，假设在这个政治布道中有点像中庸的东西是可见的，那么政治和讲道坛就是两个几乎不同的术语。在这个教堂里，除了信徒仁慈的救苦救难声，就听不到其他声音了。公民自由和政府收获甚微的原因就和宗教一样，均由职责混乱而导致。绝大部分抛弃了自己本性而选择了本不属于他们本性的人，对自己抛弃的本性和选择的本性都一无所知。他们完全不了解他们那么喜欢干预的世界，对处理它的事务也毫无经验，却如此自信地做出判断，他们除了有万丈的激情，其他什么策略也没有。当然，教堂就是一个在人类冲突和仇恨中可以允许停战一天的地方。

沉睡了很长时间后，讲道坛的这种风格又恢复了，让我感觉到了新奇的味道，而这种新奇并非完全没有危险。我并不是把这种危险相应地归因于演讲的每一部分。人们推测一位高尚而受人尊敬的非神职牧师在我们的一所大学里担任要职，[①]他与其他位高多识的神职牧师提供的线索尽管有些新奇，但也许更合适、更及时。如果高尚的“寻求者”不能在国教的旧主食中或者在各种非国教分类齐全的仓库中找到让他们满意的虔诚幻想，那么普莱斯博士就建议他们去改善新教，各自依据自己的特殊原则建立独立的教会。[②]这位受人尊敬的牧师竟然如此热切地建立新教会，却对他们教授的教义毫不关心，这多多少少值得我们去关注。他的热情具有古怪的特性。他不仅传播自己的观点，也传播矛盾。让高尚的牧师们之间争议不断，至于是谁的观点或什么观点都没有关系。一旦这个重大的观点被确立，人们就会认为他们的宗教是合理的、高尚的。我怀疑宗教收缴了这位深谋远虑的牧师从“伟大牧师的伟大团队”中计算出来的所有利益。目前，丰富的已知纲、属和类的标本美化了新教的植物标本，对难以分类的植物也做了有价值的补充。

---

① 理查德·普莱斯《爱国论》，1789年11月4日，第三版，第17页和第18页。

② “那些不喜欢政府当局规定的那种崇拜方式的人们，如果在他们支持的宗教中不能找到一种让他们满意的，那么可以自行建立一种崇拜方式，这样就树立起了理性和高尚的崇拜方式，那些有权势和有文化的人就能对社会和世界做出最大的贡献。”——普莱斯博士《布道》，第18页。

人们对千篇一律又索然无味的消遣感到了厌倦，一篇来自高贵公爵（或侯爵或伯爵）的布道，一定会增加和丰富这个城市的娱乐方式。我应该只规定那些刚穿长袍、戴王冠的“牧约翰们”（Mess-John），根据他们的头衔在民主和平等的原则内受到一些限制。我敢说，新的传道士会让人们的希望落空。从理论或实际来讲，他们都不会成为好争论的牧师，也不会像过去美好时代里那样可以对骑兵、步兵和炮兵传道。然而，这样的安排有益于公民和宗教的强制自由，但可能不会对国家的安定有益。我希望这些少数的限制不会大范围地延伸为狭隘，也希望没有暴政产生。

但我可能说，但愿我们的牧师把用于暴力的时间都花在烦琐无聊的事情上——他那爆发性的胡说八道并不是没有危害的趋势。他的教义影响了我们宪法的关键部分。他在这个布道里对“革命协会”说：“他的国王‘是世界上唯一合法的国王’，因为他是唯一一位由人民选举而加冕的。”至于世界上其他的国王，所有的（除了这一位）都被这位过分大胆的大祭司，以罗马教皇在12世纪那种烜赫一时的废黜大权，用横扫千军的诅咒，向全世界宣布他们为篡位者，他们理所应当思考怎么可以允许罗马教皇的传教士在自己的领土上说自己的国王不是合法的。当然，那是他们关心的事。由于对国内某些重要时刻的关注，我们要认真考虑这唯一原则的稳定性，在此基础上，那些先生们承认大不列颠国王将有权享有他们的忠诚。

这个教义当时运用到了一位王子身上，他现在是英国在位的国王。它要么没有意义，要么肯定了一个最无根据的、最危险的、最违法的和最违宪的立场，因此它既不正确也不错误。根据这位政界精神科医生的观点，如果国王不是通过人民选举而加冕，那么他就不是合法的国王。现在这个王国国王的加冕方式是最不真实的。所以，如果你依据你们国家的规则，那么我们大不列颠国王绝对不是通过公开选举的方式获得王位的，他并不比篡位团伙好。篡位者的统治倒不如说是抢劫，让我们面临悲惨世界，它没有任何一种权利可以得到人民的效忠。这个普遍学说的政策被如此描述后，让人非常明白。这种政治学说的鼓吹者不希望他们的抽象原则——公开选举对君权的合法性是必要的——会遭到忽视，然而大不列颠国王并没有受此影响。同时，他们民众的耳朵也会渐渐地习惯，就好像它是一条基本原理，对此丝毫没有争议。目前，它只是作为一种理论在起作用，腌制在布道这个防腐汁里，储存着以备后用。“我在收集和积累，从而我可以使用它们。”鉴于此政策，当我们的政府按照它保留的喜好而感到安稳时（尽管它没有要求），所有政府公共安全（迄今为止仍把舆论看作公共安全）就没有了。

由此，这些政治家开始采取行动，然而他们的学说几乎没有引起关注，但是当他们学说的简单意义和直接倾向被检验时，那些含糊的话和杂乱结构就起作用了。他们说国王源于人民的选择而得到王冠，所以他是世上唯一合法的国王，这也许是在告诉我们：只有一些国王的前任是通过某种选择而应诏登上王座的，于是他说他的王冠是人民的选择，因此，他们通过卑鄙的托词，希望那些无用的主张安然无恙。他们在避难所里找麻烦能受到欢迎，是因为他们躲在自己的愚蠢中。如果你认可这种解释，那他们选举的观点与我们继承的观点又有什么不同呢？

在布伦瑞克，来自詹姆士一世的对王权处理的方法，是如何让我们的君主制走向合法的，而不是像其他邻国那样？当然，在某个时候，所有王国的开国者都是由召集他们来统治的人民选择的。这就有足够的观点解释：在远古时期，欧洲所有的王国在被选举对象上有或多或少的限制。但是在一千年前，不管在哪里，也不管英国或法国以什么样的方式治国，当今，大不列颠的国王根据国家的法律，通过一种固定的继承方式产生；当他履行了君主契约里规定的法律条件后（像他们履行的一样），他就得到了王权，一点也不顾“革命协会”的选择，无论是个人还是集体，“革命协会”中都没有人为国王投过一票，尽管我很确信他们很快会成立一个选举团，但前提是他们的主张实行得顺利。国王陛下在位时下令他的继承人将会得到王冠，但继承者轻视他们的选择，如同国王陛下当初继承王冠一样。

无论什么样的解释和严重错误的借口，认为国王（尽管人民期望他拥有王冠）由人民的选择而得到王冠，然而没有什么可让他们回避人民拥有选举权这样一个非常明显的宣言，他们的选举权直接得到了人民的支持和拥护。所有这一主张里有关选举的不光明正大的暗示，都可以归因于它。

唯恐国王独有的法定权利被认为仅仅是奉承自由的激昂演说，这位政治牧师教条式地坚持了这一主张。[1]依据“革命”的原则，英国人民得到了三项权利，他把这三项权利组成了一个体系，并且用了一句短话来概括，即我们得到了一个权利：

1.“选择我们自己的统治者”。
2.“因其行为不端而罢免他”。
3.“为我们自己建立一个政府”。

迄今为止，这种新的、前所未闻的人权法案，尽管以全体人民的名义制定，但是却只属于那些先生们以及他们的集体。大多数的英国人民并没有分享它。他们将会不顾生命和财产，抵抗对它的实际支持。根据“革命协会”正在滥用的、革命期间为了呼吁人们支持虚假权利而宣称的法律，他们一定会这么做的。

那些老犹太先生们，在他们有关1688年革命的所有推论中，有40年前发生在英国的革命和最近发生在法国的革命，它们这样摆在他们的眼前、印在他们的心里，以至于他们常常把这三者混淆。我们把他们所混淆的东西区分开，是十分必要的。为了发现它的真实原则，我们必须回想起他们对我们尊敬的革命行为所产生的错误幻想。如果1688年革命的原则在任何地方都能找到，那就是在《权利法案》的法规里。那最英明、最庄严和最全面的法案由伟大的律师和政治家们，而不是热情的、无经验的狂热者起草，而里面竟然没有说到一个字，也没有提到一个建议涉及大众的权利——“选择我们自己的统治者，因其行为不端而罢免他和为我们自己建立一个政府”。

《权利法案》（威廉和玛丽的第一项法案，会议录2，第2章）是我们宪法的基石。随着我们的不断补充、说明和改进，它的基本原则被永久地确立了，被称作“一个宣布国民权利和自由、解决王位继承问题的法

① 普莱斯博士《爱国论》第34页。

案”。你将会观察到这些权利和这种继承制是连在一起宣布的，它们是不可分解的统一体。

这一时期后的几年，我们再次迎来了肯定国王选举权的机会。出于对威廉国王和那位后来成为了安妮女王的公主之间继承完全失败的担忧，解决王位继承和进一步确保人民自由的考虑，再次呈现在了立法机构的面前。他们会再次制定任何规定让老犹太人那种虚假的革命原则合法吗？答案是否定的。他们遵循了《权利法案》中的主要原则，更加明确地表明了新教中的继承人。这个法案同时包含了我们的自由权和继承权的世袭。他们宣称世袭（来自詹姆士一世那一脉的新教徒）对“王国的自由、安定和安全”是完全必要的，同时“维持世袭的稳定性和人民可以安全地求助于他们的保护”，对他们来说也很急迫。这两项法案的革命政策，听起来都是没有错误和不含糊的预言，而不是吉普赛那种带有欺骗性的预言——“有权选择我们的政府”，这证明了这个民族的智慧来源于把一种必然情况转化为一种法规。

毫无疑问，在革命中，威廉国王有一点点暂时背离正常世袭的严格程序，从一个特殊案例和个人角度制定的法律中拟定一个原则，这违背了法律体系所有真正的原则：个例不能成为普遍的准则。如果历史上有一个时期有利于确立这一原则，即大众选择的国王才是唯一合法的国王，那么一定是在革命时期。如果在那个时期没有确立，就证明这个民族认为在任何时候都不应该确立。没有人会如此忽视我们的历史，以至于不知道议会两党中的绝大多数人极不愿意做类似那种原则的事，他们起初的决定不是把空缺的王位给奥兰治亲王，而是他的妻子玛丽，即詹姆士国王的女儿，他们毫无疑问地认可她是因为她是国王的长女。

回忆你们有关这些情况的记忆，一定会被重复说成一个非常老套的故事，不过这些情况证明了他们接受威廉国王并不是恰当的选择；但是对于那些不希望回想起詹姆士国王，或不希望国家躺入血泊中，再次把他们的宗教、法律和自由带回到刚逃出的危险中的人，这是最严格道德里的一种必要行为。

在这个法案中，议员们在一个案例中暂时违背了严格的继承顺序，而去支持一位亲王，尽管他不是第一继承人，但继承顺序也很靠前。看到起草《权利法案》的萨默斯勋爵在那种微妙场合的表现，我们感到很奇怪。感到奇怪的还有，我们观察到这种连续的短暂办法瞒住了人们，然而能在该必要法案里找到支撑世袭继承的所有观点，都被提出来并发展了，为该伟人和追随他的立法机构所充分利用。他抛弃议会这枯燥的和命定式的法案，让上议院和下议院开始了虔诚的立法讨论，并宣称“仁慈的上帝保护他们威严的王室人员在他们祖先的王位上幸福地统治着我们，是一种绝妙的天意，因此他们从内心深处用最谦卑的感谢和赞扬作为回报”。立法机构明显地认可伊丽莎白一世法案的第3章和詹姆士一世法案的第1章，它们都坚强有力地宣言了王位继承的性质，而且在很多部分里，他们遵循这些旧宣言里能找到的感谢语言甚至是感谢形式，几乎达到了照搬的程度。

在威廉国王的法案里，上下两议院并不感谢上帝，他们已经找到了一种相当好的机会维护他们选择自己统治者的权利，更不用说把选举作为获得王位的唯一合法方式。他们处于一种避免该方式出现的状态，尽可能地把它当作一种幸运的逃避。任何有倾向削弱权利的情况，他们都盖上了精心制作的政治面纱，这种权利是他们想要永久确立的王位继承顺序，或为将来违背他们已经永久确立的顺序提供一个先例。因此，他们可以不用放松对君主制的神经，并且可以与他们祖先的做法保持高度一致，正如出现在玛丽女王①和伊丽莎白女王的宣言章程里那样，在第二句里，以他们的威严，通过公众授予国王所有的特权，他们还宣称：“这些权利是最充分、最正确和最完整地被授予、被体现、被结合和被占有。”在接下来的内容里，为了防止任何以虚假名义获得王位问题的发生，他们宣称（也遵守传统语言和传统政策，从题目开始复述了前面伊丽莎白和詹姆士的法案）“在上帝的庇护下，这个国家的团结、和平及安定完全依赖于王位继承顺序的确定”。

他们自知一个令人怀疑的继承权将会非常类似一种选举，这种选举将会把这个国家的团结、和平及安定完全摧毁，而他们认为这些是某些重

① 玛丽一世《会议录》第3卷第1章。

要时刻的考虑因素。为了提供这些东西，他们永远排除了老犹太人的那种教义（“有权选择我们自己的统治者”），遵循了前述的伊丽莎白女王法案里一句最庄严的宣誓，它是曾经支持或能够支持世袭继承的庄严宣誓，也是抛弃这个协会归咎于他们的那些原则的庄严宣誓。上议院和下议院议员，以上述全民的名义，让自己、他们的继承人和子孙永远最谦卑和最忠诚地服从于君主，也最衷心地承诺：将会尽自己最大的努力支持和保护他们的陛下，以及法案里规定和包含的君主限制。

我们通过该协会得到了选举国王的权利，这非但不真实，而且如果我们曾经拥有过这样的权利，那时的英国人民及其后代一定会庄严地抛弃它。那些先生们可以根据辉格党的原则随意评价他们自己，但是我从不希望被认为是比萨默斯勋爵好的辉格党，或理解协会的原则比那些人提出的原则好，或在《权利法案》里读出了任何不为那些人（他们的思想刻在了法令里和我们的心里）所知的、关于这不朽法律内容和精神的奥秘。

从某种意义上来说，由于武力和机会而得到权利，当时的人民就能自由选择任何方式来接任国王，这都是正确的，但也仅仅根据这一点，人们就能自由地彻底废除他们的君主制和宪法中的其他所有部分，他们认为如此大胆的改变不在他们的授权范围内。限制最高权力（例如当时议会行使的权利）纯粹抽象的权限，的确很困难，或许也不太可能，但是对道德权限的限制（即使在毫无争议的君主执政下），偶然地使意志服从于永恒的真理或服从于信仰、正义与固定基本政策的不变箴言，是完全可以理解的，也能约束那些在国家中以任何名义或头衔行使任何权利的人。比如说，上议院没有能力解散下议院，也没有能力解散它自己，即使它愿意，也不能放弃它在立法机构里的席位。尽管国王可以自己退位，但是他不能因为君主制而退位。依据同样充分的理由，或更为充分的理由，下议院也不能放弃它应有的权利。我们通常称作宪法的那些社会公约或契约，不允许有这样的侵犯或放弃。一个国家的各个构成部分，有义务相互间以及与那些在他们的公约下得到了任何重大利益的人坚持他们的共同信仰，同样整个国家一定要与单个群体坚持共同的信仰。否则，权限与权力很容易就会混在一起，然后法律就不复存在了，只剩下了主导势力的意志。受这一原则的影响，在法律上，王位的继承制现在是而且一直是世袭制：在过去，它是由习惯法规定的，而现在，它由成文法规定，根据习惯法的原则操作，并没有改变它的实质，只是调整了它的形式和叙述了具体的继承人而已。这两项法律的内容都具有同样的效力，也都来自同样的权威机构，来自这个国家的共同协议和原始契约，即国家全体人民的同意，只要遵守该条款，只要坚持现在的政体，它们就同样对国王和人民有约束作用。

如果我们没有身陷形而上学诡辩迷宫的纠缠，那既定的规则和偶然的偏离就可以调和，我们政府神圣的世袭继承原则，在紧急情况下也可在运用时适当调整。即使在那种情况下，（如果我们采取革命期间运用权力的方法）改变也只限于有过失的那部分和产生必然偏差的那部分，而且即使那样，为了以社会的基本元素建立一个新的公众秩序，也不会造成整个公民团体和政治团体的分解。

一个国家没有某些改变的方法，就没有生存的方法。没有这些方法，它可能会面临失去它最虔诚地希望保护的那一部分的危险。当英国发现自己没有国王时，保存和纠正这两种原则就强有力地运用到了复辟和革命这两个关键时期。这两个时期，英国在古老的大厦里都失去了连接情谊的纽带，然而他们没有分解它的整个结构。相反，在这两种情况下，他们通过没有受损的部分革新旧宪法里有缺陷的部分。他们尽可能地维护那些旧的部分，以至于修复的部分可以适合他们。他们采取行动，是依据古老的组织状态，而不是一个解体民族的有机分子。

当它偏离了世袭继承制的直系时，也许至高无上的立法机构绝不比革命时期对英国宪法政策的基本原则表现得更重视。王冠多多少少地搬离了原来移动的直系，但新的世系也源自同一血统。尽管世袭后裔必须是新教徒，但他们仍是一支世袭后裔的世系，仍是同一血统的世袭后裔。当立法机构改变了方向，并坚持了这一政策时，他们表示维护它的神圣。

根据这个政策，继承法承认了过去的一些修正，尤其是不久前的革命时代。争霸之后的一段时间里，出现了有关世袭后裔合法原则的大问题。是按人数的后嗣还是按家系的后嗣继承王位，就成了一个有争议的问题。当按家系的后嗣继承权产生时，按人数的后嗣为其让位，当人们更喜欢新教后嗣时，天主教后嗣让位，继承原则以一种不朽的精神幸存了下来，它经历了这样的轮回，即许多年来，这家的幸运岿然不动，他们先人的家谱延续不断。这就是我们宪法的精神，不仅存在于稳定时期，而且存在于所有的革命时期。不论谁踏进我们国家，或无论怎样踏进，不管他通过法律还是武力得到王冠，世袭继承制要么被延续，要么被采用。在1688年革命中，“革命协会”的先生们只看到了宪法的偏离，并拿偏离的原则来当原则。尽管他们看到了他们的教义在本国的正面机构中几乎没留下积极的权威，他们也完全不关注他们教义的严重后果。这种无正当理由的格言一旦确立，除了通过选举，就没有合法君主，在这个时代以前，没有一项虚构选举王子的行为是有效的。这些理论家是想要模仿他们的前辈，把我们古代君主的遗骸从安静的坟墓里拖出来吗？他们是想玷污和废除在革命前统治过我们的国王，因此用持续不断的篡位来玷污英国君主吗？他们是有意否定、废除，或怀疑我们国王所有世袭的权利，觉得成文法的大部分都是由他们认为的篡位者通过的吗？他们是不是想废除对我们自由非常宝贵的法律（这些法律至少与革命时期或在革命时期通过的任何法律一样有价值）？如果不是由人民选择而得到王冠的国王就没有权利制定法律，那么未经同意，不得制定法令——《权利请愿书》《人身保护法》将会遭受到什么呢？这些新的人权医生擅自声称：根据当时不合法的继承法规，来自旁系血统的詹姆士国王二世在他宣布退位前都不是英国合法的国王。如果他真不合法，那么在绅士们怀念的日子里，议会里的大量麻烦就都没有了。但詹姆士国王是一位拥有所有权力的坏国王，他并不是篡位者。议会选举法案将王位授予候选人索菲娅和她的后裔，根据这一法案继承的亲王们和詹姆士国王一样是新教徒，通过继承获得王位。从接受王冠的方式，可以看出他是依据法律继承王位，然而布伦瑞克家族的亲王们不是依据法律而是依据选举继承王位，从他们的几个新教后嗣和继承人的继承方式可以得知，这些都正如我前面已提到的一样。

威廉国王的第12号和第13号法案，明确规定了王室继承权。该项法案的条款约束“我们和我们的继承人，以及我们的子孙服从于他们、他们的继承人和他们的子孙”直到生命的最后一刻，如同《权利法案》约束我们服从于威廉国王和玛丽女王的继承人。因此，这确保了世袭王位和代代效忠。除非用宪法政策永远确保那种能阻止人民选择的继承制，不然我们有什么理由让立法机构十分乐意地接受我们国家给予他们的公正而又丰富的选择，去异域寻找外国公主，让她的后嗣，即我们未来的世袭统治者，有权统治我们成千上万的人民长达几个世纪？

索菲娅公主根据威廉国王的第12号和第13号《王位继承法》被定为王位继承人，是因为她是我们国王的后嗣，不是因为她作为临时女王位继承人行使权力所立下的功绩，她可能没有（事实上她也没有）行使过这样的权力。她被接纳只有一个理由，因为法案里这样写道："我们已故并深切怀念的君主詹姆士一世国王的女儿，即尊贵的已故波希米亚王后伊丽莎白公主，其女儿，即尊贵的汉诺威选帝侯与公爵的遗孀索菲娅公主，将会被公布成为下一任继承人，得以按新教徒的序列……而且王位应该继续由其信仰新教的后嗣继承。"这个限制是议会定的，虽然索菲娅公主有继承王位的权利，但是（他们想到了非常实质的东西）通过她可以与詹姆士国王一世的古老继承血脉相联系，为了君主制能够维持它的完整统一直到千秋万代，也为了它能得到后嗣认可的旧模式的保护，按照这样的模式，如果我们的自由一旦遭到危险，它们就会通过特权和优先权的所有风暴和斗争而保存下来。他们做得很好。在任何其他的道路和方法中，只有王位世袭制的经验可以教我们，这种世袭制能够让我们的自由作为我们的世袭权得以长存并保持它的神圣性。一场不合法的、惊厥的运动可能有必要抛弃它的弊病，但是继承制的进程是英国宪法健康的习惯。立法机构是不是想通过法案把王权限制于汉诺威世袭——詹姆士国王一世的女后裔，让人们对外国人继承英国王位有一种应有的反抗意识？不是的！——他们对可能来自外国统治而产生的邪恶有一种应有的意识，并且还不止这一种应有的意识。没有更具决定性的证据可以证明英国民族坚定的信念——革命的原则没有批准他们随意选举国王，也没有关注我们政府古老的基本政策，除了他们继续采用旧世袭的新教世袭继承，外国世袭带来的所有危险和不便完全地呈现在了他们的眼前，并以最强大的力量在他们的脑中起作用。

几年前，我曾在一个问题上多费唇舌，现在想来真是惭愧，因为其本身就已经不言自明了；但是现在，这个具有煽动性的、违背宪法的学说却公开被教授、宣布和出版。我反感革命，它的信号从讲道坛偶然地发出，其改变的精神已经传到国外，当古老的制度与现在的便利感和倾向格格不入时，我们都完全轻视了它。这种轻视在你们那儿很流行，可能也会在我们这儿流行：在我看来，所有这些召唤使得我们关注自己国内法律的真正原则成为可能，而你，我的法国朋友，也应该开始知道这些考虑，并且我们都应该继续珍惜它们。在海水的两岸，我们不应该遭受一些人假冒商品的欺骗，这些商品被狡猾的骗子装在非法货船里出口到你们国家，如同英国本土的原材料，尽管它们与我们的土壤不相容，然而为了把它们偷运回来，融入了改良后的自由——最新巴黎时尚。

英国人民不会模仿他们从未试验过的模式，也不会回到他们经过试验后发现是灾难的模式。他们把王位的合法世袭继承制看作是他们的一种智慧而不是一种失误，是一种收益而不是一种弊端，是自由的一种保障而不是受奴役的一种标志。他们认为国家目前存在的结构具有不可估量的价值，而且把不受干预的王位继承制设想为宪法其余所有组成部分稳定性与持久性的一种保障。

在我进一步阐述前，请允许我强调一些卑鄙的诡计——那些王位合法继承选举的教唆者为了支持我们宪法的公正原则，打算采用一些令人反感的措施。这些诡辩家替代了一些虚构的事和捏造的要人，不论什么时候你捍卫了王位继承的性质，他们就认为你参与了支持这些人和事。对他们来说，争论是很正常的，就像他们与一些奴隶制下爆发了的狂热者发生冲突一样，这些狂热者以前坚持（我相信现在没有人坚持）“王位通过神圣的、世袭的和不可剥夺的权利得到的”——旧的狂热者把个人独裁教条化，就好像只有世袭王权才是世界上唯一合法的政府，正如新的狂热者支持民主，认为公众选举才是权力的唯一来源。那些旧的特权狂热者的想法很愚蠢，可能也不虔诚，仿佛君主制比其他形式的政府更为神圣，仿佛继承的统治权对每个继承王位的人来说不可剥夺，而且在任何情况下，都没有公民的权利或政治的权力可以剥夺，但是一个关于国王继承权的荒谬观点没有损害到法律和政策稳固原则的合理性。假如律师和神学家们所有的谬论都将损害他们精通的事物，那么我们世界上就没有法律和宗教的存在了。但是，一个问题在一方面的荒谬理论，在另一方面并不能成为一种虚假事实或颁布各种灾难性准则的理由。

“革命协会”的第二个要求是，“有权因行为不当废黜他们的统治者”。也许是我们祖先的担忧形成了这样的先例——“因其行为不当而废黜”，导致了《权利法案》的产生。该法案暗示了詹姆士国王的退位，如果他有任何错误，更确切地说是太谨慎和太死板了。[①]但是所有的这些谨慎和情况的积累都有利于表明这种小心的精神——人们因压迫而愤怒和因胜利而振奋，这种情况在国家委员会已占主导，也有利于阻止人们往暴力和极端的道路发展：这表明了伟人们的忧虑，他们在重要的时刻影响了事件的发展，让革命成为安定的根源而不是未来革命的摇篮。

如果以一个“不当行为”的观点可以如此轻松地吹倒一切，那么就没有一个政府可以维持片刻。那些革命的领导人不是依据这个轻松又不确定的原则让詹姆士国王真正退位。他们控告他仅仅是因为一个计划，许多蓄意的合法法案由此确定，它推翻了新教和国家，以及他们基本无可挑剔的法律和自由：他们控告他破坏了国王和人民的原始契约。这不仅仅是行为不端的问题。这种推翻的必然性要求他们采取他们制定的措施，他们极为不情愿，就好像处在所有最严厉的法律之下。他们对未来宪法的保护作用的信任并不存在于未来的革命之中。他们所有章程里的重大政策，都使得将来任何君主迫使该国再次求助于那些暴力的补救方法完全行不通。在法律看来，他们完全不负责任地离开了王权本来的样子。为了进一步减轻王权的负担，他们增加了对国务大臣的责任。依据威廉国王一世第1号法案，会议录第2章，被称作“说明国民权利和自由、解决王位继承问题的法案”，他们宣布：大臣们应该依据宣言里的条款效忠国王。不久以后，他们确保了议会频繁的会议，由此整个政府将处在该国民众代表和大资本家

① “詹姆士国王二世，通过打破国王和人民之间的原始契约竭力地推翻王国的宪法；由于听从耶稣会和其他邪恶之人的建议违背了基本宪法，害他自己被退位和逐出该国，因此王位空缺了。”

的持续监督和积极控制之下。在下一个重要宪法议案里，即威廉国王第12号和第13号法案，为了更进一步地限制王权和更大程度地确保国民的权利和自由，他们提出，“在英国伟大国玺下，议会下议院提出的弹劾不能赦免”。《权利法案》中为政府铺设的规则——议会持续的监督和有效的弹劾，他们十分确信保留它比保留权利更好，它不仅确保宪法自由，还反对政府恶习，不像“废黜他们的统治者”在实际中执行困难，而且结果总是有害。

在布道里，[①]普莱斯博士非常得当地指责了对国王说恶劣和奉承之话的行为。为了取代这种虚假的潮流，他提出：在庆祝的场合，陛下应该被告知“他更确切地把自己看作人民的仆人，而不是人民的君主”。作为一种恭维，这种新的称谓并没有看起来那样让人舒服。那些在名义上或实际上的公仆，不愿意被告知他们的处境、责任和义务。在古老的剧本里，奴隶告知他的主人，这种提示就带有责备的味道。作为一种恭维不能令人愉悦，作为一种命令并不健全。毕竟，如果国王将效仿这种称谓，依据法律条款采用它，甚至用他那皇家气派接受“人民公仆”这一称谓，我不能想象：他或者我们应该有多受益。我曾经看到过许多非常傲慢但署名为“您最温顺、最谦卑的仆人”的信件。地球上曾经存在的最引以为豪的教派，采用了一种比现在自由使徒对君主提出的更为谦卑的头衔。很多国王和国家被一个自称“仆人的仆人”的脚践踏，并且废黜君主的授权盖上了“渔夫”图章。

我应该把所有的这些仅仅看作一种轻率、无用的论述，里面就像笼罩着令人难受的浓烟，如果不是简单地支持这种观点，成为“因其行为不当废黜国王”计划的一部分，遭受自由精神的那些人早就蒸发了。从这个角度，做一些观察也是值得的。

在某种意义上，国王毫无疑问地是人民的公仆，因为他们的权力只有以合理的公众利益为目标，但是在普遍意义上（至少依据我们的宪法），他们并不像仆人，那些人处境的实质：是服从其他人的命令，并且可能被

① 第22~24页。

随意开除。但是大不列颠国王不服从任何人，然而其他的个人和集体都在他之下，而且还给予他法定的服从。这项既不知道奉承也不知道侮辱的法律，没有根据这位谦卑神学家的建议，称呼这位高级法官为公仆，而是“我们至高无上的主”。在我们的这部分，我们已经学会了只说法律中的原始语言，不说他们巴比伦讲道坛上的含糊术语。

虽然他不服从我们，但是因为我们要服从于他的法律，所以我们的宪法没有制定任何条款，在任何有责任的程度上把他当作一名公仆。我们的宪法不知道有像阿拉贡的执法官（fusticia of Arragon）那样的法官，不知道任何合法指定的法庭，也不知道任何关于国王承担属于所有仆人的责任的法定程序。在这一点上，他与上议院和下议院的议员是相同的，在他们的几项权力里，他们从来不被要求描述他们的行为，尽管直接反对宪法里最明智和最美好的那一部分，但“革命协会”仍选择坚持“国王只是第一公仆，由宪法产生，对宪法负责”。

如果他们发现他们的自由没有保障，那么会导致他们的政府在任期内无力运作或不稳定；如果他们除了造成公民混乱，就没有制定出更好的措施反对独裁政权，那么在革命时期，我们的祖先将不配他们明智的荣誉。让那些先生们陈述：谁是他们将断言作为人民公仆的国王对代议制公众负责的人。那时，对我来说，有足够时间创造积极的成文法，证明他不是那样的。

那些先生们高谈阔论的废黜国王的仪式，执行起来很少可以不使用武力。那时，它就成了一个战争案例，而不是宪法案例。在武力之下，法律被保持沉默，而和平不能维持时，法院就垮台了。在任何战争中，尤其是内战中，1688年革命是通过正义战争取得的，而且是唯一的案例。当战争不可避免时，就是正义的。废位的问题，或者那些先生们更喜欢的短语“废黜国王”，将一直是（正如它曾经一直是）国家的一个特别问题，而且完全不在法律范围内；如同国家的所有其他问题，这是一个处置的问题，是一个方法的问题，也是一个可能带来后果的问题，而不是积极权利的问题。因为它不是为了平民的滥用，所以它也不会由平民鼓动。在服从应该结束、抵抗必须开始的地方，投机的界限是微弱的、模糊的和不可定义的。它不是由单个法案，或者单个事件决定的。在想到它之前，政府一定是真的滥用了职权和陷入了错乱中，并且未来的前景一定和过去的经历一样糟糕。当事物发展到那种可悲的状况，疾病的性质就会对那些人指出补救方法，他们能在危急时刻有资格把这批评的、模糊的和极苦的药水给予不健全的国家。一定的时间、场合和挑衅将讲授它们自己的教训。聪明的人从案例的严重性做出决定，易怒的人从压迫的敏感性做出决定，高尚的人从对不称职之人滥用权力的鄙视和义愤做出决定，勇敢大胆的人从慷慨事业中对光荣危险的热爱做出决定，但是，不管有没有权利，一场革命都是有思想、有美德之人最后的办法。

老犹太人讲道坛宣称的第三条权利，即“有权为自己建立一个政府”，与他们宣称的前两条权利一样得到了极少的支持，不管是在先例上还是原则上，至少可从革命所做之事判断出。革命是为了保护我们无可争议的古老法律和自由，以及我们法律和自由的唯一保障——古老的政府宪法。如果你渴望了解我们宪法的精神和那个重大时期保障它直到今天的主导政策，那么请你到我们的历史、档案以及议会的法案和学术期刊中去寻找，而不是在老犹太人的布道中和“革命协会”的餐后面包中寻找。在前者里，你会发现其他想法和另一种语言。这样的宣言不适合我们的脾气和愿望，如同它不受当局的支持。正是这种建立一个新政府的想法，足以让我们充满恶心和恐怖。在革命时期和当下时期，我们都希望获得我们拥有的一切，并把它作为来自祖先的一种遗产。关于这份丰厚的遗产，我们小心地不嫁接任何与原植物性质不相容的接穗。我们至今做的所有改革都是基于尊敬古物的原则进行的，我希望，甚至我相信：今后可能进行的所有改革，将依据类似的先例、权威和例子小心翼翼地形成。

《大宪章》是我们最古老的改革。你将看到爱德华·柯克爵士——我们法律的圣人和那些追随布莱克斯通[①]的伟人们，用勤勉的一生去证明我们自由的起源。他们竭力证明：约翰国王古老的《大宪章》与另一个亨利一世的成文宪章有联系，以及这二者都只是再次肯定本王国更加古老

① 见布莱克斯通的《大宪章》，牛津出版社，1759年。

的成文法。

就事实而论，那些作家在很大程度上仿佛是对的，也许不总是那样，但是如果律师们在一些细节上弄错了，那么就更加强有力地证明了我的立场，因为它证明了我们所有的律师和立法者以及他们希望影响的人充满了对古物的偏爱，和把本王国稳定政策里他们最神圣的权利和公民权看作一种遗产。

依据被查理一世称作《权利请愿书》的著名法律的第三条，议会对国王说："您的国民已经继承了这一自由"，并宣称他们的国民权不是关于"作为人的权利"的抽象原则，而是作为英国人的权利和作为来自他们祖先的一种遗产。起草该《权利请愿书》的塞尔登和其他知识渊博的人，至少不但熟悉有关"人权"的所有普遍理论，而且还熟悉我们或你们讲道坛上的任何论述，他们完全和普莱斯博士或西哀士神父（Abbe Sieyes）一样熟悉这些内容。但是，由于拥有一种可以取代理论科学的实用智慧，比起对人们珍贵的所有东西和模糊的、不确定的权利，他们更喜欢这种确定的、有记录的和世袭的权利，因为那些模糊的、不确定的权利暴露了他们的固定遗产将被所有好争论的狂野精神竞相争抢并撕得支离破碎。相同的政策遍及后来为保障我们的自由制定的所有法律。在被威廉和玛丽称作《权利法案》的著名法案里，上下两议院完全没有提"有权建立自己政府"的这一权利。你会看到他们只关心被控制和濒危的宗教、法律和自由。他们最认真地考虑[①]到建立这种机构最好的办法——能让他们的宗教、法律和自由不会再次陷入被颠覆的危险，他们通过把行动描述成某些这样的最好办法，"首先"做"如同他们的祖先在案例里为了维护他们古老的权利和自由通常做的事"，然后，他们恳求国王和王后将"所有可能被宣布和颁发的权利和自由，作为本王国人民真正不容置疑的古老自由和权利"。

你将看到：从《大宪章》到《权利法案》，我们宪法的一贯政策都被宣称并维护我们的自由，如同一种我们从祖先那儿必须得到的遗产，并且

① 威廉和玛丽，第一条。

将要传给我们的子孙后代；又如同一项本王国人民特有的财产，不管其他更为普遍和优先的权利是什么，他们都没有参照。通过这种办法，我们的宪法在各种各样的宪法中保持了它的统一性。我们有一个可世袭的王位和一种可世袭的爵位，然而下议院议员和平民得从他们世世代代的祖先那儿继承特权、公民权和自由。

在我看来，这项政策是深谋远虑的结果，更确切地说，是追随自然的巧妙结果，它是一种没有结果而超越结果的智慧。改革的精神通常是一种自私倾向的结果和狭隘的观点。不对后代存有希望的人，也不会考虑他的祖先。除此之外，英国的人民充分了解到：继承的观点提供了一种固定的保守政策和一种固定的传递政策，除此之外，根本没有一种改良政策。这项政策保障了发展的自由，同时也保障人们依据这项政策所获得的一切。通过这些准则得到的任何好处，都如同一种家庭契约那样稳固，如同一种永久营业那样被掌控。通过一项仿照自然模式的宪法政策，我们接纳了、我们拥有了，并且我们传递了我们的政府和我们的特权，同时我们也传递了我们的财产和我们的生命。由政策形成的制度、属于财富的商品和上天的恩赐，都传到了我们的手里，并以同样的过程和顺序传递下去。我们的政治制度恰好与世界的秩序相符合、与一个由短暂部分组成的常设机构的注定存在方式相称，在这里，经过一种惊人智慧的处理，人类神秘伟大的合并浇铸在一起，曾经一度，这个整体从不衰老，或者从没有中年和幼年，而是以一种亘古不变的状态，度过各种不断的衰败、崩溃、革新和进步的进程而继续前进。因此，在国家的行为中，通过保留自然的办法，在我们改善的事物中，我们绝不会永远是全新的；在我们保留的事物中，我们也绝不会过时。由于坚持这种方式和我们祖先的那些原则，我们不以古文物研究者的迷信为指导，而是以哲学类比的精神为指导。依据这种对继承的选择方式，我们把血缘关系的形象给予了政体框架；把国家宪法和家庭关系紧密联系起来；把基本法运用到了家庭情感之中；满怀热情地珍惜相互联系的、相互体现的慈善机构，我们的国家、家庭、坟墓和祭坛，并且使它们保持永不分割的状态。

按照我们人造体系与自然的一致规划，而且通过召唤自然那无偏差的和强有力的直觉的帮助，加强了我们理性不可靠的和脆弱的计划，同时我们从把自由当作一种遗产中也得到了其他一些相当大的好处。把它自己引入暴政和无节制的自由精神，总是装作好像在神圣的祖先面前用一种可怕的重力来调和。自由血统的观念用一种与生俱来的、习以为常的高贵意识启发了我们，这种观念阻止了自命不凡的傲慢，使那些任何荣誉的获得者蒙羞。我们的自由成为一种高贵的自由。它传递了一种宏伟、庄严的面貌。它有一部家谱，阐明了我们的祖先。它有它的承袭和家徽。它有自己的肖像走廊、不朽的铭文，以及它的档案、凭证和主题。基于自然教导我们尊敬个人的原则和他们的时代及那些从一个祖先传下来的人们，我们学会了对公民体系的尊敬，我们选择了自然而不是投机、选择了胸怀而不是发明，作为我们权力和特权的温室和仓库，因此你们所有的诡辩家都不能提出任何比我们曾追求的进程更适合维护一种气派理性的自由。

如果你们不介意的话，你们可以从我们的先例中受益，同时也能给予你们重新获得的自由一种相应的高贵。尽管你们的特权中断了，但并没有失去记忆。当你们不能享用宪法时，你们的宪法的确是遭到了浪费和荒废，然而你们享用的却是一座庄严高贵的城堡的部分墙壁和全部房基。你们可能曾经修复过那些墙壁，也许还在那些房基上重新进行修建，但它还没有被完善，你们的宪法就暂停了，不过你们有一些宪法的元素，它们非常接近你们期望的那样。在你们古老的三级议会里，你们占有的多个部分与恰当地组成你们社区的多种描述相一致。你们有那种利益的联合与冲突，在自然世界和政治世界中，你们那种作用和反作用——从敌对势力的相互斗争中，创造了世界的和谐。这些敌对的和不一致的利益，在你看来，它是你们的旧宪法和我们的现行宪法里非常大的缺点，却能有效地阻止所有突如其来的革命。它们使得深思熟虑不是一个关于选择的问题，而是一种必然；它们让所有的变化都成为一种妥协的主题，从而自然而然地产生缓和；它们引起的那种性格，能阻止严酷的、粗糙的和不合格的改革的大祸害，还能让所有少数人或多数人滥用权力的行为永远行不通。经历了成员和利益的多样性，普遍自由的保障与各自法令里拥有的独立观点一样多；然而由于一个真正的君主的分量压倒了这个整体，使那单独的部分将被阻止不至于变形，并从他们被指定的位置开始出发。

你们古老的制度中有很多这样的优点，但你们却表现得好像从没有融入过公民社会，而且所有的一切都需重新开始一样。你们的开始并不顺利，因为你们一开始就鄙视你们拥有的一切。你们在做不计成本的贸易。在你们的眼里，如果你们国家的最近几代人看起来没有那么多光彩，那么你们就回避他们，从你们更早的祖先那儿得到你们的要求。在那些祖先虔诚的嗜好下，你们的想象力就会在他们超越时下通俗做法的一种品德和智慧的标准里实现。考虑到你们的祖先，你们应该被教导尊重你们自己。在1789年解放以前，你们不会选择把法国视为昔日的民族和拥有出身低贱、卑躬屈膝之人的国家。以你们的荣誉为代价，为了给你们那儿辩护者的暴行提供一个借口，你不会满足于被说成是一帮突然从牢房里挣脱出来的逃亡奴隶，因此，你们滥用你们并不熟悉和适应的自由将要得到宽恕。我尊敬的朋友，我认为你们一个慷慨而英勇的民族长期被你们崇高的、浪漫的情操——忠诚、荣誉和忠心误入歧途；那种经历对你们已经不利了，但你们却没有被任何粗鄙的或卑躬屈膝的性格所奴役；在你们最忠心的服从里，你们被一种公众的精神驱使着，这就是你们在国王领导下崇拜的国家。你曾想过这样并不明智吗？你们有让我们了解到：在这种微妙错误的幻想中，你们比你们明智的祖先走得更远；你们已下定决心要恢复你们古代的特权，同时你们保留着你们古代和近代忠诚和荣誉的精神；或者说，如果你们缺乏自信，不能清晰地辨别你们祖先那几乎被遗忘的宪法，然而你们已经看到了你们的邻居仍保持着欧洲古习惯法的古老原则和模型，并对其进行改善以适应目前的状况——学习他们英明的实例，你们也能给予世界新的智慧榜样。你们能让自由之事业在所有民族的每一位杰出人士的眼里受到尊敬。你们通过向人们展示自由不仅是可调和的，且处理得当，它还有助于法律，让大地上的专制感到羞愧。你们将实行一种没有压迫但富有成效的税收制度。你们将以繁荣的贸易支撑它。你们将有一项自由的宪法、一个强有力的君主制、一支纪律严明的军队、一个改革过的和受人尊敬的神职阶层、一种温和而又生机勃勃的高尚来领导你们的品德而不是消灭它，然后自由的平民阶层就会仿效和补充那种高尚；你们会有一群受到保护的、感到满意的、勤劳而顺从的人民，被教导去寻找和识别在任何条件下通过品德都能找到的幸福；不是荒谬小说，而是这种幸福形成了人类真正道德的平等，那种小说激发了注定要漂泊在充满艰苦生活的阴暗道路上的人们对虚假观点和空虚期望的兴趣，结果是让真正平等的情况更加严重和恶化，而不是永远消除；公民生活秩序的确立是为了一些人的利益，他们卑贱的状况里需要这种秩序，而这种秩序又能够改善这种状况，让他们更加辉煌但不是更加幸福。你们会有一个顺利的、舒适的幸福与光荣事业向你们敞开，它超越了世界历史上有记载的任何东西，而只有你们表明了困难也是对人类有益处的。

估算一下你们的收益，看看通过那些豪华的和奢侈的投机买卖得到了什么，这些买卖教导你们的领袖去鄙视他们所有的祖先、同时代的人，甚至是他们自己，直到他们真正变得卑鄙。为了追求那些虚伪的岁月，法国用比其他任何民族买到的最明确的祝福更高的价格买到了公开的灾难！法国通过罪行买到了贫穷！法国并没有为她的利益而牺牲她的品德，但是她放弃了她的利益，以至于她可以出卖她的品德。所有其他民族都按照更加严厉的规矩和一种更加严格的、有气概的道德体系建立公民自由的基础。而法国，当她放松君权统治时，在社会风俗方面加倍许可无节制的放纵、在思想和行为方面加倍许可反宗教行为，然后这种行为延伸到了各个阶层，好像她传达了一些特权或揭露一些隐蔽的利益——所有不幸的腐败通常是财富权利的弊病。这就是法国新的平等原则之一。

由于领袖的背信弃义，法国完全贬低了贵族内阁里仁慈委员会的基调，也让武器解除成为最有效的话题。她神化了暴政那种黑暗的、可疑的格言，教导了国王要在道德政客（今后被称作）欺骗的花言巧语面前感到战栗。在华而不实的借口下，那些人通过君主们从容的性格，让他们允许大胆不忠实的人参与他们的政权，因而君主们会把忠告他们永远相信自己人民的人视为他们王位的颠覆者和旨在消灭他们的叛徒。就这一点（如果没有别的了）对你们和人类来说，都是一种不可挽回的灾难。请记住，你们巴黎的议会告诉过你们的国王：通过召集三级议会，对议员们支持王位的热情没有什么可怕的，除非他挥霍过度。这些人的确应该把他们的头藏起来。因为他们的忠告引起了他们的君主和国家间的破坏，他们确实应该承担他们的那部分责任。如此乐观的宣言倾向于使权威休眠、贸然地鼓励它从事未经试验政策的冒险、忽视那些区别仁慈和愚钝的规定条款、准备工作及预防措施；没有它们，就没有人可以对政府或自由的任何抽象规划的有益作用负责。由于缺乏这些东西，他们看到了议会制的良药被腐坏成毒药。他们看到了法国反抗一个合法的文雅君主，他们的行为比以前大家知道的任何民族起义反对最不合法的篡位者或最残暴的君主更加狂怒、残暴和无礼。他们的反抗是为了得到特许权；他们的反抗来自保护；他们的打击旨在坚持仁慈、善行和豁免权。

这一点是反常的，其余的都符合程序。他们在他们大获成功的事业中找到了对自己的惩罚。法律被推翻了，法院被破坏了；工业了无生气；商业奄奄一息；未缴纳税收，然而人民却贫穷了；教堂被掠夺了；国家不安定了；政治的军事的无政府状态成了王国的宪法；人类和天赐的一切都为着公共信誉而被牺牲了，带来的后果就是国家破产；为了圆满解决这些所有的问题，新的、不确定的和动摇政权的纸质证券，贫困骗子、乞丐式掠夺的不足信的纸质证券，被提出作为一种支持帝国的流通，以替代两种被公认为代表人类持久和传统信誉的伟大流通，当贫穷的原则（既是这两种流通的产物，又是它们的代表）被有组织地颠覆时，它们消失并隐藏在了它们出现的地方。

这些所有可怕的东西都需要吗？它们是不顾一切的斗争——被迫跋涉在鲜血与动乱中的坚定爱国者达到宁静和繁荣自由的安定彼岸的必要结果吗？不是的！一点都不像那样。法国刚破坏的废墟，让我们的眼睛所见之处无不震惊，它们不是内战破坏的，虽然很凄惨但仍是和平时期草率和愚昧决策的富有教育意义的纪念碑。它们是不顾及别人的和自以为是的（因为是没有遭到反抗的，也是不可抵抗的）权威的一种炫耀。那些因其罪行而浪费掉宝贵财产的人们和那些因公共罪恶造成挥霍的、疯狂的浪费的人们，（为国家最终救赎而保留的最后赌注）在他们前进的途中遇到了少许反对，更确切地说是根本没有遇到反对。他们的整个列队比起战争的队伍，更像一支凯旋的队伍。他们的前锋走在他们之前，把一切都摧毁和放倒在了他们的脚下。他们没有为他们摧毁的国家流下一滴血。他们除了自己的鞋扣外，没有为有更伟大影响的计划作过任何牺牲，然而他们却关押他们的国王、屠杀他们的同胞，让数万可歌可敬的人和家庭沉浸在眼泪中，陷入了贫困和绝望的境地。他们的残忍甚至不是恐惧的卑鄙结果，而是由于承认叛国、抢劫、强奸、暗杀、屠杀和焚烧遍及他们厌倦的大地上的绝对安全感的结果。然而，所有的原因从一开始就很清楚。

如果我们不考虑国民议会的组成部分，那么这种自然的选择，或者这种温柔的罪恶选择，似乎完全无法理解：我不是指它的正式宪法（就像现在那样）是足以引起反抗的，而是指构成它的大部分材料比世界上所有的正式手续都多一万倍的后果。如果我们仅仅通过议会的权利和职权，而对其一无所知，那么就没有颜色可以描绘出任何更值得尊敬的幻想物。从这个角度，一个调查者的头脑被一种像由整个民族的品德和智慧汇集而成的焦点那样的可怕形象制服，然后停下来，哪怕是对事物最严重的方面也会迟疑而不敢加以谴责。他们似乎只是神秘，而不是有过错。但是没有什么名义、权利、职能、人为的制度，能够让那些任何权威体系下的人们形成其他的样子，而不是上帝、自然、教育和他们的生活习惯应该形成的样子。人们并没有得到超常的能力。品德和智慧也许是他们选择的对象，但是他们的选择没有把这两者给予他们任命的人，而且他们与这些力量没有自然的约定，也没有启示的承诺。

我仔细阅读了入选第三等级的人员名单和描述后，他们之后做的任何事似乎都不让人惊讶。在他们之中，我的确看到了一些有名的等级和一些出众的天赋，就是没有发现任何懂国家的实际经验的人，最好的也仅仅是研究理论的人。但不管这些卓越的少数人做了些什么，这个团体的主旨和民众都是构成理论的特征，并决定它的方向。在所有团体里，那些领导人在很大程度上也必须遵守。他们必须使他们的提议与他们想要指导的人的品位、天赋与性情相一致：如果一个议会的很大一部分都是邪恶地或无力地组成的，那么世界上只有这样罕见的至高无上的品德（也正是由于这样的原因不可估算），才能阻止那些天才通过散布它使之成为荒谬计划的专用工具！如果取代那种不寻常的高贵品德，他们从事的事情更可能是被险恶的野心和一种华而不实的荣誉的欲望所驱使，然后他们最初遵循的议会脆弱的部分就成了他们计划的上当者和工具。在这场政治交易中，领袖们将不得不向他们的追随者的愚昧低头，而追随者们也屈从于他们领袖最糟糕的计划。

为了确保领袖们在任何公众集会发表的提议的庄严性，他们不得不尊重，或者在某种程度上是害怕他们的追随者。为了防止盲目跟从，追随者们必须是合格的，如果不是行动者，那至少也是审判者；他们必须也是自然重量和权威的审判者。在这样的议会里，除了他们这个团体是由受过教育的，且有着思考力和理解力的人们组成的，就没有什么可以确保一种稳定和适度的引导了。

在法国三级会议的召集中，引起我注意的第一件事是：会议极大地违背了古老的程序。我发现第三等级的代表由600人组成。他们与第一等级和第二等级的代表在人数上是相等的。如果各等级是单独行动的，那么就不用去考虑代表人数的重要性了。但是当三个等级融合为一个整体时，多数代表这一等级的政策和必然作用就很明显了。其中两个等级中的一方稍微背离另一方，就一定会让权力落入第三等级之手。事实上，国家的整个权力都会很快落入那个团体。因而它的构成部分会变得极其重要。

先生，当我发现议会的很大一部分（我认为出席的大部分成员）是由法律从业者组成时，请判断一下我的惊讶吧。它不是由发誓用他们的科学、谨慎和政治保卫国家的卓越地方行政官组成；不是由法庭上光荣的辩护律师组成；不是由大学里著名的教授组成——但是，在很大部分（就像必须要这么多一样）仅仅是由各行业下等的、没文化的和呆板的成员组成的。他们是卓著的例外；但是一般的组成部分则是鲜为人知的律师、地方司法管区的管理员、农村律师和公证人、一系列市级诉讼的代理者和农村琐事小规模争斗的挑唆者和调解员。我读到名单的那一刻，我就明显地看到了接下来要发生的事（几乎如它发生的那样）。

任何职业所支持的尊重标准都成了那些从业者约束他们自己的尊重标准。不管许多独特的律师可能有什么优点，而且毫无疑问他们非常的重要；但是在那种军国里，他们的职业没有得到尊重，不过得排除那些高层人士，因为他们常常把自己的职业与伟大显赫的家族相结合，而且还被授予了伟大的权力和权威。他们必然受到高度重视，甚至是达到相当大的敬畏标准。下一个等级就没有那么受人尊敬了，呆板的那部分人的名誉处在一种非常低的程度。

不管什么时候，至高无上的权威被授予这样组成的一个团体，一定会明显地产生这样的后果——这种权威落入那些未被教导习惯尊重他们自己的人手里；他们没有处在危险中的品格，不能被期望承受节制或谨慎指导，而且一定比任何人都惊讶地发现权力在他们手里。在某种程度上，那些自以为突然通过魔法被最低下的从属阶级夺去权力的人，不会沉醉于他们措手不及的伟大中吗？谁会想到，那些习惯多管闲事、胆大妄为、老奸巨猾、主动积极、针锋相对和永不宁静的人，会很容易地回落到他们过去模糊的争论和费劲的、低级的和无利可图的诡计的状态？谁会怀疑，要不是国家承担一切代价（对此他们一无所知），他们就必须继续追求他们的非常了解的私人利益？这不是偶然事件，而是不可避免的、必然的，它植根于事物的性质。他们必须加入（如果他们的能力不允许他们领导）任何计划——能够让他们获得一部好诉讼的宪法；能够为他们敞开有利可图的、不计其数的工作大门；而且这个计划还要遵循这个国家一系列的重大社会动乱和革命，尤其是在所有巨大的和猛烈的财产变更中。他们的存在总是依赖能使财产变得有问题、模糊不清和不安全的东西，我们能期望他们致力于财产的稳定吗？他们的目标会随着自身地位的提高而扩大，但是他们的性格和习惯，以及实现计划的方式，一定不会改变。

哦！但是这些人会被其他更冷静和理解范围更大的人影响和约束。他们那时是不是会对来自一小部分乡下小丑们超级著名的权威和可怕的尊严充满敬畏？这些小丑们在议会拥有席位，而且据说他们中的一些人没上过学。还有为数不多的贸易者，他们虽然接受了稍微多一点的教育和有更显著的社会地位，但是他们绝不知道他们账房以外的事。不！这两种人都会更加被律师们的阴谋诡计给压服和统治，而不是成为他们的抵消力，有这样一个危险的比例，全体不得不受他们的统治。与法学界相联结的，还有一个比例相当可观的医学界。医学界在法国不像法学界那样享有它应有的受人尊重的地位。因而，它的从业者们必须有不习惯有关尊严的观点的品质。但是假如他们有自己应有的地位，并且事实上也和我们一样，那么病床的两旁就不会是政治家和立法者的院校。然后出现的是股票和基金的交易者，他们一定非常渴望，甚至是不惜任何代价把他们的证券变成更可靠的土地资产。那些加入了其他行业的人，根本不能指望他们对伟大国家的利益知晓或关心，也不能指望他们关注任何机构的稳定；他们都成了工具，而不是掌管者。一般来说，国民议会中第三等级的组成部分就是这样的，其中几乎没有察觉到我们称之为对国家的自然的乡土之情的丝毫痕迹。

我们知道英国的下议院，的确通过一些合理的原因在运作着，没有为任何阶级关过大门，它们具有等级上的、出身上的、世袭和后天获取的财富上的、有教养的才能上的、军事的民事的法事的和政治上的荣誉——充满了国家能提供的一切辉煌的东西。但是，假设（几乎不能假定为一种情况）下议院用法国第三等级的方式组成，人们会忍受这种诡计的统治吗？或者人们即使想到这种情况不会恐惧吗？上帝禁止我对那种管理神圣司法权的神职行业含沙射影地说任何贬损的话。但是当我尊敬属于他们的职权时，也会尽可能地做一些能阻止他们的职权被排除的事，而我不能为了奉承他们而对自然说谎。他们在组织中是虔诚的和有益的；但如果他们在实际上如此占优势以至于发展为一个整体，那么势必是有害的。他们在特殊职权上的特殊长处，也许远远超过了别人的条件。当人们过分地限制在专业和职业的习惯中时，并且随着它在那种狭小的圈子里被循环使用而根深蒂固，他们的这种长处不可能不被察觉，与其说他们有资格，还不如说他们没有能力去做任何依靠人类知识、处理复杂事务的经验、关于不同的复杂的内外利益（被称作一个国家的各种各样事物的组成部分）有广泛联系的观点才能做的任何事情。

毕竟，如果下议院有一个完全专业化和职业化的机构，受到法律、惯例、理论和实践的成文规则等固定障碍的限制和禁止，受到上议院的牵制，而且它存在的每一刻都任凭王权决定其是否继续、休会或解散我们，那么下议院的权力是什么呢？下议院直接或间接的权力的确很大；但愿它始终能完全维持它的伟大以及真正属于伟大的精神；只要它能阻止印度法律的破坏者成为英国法律的制定者，它就能做到这一点。然而，当下议院的权力最少地被削弱时，它与你们国民议会里固定的大多数人的权力相比，也只是海洋里的一滴水而已。这个议会，自从摧毁了社会秩序，就再没有受到基本法、严格的习俗和受人尊敬的惯例的约束。他们有权制定一部遵循他们计划的宪法，而不是发现他们不得不遵守一部固定的宪法。普天之下，没有什么东西可以抑制他们。什么样的头脑、勇气和性格才有资格或者胆敢不仅在一部固定宪法之下制定法律，而且还同时在一个伟大王国内的每一部分（从王座上的君主到教区的委员会）制定出一部完全新的宪法？然而——“傻瓜冲进了天使不敢踏入的地方”，在这种状态里——出于未定义和未能定义的目的而不受限制的权力，一个几乎在品德上和身体上都不适合该职责的人，一定会带来我们能想象到的在管理人类事务里的最大灾难。

考虑到第三等级在最初框架中的所占部分，我观察了教士的代表们。在他们的选举原则里，似乎也并不关注财产的普遍保护或为实现公共目标的代理人的能力。这种选举如此做作，以至于把很大一部分的乡村牧师送去从事国家新模型的伟大而艰巨的工作；他们甚至在地图上也没有看到过国家的轮廓、不知道村子以外的世界，而且沉浸在绝望的贫穷中，因而不管是世俗的还是神职的所有财产，他们都很关心，也对其充满了嫉妒的眼神；他们中一定有许多对抢夺来的最微不足道的份额怀有最小希望的人，除了在一个大范围的抢夺中，他们会很乐意加入任何大量财富（在其中他们几乎不能指望有份额）的尝试中。这些牧师不是去牵制议会中另一方活跃的骗子的权势，而是势必成为它们的积极助推者或者最消极的工具，对他们来说早已习惯了被引导到他们烦琐的乡村事务中去。他们几乎不能成为最尽责的那类人，这类人指望他们那不合格的理解力能用诡计取得一种信任，指引他们从他们与他们那伙人的自然关系中以及从他们自然的活动领域通向复兴王国的伟业。这种压倒性的重量，加上第三等级里骗子团体的力量，就形成了愚昧、轻率、傲慢和贪欲的那不可对抗的势头。

对观察力敏锐的人来说，一定会从一开始就发表这样的看法：第三等级的大多数连同我刚才描述的来自教士的这样一个代表团，当它继续摧毁贵族时，将不可避免地屈从于那个阶级一些个人的最糟糕的计划。由于损坏和侮辱了他们自己的阶级，这些个别人会控制一笔固定的资金来支付他们新的追随者挥霍掉能让他们的同伙幸福的东西，对他们来说一点也没有牺牲。那些地位高的狂暴、不满之人，随着他们的个人骄傲和傲慢的膨胀，总是都鄙视他们自己的阶级。他们自私和有害的野心暴露的第一个症状就是：一个放荡者不顾与人分享的尊严。附属于这个部分，并热爱我们在社会中归属的那一小部分，是公共情感的第一条原则（似乎就是胚胎）。这是我们一起出发走向热爱祖国和人类链环的第一环。社会安排的那部分的利益是：在那些组成它的所有人手中的一种信任；因为只有坏人才会对它滥加论证，只有卖国贼才会为了个人利益而把它作为交易。

在我们英国的内乱时期（我不知道在你们法国的议会是否也有过这样的时期），有几个像荷兰伯爵这样的人，他们或他们的家人由于挥霍王室给他们的赏赐给王室带来了臭名，后来他们加入了由不满（其中他们自己就是原因）引起的叛乱；他们协助颠覆了他们所亏欠的王位，对他们中的一些人来说，这是他们的生存，而对其他人来说，则是摧毁他们恩人的权力。如果所有的奖赏都被认定是那类人贪婪的需求，或其他人允许分享的东西，那么他们将会独占报复和嫉妒很快装满的贪婪留下的空间。由于被反复无常的激情的复杂性困惑，他们的动机是受到干扰的，他们的见解变得广阔和迷茫，对别人是莫名其妙的，而对他们则是不确定的。他们发现：在所有方面，他们没有原则的野心都会被任何事物的固定规则束缚。在混乱的浓雾和阴霾里，一切都扩大了，也似乎没有任何限制。

当有地位的人为了没有明确目标的野心，用低级的工具生产低档产品而牺牲了所有有关尊严的观点时，整个气质都变得低级和伪劣了。难道像这样的东西不是出现在法国了吗？难道它不是生产了什么不光彩和不体面的东西吗？某种卑鄙不是出现在了所有的现行政策里吗？在所有的行为中，不都有一种同个体一道降低国家的尊严和重要性吗？其他的革命都是由企图或影响变革的人领导的，他们通过提高人民的尊严让他们的野心神圣化，其实，这些人的和平都是他们扰乱的。他们有长远考虑，他们的目标在于统治，而不是摧毁他们的国家。如果恐怖和装饰品属于他们的时代，那么他们也是伟大的文明人和伟大的军事天才。他们不喜欢犹太中间商，他们相互斗争看看谁补救被他们堕落委员会导致的欺诈流通和贬值钞票的方法最好。这种旧方法中有一位伟大的坏人（克伦威尔）得到了他同胞的称赞，那个时代的一位特别受欢迎的诗人，向人们展示了克伦威尔倡导的东西，以及在他野心的胜利中他很大程度上实实在在达到的成就：

“随着你寂静地升起，国家也兴奋了；
当它因你而变时，没有引起骚乱；
改变时没有杂音，就像世界伟大的场景；
旭日摧毁了夜晚庸俗的灯光。”

与其说这些捣乱者像篡位者，不如说他们像是在声明他们在社会里的自然地位。他们的升起是为了照亮和美化世界。他们通过让竞争对手相形见绌而将其征服。那只像毁灭天使的手重击了国家，同时也把国家遭受的重力和能量传递给了它。我并不是说这些人的品德被认为是他们罪行的一种平衡；但是，它们的确是他们罪行的某种矫正物。就像我说过，我们的克伦威尔就是如此，你们法国的吉斯、孔代和科利尼等族人也是如此。在和平时期表现出内战精神的黎塞留家族是如此。像你们的亨利四世和苏力这样好的人，虽然是由内乱培养起来的，但是在他们较少可疑的事业里，也并不是完全没有一些他们的污点。当法国有一个喘气的机会时，它是如何快速地从我们所知的其他国家历时最长的和最可怕的内战中恢复和崛起的，这让人们非常吃惊。为什么呢？因为在他们所有的大屠杀之中，他们没有抹杀掉他们的民族精神。一种自觉的尊严、高贵的骄傲和慷慨的意识的荣誉和竞争并没有熄灭。相反地，它还被点燃和燃烧着。国家的机构还存在着，但是已经变得支离破碎了。荣誉和品德的所有奖项、所有奖励和所有级别都保留着。但你们现在的混乱就像一种瘫痪，攻击了生命源泉的本身。处在一种荣誉的原则驱使下的情形，你们国家的每一位公民都遭到羞辱和堕落，除了在一种苦闷和屈辱的愤怒中，他们不可能体会到生命的感觉。不过这一代人很快就会消失的。下一代贵族会很像技工、小丑、批发商、高利贷者、犹太人等，将会一直是他们的伙伴，有时候还是他们的主人。

先生，请相信我，那些企图人人平等的人是不会得到平等的。在所有的社会里，都包含了各种各样的公民，他们中的一些肯定属于最上层的。因此，那些平均主义者只是改变和破坏了事物的自然秩序；他们通过把结构稳定性需要的地基悬于空中，让社会的大厦不堪重荷。裁缝和木匠的联盟组成的共和国（比如属于巴黎的）不能胜任这种情形——你们企图强迫他们对自然特权篡位。

法国财政部部长在三级会议开幕式上，以一种演说家辞藻华丽的风格说道：所有的职业都是光荣的。如果他只是说所有的正当职业都不是不光彩的，那么他说的就是事实。但是在宣称一切职业都是光荣的同时，我们也暗指了对其偏爱的一些差别。像理发师或杂货商等这样的职业，对任何人来说都不可能是一种荣誉——更别说其他一些卑屈的职业。这一类人不应该遭到国家的压迫，但是如果他们这样的个人或集体被允许统治国家，那国家就要遭到压迫了。在这里，你们认为你们是在反抗偏见，然而你们却是在与自然交战。①

我亲爱的先生，我并不认为你具有诡变的、吹毛求疵的精神，或者属于不真诚的、呆板的人，对所有的观察或情感都要求具有能纠正和异常处理的明确细节，假设理性之人的所有一般命题里会包括这种对事情的理性。你不用想象我希望把权力、权威和等级限制于血统、名望和头衔。不是这样的，先生。政府没有资格限制，只有现行的或假定的品德和智慧才

---

① 《传道书》第38章第24、25节：“一个博学之人的智慧来自闲暇时机；无事可做的人就会变聪明。”“一个拿着犁、以驱使耕牛为荣的人，一个干农活、整天谈论小牛的人，怎么可能得到智慧？”第27节：“因此，每一位木匠和工人都夜以继日地劳作”等。第33节：“他们不应该寻求公众的意见，也不应该高坐在大会席上；他们不应该坐到审判员的席上，也不应该熟悉法官的判决；他们不能宣称正义和判决，也不应该出现在讲道坛上。”第34节：“但是他们会维持世界的现状。”我无法判断这本书是如天主教所言（直到最近）的典范，还是如这里所指的伪经；但我可以确定地说，它包含了大量的道理和真理。

能这样做。无论他们实际上找到了什么地方，也不论是什么样的状况、条件、职业或行业，他们都有得到人类住所和荣誉的天国的通行证。灾难将会降临到这样的国家——疯狂地或不虔诚地排斥在政治、军事或宗教上能给予它恩惠和服务的人才和品德，并且谴责形成的一切默默无闻的东西把光彩和荣耀在全国传播开来！灾难还会降临到这样的国家——逐渐走到相反的极端，把低级的教育、对事物的鄙视、狭小的视野和卑鄙且唯利是图的职业，看作控制人们更可取的方式！一切都应该是开放的，而不是对所有人都漠不关心。没有轮流制、没有通过抓阄的任命、没有运用到抓阄或轮流制的选举模式，在政府熟悉的广泛事物中通常是有益的。因为他们没有直接或间接的倾向，用一种有责任的眼光去选择别人或使他们互相适应。

我还能毫不犹豫地说：从默默无闻的现状通往显赫和权势的道路不应该太容易，当然也不应该在一件事上耗费太多。假如一种稀有的优点是所有稀有事物中最为稀有的，那么它就应该通过某种试验。荣誉的殿堂理应坐落于一种显赫之上。假如它通过品德被打开，那么也让它记住：品德只有某一困境和斗争才能试验。

不能代表一个国家能力和财产的一切事物，都不能称作一种应有的或适当的代表。但是，当能力是一条有生气的、主动的原则，当财产不景气、停滞和胆怯时，除非财产完全不成比例而在代表中占主导地位，不然它在能力的入侵下不可能安全。它必须表现为大量的积累，否则它不能被恰当地保护。由于结合了它获得与保护的原则而形成的典型的实质是不平等的，因此，激起了嫉妒和引诱了贪婪的大量财产，一定会排除危险的可能性；然后，它们在所有的等级中对较少的财产形成了一堵天然的壁垒。在许多人之间被事物的自然进程分配的同样数量的财产，不具有相同的作用。它防御的力量随着它的分散而变得脆弱。在这种分散中，每个人得到的份额都比他们自诩能从消散别人的积累得到的还要少。少数人抢夺的财产，在对多数人的分配中的确仅仅会给予一个非常小的份额。但是大多数人都不能做这样的计算，而且那些领导他们抢夺的人也从未想要这种分配。

在我们的家庭里，保持我们财产的权利是属于其中最有价值和最有趣的情况之一，而且它最倾向于对社会本身的保护。这种权利也让我们的缺点屈服于我们的品德，甚至把仁慈移植到贪婪上。家庭财产的所有者和致力于世袭财产而来的（与它最相关的）荣誉的继承者，都是这种传递过程的天然保护者。对于我们，上议院就是依据这种原则形成的。它完全由世袭的财产和荣誉组成，因而，在立法机构中排第三，在最后的审判里，它拥有对所有细分财产的唯一决定权。尽管不是必需的，事实上，下议院的主要部分也总是这样组成的。

让那些大财主们成为他们希望成为的样子，这样他们也有机会成为其中最出色的人，即使在最糟糕的时候，他们也是共和国这艘船上的压舱物。尽管为了世袭财产和与之相伴的地位，他们被一些阿谀奉承之人和对权力盲目而卑鄙的爱慕者过分地崇拜，但是他们也被任性的、桀骜不驯的和目光短浅的哲学纨绔子弟的肤浅推测给粗鲁地忽略了。一些体面的和被指定的显赫地位、一些优先权（不是独家享有）产生了，它们既不是不自然的，也不是不公正的和不明智的。

据说，2 400万人应该胜过20万人。的确如此，除非一个王国的宪法存在一个算术的问题，这种论述把灯杆作为下一个目标会进展得很好，可是对那些可能冷静推理的人来说，这是荒谬的。多数人的意志和利益总是不一致，当他们做了一个邪恶的选择时，这种不一致会更突出。一个拥有500个乡村律师和默默无闻的助理牧师的政府对于2 400万人来说并没有好处，尽管它是由8400万人选出来的，但是它由十几个博取权力的人来领导也不是更好，这些人为了得到那种权力背叛了他们的委托人。现在，你似乎在每一件事上都偏离了自然的大道。法国的财产没有支配它。当然财产被毁掉了，而且合理的自由也不存在了。目前，你们拥有的一切是一种纸币的流通和一部股票买卖的宪法：关于未来，你们认真地考虑过在法国的领域内，83个独立城市的共和制度可以作为一个团体而被统治，或由一个人的推动而被调动起来吗？当国民议会完成了它的工作时，它也即将灭亡。这些共和国不会长期地忍受对巴黎共和国的服从现状。它们也不会忍受这个团体应该独揽对国王的囚禁，以及统治它们自称为国民的议会。每一城市都将保留它自己的教会赃物；而且它不会忍受那些赃物，或者来自它们工业正当的成果，或者它们土壤里的自然产品，被送去巴黎的机构以膨胀它的傲慢或纵容它的奢侈。在他们被引诱摆脱对君主的效忠和摆脱他们国家古老的宪法的幌子下，在这里他们见不到任何的平等。在他们最近制定的这样一部宪法里，他们可以不设首都。他们也许已经忘记了：建立民主政府时，事实上他们就已经肢解了他们的国家。他们坚持称之为国王的人，并没有留下使共和国这个集体团结一致的权利的百分之一。巴黎共和国的确将不遗余力地使军队堕落，使议会非法地长存，并把它作为延续专制的手段。通过成为无限制的纸币流通中心，它将会努力把一切事物都吸引过来，但这却是竹篮打水一场空。所有的这些政策所呈现出的脆弱，其程度最终都会如它现在的猛烈一样。

如果与你们称之为仿佛是来自上帝和人类声音的情况相比，这是你们的实际情况，那么在我的心里找不到任何词语来祝贺你们做出的选择或与努力随之而来的成功。我几乎不能向任何其他民族推荐一种基于此原则和产生此效果的行为。我必须把这种事留给那些在你们的事务里比我看得更远的人和最了解你们的行动有多么利于他们计划的人。“革命协会”的那些先生们，如此早地祝贺，仿佛极力认为，在某个涉及国家的政治计划里，你们的行动在某种程度上可能有用。对于你们的普莱斯博士，他似乎在这个问题上投入了相当大的热情，他用如下非常出色的语言向他的听众演说道：“我不能在做结论时，不特别请你们回顾我曾不止一次提到过的那种思考；这种思考在我的心灵中的感受比我所能表达的更多。我指的是关于目前的有利于自由事业的一切努力的那种思考。”

很明显，这位政治鼓吹者此时被某种特别的计划冲昏了头脑；而且很可能他的听众比我更能理解他，他们在以前就曾经历过他的想法和由此引起的一系列后果。

在我阅读那篇布道词以前，我的确认为自己曾生活在自由的王国里；而我所珍爱的却是一个错误，因为它让我更加喜欢我所在的国家。我的确意识到一种戒备的，且永远保持清醒的警惕保卫着我们的自由这一财产——对它的威胁不仅来自侵略，还来自腐败和贪污。这种警惕是我们最好的智慧和基本的责任。然而，我宁可把这种财产看作一种被保护的财产，而不是一种要去竞争的奖赏。我不能辨别目前是怎样变得如此有利于自由事业的发展。当下与其他任何时期都不同，仅仅通过法国的所作所为即可看出。假如哪个国家的例子将会对这个国家产生影响，那我可以很容易地想象到：为什么他们的一些行动有令人不快的方面，而且完全与人性、大度、诚实和正义不可调和，但又随着这么多性格温和的人而得到缓解，随着这么多英勇刚毅的受害者而得到宽容。怀疑我们想要效仿的例子的权威性，必定是不明智的。但请允许我们问一个非常自然的问题：那种自由事业到底是什么？那些为了让法国的例子变得如此突出的努力又是什么？是不是我们的君主制会被王国里所有的法律、法院和自治机构摧毁？是不是国家所有的路标都要被去掉以支持一部几何和算数的宪法？是不是下议院的投票无效了？是不是主教制要废除了？是不是教堂的土地要卖给犹太人和中介人，或用来贿赂新成立的市政共和国，而参与亵渎神明？是不是所有的税收都被公认为是不公平的，它应该成为一种爱国的捐献或馈赠？为了支持本王国的海军力量，是不是所有的银鞋扣都要代替土地税和麦芽税？是不是由于普遍存在的无政府状态，再加上国家的破产，所有的秩序、等级和差别都要打乱，让三四千个民主政府按一定的顺序编成83个，然后通过某种不为人知的吸引力而组成一个民主政府？为了这个伟大的目标，首先通过各种各样的堕落，然后通过增加捐款这种可怕的先例，是不是军队会被诱惑背离它的纪律和忠贞？由于助理牧师向主教提出虚幻的希望，从而得到他们相应的赃物，是不是助理牧师就会被引诱而背离他们的主教？

伦敦公民通过同胞付费来养活他们，是不是就应脱离他们的忠诚？是不是纸币流通会被强制用来代替该王国的合法钱币？是不是抢夺来的政府税收所留下的部分会用于维持两支军队相互监视和讨伐的狂野计划？如果这些就是“革命协会”的目标和手段，那么我得承认它们之间配合得很好，而且法国可以向它们提供一些合适的先例。

我知道你们提出的先例是要羞辱我们。由于发现了我们的处境可以容忍而变得消极、由于追求平凡的自由而不能得到完全的自由，我们被认为是一个呆滞和懒惰的民族。你们法国的领导人由于受影响而羡慕（几乎是崇拜）英国的宪法，但是随着你们领导人的进步，他们却带着一种君主的轻蔑来看待它。你们在我们这里的国民议会的朋友，对原来认为是国家光荣的东西持有一种鄙视的观点。“革命协会”曾经发现英国人民并不自由。他们确信我们不平等的代议制是“我们宪法中的一个十分粗野和明显的缺点，因此同样需要使其变得更好，这主要在形式上和理论上。”[①]一个王国立法机构的代议制，不仅是所有宪法上规定的自由的基础，而且还是“所有合法政府的基础（没有它，政府就是非法的）”——“当这种代议制是局部的，那么该王国拥有的自由就仅仅是局部的；如果是极其少的局部，那么它仅仅只是给予了一种表象；然而如果不仅是极少的局部，而且还是通过贿赂当选的，那么它就会成为一种公害。”普莱斯博士把这种不适当的代议制看作是我们根本的怨愤；尽管有代议制的这种贿赂的表象，但是他仍希望它尚未发展到腐败的边缘，他担心“我们的所作所为不会有助于我们得到这种基本的幸福，直到某种重大的滥用权力再次激起我们的愤怒，或者某种重大的灾难再度引起我们的警觉，或者也许直到其他国家获得一种纯洁而平等的代议制，然而我们却被嘲笑是别人的影子，由此激起了我们的羞耻心”。对此，他又增添了这些话：“一种代议制主要是依据财政部和几千个人类中的糟粕（他们的选票通常是被收买了的）而选择的。”

你会讥笑我们这里那些民主人士的一致性——当他们没有警惕时，他们用最蔑视的眼光看待社会中那些较低级的群众，然而同时，他们却假装使他们成为一切权利的受托者，向你指出许多谬论——通常潜伏在“不适当的代议制”中模棱两可的性质，将需要一篇很长的论述。为对那过时的宪法（根据它我们曾经有过一段较长的繁荣时期）公正起见，在这里，我只消说我们曾发现我们的代议制完全适合所有的目的，因为它适合人民的愿望或设计。我藐视对我们宪法持相反态度的敌人。为了能详述被发现的有利于促进它目标实现的细节，恐怕要一部专著论述我们的实际宪法。我在此声明：革命家的学说，只是为了让你和别人可以看到那些先生们对

① 《爱国论》第3版，第39页。

他们国家的宪法持有一种什么样的观点，以及为什么他们似乎认为某些重大的权力滥用或某些重大的灾难为他们得到一部他们想要的宪法给予了天赐良机，这种学说将会大大地掩饰他们的情感；你们看到了为什么他们如此迷恋你们公正、平等的代议制，一旦他们得到了这种代议制，同样的效果也会随之而来；你们看到了他们把我们的下议院仅仅看作“一种表象”“一种形式”“一种理论”“一种影子”“一种嘲笑”，也许还是“一种灾难”。

这些先生们自夸他们是有体系的，而且不是没有道理的。因此，他们必须把代议制那粗野的明显的缺点以及这种根本的怨愤（他们就是这样称呼的）看作一种不仅对其本身是有害的东西，而且还导致我们的整个政府完全不合法，它一点都不比赤裸裸的篡位好。为了摆脱这种不合法的篡夺的政府，如果不是绝对必要的话，另一场革命当然就是完全正当的。如果你稍微观察，就会发现他们的原则的确比下议院选举里的一种修改更为深刻；因为如果民众代议制或选举对所有政府的合法性是十分必要的，那么上议院马上就是血统腐败的私生子。即使在“表面上或形式上”，这个上议院一点都不代表人民。国王的情况完全也一样糟糕。国王也许会努力通过在革命时期建立的权威来反对这些先生们，从而掩盖他自己，当然这是无效的。在他们的体系之上，为了一种权利而发动的这场革命想要的仅仅是一个时机。根据他们的理论，革命是建立在一种并不比我们现在的形式可靠的基础之上，实际上，它是由只代表自身利益的上议院和一个恰好像下议院的代议制建立的，也就是说，正如他们所称的那样，这种代议制仅仅由一种“影子和嘲弄”构成。

他们必须摧毁某些东西，否则他们的存在就似乎没有意义。一种方法是通过教权来摧毁证券，另一种方法是通过政权来摧毁教权。他们意识到，完成教会和国家的双重毁灭，最坏的后果可能会降临到民众身上；但是他们如此热衷于他们的理论，以至于他们不仅仅是对这场灾难导致的所有危害提供一些暗示，这些灾难对他们来说似乎是相当确定的、可接受的，或离他们的愿望非常遥远。他们中的一位极有权威和才能的人，谈到教会和国家之间的一个假定的联盟时这样说：“也许我们必须等到政权垮台了，这种最不自然的联盟才会解体。”到那时，灾难毫无疑问地会降临。但是如果政界的动乱伴随着一个如此令人满意的结果，那么这是一种什么样的悲伤呢？你看看，这些先生们正准备着用一种什么样的坚定目光观察可能降临到他们国家的最严重的灾难。

因此，他们对国内宪法和政府的一切事物都有一种观念——不论是教会还是国家，作为不合法的篡位的或最多也就是一种徒劳的嘲弄，同时都以一种迫切的激昂的热情看待国外，这一点也不奇怪。然而他们却被这些观念所迷惑，与他们谈论他们祖先的做法、他们国家的基本法、一部宪法的固定形式（它们的优点都是经过了长期经验、一种与日俱增的公众力量和国家繁荣的可靠测试）都是枉然的。他们鄙视经验是文盲的智慧；至于其他的，他们在地下已经安了一个地雷，将会随着一声巨响摧毁所有古老的模范、先例宪章和议会的法案。他们拥有“人权”。这里没有任何惯例可以反对它们，反对它们的任何协议都是没有约束力的；它们不容许急躁和妥协，阻止他们完整要求的任何东西都是欺诈性的和不正义的。人权不允许政府寻求安全是为了其长久的存在或管理的正义宽厚而反对它们。这些思辨家的反对意见（如果它的形式不符合他们的理论），在反对这种古老而仁慈的政府时，与反对最残暴的暴政或最有活力篡位一样有效。他们总是在讨论政府，然而他们争论的问题不在于权力的滥用，而是在于资格的问题和权力的问题。对于他们政治上形而上学的笨拙的狡诈，我实在是无语。让他们在学校里自娱自乐吧——“在那座殿堂里，让伊奥鲁斯去咆哮吧，当他对着大风关闭了地牢时，就让他在那里面统治吧。”——但是不能让他们越狱，像黎凡特风那样爆发，用它们的飓风席卷大地，让深渊里的泉水涌出而把我们淹没。

我远不仅仅在理论上否定人权，而且还要用实际行动去抑制它（假如我有给予或否定的权利）。否定他们虚假的权利要求，并不意味着我要损害那些真实的权利要求，那些是他们所号称的权利要全盘摧毁的。如果公民社会是为人们的利益而成立的，那么所有的这些利益就是他们的权利。它是一个慈善机构，而法律本身就是通过一种规则实施的唯一慈善。人们有权和同胞一样以那种规则生活而得到公平的待遇，不论他们的同胞是从事公共职能还是普通的职业；他们有权享受他们劳动的成果，有权采取各种办法制造他们的劳动成果；他们有权得到他们父母的一切，有权哺育和培养他们的后代，有权接受教育和有权死后得到吊唁。不论一个人独自做什么事情，只要没有侵犯到别人，他就有权按照自己的意志做事，有权公平地获得结合技术和力量的社会为他们利益所能贡献的属于他的部分。在这种伙伴关系中，每一个人都享有平等的权利，但不是获得同等的东西。比如说，一个人在伙伴关系中只有5先令，他所享有的权利与一个拥有500英镑的人是一样的，但是他没有资格获得合股中所有盈利的同等股息。至于每个人在治理国家中应该享有的在权利、权威和指导方面的份额，我必须否认它们作为公民社会中人类最初的直接权力，因为我考虑的是公民社会中的个人，仅此而已。这是一件按照惯例应该解决的事情。

如果公民社会是惯例的产物，那么惯例一定是它的法律。这种惯例必须限制和修改宪法的所有内容，而宪法应该根据该惯例形成。立法、司法和行政的权利都是它的产物。它们还没以任何其他事物的形态存在，那么，公民社会的惯例之下的人们怎么宣称这种甚至于还没有存在的权利，或完全矛盾的权利？公民社会的最初的动机——没有人应该是自己诉讼案件的法官，成为它的基本规则之一。据此，每个人就立刻放弃了契约未规定的属于人类的最初的基本权利，也就是说，做自己的法官，并维护自己的案件。一个人放弃了做自己的统治者的所有权利，在很大程度上，也放弃了最初的自然法所规定的自卫权。人们不可能同时享有不文明的和文明的权利。比如说，一个人也许为了获得正义，就得放弃决定自己最不可或缺的东西的权利；一个人也许为了确保某种自由，就得向全体被托管的自由屈服。

政府不是由天赋人权建造的，它也许或者的确完全独立于天赋人权而存在，并且以更为明晰的状态、更深层次的抽象完美而存在，但是他们的抽象完美也正是他们实践的缺点。由于有权得到一切事物，因此他们需要一切事物。政府是人类智慧的一种产物，它为人们提供必需品。人们有权通过这种智慧得到这些必需品。那些来自公民社会，并对他们的激情有充分抑制的需求，也被认为属于这些必需品。社会不仅要求个人的激情应该受到抑制，而且甚至在群众、团体和个人之中，人们的爱好也应该经常遭到反对，他们的意志被控制了，激情也被抑制了。这个只有来自他们自己的权利才能做到，在运用它的功能时，人们不能服从于他们政府控制和抑制的意志和激情。在这种意义上，人们的限制和自由都被认为是他们的权利。但是，当自由和限制随着时代和情况的变化而容许无限的修改时，它们就不能依据任何抽象规则而固定下来，而且也没有谁会蠢到非得按照那种原则讨论它们。

你们一旦废除了人们绝对权利里的一切，每个人就开始统治自己，并遭受任何基于这些权利的人为的绝对限制，从那时起，政府的所有机构就变成了一项权宜之计。因此，一个国家的宪法和它的权力的适当分配就成为一个带有最微妙和最复杂的技巧的问题。它要求对人性、人类的必需品、促进或妨碍公民体制的机制所追求的各种目的，具有一种深刻的认识，国家也需要强有力的军队支持和应对混乱的应急制度。讨论一个人对食物或药物的抽象权利有何用？问题在于怎样获得支配它们的方法。我会永远劝告人们去寻求农民和医生的帮助，而不是求助于形而上学的教授。

建立一个共和国，或革新它，或改革它的科学，与其他任何的实验科学一样，不能通过先天被教授。它不是一种可以在实用科学里教授给我们的低级实验，因为道德原因的真实影响并不总是直接的；但是那些最初是有害的情况，也许在它更为遥远的运用中变为极好的结果，而这种极好的结果可能甚至来自它最初产生的坏影响。相反的情况也会发生：带着十分令人愉快的开端，即使是非常合理的计划也总会有可耻的和可悲的结局。国家里经常有一些模糊的和几乎潜在的原因，乍一看似乎觉得无足轻重，然而它们大部分却是国家繁荣或逆境中本质上最依靠的东西。政府存在的科学对它本身如此实用，而且也打算提供这样的实际用途，因此，它对经验的要求甚至比任何人（无论他如何聪明和富有观察力）一生中可以得到的还要多。每个人都应该用无限的谨慎去冒险摧毁一幢在很长时间里以任何可以容忍的程度符合社会共同目标的大厦，或对其重建，但是在他眼前却没有任何被实用认可的模型和模式。

这些形而上学的权利进入到日常生活中，就像光线穿透一种稠密的介质，由于自然定律而发生折射。的确在人类大量粗糙的和复杂的激情和关注中，原始的人权经历了如此多样的折射和反射，以至于谈论它们就像它们还停留在原始指导的简单中而让人觉得荒谬。人性是复杂的，社会目标具有极大可能的复杂性；因此，没有一种简单的对权力的处置或指导能够既适合人性，又适合人类事务的性质。当我听到任何新的政体旨在炫耀它的简单，我可以毫不保留地说：那些发明者对他们的职业或者职责一无所知。从根本上说，简单的政府都是有缺陷的，还没有把它们说得最糟糕。如果你只站在一种立场上考虑社会，那么所有简单的政体模式都是无限有魅力的。实际上，每一种模式比更为复杂的模式能达到它所有复杂的目的都更完全适应其单一的目标。但是，比起某些部分被提供极大的精确性，而其他部分由于一位受宠的成员得到过度照顾而可能完全被忽略或极大地受伤，整个部分不完全地和不规则地适应目标会更好。

这些理论家的虚假权利都是极端的：与他们在形而上学方面的真实相比较，他们在道德上和政治上都是虚假的。人权是一种中间的、不能定义的概念，但它是可以认识的。各政府中的人权是他们的优势，而且这些人权总是在不同的好与坏之间平衡，有时候在善与恶之间妥协，有时候却在邪恶与邪恶之间妥协。政治理由是一种计算原则，在道德上而不是在形而上学或算术上，对真正的道德进行加减乘除。

由于这些理论家，人民的权利几乎总是被他们诡辩地与人民的权力相混淆。无论什么时候社会团体参加行动，它都会遇到无效的抵抗，但是直到权力等于权利时，他们整个团体就没有与道德以及道德中最基本的谨慎相符合的权利了。人们没有权利拥有不合理的和对他们无益的东西，尽管这样，一位讨人喜欢的作家仍说道，“让诗人们有权去毁灭吧”。据说，当时他们中的一个残忍的人跳进了一座突然爆发的火山焰里，他是冷血跳进了燃烧着的埃特那火山（Ardentem frigidus Mtnam insiluit）。我宁愿把这种胡闹当作一种不合理的诗的破格，而不是诗人的特许权之一；无论他是一位诗人，还是一位神学家或政治家，选择了运用这种权利，我认为还有更明智的想法（因为它更仁慈）鼓励我去拯救他，而不是去留下那双作为他荒唐事的纪念物的黄铜拖鞋。

我写的大部分内容都涉及这种周年纪念日的说教，在纪念这件事情时，如果人们不以他们现在的进程为耻，那么说教将会欺骗许多人脱离那些原则，丧失他们纪念那场革命所带来的好处。先生，我坦白地对你说，我从不喜欢无休止地讨论抵抗和革命，或者是把宪法极端的药物用来制作它日常食物的方法。它使社会的习惯变得危险和脆弱：它定期定量地服用升汞，以及为了我们热爱的自由而反复吞下斑蝥刺激物。

由于不遵照说明而滥加服用，导致这种病对药物产生了依赖，放松和耗尽了要运用到重要场合上的精神源泉。在罗马奴役中最有耐性的时期，弑君成为学校孩子们的平时练习的主题——在拥挤的课堂上就把残酷的专制君主消灭了。在事物的常态中，它在一个像我们这样的国家里产生了最糟糕的结果，即使在我们的自由事业上，它也以挥霍无度的放荡不羁对其滥用。不久后，我那个时代几乎每一位有教养的共和党人都是最果断和最彻底的大臣，他们很快就把一种沉闷的、适度的，但又是实际的抵抗事业留给了沉醉于他们的理论并引以为傲的我们，他们一点都不比托利党人好。虚伪无疑是人们喜欢的最令人崇敬的思辨，因为它从不打算超越思辨，不费吹灰之力就能拥有它的壮丽。但是，即使在令人激昂的思辨中，轻浮比骗子更容易遭到怀疑的情况下，问题几乎都是相同的。那些教授发现他们极端的原则并不适用于只需要有限制的或（如我所说）政治的和法律的抵抗的这种情况，在这种情况下，他们什么抵抗也没采用。这对他们来说，是一场战争或革命，也许什么也不是。发现他们的政治计划不适应他们生活周围的状态，他们就常常轻易地想到所有的公众原则，而且就他们而言，还准备好了放弃他们认为没什么价值的东西带来的微不足道的利益。有些人的确具有更为稳重和坚韧的性格，但是他们是不属于议会的热心政治家，几乎不能引诱他们放弃他们喜爱的计划。他们不断按照自己的想法改变教会或者国家，或两者。当出现这种情况时，他们常常就是坏公民和完全不靠谱的团体。因为，他们认为自己思辨的计划具有无限的价值、国家现行的计划不值得尊重，他们最多也就对其漠不关心。无论公众事务管理得好与不好，他们既看不到任何优点，也看不到任何缺点；然而他们更欣喜国家治理得不好，因为这样适合发动革命。他们在任何人、任何行动或任何政治原则上看不到任何的优点或缺点，除了这些优缺点会促进或阻止他们计划的改变。因此，在将来的某一天，他们可能会拿走最暴力的和最广泛的特权，而在另一个时间，他们会采取最自由最狂野的民主观点，从一种类型过渡到另一种类型，根本不顾及任何原因、人物或政党。

在法国，你们现在正处在革命的危险期中，以及从一种政体过渡到另一种政体的转变中——你们不能看到人性，正如我们在我们国家一样。对我们来说，它是好战的；对你们来说，它是成功的；当它的权力与它的意志相称时，你们知道它是如何采取行动的。我不应该把这些观察限制在任何一类人中，或他们之中所有人的理解——不！远非如此。我与那些宣称极端原则和在宗教的名义下只传授狂野的和危险的政治主张的人交往不会那么公正。革命中最糟糕的政治主张是：为了准备在极端场合下有时会使用的不顾一切的出击，他们通过锻炼，让他们的思想变得顽固。但是因为这些场合可能永远不会到来，他们的思想接受了一次免费的污染；而且当没有堕落的政治目的时，道德情操就会受害不浅。这类人如此采纳人权的理论，以至于他们已经完全忘记了自己的本性。还没有打通一条通向理解心灵的康庄大道，他们就已经成功堵塞了这条路。他们歪曲了他们自己以及那些追随他们的人们心中的所有良好的同情心。

老犹太人这篇著名的布道里，在其全部的政治篇幅中，除了这种精神以外就什么也没有表露。在某些人看来，阴谋、屠杀和暗杀似乎是取得革命的一种微不足道的代价。廉价的、不流血的改革和一种无罪的自由，似乎他们尝起来平淡而索然无味。人们慵懒地享受了60年的繁荣与稳定而变得迟钝，所以必须要有一场重大的环境变更，必须要有一种华丽的舞台效果，必须要有一种宏大的场面激起人们的想象力。鼓吹者在法国大革命中发现了它们。这种变更通过他的整个框架激发了一种幼稚的热情。随着演讲的深入，他的热情点燃了，而且当他结束演讲时，它已经是一把熊熊燃烧的火焰了。然后，他从毗斯迦山的讲道坛上，俯瞰法国的自由、道德、幸福、繁荣与辉煌的状态，就像处在一片乐土的鸟瞰图里，顿时他发出了这样的狂喜：

“真是个多事之秋啊！我真感激我活过来了；我几乎可以说，主啊，现在祝福您的仆人安静离去吧，因为我的眼睛已经看到了您的救赎——我看到了知识的传播暗地里破坏了迷信和谬误——我看到了人权比过去得到了更充分的理解、民族渴望的自由似乎已经失去了观念的支撑——我看到了30000义愤和果敢的人民，藐视奴隶制，以一种不可抵抗的声音要求自由。他们的国王被押入了胜利的队伍中，而且这样一个专制的君主向他的臣民投降了。”①

在我更深入分析之前，我不得不评论一下，普莱斯博士似乎相当高估自己在这个时代获得和传播的伟大知识。在我看来，上个世纪似乎已经和现在一样的开明。尽管在不同的地方，但是它的胜利与普莱斯博士的胜利一样值得纪念；那个时期的一些伟大的传教士的参与和他为法国胜利的贡献一样热烈。在休·彼得斯叛国罪的审判上证实了：当查尔斯国王被带回伦敦审判时，他作为一名自由使徒当天还在指挥凯旋的队伍。“我看见了，”目击者说，“陛下坐在六匹马拉的四轮大马车里，彼得斯骑马走在国王的前面，胜利归来。”当普莱斯博士谈到此事时，好像是他做出了新的发现，其实他仅仅是跟随了一个先例罢了；因为，对国王的审判开始后，这位先驱，即彼得斯博士结束了他在白厅皇家教堂里的长期祈祷，（他非常成功地选择的职位）说道：“我已经祈祷和传道了20年，现在我可以面向西方说，主啊，现在祝福您的仆人安静地离去吧，因为我的眼睛已经看到了您的救赎。②”他的祈祷并没有效果，因为他既没有如他所愿而很快离去，也没有安静离去。他成了（我衷心地希望这个国家里他的追随者没有像他这样的）自己作为一名主教通往胜利的牺牲品。

在复辟时期，他们对这位可怜的好人的处理方式也许太残酷了。但是我们对他的回忆与遭受的苦难是亏欠的，他与这个时代追随和仿效他的人一样，拥有同样的光亮、热情，并有效地摧毁了所有可能阻碍他所从事的

---

① 这些令人尊敬的先生们中的另一位，见证了巴黎最近呈现的一些大场面，他是这样表述的：“一个国王被征服他的臣民拖入了服从的胜利队伍中，这是人类事务中很少出现的壮丽风景之一，而且在我的余生中，我一想到它就会觉得惊奇和喜悦。”不可思议的是，这些先生们都有这样的感受。

② 《国家试验》第2卷第360、363页。

伟业的迷信和谬误，这就认定了它对人权意识以及所有源自这种意识的荣光是有资格获得赞扬的。

在犹太传教士的这番俏皮话（虽然只是时间和地点的不同，但是与1648年革命狂喜的精神和内容完全相同）之后，“革命协会”的政府缔造者、一群废黜君主的英雄们、君主的选举人以及在凯旋队伍里押运国王的指挥者，每个成员都得到了很大一份馈赠的知识。带着一种传播知识的傲慢气息，他们昂首阔步匆匆忙忙地完成对免费得到的知识的普通传播。为了完成这种慷慨的传播，他们从老犹太人的教堂奔波到伦敦的小酒馆；在这里，普莱斯博士那玄妙深奥的讲道坛鼎里的浓烟还未完全消散，他也推动和执行了这个决议或者祝贺词，并由斯坦霍普公爵传播到法国的国民议会。

我发现福音的传教士亵渎了美好的和先知的神谕——通常被称作“西缅之颂”，我们的救世主第一次在神殿散布，把一种不人道的和不近人情的狂喜运用到最恐怖、最残暴和最痛苦的场面，这也许是人类历史上展示过的怜悯和义愤。这种“指导凯旋”之事，以其最好的形式是怯弱的和不虔诚的，让不神圣的传播充满了我们的传教士，我相信，一定会震惊每个出身高贵之人的道德品位。几个英国人就被那种凯旋的场面惊吓得目瞪口呆和义愤填膺。这种场面（除非我们莫名其妙地受骗）更像一队美洲野蛮人进入到奥内达加，在他们称之为胜利的谋杀之后，通往悬挂着头皮的小屋，此时他们的俘虏早已无法忍受像他们一样凶恶的女人的嘲笑和打击，这种凶恶远远超过了一个文明而尚武民族的类似的凯旋盛况——如果是一个文明的民族或任何有宽宏感的人，都能够独自战胜堕落和痛苦的人。

我亲爱的先生，这并不是法国的胜利。我相信，作为一个国家，它承受的耻辱和恐惧远超过你。我相信，国民议会发现了自己处于一种最羞辱的状态——不能惩罚这种凯旋的发动者或参与者；他们还遇到了这种情况——关于臣民的任何探究甚至都缺乏自由或公正的面貌。这种议会的辩护在他们的情况中可以找到，但是当我们承认他们所承受的一切时，我们自己也就有了一个对腐化了的心灵的理性判断。

带着一种强迫的从容面貌，他们在一种坚定的必然性支配下选举。他们似乎居于外国共和国的核心地位：他们在那里有住宅，但是该城市的宪法不是源自他们国王的宪章，也不是源自他们的立法权。在这儿，他们被一支既不是由他们国王的权威，也不是由他们的司令部成立的军队包围着；而且假如他们下令解散军队的话，他们自己会立即遭到解散。在一伙暗杀者赶走几百名成员之后，他们还在这里；然而那些持有相同适度原则的人，带着更加耐心或更美好的愿望，每天继续受到粗暴的侮辱和谋杀的威胁。这里的大多数人，时而真正的、时而假装被自己俘虏，他们强迫一个被俘的国王用他的第三只手，以王室法令颁布他们在最放肆和最轻佻的咖啡馆里的腐败的混账话。他们所有的措施还未讨论就定夺了，这真是让人觉得声名狼藉。毋庸置疑的是，在刺刀、灯杆和烧他们房子等恐怖行动之下，他们不得不采纳所有粗鲁的和亡命的措施，他们都来自一种拥有各种情况、语言和民族的畸形混合体组成的俱乐部。在这些俱乐部中发现的某些人与他们相比，喀提林会被认为非常谨慎，而西第古斯则是一个冷静而温和的人。公共措施被变形为怪物，并不是只出现在了俱乐部。它们在学院里先前就经历了扭曲，这正是俱乐部有如此之多的讲义会的用意所在，而在所有的公共地方都建有俱乐部。在各种会议中，每一个建议与它本身的胆大妄为、粗鲁残暴和背信弃义相对应，它被认为是出众天才的标志。人性和慈悲被嘲笑为迷信和愚昧的产物。对个人的温柔被视为对民众的不忠。自由总是被认为是不可靠的财产。在已经犯下的或筹划的暗杀、屠杀和没收中，它们形成了未来社会良好秩序的计划。用他们的手臂拥抱卑鄙罪犯的尸体，根据他们犯罪的类型提升他们的亲属，并强迫他们靠乞讨或犯罪而生存，因此他们驱使了成百上千的品格高尚的人以相同的方式去达到目的。

他们的机构——议会，用不体面的自由，在他们面前扮演着深思熟虑的闹剧。他们像是在放荡的观众面前表演的市集喜剧演员，他们在一群乌合之众喧嚣的吵闹声中表演。这些男男女女不知廉耻，根据他们粗野的幻想、指挥、控制，向表演者喝彩和喝倒彩；而且有时他们混合坐在表演者中间，用他们那奴性的脾气与傲慢、专横的权威的奇怪混合物作威作福。当他们颠倒了一切事物的顺序时，旁听席就成了议会厅。推翻了国王和王后的议会，甚至没有一个庄严立法机构的面貌——既无国王的姿态，又无任何元老的风度。他们被给予了一种颠覆和破坏的权利，就像邪恶原则的威力那样有害；但是除了建造有利于进一步颠覆和破坏的工具，他们什么建设性的作用也没有。

谁会钦佩和发自内心地喜爱国民代表议会？谁又不是必须怀着厌恶的心情在躲避这场亵渎神明的闹剧？谁又不是对那个神圣机构有着颠倒错乱的反感呢？君主政体和共和政体的热爱者必须以同样的方式厌恶它吗？你们议会的成员在那种暴政下一定会呻吟，在其中他们只有羞耻，没有指导权，也几乎没有利益。我敢肯定，甚至是构成该机构的大多数成员和我有同样的感受——禁不住"革命议会"的喝彩。可怜的国王！可怜的议会！议会是如何默默地使那些成员感到愤慨，让能遮蔽天空中太阳的那一日成为"一个美好的日子"。[1]他们会如何暗自义愤填膺，当听到有人向他们宣称"国家这条船在她的航道上以前所未有的速度飞速驶向伟大的复兴"，而这是由我们传教士凯旋之前的叛国和谋杀那股强劲的飓风所致。当他们带着表面容忍、内心愤慨的状态听说，无辜的人在他们的家里被屠杀，而"溅出的血不是最纯洁的"，那么他们会有什么样的感受？当他们被抱怨动摇他们国家基础的混乱的抱怨者包围，被强迫冷静地告诉抱怨者："你们都受到法律的保护，而且我们会致函给国王（被俘虏的国王）强制执行保护你们的法律"；当被俘虏国王的沦为奴役的部长正式告知他们，这里没有法律，也没有权威和权力保护他们：这时他们会有什么感受？被迫在当下的新年上祝贺，为了国王能带给人民的美好事物，他们要求被俘虏的国王忘掉去年的巨变时期；当国王不再享有任何指挥的权威时，他们为了能实现这种美好事物，停止了效忠的实际形式，向国王保证他们的服从：此时他们又会有什么感受呢？

这封函确实是由良好的用意和情感所制成的。但是按照文明的理念，法国的众多革命被认为是重大的革命。在英国，据说我们学习的礼仪是从你们那儿传过来的，而我们穿的是你们法国低俗的服装。如果是这样，那么我们穿的仍然是旧款式，到目前为止也不能与巴黎良好的教养方式相符

① 1789年10月6日。

合，以至于我们完全认为用最微妙的恭维（不管是哀悼还是祝贺）对地球上最受辱的爬行动物说，“伟大的公众利益源自对仆人的谋杀、对自己和妻子的图谋暗杀以及亲自遭受的禁欲、耻辱和堕落”。我们纽盖特监狱的狱长实在太仁慈了，以至于不会对罪犯使用他们脚下的绞刑架，这真是个令人慰藉的话题。我原以为既然巴黎的绞刑执行者由于国民议会的表决而得到自由，而且他们也被允许在人权的先驱队伍里拥有军衔和武器，那么他们就会是非常慷慨、英勇的人，充满了新的尊严感，以至于不会对任何人（叛国罪可能被他的行政权给制服）使用那种残酷的安慰法。

当一个人受到这样的阿谀奉承时，他就真正堕落了。服用了遗忘的镇静剂，就可以很好地保持一种恼人的觉醒，用腐蚀的回忆去供给活生生的溃疡。因此，给予一剂大赦的镇静剂，与所有的嘲笑和鄙视成分磨成粉，这可不是“受伤心灵的镇痛软膏”，而是一杯满满的人间痛苦，把它放到他的嘴唇上，强迫他一饮而尽。

向这些理由屈服了，它们至少与那些在新年里如此微妙地被催促的恭维一样强劲有力，法国国王就极有可能会努力忘掉那些事件和那个恭维。但是，历史持续记录了我们所有的行为，而且对君主的所有行动都行使了它那庄严的责备，它不会忘掉那些事件，也不会忘掉人类交往史上自由的文雅时代。历史会记录，1789年10月6日早，国王和王后经历了一系列的混乱、惊慌、沮丧和屠杀后，他们在公众信念保证的安全下，终于躺下沉迷在大自然几个小时的喘息、动乱和忧愁的睡眠中。在这次的睡眠中，王后第一次被她门口的哨兵惊醒，他大声呼喊王后逃命——这是他最后能给予的忠诚——他一旦被发现，就会立即被斩首。一帮凶残的暴徒和刺客，全身染满了他的鲜血，冲进了王后的房间，用刺刀和匕首对着床刺了数百刀，这位受迫害的女人刚刚从这儿几乎是全裸地逃走，而且经过了谋杀者们不知道的途径，逃到了国王脚下寻求庇护，然而即使她的丈夫片刻也不能保证自己的性命。

这位国王（不再说他了）、王后，及他们的孩子（曾经是一个伟大而慷慨民族的骄傲和希望），被迫放弃了世界上最辉煌宫殿的庇护，他们是在血泊里游着离开的，宫殿被屠杀染满了鲜血，到处散落着凌乱的肢体和残缺的尸体。他们从这里被带到了他们王国的首都。

由出身高贵的先生们组成的国王的贴身侍卫中，有两个人从这场无缘无故的、毫无抵抗的以及十分混乱的大屠杀中被选出。他们与执行司法的所有队伍一起，被残酷地、公然地拖到大街上，在宫殿的大院里被砍了头。他们的头还被挑在长矛上，在队伍的最前面。同时，王室的俘虏跟随在队伍后面，慢慢地向前移动着，队伍里充满了恐怖的叫喊、刺耳的尖叫、疯狂的摇曳、恶毒的辱骂，以及各种来自卑贱女人地狱式的狂怒等无法言喻的恶心。

在一个12英里（译者注：1英里=1.609千米）的行程里，他们被慢慢地折磨了6个小时，一点一点地品尝了比死还要痛苦的滋味后，他们由这些领导他们进行这次著名游行的士兵组成的卫队安置在了巴黎的一座旧宫殿里，现在这座宫殿已经变成了国王的巴士底监狱。

这是一场给予神圣祭坛的胜利吗？应该用感激之情去纪念吗？应该用虔诚的祷告和狂热的呐喊声提供神圣的人性吗？——这些底比斯人和色雷斯人在法国放纵的行为，只会得到老犹太人的喝彩，我可以向你保证，在我们的王国只能点燃极少数人心里的预言热情：尽管一个既是圣人又是使徒的人可以有他自己的启示录，也如此完全被他心中所有卑鄙的迷信给征服，但是他可能认为，把一个受人尊敬的圣人在圣殿里的宣告和不久前天使之声对温顺而天真无邪的牧羊人的宣告，比作通往耶稣世界的入口，是虔诚的和得体的。

起先，我对这场毫无防备的激荡的发生茫然不知所措。我知道，君主们的受难的确给某些人的味觉准备了一份美味的饭菜。有一些反省有助于把这种食欲保持在某种节制的范围内。但是当我考虑了其中一种情况，我就不得不承认应该向社会做出更多的节制，而且这种诱惑对常人的判断来说太强大了；我的意思是，艾奥·培安胜利的这种情况，以及被称作“把所有的主教吊死在灯杆上[①]”活生生的叫喊，很有可能对这快乐的日子里可预见的后果产生爆发的热情。我允许如此多的热情稍微有一点偏离谨

① 原文为“Tous les Eveques a la lanterne ”。

慎，我允许在所有教堂废墟上，在这位先知看起来像千年先驱和以基督为王的千年王国的这件事情上，迸发出欢乐与感恩的颂词。

然而，在这种欢乐中（正如在所有的人类事务中），有某种东西在磨炼着这些令人尊敬的先生们，考验着他们对信念的忍耐力。这个“美好日子”的其他吉祥的情况，需要真正谋杀国王、王后和他们的孩子，还需要真正谋杀主教，尽管被这么多神圣的呼喊召唤着。一群群弑君和亵渎神明的屠杀，确实被大胆地策划出来了，但它也仅仅只是策划。在这个屠杀无辜的伟大历史片段里，遗憾的是它并未完成。在人权学派里，某位大师什么样的好笔将会完成它，以后我们就会知道了。这个时代还没有完全得到来自摧毁迷信和谬误的知识传播的利益，考虑到来自国王受难和文明时代的爱国犯罪带来的所有好处，国王还需要把另一件或两件事置之脑后。①

---

① 这里很适合提到一位目击证人关于这个主题所写的信件。他是国民议会里最诚实、最聪明和最善辩的成员之一，也是该国最积极和最热心的改革家之一。由于对这次虔诚的胜利和对从犯罪中获益并且在公众事务中占据领导地位的人们的分配的种种恐惧，他不得不脱离议会，而且后来还成为一名志愿的流犯。

拉利·托伦达先生给朋友的第二封信摘录

（谈一谈我们所参加的党派吧，这是我发自内心觉得有道理的——并不是那座罪恶的城市，也不是那个更加罪恶的议会，使我的内心觉得有道理；而是我有心让您以及与您思想相同的人们不至于谴责我。我向您断言，我的健康使我不可能去尽我的职责了；然而即使撇开这些不谈，要再长期支持这种恐怖也是超出我的力量的。这种恐怖对于我来说造成了那些鲜血、那些头颅。那位几乎被绞死的王后、那位沦为奴隶的国王在他们的凶手中间进入了巴黎，而领头在前面的则是他那些不幸的各级官吏、那些倒戈的禁卫军、那些凶手、那些吃人的女人们、那种“把所有的主教都吊死在路灯杆上”的叫喊。正是这个时刻，国王和他的两位顾问主教在他的车里进入了他的首都；还打了一枪，那枪是我看到从王后的一辆车里掏出来的。贝利先生称它是一个美好的日子——那天早晨议会已经冷酷地宣布，全体都去拥在国王的周围乃是与自己的尊严不相称的。米拉波先生在那个议会里不负责任地说，国家这艘船远不是在它的航线上被阻止了，而是以前所未有的更快速度朝着自己的复兴在跃进。巴纳夫先生和他一起在笑着，这时候血正从我们的身边淌过。那位德行高尚的穆尼埃奇迹般地逃过了20次暗杀，他愿意再次使自己的头颅成为战利品：这就是我决心不再涉足于那个吃人者的巢穴之中的原因，我在那里面已经不再有发言的力量，我在那里面曾经枉然地发过六个星期的言。

我、穆尼埃和所有正直的人都想到，为了做好事而做的最后努力是一去不复返了。任何恐虽然我们的新教义和新知识在它计划应该很有可能完成的事情上没有竭尽全力，但是我必须承认，除了那些为实现革命而生的人，这种待人的方式一定会令人震惊。但是，我不能在这里停下来。由于受到天生感觉的影响，没有受到一丝新生的现代光线的照明，先生，我向你坦白：这些受难人们的高贵地位，特别是这么多国王和帝王们后裔的性别、容貌和和蔼的品质，王室后裔的年幼——他们仅仅由于年幼和天真无邪并不能理解他们父母所遭受的残酷暴行，而不是把它当作一件得意的事——为我的情感增添了许多最悲伤的理由。

我听说，这位威严的人是我们传教士胜利的首要目标，尽管撑了过来，但是对那种耻辱的场景仍然感受颇多。作为一个人，他惋惜他的妻子和孩子，以及忠诚的侍卫，由于他而遭到残酷的屠杀；作为一个君主，他惋惜他那文明的国民做出的奇怪而又可怕的变革，而且他对他们的哀悼超过了对自己的挂念。他的勇气没有遭到减损，反而还增添了他无限的人类荣誉。我非常遗憾，真的非常遗憾地说，在这样的情况下，这种人物的伟大品德不会得到我们的赞扬。

我听说，我高兴地听说，胜利的另一个目标——那位伟大的女士，也撑过了那一天（人们对为受难而生的人将要忍辱负重感兴趣），她以一种平和的忍耐，与她的地位、门第相符的方式，和作为一个高贵君主后裔的

惧的观念都不会临近我了。我要为自己辩护是会脸红的。我在路上还接触过那部分人，他们要比因愤怒、因叫喊、因欢呼——别人会对这些感到得意的，但那却使我战栗——而陶醉的人更为无辜。正是由于愤怒，正是由于恐惧，正是由于肉体的痉挛，才使得我感受到了唯有流血的景象是我要与之诀别的。人们一生只拿死亡冒一次险，而当死亡可能有用时，人们却拿它冒多次险。但是天下的任何威力，当时任何公众的或私人的意见，都无权谴责我枉然无益地每分钟都受着上千次的折磨，无权谴责我在我所不能阻止的那些凯旋、那些罪行中死于绝望和剧痛。他们剥夺我，他们没收我的财产。我曾在大地上劳动过，我却不会再劳动了——这就是我的辩护词。您可以拿来阅读、展示甚至传抄；这对那些不懂得它的人可真坏透了；但把它交给他们却并不是我的过错。）

这位军人没有老犹太人那些温和的先生们如此好的精神——见蒙斯·穆尼埃对这些信件的叙述。他也是一个令人尊敬、道德高尚和极具天赋的人，因此他是一个逃犯。

注意：穆尼埃先生当时是国民议会的发言人。尽管他是自由最坚定的拥护者，但是从此以后也不得不过着逃亡的生活。

虔诚与勇气，承受了接下来的所有苦日子，承受了对她的丈夫和自己的关押、朋友的流亡、祝词里侮辱的奉承话和所有坏事的重量；而且她拥有罗马妇女高尚的情操，在绝境里也会挽救自己免遭最后的耻辱，假如她失败了，那么她也不会以不光彩的方式失败。

距我见到法国王后已经有十六七年了，当时她是凡尔赛宫的太子妃；那时还显然没有在这地球上如此耀眼，可能还没触摸到这个星球，但却是更为可爱的模样。我看见她正在地平线上，美化和欢呼着她那刚刚搬进去的高耸住宅——她闪烁着，像一颗晨星，充满了活力、光彩和欢乐。啊！是什么样的革命啊？我应该用什么样的心情不带感情地去沉思那高耸与坠落！我未曾想到，当她把令人尊敬的头衔赋予那些热情、关系疏远和恭敬的人们时，她竟然不得不携带强烈的解毒剂来反对隐藏在他们内心的耻辱。我未曾想到，在这个属于勇士的国家里，在这个属于绅士和骑士的国家里，我竟然能活着看到有这样的灾难降临到她头上。我原以为即使是一个带有侮辱性的威胁眼神，也会有一万支宝剑从剑鞘里拔出为她复仇。但是骑士时代一去不复返了。那些诡辩家、经济学家和财务专家成功了，属于欧洲的光荣时代永远地消失了。我们再也，再也看不到那种对等级和性别的慷慨忠诚、自豪的屈服、庄严的顺从、宽厚的主从关系，即使在奴役状态中也能保持高贵自由精神的活力。那种不能买到的高贵生命、廉价的国家防御和对勇敢节气和英勇事业的培育，不复存在了！那种对原则的敏感和对荣誉的博爱，让人觉得一个污点都是一个创伤，它激发了勇气还平息了暴行、让它所碰之物都变得高贵、让罪恶在它之下失去了其所有的粗野而减轻了其一半的罪恶，如今这一切也不复存在了！

这种主张和情感的混合体系起源于古老的骑士制度，尽管它的原则随着人类事务状态的变化而改变了其外在表现形式，但是它通过代代相传，甚至在我们生活的时代存在着，并且还发挥着作用。假如它完全消失了，我担心这种损失会更大。正是由于它赋予了现代欧洲的特征，正是由于它让自身区别于所有的政体，而且与亚洲国家或可能在古老的领域上那些在最辉煌时期繁荣过的国家相区别，并突出自身的优势，正是由于它产生了一种高贵的平等，而没有混淆等级，并通过社会生活的各个层次传递下来了，正是由于这样的主张才让国王与群众的关系调和，把个人地位提高并使之成为国王的伙伴。没有武力或反抗，它就压制了傲慢与权力的凶猛；它要求君主服从于社会尊严的柔软项圈中，迫使严厉的权威服从于高雅，并且给予专横的征服者屈服于社交礼仪的法律。

但是，现在一切都改变了。所有令人愉悦的幻景——使得权力温和，服从自由；调和了各种浓淡不一的生活；通过一种温和的同化作用，合并了所有美化和软化私人社交的政治观点，即将被新的征服者溶解掉。生活中所有得体的布料都将被粗鲁地撕破。所有由道德想象的衣柜提供的追加观念，都受到我们内心的控制、认识的批准而成为遮蔽我们赤裸裸的和颤抖的本性的必需品，并在我们自身的尊重里提升到尊严的地位，都将被作为一种可笑的、荒诞的和过时的样式而戳穿。

在事物的这种格局里，一个国王仅仅是一个男人，一个王后仅仅是一个女人，一个女人仅仅是一种动物，而且还不是最高等级的动物。通常给予女性的所有这样没有明显企图的尊敬，都会被认为浪漫而又愚蠢。弑君、弑亲和亵渎神明，仅仅是迷信的杜撰，破坏了法理的单纯性。对国王，或王后、主教、神父的谋杀，仅仅只是一个普通的谋杀；如果人们由此碰巧或者以任何方式成为胜利者，那么这种谋杀是最值得原谅的，而且我们不应该对此做过多严厉的审查。

根据该野蛮的哲学计划——冷心肠和模糊理解的产物，而且缺乏可靠的智慧，实际上，是缺乏所有的审美和高雅，各种法律只能由它们自身的恐惧和每个人从他个人的投机中或个人的利益中给予它们的关切做支撑。在他们学院的小树林里，在每一个远景的尽头，只能看到绞刑架。没有留下任何有利于共和国深厚情感的东西。根据这个机械哲学的原则，我们的制度就不可能体现到个人身上（如果我可以这样表达），以至于在我们的身上创造出博爱、尊敬、赞美或依恋。但是那种消除情感的理性不可能填补它们的地位，这些公众的情感与社会风俗结合，有时候需要作为一些补充，有时候还需要作为一些调节剂，它们总是法律的好帮手。在诗歌结构方面，一位哲人，同时也是一位伟大的评论家说过一句格言——诗歌只有美是不够的，还得有深情。它对于国家同样适用。每个国家都应该有一套让每一位受过良好教育的人都喜爱的社交礼仪体系，要让我们爱我们的国家，我们的国家就应该令人愉快。

社会习俗和舆论遭到打击灭亡了，但是这种或那种的权利就会存活下来，而且它还会找到其他更恶劣的方式来做支撑。为了颠覆古老的制度，篡位摧毁了古老的原则，它将会通过那些与获得权利相同的计谋来维持权利。当古老的封建的和骑士的忠诚精神——让国王摆脱恐惧，让国王和人民都摆脱暴政的防范，在人们的脑子里消失时，由于预防性的谋杀和没收、阴谋和暗杀以及一长卷残酷的和血腥的格言将会接踵而至，而且这些格言将形成所有权利的政治法典，但是它并没有基于它自己的荣誉，而是依靠那些服从于它的人们的荣誉。当国民反抗那些原则时，国王就会躲避政策成为暴君。

当古老的生活观念和规则被淘汰了，这个损失将不可估量。从那时起，我们就没有指南针来指导我们了，也不能清楚地知道该驶向何港口。毫无疑问，大部分的欧洲在你们革命结束的那一天处于一种繁荣状态。繁荣状态在多大程度上是因为我们古老的社会风俗和舆论决定的，这真不好说；但就原因本身而言，与它们的运作不可能毫无关系，因此我们就可以假设它们的运作基本上是有益的。

然而，我们太轻易以我们发现事情时的状态来考虑它们，而没有足够关注它们产生和可能维护的原因，只有我们的社会风俗、文明及所有与它们有关的美好事物才是确定的。在我们的欧洲世界里，美好事物取决于存在多年的两项原则——绅士精神和宗教精神，而且它们也确实是这两项原则结合的产物。贵族和牧师，它们一个通过世袭，另一个通过任免，不断学习以求发展，即使在战争中，政府也是战争的导火线而不是它的产物。学术报答了它从贵族和牧师那里得到的东西，而且通过开阔他们的思维和丰富他们的思想作为高利来支付他们。如果他们都永远知道他们那坚固的联盟和特有的地位，那么该多幸福啊！如果学术没有被野心堕落，满足于继续做指导者，而不是渴望做主人，那么该多幸福啊！与它天然的保护者和守卫者一道，学术将会被抛进泥潭，被一群猪一般的群众践踏。[①]

正如我怀疑，如果现代文学不只是如他们所愿归功于古老的社会风俗，那么对于其他我们估计的价值与它们实际的价值一样的利益也是如此。即使是商业、贸易和制造业，这些我们经济政治家的造物主，其本身也许只是创造物，它们只是作为我们选择崇拜的最初的创造物。它们一定是在学习昌盛同样的背景下成长，它们也可能随着它们自然保护的原则而腐败。至少目前对你们来说，它们都面临消失的威胁。在一个民族需要贸易和制造业的地方，贵族和宗教的精神仍然存在，这时候情操就提供了它们的地位，而这种提供不总是坏的；但是如果商业和艺术在检验一个国家没有这些古老的基本原则将如何屹立于世界的实验中消失了，那么一个粗野、愚蠢和残忍，同时又是贫穷、卑鄙、野蛮、缺乏宗教、荣誉或果敢自豪的国家（现在什么也没有，今后也不会拥有）将会是什么样的?

我不希望你们在那种恐怖和令人厌恶的情形中紧急采取最简短的捷径。在议会的所有行动及它的领导者那里，尽管已经出现了一种贫穷、粗糙和粗鄙的观念，但是他们的自由并不是自由，他们的科学是专横而又愚昧的，他们的人性是野蛮和残忍的。

我们从你们那里学到这些重要的和高雅的原则和社会风俗（然而还有相当多的痕迹保留着），还是你们从我们这里学习的，这个问题并不清楚。但是我认为我们最好追踪到你们那里。你们似乎是——我们这个种族的摇篮。法国总是或多或少地影响英国的社会风俗，而且当你们的泉水被阻塞或污染了，在我们或者可能在任何国家那儿，小溪就不会长流，也不会清澈。就我个人而言，这只会让所有欧洲非常密切地关注法国发生的事情。因此，如果我老是想着长谈1789年10月6日残暴的场面，或在我脑海里浮现的对最重要的所有革命（可以追溯到一场革命在情感、社会习俗和道德观念的那一天）的反思给予太大的篇幅，那么我请求你的原谅。随着现在值得尊敬的事物在我们身外被摧毁，而且还企图摧毁我们身上值得尊敬

① 《新约》第七章第六节：“不要把圣物给狗，也不要把珍珠丢在猪前，唯恐它们践踏了圣物，转过来咬你们。”

的所有原则，我们几乎被迫向庇护共同情感的人们致歉。

为什么我与牧师普莱斯博士和那些会选择采用他论述里观点的世俗追随者的感受截然不同？——因为这个简单的理由——因为我认为这样做很自然；因为我们天生在有关世间繁荣的不稳定条件和人类伟大文明的极大不确定的场面里就受到忧郁情绪的影响；因为在那些自然的感觉里我们学到了伟大的经验教训；因为在这些事件中，我们的激情指导了我们的理性；因为当国王们被这场伟大戏剧的“最高导演”把他们从王座上赶下来，成为国民侮辱和可怜的对象时，我们在道德里看到的这些灾难与我们在事物自然的秩序里看到的奇迹是一样的。我们惊恐地去反思，我们的思想（正如很久以前观察的那样）被恐惧和怜悯所净化；我们虚弱和欠考虑的傲慢在神秘智慧的赐予下变得谦卑起来。如果这样的场景在舞台上呈现，我可能会流泪。我应该为发现自己对情节中的不幸怀有肤浅的和戏剧性的感觉，而在现实生活中对此还能有欣喜若狂感到真正的惭愧。有这样歪曲的思想，我绝不会在一场悲剧里冒险表现出我的面容。人们会认为以前的加里克或不久前的西登斯从我这里勒索的眼泪是虚伪的，而我应该知道它们都是愚蠢的眼泪。

剧院的确是比教堂更好的道德情操学校，在这里人性的情感由此被激发了。诗人们对待的是一群还未从人权学校里毕业的观众，他们必须投身于内心的道德宪法，岂敢创作出这样一种类似狂喜的胜利。在这里，人们跟随他们自然地冲动，他们不会忍受马基雅弗利政策的那些可憎的格言，不管是应用于君主制的成就还是民主制的暴政。在现代，他们会拒绝这些格言，就像在古老的舞台上甚至不能忍受扮演暴君的人说出如此邪恶的假设命题，尽管该命题也适合他扮演的角色。在雅典，没有戏剧观众在这凯旋之日的真实悲剧中会忍受曾经忍受过的东西；一个主要的演员在称重量，就像悬挂在恐惧商店里的天平上，他在衡量着有多少真实的罪行，又有多少偶然的好处——在加减重量以后，他宣布天平偏向利益的一方。他们不愿看到一本总账里记录着新民主里的和旧专制里的各种犯罪，而且一个政治簿记员发现民主仍然负债，但是他却不能或不愿意平衡债务。在剧院，第一眼的直觉不需要任何详细的推理过程就能表明这种政治计算的方法可以证明每一种程度的犯罪都是合法的。他们会看到，根据这些原则，即使在做出最坏行为的地方，他们也会把原因归结于同谋者的运气，而不是他们在支付背叛和流血方面的吝啬。他们很快就会看到，犯罪的手段一旦被接受，人们很快就会喜欢使用。他们提供了一个更便利的捷径，而不是通过道德的这条大道。如果证明了背信弃义和谋杀对公共利益是合法的，那么公共利益很快就会成为一种借口，而背信弃义和谋杀也会成为一种目标；直到贪婪、怨恨、复仇、恐惧等比复仇更为可怕时，才能满足他们贪得无厌的胃口。在人权各种胜利的光彩壮丽中，丧失了所有天生的是非观念的结果必定如此。

但是，这位受人尊敬的牧师在这场“领导的凯旋”中欢欣鼓舞，因为路易十六的确是“一位专制的君主”；换句话说，简直就是因为他是路易十六，因为他不幸生而为法国国王，他的一长串祖先和人民赋予他这些特权，而他自己却什么都没做。后来的确证明了他生而为法国国王的不幸。但是不幸并不是犯罪，轻率也不总是最严重的罪行。我从不认为：一个国王在位的所有行为就是对他国民的一系列让步，他乐意放松他的权威、免除他的特权，以及号召他的人民享受他们的祖先有所不知的、也许是渴望的那种自由；尽管这样的国王应该屈从于人民和国王的共同弱点，尽管他曾经认为有必要公然使用武力反对他的国民和权威的残余去从事绝望的策划，尽管所有的一切都应该考虑在内，但是我也很难认为他配得上巴黎和普莱斯博士残酷和侮辱的凯旋。从这样的国王例子中，我为自由的事业感到颤抖。在人类最邪恶而未接受惩罚的暴行中，我为人类的事业感到颤抖。但有一些粗俗和堕落的人用一种自满的敬畏和钦佩崇敬着国王，他们知道如何稳固自己的职位、严格管理自己的人民、维护自己的特权和通过严酷的专制主义之觉醒了的警戒来防止自由到来的第一步。他们从不提高他们的声音来反对这些东西。这些原则的背弃者被命运选中，在受难的品德中从未看到任何美好的东西；在成功的篡位中，也从未看到任何的罪行。

如果能向我解释清楚法国的国王和王后（我是说那些在凯旋之前的）是无情和残酷的专制君主，他们制订了残杀国民议会的蓄意计划（我想我在后来的某些出版物里看到了类似的暗示），我应该会认为他们的囚禁是合理的。如果这是真实的，那么应该还要做更多的事，但是就我个人而言，应该换一种方式来做。对真正暴君的惩罚是一种高尚而又庄严的正义行为，而且据说它曾是人们心灵的慰藉。但是，如果是我惩罚一位邪恶的国王，我会关注对这种罪行复仇时的尊严。正义是庄严而高雅的，它的惩罚方式与其说似乎是屈从于一种必然性，不如说是做一种选择。如果尼禄，或阿格莉皮娜、路易十一、查理九世是国民，如果瑞典的查理十二谋杀了帕特库尔之后，或者他的前任克里斯蒂娜女王谋杀了莫纳尔代斯基后，落入了你们的手里或我们的手里，先生，我可以肯定我们处理他们的行为将会不同。

如果法国国王或法国人的国王（或者无论在你们宪法的新词汇里你们怎么称呼），他本人和他的王后确实应该受到这些未曾公开但也没有复仇的蓄意谋杀，还有那些比谋杀更残酷的频繁侮辱，那么这样的人甚至不应该受到下属的行政委托（我认为应该给予他的），也不适合被称作一国之君，因为他已经实施了暴行和压迫。在一个新的共和国里，比废黜暴君更糟糕的职位选择是不可能做出的。但是去贬低和侮辱一个最坏的罪犯，然后在你们最高的关怀下去相信他是一个忠诚、诚实和热心的仆人，这并不合理，在策略上不明智，在实践中也不安全。那些能够做出这种约定的人，一定能够犯比他们还未对人民所犯的任何罪行还要不能容忍的违反委托的罪行。由于这是你们杰出的政治家前后矛盾所犯的唯一罪行，所以我断定这些恐怖的含沙射影是毫无根据的，而且我认为其他所有的诽谤也不是很好。

在英国，我们并不信任他们。我们是宽宏大量的敌人，我们是忠实的盟友。我们以厌恶和义愤的态度抛弃了那些人的诽谤，他们用肩上的鸢尾花为证据把他们的奇闻逸事带给我们。乔治戈登勋爵曾入纽盖特监狱，不管他是公开的改信犹太教者，还是以他的热情反对天主教祭司和各种各样的神职人员，以及鼓动暴民（请原谅我使用这个术语，它在这里仍然可以使用）摧毁我们所有的监狱，他都是在保护他没有正直地使用而让自己配得上的自由。我们重建了纽盖特监狱，并租借了那栋大楼。我们有几乎与巴士底一样牢固的监狱，它们是给那些胆敢诽谤法国王后的人准备的。在这座精神静修的监狱里，让这位高贵的诽谤者待下去，让他沉思他的《塔尔穆德经》，直到他学会了与他的出身和地位相符的行为，以及不让他已经改变了信仰的古老宗教蒙羞为止；或者直到在你们那边海域的某些人为了取悦你们的新希伯来同胞而把他赎回。那时，他也许能够用犹太教堂的旧宝库与30个银币长期复利中的非常小的一部分（普莱斯博士在1790年已经向我们展示了复利带来的奇迹）来购买最近发现的被法国天主教侵占了的土地。把你们法国天主教的大主教派遣给我们，我们也把我们新教的教士派遣给你们。我们会像对待一位绅士和正直的人（正如他本来的样子）那样对待你们作为交换派遣过来的人，但是恳求他使用自己带来的待客的、慷慨的和施舍的资金，而我们既不会没收他那光荣而又虔诚资金的一个先令，也不会想到用那穷箱子里的赃款来扩充金库。

我亲爱的先生，告诉你真相：我认为我们国家的荣誉多多少少地与老犹太人和伦敦酒馆的这个协会拒绝承认这些行动有关。我没有任何人的委托书。当我拒绝承认时，我只代表自己，正如我尽可能地以认真的态度，或以仰慕者的身份，在那场凯旋中与所有的参与者交谈。当我维护任何与英国人民有关的事情时，我说的话是来自观察，而不是权威；但是我凭借的是，曾与该王国各个层次的居民进行了非常广泛的和各种各样的交流，以及开始于早年并且持续了将近40年的仔细观察的经验。考虑到我们与你们仅仅相隔大约24英里的细长海沟，而且近来我们两国的交流也非常频繁，我常常很惊讶地发现你们似乎对我们的了解甚少。我怀疑这是因为你们从某些出版物里形成了对我们国家的评价，它们代表着英国普遍流行的观念和情况是一点也不正确的。几个微小的阴谋家企图在喧闹与嘈杂、夸夸其谈和相互的报价中隐瞒他们所有的重要要求，他们的虚荣、不安、暴躁和耍阴谋的精神，让你认为我们对他们能力的轻蔑的忽视就是对他们的观点普遍默认的标志。我可以向你保证绝没有此事。因为有半打的蚱蜢在一株蕨类植物下让田野充满了它们那缠绕不休的嘶叫声，然而上千头的大家畜却在英国橡树的树荫下休息，并默默地反刍，所以请不要认为那些能发出声音的动物才是田野的“居民”；不过当然了，它们是其中的绝大多数，或者它们毕竟不同于目前尽管是吵闹的和令人讨厌的，但又是极小的、皱缩的、瘦弱的和忙碌的昆虫。

我几乎敢肯定，我们一百个人当中没有一个人参与“革命协会”的那场“凯旋”。如果法国的国王、王后和他们的孩子，由于战争不小心落入我们的手中，在最严厉的所有敌意里（我反对这样的事件，我反对这样的敌意），他们也会受到进入伦敦的另一种凯旋的对待。在那种情况下，我们也俘虏过法国的一位国王，你们在书里也了解到战场上的胜利者是如何对待他的，之后在英国又是以什么方式迎接他的。虽然四百年过去了，但是我仍然相信自从那个时期以后我们并没有实质上的改变。由于我们对改革的顽强抵抗，由于我们冷酷和懒惰的民族性格，我们仍然具有我们祖先的印记。回想14世纪，我们并没有（正如我认为）失去慷慨与尊严，至今也没有变成野蛮人。我们不是卢梭的皈依者，也不是伏尔泰的门徒，爱尔维修在我们之中也没有取得什么进展。无神论者不是我们的传教士，狂人也不是我们的立法者。我知道我们没有发现什么，而且我们认为在道德方面也没什么可发现的，在政府的许多重大原则方面，以及在自由的观念方面也是如此，这些方面在我们出生以前就被大众所理解了。总而言之，当墓地埋葬了我们的傲慢之后，当寂静的坟墓把它的法律强加于我们粗鲁的饶舌上后，我们也没有任何发现。在英国，我们还没有完全除去我们与生俱来的内脏，我们仍能感觉到自己的内心，而且我们也珍惜和培养那些天生的情操，它们是忠实的守卫者、我们责任的活跃监督器、所有自由的和英勇的道德的真正支持者。为了能填满人权的琐碎和肮脏的碎纸片，我们没有像博物馆里已经塞满了谷壳和破布的鸟儿一样被绘制和捆绑。我们保护了我们所有与生俱来的完整情感的纯洁性。我们的胸腔里跳动着真正有血有肉的心脏。我们敬畏上帝，以畏惧之心仰望国王，以喜爱之心仰望议会，以责任之心仰望地方行政官，以崇敬之心仰望牧师，以尊敬之心仰望贵族。[①]这是为什么呢？因为当这样的观念出现在我们的脑子里时，我

---

① 我认为英国在一封被认为是异教牧师发表的信件里的描述是不真实的——当写信给普莱斯博士述说法国的主要精神时，他说：“在这里，人们的精神已经摧毁了所有来自国王和贵族曾经在他们脑子里窃取的自豪荣誉；不管他们谈论国王、贵族，还是牧师，他们全部的语言都是英语里最开明和最自由的。”如果这位先生的意思是，把开明和自由这两个术语限定在英国的某类人身上，那么这就可能是真实的。因为通常情况下，情况并不是这样。

们自然会很容易受影响；因为其他的所有情感都是错误的和虚假的，而且有腐蚀我们的脑子、损害我们的基本道德和导致我们不适合理性自由的倾向；还通过教授给我们一种奴性的、放纵的和恣意妄为的傲慢，让我们在少数的节日里享受卑贱的乐趣，让我们一生都完全适合，而且也只配做一个奴隶。

先生，你瞧，在这个开明的时代里，我斗胆承认：我们都是拥有天然情感的普通人；我们没有丢掉所有的旧偏见，而是在相当大的程度上去珍惜它们，大言不惭地说，我们珍惜它们是因为它们是偏见；而且我们存在的时间越长，它们通常就越流行，我们也就越珍惜它们。我们担心每个人根据他个人储备的理性来生活和交流，因为我们觉得单个人的储备太小了，而且个人能够更好地利用各民族和各时代里的总储备和资金。许多搞投机买卖的人不是扔掉普遍的偏见，而是用他们的睿智去发现在它们中潜在的主要智慧。如果他们找到了他们寻求的智慧，也很少失败的话，那么他们会认为包含在理性里的偏见继续保持下去比丢掉它这件外衣和只留下赤裸裸的理性更为明智；因为存在于理性中的偏见有一种让理性运作的动力和让其永存的情感。偏见准备好了应用于紧急情况，它预先让我们的脑子处在智慧和道德的平稳进程中，而不是让人们在决定时刻犹豫不决、半信半疑、困惑不解和毫无判断。偏见使一个人的美德成为他的习惯，而不是一系列毫无联系的行为。而正是由于偏见，他的责任才成为了他本性的一部分。

你们的文豪、政客与我们整个开明宗族里的人们，在这些方面有本质上的区别。他们不尊重别人的智慧，但是他们通过对自我充分的自信来回报这种智慧。对他们来说，只要事情的方案是旧的，他们就有足够的理由去摧毁它。只要是新方案，他们就毫不担心匆忙建立起的大楼的耐用性，因为耐用性不是他们的目标，他们对在他们时代以前的所作所为考虑甚少或几乎没有，而把所有的希望都寄托于发现。他们很有体系地认为，赋予永恒的所有东西都是有害的，因此，他们与所有已确立的事物都处于不可平息的斗争中。他们认为政府可以像服装款式那样改变，而几乎没有不好的影响：除了一种目前的方便感外，任何国家的宪法里都不需要依附的原则。他们说话总是好像认为，他们与地方行政官之间有一个单方面的契约，而这种契约只约束对方，而没有相互的约束，但是人民的权威有权解散它（只要愿意，不需要任何理由）。只有国家同意了他们短暂的计划，他们才依附于自己的国家；这种依附是随着符合他们短暂意志的政体而开始和结束的。

这些学说，更精确地说是观点，似乎非常受你们新政治家的欢迎。但是它们与我们本国历来坚持的观点却完全不同。

有时候，我听说法国有人认为，你们所做的都是在效仿英国。请允许我证实，不管是在行为上，还是在行动的精神上，你们所做的任何事几乎都不是源自我们的做法或人民主导的观念。让我再补充一点，正如我们不愿意向法国学习这些经验教训，我们也断定没有教授过你们这些。我们这里与你们有某种联系的人，至今还只是小部分。如果不幸由于他们的阴谋、鼓动、出版物和源自法国民族的忠告和力量的联盟的信心，他们就可以吸引相当多的成员加入小集体，而且因此他们企图效仿你们的所作所为，那么我胆敢预言，事情的结果会是：他们随着给国家带来的困扰而很快灭亡。在远古时代，这些人由于对绝无错误的教皇的尊重就拒绝改变他们的法律；而现在，他们也不会由于对哲学家教义的虔诚的盲目信仰而改变它；尽管前者以革出教门和改革运动武装自己，而后者以诽谤和灯杆的方式行事。

过去，你们的事务只与你们有关。而我们只是作为人在感受它们，但我们不是法国公民，所以我们从未参与过。但是当有人向我们提出看看你们这个模范时，我们就必须以英国人的身份去感受，而且也只能是英国人。到目前为止，不管我们对你们事务的感受如何，至少在有关疏远你们的灵丹妙药或瘟疫方面，它们都成了我们利益的一部分。假如它是一种灵丹妙药，那么我们不要它，因为我们知道不必要药品的后果。假如它是一种瘟疫，我们应该建立最严格的检疫防范措施来预防它。

我从各方面都听说，一个自称是哲学家的阴谋集团，在近期的许多行动中获得了荣耀；并且他们的观点和制度成为了整个行动真正的指导精神。在英国的任何时候，我们都没有听说过文学派别或政治党派会以这种方式出名。他们难道不是由这些人组成的吗？他们难道不是粗人，以自己迟钝的和普通的方式，被称为无神论者和异教徒吗？假如是这样的，那么我承认我们也有过此类的作家，他们在那个年代还曾经烜赫一时。不过现在，他们被永久地遗忘了。在近40年出生的人，有谁读过科林斯、托兰、德尔、丘博、摩尔根和那些自称属于自由思想家的作品？谁现在还读博林布罗克的作品？有谁读完过它们？问问伦敦的书商们，所有这些拥有世界之光的名人们现在变成什么样的了。在若干年以后，他们的少数后继者也将步入"所有开普莱特家人"的家族的墓穴里。对我们来说，不管他们过去或者现在都是些毫无联系的个人。保持着普遍本性的他们与我们不合群。他们从不以团体行动，或者在国家里以一个集体著称，也没有妄自以这个集体的名义或角色以及为了机体本身而影响我们任何的公共事务。是否他们应该以这种方式存在，以及被这样允许而采取行动，则是另一个问题。由于这样的阴谋集体没有出现在英国，所以他们的精神既没有对我们宪法原始构架的建立产生影响，也没有对其修改和完善过程中的任何一次产生影响。这一切都是在宗教和虔诚信仰的保护下完成的，以及在它们支持下确定的。这一切都源自我们国民性格的朴素，源自一种对理解的与生俱来的坦诚和率直，它们长期以来塑造了我们之中相继取得权威的那些人的性格。而这种性格至少还存在于人们强健的身体里。

我们知道，而且我们暗自更好地感觉到，宗教是公民社会的基础，是一切美好事物和一切安慰的来源。[①]在英国，我们对此深信不疑，以至于在长长的岁月过程中，没有迷信的腐蚀和人类心灵堆积的荒谬能够覆盖它，以至于英国有百分之九十九的人不会选择对宗教不虔诚。我们绝不会成为这样的傻子，去招来一位敌人消灭任何体系里的腐败，并指出它的缺点，或完善它的结构。如果我们宗教的宗旨曾经要求一种更深入的阐释，那么我们绝不会请无神论者去阐述它们。我们不会用那种不虔诚的火光照

① 因此在一开始我们必须说服我们的公民，相信神是我们的主人和万物的尺度，现存的一切都是神的意志和权威的产物；他们又是人类的大恩人，并关注着每个人的品格，看他做了什么事，犯了什么错误，是否虔诚地履行了自己的宗教义务；记下来哪些人敬神，哪些人不敬神。沉浸于这些思想中的人，自然会形成自己正确而有用的观念。

亮我们的神殿。我们会用其他的火光照亮。它应该充满其他的香味，而不是掺假的形而上学的走私者那里进口的有害材料的味道。如果我们教会的权力机构需要一种修正，那么不管于公于私，我们都不会贪婪或去掠夺用于供神的税收的审计，或收入、用途。由于情绪平静了下来，我们既不谴责希腊人，也不谴责阿美尼亚人，以及罗马的宗教体系，而是更喜欢新教；这不是因为我们认为其中有更少的基督教，而是因为在我们看来，里面包含了更多。我们成为新教徒，不是出于冷漠，而是出于热情。

我们知道，而且我们自豪地知道，人本质上是一种宗教动物；无神论不仅违背我们的理性，还违背我们的本能，它成不了气候。但是如果在动乱时期，由于从地狱的蒸馏器（现在在法国如此激烈地沸腾着）中取出的热烈酒而处于一种醉酒的发狂中，我们应该通过抛弃至今还是我们的骄傲和欣慰以及我们文明和其他民族文明的伟大源泉的基督教，解开我们赤裸的身体，那么我们忧虑（因为非常明白人的心灵不能忍耐空虚）的某种粗俗的、有害的和可耻的迷信会取代它。

由于这个原因，在我们削弱当权派自然的人类尊重方式，以及放弃对其的鄙视（正如你们所为，而且理应遭受惩罚）前，我们渴望其他的东西可以呈现在我们面前去取代它。然后，我们就形成了自己的判断。

基于这些观点，我们不是像某些人（他们对这些体系的敌意已经形成了一种哲学和宗教）那样争论现存的社会体制，而是紧密地靠近他们。我们决心让已建立的教会、君主国、贵族制、民主制维持它们的现状。现在，我将向你展示我们在各个方面占有多少。

所有的一切都将被讨论，就像我们国家的宪法一直是争执而非享受的主题，这真是时代的不幸（不是这些先生们认为的光荣）。由于这个原因，也为了希望从实例中获利的你们（如果你们中有这样的人）能够满意，我斗胆用有关这些权力机构的某些想法来劳烦你们。我认为古罗马时期的人很明智，当他们想重编法律时，他们会让特派员考察他们能抵达的且组织得最好的共和国。

首先，请允许我谈论我们教会的机构，它是我们的第一个偏见，不是缺乏理性的一种偏见，而是包含了渊博的和广泛智慧的偏见。我第一次谈到它时，它就从头到尾贯穿于我们的心灵。由于依据我们现在拥有的宗教机构，我们继续按照早期接受了的和一致传承的人性观念行事。这种观念不仅像一位聪明的建筑师修建威严的国家机构，而且像一位有远见的业主保护建筑免遭亵渎和摧毁，正如一座庄严的神殿净化了一切欺骗、暴力、非正义和暴政等杂质，永远庄严地奉献于共和国，以及它所承担的一切职责。这种奉献要求所有代表上帝的政府管理人员拥有对他们职责和目标的崇高可敬的观念；要求他们的愿望充满不朽；要求他们不关注片刻的微小钱财，以及短暂而瞬息万变的低劣赞扬，而是关注他们本性里固定不变的客观存在，和留给世界丰富遗产的榜样里的永恒名誉和光荣。

这些崇高的原则应该灌输给那些高贵的人，而宗教机构让其得到了持续的活力与执行力。为了建造极好的结构（人类），每一种有助于结合人类理解和情感的理性和本性的道德、文明和政治制度，都是不可或缺的；在很大程度上，人类的特权就是他是自己创造的生物，而且当他创造了自己本来的样子时，他就注定在创造中占有重要的地位。但是因为更好的本性永远应该占主导，因此无论什么时候一个人置于所有人之上时，特别是在那种情况下，他应该尽可能地让自己接近完美。

通过一个宗教机构对国家的奉献，这对于自由公民大规模敬畏的运动也是必不可少的，为了确保他们的自由，他们就必须享有某一确定部分的权利。因而，对他们来说，一种与国家和公民对国家责任联系的宗教，成为甚至比由于服从关系限制在个人情感和打理个人家庭事务的社会更为重要的必需品。所有拥有任何部分权利的人们都应该十分坚决地记住这一个观点——他们受委托而行事：他们将要对委托方的大师、作家和社会的奠基者解释他们的行为。

比起那些单个的君主，这个原则应该被那些构成集体主权的人们更加牢牢地记住。没有了这些统治工具，君主们什么也做不了。任何在寻求帮助时使用这些工具的人，也会发现各种障碍。因此，他们的政权绝不是完整的，在极端滥用的情况下也不会是安全的。然而，无论如何受到奉承、傲慢和自负栽培的此类人，不管是否受到实在法的保护，他们都会以这样那样的方式为他们滥用这种委托负责。如果他们没有被反抗的人们砍头，那么他们也会被防止人们反抗、保卫他们安全的亲信给勒死，所以我们看到法国的国王被士兵以增加收入而出卖。但是在大众权威完全不受限制的地方，由于一种更好的基础，人民对自己的权力有无穷大的信心。在很大程度上，他们是自己的工具，更接近于他们的对象。此外，他们对地球上最伟大的控制权——荣誉感和尊严感，承担更少的责任。实际上，在公共行为中，可能落到每个人头上的臭名都是很小的；舆论的作用与那些滥用权力之人的数量是成反比的。他们对自己行为的赞许不得不让他们在表面上得到有利于他们的公众评价。因而，一个完美的民主成了世界上最无耻的东西。由于它是最无耻的，也是最大胆的。没有人会忧虑因为自己让国民受到惩罚。当然，全体人民不应该忧虑，因为所有的惩罚都是保护全体人民的范例，全体人民绝不会成为任何人手下的惩罚对象。[①]所以无比重要的是，他们不被允许想象他们的意志比国王的意志更应该成为一种是非标准。他们应该被说服：他们几乎完全没有权利，也几乎没有资格为了自身的安全而使用任何专制的权利；因此，在一种虚假的自由下，他们不应该运用一种反常的、颠倒的统治，不应该专横地强求那些国家的管理者不仅全部为他们的利益贡献（这是他们的权利），而且对他们偶然的意志也要卑躬屈膝；从而消灭为他们服务的所有人、所有的道德原则、所有的尊严感、所有对判断的使用和所有性格的相容性；同时，正是由于这个过程，他们放弃了成为一个适合的、相配的，以及庸俗的谄媚者或有宫廷气派的奉承者或卑屈野心的最可鄙的牺牲者。

当人民没有宗教是完全不可能清除他们对自私的所有欲望时，当他们意识到他们要让其行使（也许以高一级命令的委托行使）的合法权利必须依据那意志和理性一致的永恒不朽的法律时，他们会更加小心是怎样把权力交到卑鄙无能之人手里。当他们任命就职时，他们不会指定权力的运用作为一种可怜的工作，而是作为一项神圣的职能；这不是依据他们卑鄙自私的利益、不是依据他们荒唐的任性、不是依据他们随便的意志，而是依据他们只给予那些人的权利（每个人都会非常害怕被给予或接受），他们

① 法不责众。

可以识别并把积极道德和智慧的主要部分结合在一起并且能很好地控制它们的人，而这些人要从具有大量不可避免的不完美和虚弱混杂在一起的人群中间被发现。

当他们习惯相信，不管是现有的还是潜在的，对于一个本性良好的人来说一切邪恶都是不被接受的时候，他们便会更有能力消灭掉所有文职、神职和军职官员们头脑中一切带有狂妄的和无法无天的统治痕迹。

但是共和国和法律奉献的最基本而又最重要的原则之一，是要避免那些临时的所有者和终身的租赁者像个主人一样行事，他们不关注他们从祖先那里继承到的东西，或应该传承给后代的东西；他们不应该认为，通过随意摧毁他们社会的整个原始结构，从而撤销限制不动产的继承权或浪费遗产是他们的权利；他们留给后代的是一片危险的废墟，而不是一群住所——而且教授他们的继承人不尊重他们的发明创造，正如他们不尊重他们祖先的制度。但是，由于以各种方式频繁无原则地轻易改变国家，共和国的整个链条和持续性将遭到破坏。一代人就不能与另一代人相联系了。这时人类简直就和夏天里的苍蝇一样讨厌。

首先，人类智慧的骄傲——法理学，收集了各个时代的法理，即使有缺点、繁杂和错误，它也结合了原始司法的原则和人类多种多样的事务，它就像一堆堆被分解了的旧错误，人们不会再学习它了。个人的自负和傲慢（这是那些从未见识过比他们更伟大的智慧的必然结果）占据了法庭。当然了，没有一种建立愿望和恐惧的永恒基础的既定法律能把人们的行动限制在某一既定的程序上，或指导他们通向某一既定的目标。没有一种保护财产或行使职权的固定方式，能够形成一种坚实的基础，并且在其之上父母可以思索他们后代的教育，或者在全世界选择他们的未来事业。没有一个原则能在早期就形成一种惯例。一旦最有才干的教师完成了他教育的艰苦过程，而没有教育出一个学生完成一门道德学科，在社会上依据他的地位适合获得关注和尊重，他就会发现一切都改变了。他被世人的鄙视和嘲笑证明了他是一个可怜虫，一点也不懂尊严的真正基础。在一个货币规格持续变化的国家里，当大家都不知道什么是检验一个国家荣誉的标准时，谁能保证拥有一种温和柔软的荣誉感与最初的心灵冲动几乎一起跳动？生命中任何一部分都不会保留它的所得之物。关于科学和文学的不规范、艺术和制造业的不熟练，将毫无错误地继承稳定教育和固定原则的需要；这样几代人就可以把共和国粉碎成单个的尘埃粉末，最终随风散落。

因此，为了避免反复无常的各种邪恶（比那些固执和盲目的偏见还要糟糕一万倍），我们把国家奉为神圣——没有人可以窥视它的缺点或腐败，而是让其享有应有的关注；没有人可以通过颠覆它而梦想对其改革；没有人可以用虔诚的敬畏和战栗的关怀去挑剔国家的错误，就像挑剔父亲的创伤一样。我们被这英明的偏见教导要怀着恐惧之心看待他们国家的孩子，这些孩子冲动且鲁莽地把他们年迈的父亲砍成碎片，然后把他放入魔术师的壶里，希望通过毒草和疯狂的咒语让他们父亲的身体重生，恢复他的活力。

实际上，社会是一种契约。仅仅以偶然利益为目标的次要契约是可以随意解除的——但是，不能把国家看作只是一种在辣椒和咖啡、棉布或烟草，或者其他诸如此类的不重要关系方面的合伙契约，为了暂时的利益，而被执政人随意解除。我们应该以崇敬的态度看待它，因为它不仅仅是一种屈从于粗野动物一时和易腐坏本性的存在的契约，还是所有科学、艺术、道德和情感的一种契约。由于这种契约的目标不能在多代人之间取得，所以它不仅是我们活人的契约，还是活人、死人和即将出生之人的契约。所有特殊国家的每个契约仅仅是不朽社会的伟大原始契约中的一条，它们根据各自位置上的所有物质自然界和道德自然界里的由神圣誓言认可的一种固定契约，联系了低等生物和高等生物，联系了宏观世界和微观世界。这个规律不屈从于那些人的意志，由于一种高于自己的责任和无限的优越感，他们的意志必然要服从此规律。那个统一王国的市政团体在道德方面不能随心所欲，而且不能基于他们随意完善的考虑，就把他们的下属团体统统分开和撕碎，让它们分解为一种孤僻的、不文明的和无联系的基本原则的混乱状态。这仅仅是最基本的和最重要的需要，它不是选出来的，而是选择了一种最重要的需要，它不需要被讨论，也不需要证据，就能独自证明诉诸混乱状态是合理的。这种需要另外也是一种规则，因为它是人们必须由于赞成或反对服从的事物道德的和物质的处理方法；但是如果仅仅把服从这种需要变成选择的目标，那么就破坏了法律、违背了自然规律，反抗就不合法了，被这个世界的理性、秩序、和谐、道德和富有成效的忏悔给抛弃和驱逐到了疯狂、不安、邪恶、混乱和无效悲伤的敌对世界。

我亲爱的先生，我认为这些过去是、现在是并且将来长期都是这个王国里最不肯学习和反思之人的情操。那些属于这一类的人，是基于这类人应该依据的观念形成了自己的观念。不过有人很少通过调查，直接从一个权威机构接受了它们，这些人由于上帝的安排靠信任生活而不需要为此而羞愧。尽管这两类人生活在不同的地方，但是他们都是朝着相同的方向前进。他们都知道或感觉到这个古老的伟大真理：对于创造了宇宙的最高神明来说，人世间最可以接受的莫过于这种叫作国家的有组织的人类社会和人类结合。他们脑子里和内心上都接受了这个原则，不是由于它具有伟大的名誉，不是由于它有更伟大的出处，而是由于只有它才能真正衡量和认可任何人类共同本质和共同关系里的广泛见解。他们确信一切事情都应该有参照才能完成，而且应该参照指导一切的参照点，他们认为自己不仅限制了在心灵的殿堂作为个人或以个人身份聚集的人怀念他们高贵的出身和地位；而且还限制了他们对公民社会的开创者、作家和捍卫者致以最崇高敬意的这样一个集体特征；如果没有这些人，公民社会中的人们就不可能达到他们的本性所能达到的完美，甚至也不可能遥远而模糊地接近这种完美。他们认为通过我们的道德给予我们这些拥有完美本性的人也渴望达到完美的必要方法。因此，他渴望有一个国家——他渴望这个国家能联系所有完美的源泉和它最初的原型。相信真主意志（是万法之法和万王之王）的人，认为不应该斥责我们共有的忠诚和崇敬以及我们对至高无上君权的认可，我几乎可以说，这种对国家的奉献，作为人们普遍赞誉的主祭坛上令人尊敬的奉献，应该以所有公共而庄严的方式进行，在建筑、音乐、装饰、演讲和尊严方面都应符合人类天性所教导他们的那些习惯；也就是说，以谦虚的华丽和谦逊的状态呈现，以温和的庄严和严肃的盛况呈现。为了这些目的，他们认为国家财富的某一部分的使用与助长个人奢侈一样有效。它是公众的装饰物，是公众的安慰，滋养了公众的希望。那些最贫穷的人在其中找到了自己的重要性和尊严，同时个人每时每刻的财富和傲慢让那些地位和命运卑贱的人觉察到了自己的自卑感，而且也贬低和诋毁了他们的身份。为了这些生活谦卑的人，我们培育他们的本性，让他们记住财富的特权将会被取消的状况，当他们将生而平等，并且可能由于道德而更为平等时，他们国家所有财富的这一部分就会被使用和变得神圣化。

我向你保证，我的目的不在于别出心裁。我给予你的这些观点都是从古至今被我们所接受了的，它们得到了我们持续的普遍认可，而且的确在我的脑海里起到了作用，以至于我都不能辨别哪些是我从别人那里学习到的，哪些又是我自己思索的结果。

依据这样的原则，绝大多数的英国人民完全不认为一个全国性的宗教机构是不合法的，而且很难想象没有它会是合法的。在法国，如果你们不相信我们喜爱有关它的一切东西甚于其他所有的民族，那么你们就完全错了；并且，当这些人由于偏爱它而做出不明智和没道理的事情（正如在某些情况下，他们肯定这样做过），就在他们的错误里，你至少也能发现他们的热情。

这个原则贯穿他们整个政治体系。他们不认为他们的教会机构是便利的，而是他们国家的本质，它不是一种可分离的异质东西、为和谐添加的东西，或根据他们目前便利的想法可以保留或抛弃的东西。他们认为它是他们整个宪法的基础，由于宪法和宪法的每一部分，它维持了一个不可分割的联盟。在他们的头脑里，教会和国家是两个不可分离的概念，而且提到其中一个，几乎很难不提到另一个。

我们的教育的形成是为了肯定和适应这种观念。从幼年时期到成年时期的所有阶段，我们的教育在某种程度上完全掌握在神职人员的手里。甚至当我们的年轻人离开学院和大学，进入开始把理论和实践相结合的人生最重要的阶段时，当他们持有这种观点出访其他国家时，他们就不是从前我们见到的去其他地方的富贵人家当佣人，我们出国的年轻贵族和先生们中有四分之三的人是神职人员，他们不是严厉的主人，也不仅仅是追随者，而是作为性格严谨的朋友和同伴，这些人的家境往往和他们一样好。由于这样的联系，他们中的大部分与教会终身维持着一种持续的亲密关系。通过这种关系，我们认为可以让我们的人民依附于教会，而且我们也通过与国家领导人的交往而让我们的教会更加自由化。

我们如此固执地坚持古老教会体系的模式和方式，以至于从14世纪或15世纪以来，我们几乎很少对其进行改革：在这件特殊的事情上，我们像其他方面的事情一样，坚持我们古老的既定准则，绝不完全也不立即抛弃我们的遗产。我们发现这些古老的制度大体上都有利于道德和纪律，而且我们认为它们能够容纳对其的修正，同时也不会改变它们的基础。我们认为它们是能够接受和完善的，而且最重要的是，它们能够保护不断增多的科学和文学，正如上帝的安排应该相继地产生它们一样。不过毕竟，由于这种哥特式的和僧侣式的教育（它的基础就是如此），我们才可以宣称，我们在科学、艺术和文学等方面的所有进步和欧洲其他民族的一样如此丰富和悠久，它们点缀和照亮了现代世界，而我们认为取得这些进步的主要原因则是我们没有轻视祖先留给我们的知识遗产。

由于我们依附于教会机构，因此英国人民认为把重要而根本的利益委托给完全不相信他们的国民或军队的公共机构，也就是说，委托给个人不稳定和不确定的贡献是不明智的。他们还需要做得更多。他们肯定从不忍受，而且也不会忍受把教会的财产转化成一种依赖于国库津贴，并且由于国库的困难将会被延迟发放、克扣，或者可能撤销，而这种困难有时候也许是虚假的政治目的，或者由政客们的浪费、过失和贪婪导致的事实。英国人民认为他们拥有宪法方面和宗教方面的理由，去反对任何把他们独立的神职人员变成国家教会津贴的领取人的计划。由于神职人员的影响依赖于国王，他们就为自己的自由感到害怕；由于好捣乱的神职人员的混乱取决于任何国王以外的东西，他们就为公共的安宁感到害怕。因此，他们让教会像国王和贵族一样独立。

出于对宗教和宪法政策的综合考虑，由于他们有责任向弱者提供慰问、向愚者提供教育的主张，他们把教会的财产合并、认定为民众的私有财产，这样国家就不是它的所有者，不管是使用它，还是支配它，国家都仅仅是它的保卫者和调节者。他们制定的规则可能与脚下的土地一样稳固，不会随着资金和活动的水流而波动。

那些英国人，我指的是有知识的英国领导人，拥有开放和率直的智慧（如果他们有），他们一定会耻于像使用愚蠢的骗术一样在名义上宣扬宗教，而在行动上却似乎在贬低它。如果由于他们的行为（很少撒谎的唯一语言）似乎把道德和自然世界的伟大支配原则仅仅当作维持粗俗顺从方面的一种发明，那么他们就要担心这样的行为会挫败他们渴望的政治目标。他们会发现让别人相信一种连自己都明显不信任的制度是很困难的。这片国土上的基督教政客的确首先要服务群众，正因为如此，所以它是教会制度和其他一切制度的首要目标。他们被教导向穷人宣讲福音是他们真正使命的重要考验之一。因此，他们认为那些不相信和不关心此事的人应该向穷人宣讲福音。但是当他们知道慈善不仅限于任何一类人，而是应该把它使用到所有需要之人的身上时，他们没有被剥夺对悲惨的劳苦大众的一种应有的和忧虑的怜悯情感。他们在自己的傲慢和放肆的恶臭中挑剔美味，也并不排斥对其精神上的湿疹和脓疮的治疗关注。由于他们面临着巨大的诱惑，由于反面事例的蔓延，由于有必要把他们傲慢和狂野的倔强脖子向中庸和德行鞠躬，由于在法庭、军队和参议院以及纺织工厂和田野里盛行的有关对人们最想知道的事情的考虑是一种愚蠢和无知，所以他们意识到，宗教指示对他们来说比对别人更重要。

对于大人物，宗教的安慰与它的教导一样有必要，这让英国人民感到满意。他们也一样处在不幸之中，能感受到身体的疼痛和家庭的悲伤。在这些方面，他们没有特权，而且还要上缴个人应承担的税收。在痛苦的忧虑和烦扰下，他们需要这种极好的镇痛药膏，在自由和无界的想象领域里，它不熟悉动物生活的有限需求、无限范围和由于无限结合的多样化。我们这些非常不幸的同胞需要某种慈善的救济金，以此来充满占据了对世界没有希望或恐惧的脑子的黑暗空虚；以此来解除无事可做之人的致命的和过度劳累的疲倦；以此来刺激一种随着可以买到所有快乐伴随而来的、在结交朋友的厌恶里继续生活下去的欲望。在这里天性不是留下来给它自己的进程，在这里甚至于愿望也是可以计划的，因此结果就被设计好的计划和快乐击败了；在愿望和成就之间就没有了间隔、障碍的干涉。

英国人民知道，如果他们以一种方式似乎没有办法的办法对付这些他们必须交往的人，甚至在某种情况下必须对其行使某种像是权威的东西，那么宗教导师可能对长期存在的有钱有权之人和对最近的暴发户的影响甚微。如果他们认为家里的仆人比导师团体的地位高，那么他们会怎样看待这个导师团体？如果人们自愿选择贫穷，那么情况可能会不一样。自我否定的顽固情况在我们的脑子里起了强大的作用，并且一个没有需求的人会得到巨大的自由、肯定，甚至是尊严。但是，由于任何一类人的大多数都是常人，而他们不会自愿选择贫穷，所以伴随所有世俗的贫穷而来的不尊重将会脱离教会。因此，我们有远见的宪法关注接受教导的那些专横愚昧之人和那些有无耻罪恶的审查员，既不招致他们的鄙视，也不依靠他们的捐献，更不会诱惑有钱人忽视对他们心灵的真正治疗。由于这些原因，当我们以父母般的关怀首先为穷人服务时，我们不会把宗教（就像某个我们耻于展示的东西）放逐到鲜为人知的市镇或乡村。我们绝不会这样！我们会让它在法庭和议会面前高抬那戴着主教冠的头。我们会让它与生活中的整个群众融合，与社会的各个阶层融合。英国人民会向全世界的傲慢君主和好辩的诡辩家展示，一个自由、慷慨和见多识广的民族尊敬它教会的高级官员；它不会忍受财富、头衔或任何其他的傲慢与自负，不会忍受轻蔑他们崇敬的东西；也不会忍受擅自践踏个人获得的高贵，这是他们一直想要的，也一直是学术、虔诚和道德的产物，而不是奖励（什么东西才能叫作奖励）。他们可以看到，一位大主教走到一位公爵的前面不会不安或不愿意。他们可以看到，一位达拉谟的主教，或一位温彻斯特的主教，每年拥有一万英镑的收入；尽管前者没有用应该用来养育孩子的食物去喂养如此多的狗和马，但是我们仍不能想象为什么这一万英镑在这些人的手里比赠予这位伯爵或那位乡绅更糟糕。整个宗教的税收不一定每一先令都用于慈善，也许也不应该这样；但是其中的某些通常是这样的。通过把大量的东西留给自由意志而珍惜道德和人性，即使对目标会有一些损失，也比企图让人们仅仅成为政治仁慈的机器和工具要好得多。整个世界将会从自由中获益，如果没有自由，道德也就不会存在了。

国家一旦确定了教会财产的所有权，那么从始至终不会听到有人说财产多与少。太多或太少都违背了所有权。当最高权威对此运用完全至高无上的管理，正如管理一切的所有权那样，去防止每一部分的滥用时，而且无论什么时候它出现明显的偏离时，都会给予它适合其制度发展的指导，那么什么样的不幸会由任何人手里的财产的多少导致呢？

在英国，大多数人认为，斜眼看不向人民索取并且与道德分离的等级、荣誉和税收，是对那些财产的创造者的嫉妒和埋怨，以及对古代教会的自我否定和禁欲的厌恶。英国人民的耳朵分辨力极强，能听懂这些人带着浓重的口音讲话。他们的口音出卖了他们。他们的黑话属于欺骗的行话和虚伪的术语。英国人民一定会这样认为，当这些空谈者假装回到教会福音的原始贫穷，这种贫穷应该一直存在于他们的精神里（还有我们的精神里无论我们是否喜欢它），但是当这个团体与国家的关系改变了，当生活方式和人类事务的整个秩序经历了一场彻底的革命而发生实质性的改变时，这种情况也必然改变。当我们看到当时的改革家把自己的财产抛给大众，并屈从于早期教会严格的纪律时，我们就应该相信他们是真诚的热心家，而不是我们现在认为的骗子和诈骗者。

随着这些观点根植于大不列颠下议院议员的脑海里，在国家紧急状态时，他们绝不会寻求没收教会和穷人的财产来充公。亵渎神明和流放不是我们保证委员会的方法和手段。在交易巷里，犹太人还没敢暗示抵押属于坎特伯雷大主教的税收的愿望。我不担心我会否认：我向你保证这个王国里没有一个公众人物，也没有任何政党或任何一类人是你希望引用的，他们不会斥责国民议会被迫对其首要保护的财产进行欺诈性的、不诚实的和残酷的没收。

我带着一点民族自豪感的喜悦之情告诉你，我们中的那些曾经希望以他们那令人恶心的酒杯向巴黎各协会祝酒的人已经失望了。你们教会的抢劫已经证明了我们财产的安全性。它唤醒了人民。他们以恐惧和警惕之心看着这种凶暴和无耻的剥夺行为。它睁开了，而且会越来越睁大了他们的眼睛去看清那些阴险之人自私心灵的扩大、自由观点的缩小，它以隐蔽的虚伪和欺骗开始，以敞开暴力和掠夺结束。在国内，我们看到了类似的开端，正在提防类似的结局。

我希望我们绝不会如此完全失去社会联盟的法律施于我们的所有责任

感，以任何公共服务为借口，向单个无罪的公民没收财产。除了是一位暴君（一个表示能够损害和贬低一切人性的名词），谁会认为侵占他们财产的人不会被成千上万的各类人控告、听证和审讯？没有丧失所有人性痕迹的人当中，谁会认为应该推翻拥有高贵地位和神圣职责的人（他们中的某些人的年纪立刻就换来了人们的尊敬和同情），把他们从依靠地产生活的国家最高职位上拉下来，让其处于一种贫穷、沮丧和受鄙视的状态？

掠夺者们如此严酷地把受害者从餐桌上赶走，然后又如此慷慨地施舍这些贪利之人一场盛宴，不过他们却把餐桌上的残羹冷炙作为给受害者的某种救济金，但是驱使独立的人靠救济金为生本身就是一件非常残忍的事。这样对一种生活状态中的人们来说，可能会成为一种可容许的情况，而且让他们不会习惯其他的一切事物，也许当所有的这些情况都改变且形成一场可怕的革命时，一个道德高尚的人就会对任何应该谴责的罪行感到心痛，除非要求置罪犯于死地之外。但是这种对堕落和恶行的惩罚，在许多人看来却比死亡更糟糕。毫无疑问，这是悲惨苦难的一种无限恶化，那些被教导通过教育和依据行使职权时的地位以双倍的偏见支持宗教的人，将从掠夺他们全部财产的那些亵渎神明的不虔诚之人的手里得到他们作为救济金的残余财产，不从忠实之人的手里得到（如果他们毕竟得到）慈善的捐献，而是从众所周知的、傲慢而敏感的无神论者的手里得到，宗教的这笔支出是按照他们对人鄙视的标准发放的，其目的是，让这些人在人们的眼里得到可鄙的救济金，以及丧失他们的尊严。

但是，似乎这种扣押财产的行为是一种法律的判决，而不是一种没收。他们似乎发现，在王宫和雅各宾派的各个学派里，某些人没有权利占有他们在法律、习俗、法庭裁决和千年来积累的惯例所允许下的财产。他们说神职人员是虚构的人物和国家的产物，他们可以随意摧毁、限制和修改任何方面的事情，他们拥有的财产不属于他们，而是属于创造他们的国家；因此，我们不用烦恼他们在自然情感和自然人格方面会遭受什么，因为他们所做的一切有助于塑造他们富有教育意义的性格。他们从事的职业不仅是被允许的，而且还受到了国家的鼓励；在这个已被认可的工作报酬之上，他们制订了自己的生活计划、减少了债务，还引导了群众完全依靠他们，至于你们以什么样的名义去伤害他们、剥夺他们正当的工作报酬，又有什么意义呢?

先生，你不用想象，我会对人与人之间的这种卑鄙差别的称赞做任何的长篇论述。对暴政的论述是可鄙的，正有如它那力量是可怕的一样。你们的掠夺者没有为他们早期的犯罪获得一种确保补偿他们曾经或者以后犯下的所有罪行的权利，这不是逻辑学家的推论，而是对刽子手（能反驳成为盗窃和谋杀的一个共犯的诡辩）的讽刺。巴黎诡辩的暴君大声宣称，反对过去扰乱了世界的王室暴君。他们如此大胆，是因为他们不会被关进他们祖先待过的地牢和铁笼子里。当我们看见这个时代的暴君在我们眼下带来了更恶劣的悲剧时，我们是不是应该对它更温和？当可以同样安全地行使自由时，我们是不是应该不使用他们行使的同样的自由?

当我们说出真相时，是不是只需要对那些行为可恶的人使用一种鄙视的舆论?

这种对一切财产权的暴行最初以他们的行为制度来掩盖，这是最让人惊讶的借口——对国民信仰的一种尊重。财产所有权的最初敌人假装表现出一种最温和、最柔软和最细心的挂念去维持国王与公共债权人的契约。这些人权的教授们如此忙于教导他人，以至于没有时间自学；否则，他们就会知道，公民社会最初的和最原始的信念不是确保国家债权人的需求，而是担保公民的财产所有权。公民的要求在时间上优先，在权利上至高无上，在平等上优越。

不管是由于荣获、继承还是参与某个团体分配的个人财产，都不是债权人明确或暗示所担保的一部分。当他们在做交易时，这些东西从未出现在脑海里。他们都知道，无论是君主还是上议院代表的公众，也只能担保公共的财产；除了向全体公民征收的公正合理的税收，他们没有公共的财产。公共债权人是约定好了的，什么也不能让它改变，谁也不能把不公正作为对自己的忠诚的抵押物。

我们不可能避免某些由对新的公众信仰极端严格和极端松弛而导致的矛盾的观察，它们不是根据责任的本性，而是根据参与其中的各类人员而影响了这种交易。法国国王旧政府的法令除了在金钱方面的契约都是无效的，它们的合法性都是最模棱两可的。政府其余的法令都被一种如此可憎的眼光看待，以至于任何在其权威之下的声称都被看作是一种犯罪。作为对国家贡献的回报的津贴，无疑是所有权的一种基础，与献给国家的钱财一样安全。为了获得那种贡献，国家最好是付钱，而且还得多付钱；然而，我们在法国看到了这类人中的大多数从未被最专制时代的最专制的部长剥夺过这份津贴，却被关注人权的议会残忍地掠夺。这些人回应他们用血汗换来面包的要求时，告知他们：他们的贡献没有回报给现在的这个国家。

公共信仰的解体不仅仅限于这些不幸的人。由于一贯作风，国民议会参与了一场令人尊敬的思考，即它在多大程度上受到其他国家与前任政府缔结的条约的约束，还有他们的委员会将报道哪一个是他们应该批准的、哪一个是不应该批准的。通过这种方式，他们把该纯洁国家对外的忠诚与对内的忠诚置于相同的地位。

不由想到，什么样的理性原则可以让王室政府不应该享有回报贡献和凭借特权缔结条约的权利，而是应该享有对债权人担保现有的及可能的国家税收。国家的一切财产至少应该根据法律拨款给享有特权的法国国王，或欧洲享有特权的任何国王。抵押公共税收意味着，君主最充分地支配了公共资金。这远远超过了甚至在偶然时期对临时税收的信托。然而，实际上，唯独这种危险的权利（一种无限专制的明显标志）是神圣的。一个民主的议会偏爱从行使所有最爱挑剔和最令人讨厌的君主权威那儿得到它的权利。这种偏爱从何而来？理性不能提供解决不一致性的方法，也不能用偏爱来解释平衡原则。但是矛盾和偏爱对于承认不合理依然没有一个合理的理由，然而我却认为这个理由不难发现。

由于法国巨额的债务，一种巨大的货币利益就不知不觉地变大了，并且随之而来的是一种巨大的权力。由于古老的惯例在这个王国盛行，财产的流通尤其是土地与货币和货币与土地之间的相互兑换，总是一个困难的问题。比英国更加普遍和严格的家庭契约、回复权、由法国的法律准则认可的属于国王的大量土地财产和基督教法人拥有的大量不可分割的财产——这一切让法国的土地和货币之间的利益更加分离和不易混合，而且这两类不同财产的所有者之间的关系没有在我们国家那么好处理。

人民长期以一种邪恶的眼光看待货币财产。他们认为它与不幸相连，并加剧了这种不幸。它依然被那些旧的土地利益的所有者羡慕，部分原因是它导致人们厌恶的同样原因，但是更多的是由于一种招摇奢侈的光彩壮丽，它能让不具有直系血统和头衔的某些贵族黯然失色。甚至当代表更为永久的土地利益的贵族与别人联姻（有时候，情况的确如此）时，这种拯救家族免于灭亡的财产也被认为是受了玷污和被贬低了的。因而甚至那些通常可使争议得到平息、使争吵变为友好的方法，也会加剧双方的敌意和怨恨。同时，那些不是贵族或新封贵族的有钱人的傲慢就会随着他们的事业而增加。他们对自卑感到愤恨，但又不承认它产生的原因。为了报复竞争对手傲慢的侮辱，为了把他们的财产增加到他们认为自然的地位和尊重应该达到的程度，他们乐意采用任何的方式和方法。他们通过国王和教会来攻击贵族，特别是攻击他们认为最为脆弱的部分，即由国王资助的、通常移交给贵族的教会的财产。除少数的特例外，主教职位和大型的资助教堂都是由贵族持有的。

古老贵族的土地利益和新兴的货币利益之间的实际斗争，虽然不总是为人所察觉，但是二者中最强大的最可用的力量掌握在后者手中。货币利益在本质上适合一切冒险，而它的所有者更适合任何一类的新企业。作为一种最新的产物，它更适合一切新事物。因此，它是所有期望变革之人所追求的财产。

同货币利益一道的新一类人成长起来了，由于他们，这种利益很快就与这一类人形成了一种标志性的亲密联盟；我的意思是那些政治文人们喜欢表现自己，却很少反对革新。自从路易十四伟大的生活时代结束后，他们没有受到他和他的后继者的栽培；而他们也没有像招摇而明智的辉煌时期那样，由于偏爱和报酬而系统地受雇于国家。他们通过加入一类自己的团体来加倍弥补他们为保护旧的朝廷而失去的东西，为此，法国的两个学院随即强势推进的并由革命协会的先生们继续推进的《百科全书》，为革命做出了大量的贡献。

文学家们的阴谋几年前就形成了，它有点像一个摧毁基督教的定期计划。他们狂热追求的这个目标，迄今为止只有在某些虔诚制度的宣扬者那里可以发现。他们以最狂热的程度沉迷于一种改变信仰的精神，因此，根据他们的方式，他们容易沉迷于一种迫害异己的精神。[①]由于直接的或当下的行为没有实现他们的伟大目标，他们很有可能会长期凭借舆论的手段来实现。要指导这种舆论，第一步就是对那些领导它的人建立一种控制。他们采用伟大的方法和坚持不懈，人为地拥有通往文学名望的所有大道。他们中的大多数的确在文学和科学领域占有一席之地。世界公正地对待了他们，并由于青睐他们一般的天赋而原谅了他们的特殊原则的邪恶倾向。这才是真正的慷慨，而他们回报的则是竭力把荣誉感、学识和审美留给自己或他们的追随者。我斗胆地说，这种狭隘而独特的精神对文学和审美的危害，并不亚于对道德和真正哲学的危害。这些无神论的教父们有一种自己的偏执，而且他们用僧侣的一种精神去反驳僧侣。但是，在某些事情上，他们却是饱经世故的人，阴谋诡计也被号召用于弥补争论和智慧的缺点。这个文学垄断的体系，用一切方法和手段去诋毁和怀疑那些不支持他们集团的所有人。对于那些已知晓他们行为精神的人来说早就知道，除了把言论和文学转化为一种打击所有权、自由和生命的迫害的权利外，就没有其他需求了。

反对他们的断断续续的微弱迫害，与其说是来自一种严重的愤恨，不如说是来自形式上和表面上的一种服从，既没有削弱他们的力量，也没有松懈他们的努力。整个问题是，由于反对和由于成功，一种激烈的和恶意的热情（至今不为世人所知）占据了他们的整个心灵，还让他们本来令人愉悦的和富有教育意义的交谈完全变得让人讨厌。一种阴谋、私通和改变信仰的精神，占据了他们的思想、言论和行为。而且，当颇有争议的热情很快把他们的思想转化成了武力时，他们开始暗示自己与外国的各位君主通信，希望通过他们的权威（最初也是他们所要奉承的），可以导致他们计划中的变革。对他们来说，不管是通过专制政治的雷霆还是通过公众暴乱的动荡来实现革命都无关紧要。这个阴谋集团和已故的普鲁士国王之

① 这里（直到下一段的第一句为止）和其他部分的句子都是我过世的儿子插入的阅读笔记。

间的通信，展示了他们行动的所有精神。[1]与他们私通外国君主的目的一样，他们用一种高贵的方式发展着法国的货币利益，并且部分地通过那些身居要职的人提供给他们的最广泛和最有把握的通信手段，他们小心翼翼地占据着所有舆论的通道。

作家们，特别是他们以团体行动并获得一种指导时，他们对公众思想的影响非常之大；因此，这些作家与货币利益[2]的联盟，在消除伴随这种财产而来的公众憎恶和嫉妒方面起着不小的作用。与所有新兴事物的宣传者一样，这些作家假装对穷人和低等级的人热心，同时他们在自己的讽刺诗里用了一切的夸张手法来描述令人讨厌的朝廷、贵族和教士的错误。他们成了一类煽动者。为了支持一个目标，他们充当了连接永不满足的可憎财产和绝望贫穷的纽带。

由于这两类人似乎是近期所有事务的主要领导，他们的结合和政治纲领不仅适合解释有关法律和政策的基本原则，而且还解释其作为基督教法人所有的土地财产被侵害的普遍狂怒的原因；还可以解释那种与他们虚假的原则背道而驰的一种来自国王权威的对货币利益的悉心照料。所有对财产和权利的嫉妒，都被人为地导向对富人的嫉妒了。除了我所陈述的原则外，没有其他的什么原则可以用来解释一种如此离奇和不正常的教会财产的表象，它经历了如此多的岁月交替和公民暴力的冲击，而且立马受到了正义和偏见的束缚，被运用于偿还一个遭谴责和颠覆的政府最近欠下的令人厌恶的债务。

公共财产是不是公共债务的一种充足抵押品？假设它不是，而且还必定招致某处的损失——当契约各方在交易后计算了他们唯一合法拥有的财产不能抵债时，根据自然的和法律的平衡法，谁会是受害者呢？毫无疑问，它应该是委托方或者被委托方，也或者是这两方，然而不会是与交易毫无关系的第三方。一旦破产，不是应该由那些脆弱得不可靠的担保而贷款的人来承担，就是由那些靠欺诈提供了无效担保的人来承担。但是依据

① 我并不是想通过他们粗鲁、卑鄙和亵渎的语言来震惊品德高尚的读者的情感。

② 他们与杜尔哥和几乎所有的金融人士都有联系。

新的人权制度，只有依照平衡法的人才不会承担责任：那些对债务负责的人既不是贷款方也不是借款方，既不是抵押人也不是承押人。

神职人员对这些交易都做了些什么？他们对远远超过自己债务范围的公共契约又该做些什么？对此，他们的确把仅有的土地都投了进去。只有对他们教会债务的关注才能体现出国民议会的真正精神，这种精神以全新的平等和道德更适合公开的没收。这个忠实于货币利益的没收者团体，为了货币利益背叛了所有其他的一切，他们发现了教会有能力导致一项合法的债务。当然，他们宣称自己合法享有他们的权利导致的债务和抵押的财产，并承认这些受迫害的公民的权利正是在这样的行动中遭到了粗暴的侵犯。

假设正如我说的那样，除了一般大众外，要对公共债权人补偿的人一定是那些制定契约的管理者。因而，为什么不没收所有审计官的财产？[①]为什么那些一长串的历任部长、财政官、银行家在国家由于他们的建言献策而贫穷的时候却能致富？为什么被剥夺财产的是巴黎的大主教（他与公共基金的建立或承包毫无关系），而不是M.拉波尔德？或者，如果你们必须没收旧的地产去资助金融家们，那么为什么这种没收只限于一类人呢？在统治时期的交易中，由于大量在战争与和平中的浪费，导致了现有的法国债务，我不知道舒瓦瑟尔公爵从他的主人那里得到的赏赐中是否还剩下些什么费用。如果还剩下些什么，为什么不没收呢？在旧政府执政时期，我记得曾到过巴黎。我在那里的时候，正碰上艾吉永公爵被专制主义的保护之手从街上抢夺了下来（如一般人所想）。他是一位部长，而且与挥霍时期的事务有某些关系。为什么我没看见他把自己的财产交给他所在地的市民？诺阿耶贵族家庭长期是法国国王的仆人（我承认是有功绩的仆人），并且得到了国王的赏赐。为什么我没有听说他们的财产运用于平衡公共债务？为什么利扬库尔公爵的财产比罗什富科红衣主教的更神圣呢？我不怀疑前者是一个可敬的人，而且（如果谈论财产的使用会影响到它的所有权不是一种亵渎）他充分地利用了自己的收入；但是我接下来说的不

① 轮到他们的时候都没收了。

是对他的不尊敬，可靠的消息授权让我这么说，由于他的兄弟[①]鲁昂红衣大主教是一个更值得人尊敬和有爱国心的人，他把财产同样有效地使用了。有谁听说这样的人遭到流放和财产的没收，而不感到义愤填膺和胆战心惊呢？在这种情况下，不能感受这种情感的人就不是人。而不能表达这种情感的人，就不配自由人这个称号。

在财产方面，很少有野蛮的征服者发动过如此糟糕的一场革命。没有一个罗马集团的领导在他们所有掠夺物的拍卖会上竖立了“残酷的矛头”时，还如此大量地出售过被征服公民的货物。人们一定是被允许支持这些古代暴君，他们的所作所为几乎可以说是蓄意的。由于复仇的精神，由于对血腥抢夺的无数回应、处罚和报复，他们的激情被点燃了，他们的脾气发酵了，他们的理解混乱了。由于忧虑随着财产的交还而把权利交还给那些他们曾经伤害过的不可饶恕的家庭，他们被驱使超越了所有适度的限制。

这些罗马的征服者还仅仅处在暴政的初期阶段，在没有受到挑衅的时候，他们没有以人权为向导而制造了一切的残酷行为，他们认为有必要为他们的不人道涂上一种颜色。他们把被征服的一方视为携带武器或表现出敌意来反对国家的叛徒。他们把这些人看作由于犯了罪而被剥夺财产的人。在你们那里，人类心智得到了提高的情况下，就没有了这样的仪式。你们没收了500万英镑的年租，而且让四五万人流离失所，仅仅是因为“你们可以这样做”。英国的暴君亨利八世，由于他并不比罗马的马里乌斯和苏拉更为开明，也没有在你们的新学校里学习过，因此他不知道可以在大型的进攻武器的弹药库里找到一种有效的专制人权工具。当他决心像雅各宾派的协会那样洗劫所有的教堂时，他开始着手建立一个监督这些社团的罪行和滥用职权的委员会。正如所料，它的委员会报告了真实的、夸大的和虚假的事情。但是不管是否真实，它报告了滥用和冒犯的行为。然而，由于滥用行为可以被纠正，由于个人的犯罪并不意味着没收与其相关社团的财产，由于那个黑暗时代的财产并未被发现是偏见的一种产物，那些所有的滥用行为（它们非常之多）几乎不被认为是他蓄意没收财产的充分证

① 不是他的兄弟，也不是任何的近亲，但这一错误不影响该论据。

据。因此，他在形式上缴出了这些财产。一切烦琐的程序都被历史上最确凿的某位暴君所采纳，在他冒险要求通过议会的一项法令来批准他那邪恶的行动之前，作为必要的前奏，他需要用一份赃物贿赂他那卑屈的上下议院的议员，并且还得向他们保证永久地免除税收。假如命运把他留给我们这个时代，那么四个术语将能完成他的使命，免除他的一切麻烦；他需要的仅仅只是一句简短的咒语——“哲学、光明、自由和人权”。

我不会赞扬这些暴行半句话，迄今为止，还没有任何声音赞扬过他们虚假的外表；然而在这些虚假的外表里，专制主义向正义致以了敬意，超越所有恐惧和懊悔的权利没有让人们感到羞耻。当人们警惕受到羞辱时，道德就不会在人们心中完全消失，节制也不会完全被逐出暴君的脑海。

我相信，在这种情况下，每一位诚实之人在他的反思中都会同情我们的政治诗人。无论什么时候这些贪婪的专制主义行为呈现在他们的眼前或想象中时，他们都会祈祷避免这样的征兆：

“希望这样的暴风雨
不会降落到我们的时代，在它摧毁的地方必然会得到重建。
是什么样的罪行让基督教的国王
动这么大的怒？是奢侈，还是贪婪？
是不是他如此温和、朴素和正义？
难道这些是他的罪行吗？还是他自己的原因更多一些。
然而对于他的贫穷，财产就是犯罪。”[①]

---

① 这首诗的剩余内容是——
“消耗了国库的人，
谴责他们的奢侈来供养自己.
然而，为了粉饰亵渎神明的羞愧，
这种行为必然伪装奉献的名义。
没有罪行如此厚颜无耻，只有被理解为
一种真实，或者至少是一种表面上的善行；
谁不惧怕做坏事，而惧怕这个名誉；
摆脱了良心的谴责，它还是一种奴性的名誉。

在各种政体之下，对于贫穷的和贪婪的专制主义，同样的这种财富是每个时代的叛徒，是你们违背团结在一个目标之下的财产、法律和宗教的诱惑物。然而，难道法国到了如此可怜和没有结果的地步，以至于只能靠掠夺维持它的存在吗？在这一点上，我希望收集到一些信息。当三级议会遇到法国财政的这种情况——依据公正和仁慈的原则，各个部门开源节流后，仍不能把负担公平地分配到各个阶层，那么它还能平衡财政吗？如

但是国君们的宝剑比他们的派头要锋利得多。
因此他改进了以往的时代，
他们摧毁了仁慈，捍卫了信仰。
然而宗教却在一个慵懒的房间里，
处于一种空洞的沉思中；
像典当那样纹丝不动地躺着；但却是我们的，
非常的活跃，像鹳一样狼吞虎咽。
难道不知道有一个温带
介于他们的寒带和我们的热带之间吗？
难道我们不能从昏睡的梦里醒来，
只能在一种更糟的极端处境中坐立不安吗？
难道这种昏睡没有治疗办法，
只能任其中暑吗？
难道知识没有界限，但又必须进步
那么多，以至于让我们渴望无知吗？
是不是宁愿在黑暗里摸索着前进，
也不愿被错误的向导引导，以致在白天犯错？
谁看见了这一幕可怕的情景，而不询问是
什么样的野蛮人侵者洗劫了这片土地？
但是当他听说，不是哥特人，不是土耳其人导致的
这片荒凉，而是一位基督教的国王；
当似乎只有热情的名义
还存在于我们最好的行动和他们最糟的行动之间时，
当我们的贡献是这样的结果时，
他还会认为我们亵渎神明会被饶恕吗？”
《库伯山》，德纳姆爵士。

果这种平等的征收可以满足财政的需要，那么你们就知道这是很容易做到的。凡尔赛三级议会召开前的财政预算中，内克尔先生对法国的现状做了一个详细的阐述。①

如果我们向他赊账，那么就没有必要采用任何的征税方式去平衡法国的收入和支出。他陈述各种固定费用是5.31444亿里弗（译者注：法国货币单位，1795年法郎取代里弗成为本位币，折合1∶1）（包括一笔4亿新贷款的利息）；固定收入是4.75294亿里弗，赤字为5 615万里弗，或者不足220万英镑。然而为了平衡财政，他提出了节约和增加的收入（认为完全有把握）不少于赤字的数额；并且他用强调的文字总结如下：“各位先生，只有我国在不增加税收的情况下，并且以一种不引人注意的简单目标，才能平衡一笔在欧洲引起如此大反响的赤字。”内克尔的报告表明，有关偿还不断增多的债务、政府信用和政治安排的其他伟大目标，毫无疑问这是可以接受的，但是一种对公民温和而相称的评定，应该无差别地尽量满足他们的需求。

如果内克尔的陈述是错误的，那么强迫国王任命他为部长的议会就应该受到最严厉的谴责，然而，由于任用了一个曾有能力在他任期内的最为关键的事情上如此滥用国王和议会议员信任的人作为他们的部长，国王遭到了罢黜。但是如果该陈述是正确的（正如和你们一样高度崇敬内克尔先生，所以我对此毫无疑问），那么又该说什么来支持他们没有必要以冷酷和冲动求助于不公平而残忍的没收，而不是求助于适度的、合理的普通捐献？

难道神职人员或贵族以特权为借口拒绝过捐献吗？不，当然没有。至于神职人员，他们甚至超越了第三等级所期望的捐献。在三级议会召开之前，他们给代表团指令，申明要放弃所有让他们与同胞有所区别的豁免权。在放弃豁免权方面，神职人员甚至比贵族还要表现得明确。

但是，正如内克尔先生陈述的那样，让我们假设赤字保持在5 615万里弗（或220万英镑）。让我们承认，他反对所有弥补赤字的财产都是厚

① 财政总监先生的报告，于1789年5月5日由国王的命令而颁布。

颜无耻和毫无根据的杜撰；而且议会（或他们雅各宾派的老爷们儿[①]）因此就有理由把整个赤字的负担都加于神职人员，——然而就算我们承认这一点，220万英镑赤字也不需要没收500万英镑的财产。只对神职人员征收220万英镑是对他们的压迫和不公正，但是它还不能完全摧毁那些被压迫的人；因此它不能满足管理者的真正目的。

也许对于不了解法国状况的人来说，一听说教士和贵族阶层享有税收的特权，就可能认为，这些团体在革命以前对国家一点贡献也没有。这样想就大错特错了。他们两者间的税收不相同，他们与一般百姓的税收也不相同。然而，他们都捐献了大部分。不管是贵族还是教士，都未享受过免除个人消费税、关税或其他名目繁多的间接征税，这些税收在我们这里和在法国那里，在公共缴纳中都占了相当大的部分。贵族阶层还上缴了人头税。他们也上缴土地税（被称为第二十便士税），最高时达到了每英镑3先令或4先令；这两个阶层的直接税收并不少，而且作用也相当大。被征服而附属于法国省份（就面积而言，是法国的八分之一，但是在财产方面却占了更大的比例）里的教士，同样上缴与贵族同比例的人头税和第二十便士税。在过去的省份里，教士不上缴人头税，但是他们得花费2 400万里弗或差不多100万英镑来赎买自己。免除了他们的第二十便士税，但是当时他们做了无偿的捐献；借款给了国家，还支付了其他方面的费用，这些所有费用加起来大约是他们纯收入的十三分之一。他们应该每年多上缴4万英镑，这样才能达到贵族阶层捐献的标准。

当这种巨大剥夺的恐怖行为笼罩着教士时，他们通过埃克斯大主教做了一次捐献，由于捐献过度了，所以它不应该被接受。但是它对公共债权人的好处比任何由没收带来的好处要更为明显。那么它为什么没有被接受呢？原因很明显——人们不希望教会向国家服务。这种服务给消灭教会提供了一种借口。通过这种方式消灭教会，他们不用担心会摧毁国家，然而他们却已经摧毁国家了。如果敲诈的计划代替没收的计划而被采用，那么

① 在斯图亚特王朝统治下的苏格兰宪法中，有一个委员会专门负责起草法律，不经过它的批准，任何法律都无效。因此，这个委员会被称为文件老爷。

计划中的一个伟大目标会被摧毁。与新共和国相联系，并且为了自身的存在而与其相联系的新兴土地利益就不会产生。这就是过度的赎金不被接受的原因。

没收计划的疯狂性，最初隐藏得一丝不漏，但很快就原形毕露了。把大量没收王室所有广阔的土地而增加的难处理的地产立即投入市场，由于没收的计划和这些土地的贬值（实际上是整个法国地产的贬值）很明显会减少它的利益。流通货币突然从贸易转向土地，势必造成另一种伤害。该采取什么措施呢？一旦觉察到出售计划的种种不可避免的消极影响，国民议会是不是要归还教士的捐献？任何不幸都不能迫使他们走上一条由于正义的任何外表而使其蒙羞的道路。放弃了直接出售的所有希望后，另一种计划似乎接踵而至了。他们提出用股份交换教会的土地。在这个计划中，大量的难题在平衡交易的对象中产生。其他方面的障碍也呈现在了他们的眼前，让他们再次回到了某些出售的计划上。市民们产生了一种警惕，他们不愿听到把整个王国的掠夺物转移到巴黎的股票持有者那里。他们中的许多人（根据体制）已经处在了一种最悲惨的贫穷里了，哪里都看不到钱。因而他们到了如此热切渴望的地步，希望有一种货币能够复苏他们萧条的工业。到那时，市民们就能分到一份掠夺物，这显然让最初的计划（如果它曾经被人们严格地接受过）完全行不通。公共的迫切开销给各方带来了压力。于是财政部部长以一种最急迫、最焦虑和最谨慎的语调重申了他的号召。因此，在各方的压力下，他们代替了把银行家变为主教和修道院院长的最初计划，代替了偿还旧债务的最初计划，签订了一种利息为百分之三的新债务契约，并根据教会土地的最终出售，建立了一种新的货币。他们发行的这种货币，首先是满足贴现银行（他们虚假财产的大机器或造钱厂）的主要需求。

现在，对教会的掠夺成了他们财政运行唯一财产、所有政策的关键原则，以及权利存在的唯一保障。有必要采用，甚至是最残暴的手段，把每个人放置在相同的位置，把国家绑在一种罪恶的利益上，以维持这种行为和执行者的权威。为了强迫最不情愿加入到他们掠夺中的人，他们用自己的货币来支付一切。那些认为这一目标是他们计划的总趋势的一个中心，是之后他们所有措施流露出的一个中心的人，不会认为是我对国民议会行动的这一部分阐述得过多。

为了切断王权与司法权相联系的所有表象，也为了让全体绝对服从于巴黎的独裁者，古老而独立的议会司法权与它的所有优点和缺点一道被全盘废除了。当议会存在的时候，人们显然会时不时地求助于它们，并且团结在它们古老法律的规范下。然而，一个值得深思的问题是，现在已经被废除的地方行政官和其他官员用了高价买下了他们的职位，也履行了自己的责任，但是他们只收到了非常低的回报。简单的没收仅仅对教士来说才是一种福利——对于律师来说，他们观察到了一些平等的表象；而且即将会收到一笔巨额的报酬。他们的这笔报酬成为国债的一部分，为了偿还国债，需要一笔无穷大的资金。按照新的教会货币，他们会得到随着司法和立法机关的新原则而提高的报酬。被解雇了的行政官员将会分担神职人员的苦难，或者从这笔资金中收回他们自己的财产，他们与那些曾经适应司法体系那些古老原则的人和曾经宣誓做财产的守卫的人一样，以一种恐惧的心理来看待这种方式。即使是教士，也要从贴上了他们亵渎神明的不可磨灭的特征和破产象征的贬值货币中得到可怜的津贴，否则他们就得挨饿。一场关于信贷、财产和自由的行为竟是如此的残暴，它和这种强制性的货币流通一样，在任何时候或任何国家，都很少被背信弃义和暴政的联盟展示过。

在这一切运作的过程中，最终的结果是这个伟大的奥妙——实际上，从公正意义来说，教会的土地（就他们的行动中得到的任何确定的东西而言）并没有完全售完。依据国民议会最近的决议，它们确实被交给了肯出最高价的竞标者。但是据观察，买进价格的一部分被搁置了下来，在12年内交完剩下的部分。因此，根据这种分期付款，那些圣明的买家就立即拥有了地产。从某方面来说，这是给予他们的一种礼物，它从封建的土地使用权转向了新的制度。这个计划很明显地囊括了所有没钱的买家。结果将会是，这些买家，更确切地说是受惠人，他们支付的租金不仅来自他们能从国家那里收到的积累租金，还来自建筑材料的掠夺物、森林里的荒地和用习惯放高利贷的手去榨取可怜的农民。农民们被委之于这些唯利是图和恣意妄为的人，由于需求随着地产（在一个新的政治制度之下拥有的一块危险定居地）利益的增加而与日俱增，他们各种各样的敲诈勒索都被激发了。

当所有被运用于导致和维持这场革命的诡计、诈骗、暴力、掠夺、焚烧、谋杀、没收、强制的货币流通、各种各样的暴政和残酷行为产生了自然效应（即动摇了所有善良和冷静心灵的道德观）时，这个圣明制度的教唆者们就立即扯开他们的喉咙，宣称反对法国旧的君主政府。当他们把这种已废除的权利抹得足够黑时，他们就开始争论了，好像所有反对他们新的滥用职权行为的人一定是旧的滥用职权之人的同党；那些排斥他们粗糙的和残暴的自由计划的人都被视为劳役的拥护者。我承认，是他们的需求迫使他们采取这种卑鄙可耻的欺骗行为。没有什么东西可以协调人们的行动和计划，只能假设：在他们与某些历史记录或诗人创作所能提供的最令人憎恨的暴政之间没有第三种选择。他们的这种闲谈很难配得上诡辩这个词，简直就是厚颜无耻。在整个理论和实践的世界圈子里，难道这些先生们从未听说过君主专制主义和群众专制主义之间的任何东西吗？难道他们从未听说，一个君主国受到法律的支配和国家巨大的世袭财产和尊贵的控制与平衡，而这两者又受到人民群众理性和情感的英明监督，并由一个相配的常设机构执行吗？这时不可能没有任何犯罪动机或拥有可悲谬论的人，宁愿选择这种混合体制和有节制的政府，而不是选择两者中的任何一种极端；这样的人可能认为这个国家将剥夺所有的智慧和道德，轻易地选择这样一个政府，更确切地说，当实际上拥有了这样的政府就去肯定它的时候，为了避免它的邪恶，难道就会犯一千种罪行来掩盖这一千种邪恶吗？那么难道这是一条普遍公认的真理——纯粹的民主是人类社会可以依靠的唯一可接受的形式，任何人不得怀疑它的优点，否则就被怀疑是暴政的朋友，即人类的敌人吗？

我不知道该把法国的执政当局划分为哪一类。它假装是一种纯粹的民主，不过我认为它搭的是直达车，并迅速成为一个有害而卑鄙的寡头政治。但是现在我承认，它是它自己假装的本性和效果的产物。我不是仅仅根据各种抽象原则去斥责政府形式，也许有一种情况让纯粹的民主成为一种必要的形式，也许有一些情况（非常少，而且有非常特殊的环境）是我们明确想要的。我不认为这是法国或其他任何大国的情况。直到现在，我们也没有见到任何值得借鉴的民主的例子。古人比我们更了解它们。我并不是完全没有读过某些作者的文章，他们曾见过大多数的这类宪法，并且也最了解它们，我禁不住要同意他们的观点——一种绝对的民主，和君主专制一样，被算作合法的政府形式之一。他们认为与其说它是健全的共和国宪法，不如说它是腐败的和堕落的宪法。如果我没有记错的话，亚里士多德评论过，一种民主政治与一种暴政有许多关键点都相似。[①]我敢确定，在一种民主政治中，无论何时出现严重的分歧，公民中的大多数都能够对公民中的少数行使最残酷的压迫，而且还会继续发展为几乎比我们曾理解的单一王权的统治更为严重的暴怒。在这样的公众迫害里，单个的受害者比在其他任何的迫害里都处于一种更加悲惨的境地。在一个残暴的君主统治下，他们拥有人们同情的止痛药去减轻伤口的疼痛；在遭受苦难的时候，他们拥有人们的赞扬来鼓舞坚定不移的情操：但是那些遭受群众诽谤的人却被剥夺了外界所有的安慰。他们似乎被人们遗弃，被同类的阴谋制服。

但是，姑且承认民主政治没有我所认为的会具有政党暴政的那不可避免的趋势，姑且承认纯粹的民主本身和我敢肯定的它与其他形式组合时拥有一样的优点，难道君主制一点也不包含任何值得推崇的东西吗？我不是经常引用博林布受克，他的作品通常也不会在我的脑海里留下印象。他是一个专横而肤浅的作家。但是在我看来，他有一篇观察报告非常有深度和分量。他说，比起其他的政府形式，他更愿选择君主制；因为你可以把任何一种共和制移植到君主制，而不可以把任何的君主制移植到共和制。我认为他说得完全正确。从历史角度来说，事实就是如此，而且与他的推测

① 当我引用记忆里的这句话时，离我阅读那段文字已经有好几年了。一位博学的朋友找到了这段话："道德品格是相同的，其中一个运用的是法令，另一个运用的则是条例和判决。两者都对较高的公民阶层运用。专制煽动者和宠臣经常都是同一类人，而且总是十分类似：他们拥有主要的权利，在各自的政府形式里，宠臣与君主专制一道，而煽动者与我描述的那类人一道。"亚里士多德，《政治学》第四卷第4章。

完全一致。

我知道，详述过去的伟大错误是个多么容易的话题。通过国家的一场革命，过去的谄媚者就转变为了今天的严肃评论家。但是，当那些有坚定和独立头脑的人思考的一个对象是与政府形式一样严肃的事情时，他们便会蔑视假装成讽刺家和演说家的人。他们会像评价人性那样去评价人类的制度。他们会从邪恶的事物里挑选美好的事物，正如它存在于世俗之人那样混合于世俗的制度里。

尽管通常我公正地认为，你们的法国政府具有不合格或勉强合格的君主制的美名，但是它仍然充满了滥用行为。这些滥用行为在时间的长河里逐渐积累起来，正如它们不在公众代表持续监视下的任何君主制里必然积累的那样。我并不陌生法国被颠覆的政府的错误和缺点，而且我认为自己没有在天性上或政策上倾向于赞颂任何一个受人谴责的正义而自然的对象。但是，现在的问题不是君主制的罪恶，而是它的存在问题。法国政府是否真的无法改造或不值得改造，以至于它完全需要把它的整个建筑立即推倒，然后为再建立一栋既符合理论又符合实践的大厦扫清地盘，难道这是真实的吗？在1789年年初，整个法国持有一种毫不相同的观点。该王国的各个行政区给三级议会代表的指令充满了改革政府的计划，一点也没有提及摧毁它的计划。假如这个计划实际上被暗示出来了，那么我相信这里只会出现一种声音，那就是人们轻蔑和恐惧的反对声音。人们有时候被渐渐地引导，有时候又急匆匆地冲向各种事物，如果他们能够完全看到整个事物的话，我想他们绝不会去靠近它们的。当这些指令发出时，这里只存在着滥用行为和要求改革的问题，即便到现在也是如此。在指令发出后与革命爆发前的这段时间里，事情的形势变化了，改变后的结果就是：现在真正的问题是，要求改革和要求摧毁政府的人，究竟谁是对的？

听到一些人提及法国最近的君主制，你们会幻想他们在谈论波斯在达赫玛斯・库里・汗凶残的剑下流血；或者至少在描述土耳其残暴的无政府专制，它是世界上拥有最适宜气候的最好国家，和平对它的毁坏甚至超过了任何国家被战争困扰；在这里，人们不懂艺术，制造业日益凋零，科学遭到了毁灭，农业衰退了，种族在观察者的眼皮下逐渐被融解和消失了。

这样的情况也在法国出现了吗？我没有办法回答问题，唯有参照事实。然而事实也并非支持这种相似之处。尽管君主制伴随着大量的罪恶，但是它本身仍有一些益处，它一定从宗教、法律、社会习俗和舆论中得到了一些纠正它的罪恶的某些方法；因此，（虽然绝不是一个自由的政体，因而也绝不是一个优秀的政体）与其说它在实际上专制，不如说它只是在表面上专制而已。

在评价政府对国家影响的标准中，我必须考虑的人口情况是一个确定的标准。没有一个人口繁多和人民生活持续改善的国家，可以接受一个非常有害的政府的领导。大约在60年前，大部分法国的监督人，和其他事情一样，作了一个有关各自辖区的人口报告。我没有这些长篇论著的书籍，我也不知道从哪里去获得它们（我不得不凭记忆来讲，所以不是很确定），但是，凭记忆来说，我认为当时法国的人口估计有2 200万人。在上世纪末，通常估计的数字是1 800万。依据两者中的任何一个数据，法国的人口情况都不糟糕。内克尔先生是他所在时代的权威人士，至少与他们的那些监督人相当，他（显然根据可靠的原则）认为法国1780年的人口是2 467万。然而，这是旧政府领导下可能达到的最多人口吗？普莱斯博士认为，法国的人口增长绝对没有达到高潮。在这个推测上，我听从他的权威多于听从他的政治见解。他根据内克尔先生的数据非常肯定，自从那位部长统计了人口以后，法国的人口如此迅猛增长，以至于他不赞同1789年的人口会低于3 000万。大大减少了（我认为应该减少，大大减少）普莱斯博士乐观估计的数字后，我毫不怀疑，法国的人口在随后的阶段里的确有可观的增长；然而假设它仅仅是从2 467万增长到2 500万，这仍在不断增长的2 500万人口在大约2.7万平方里格（译者注：1里格≈3英里或4.8千米）的面积上是庞大的。比如说，它大大超过了与这片土地相称的人口，或者甚至超过了英国这个统一王国的人口密度。

法国是一个富饶的国家，这种说法通常不准确。它有相当广阔的土地都是贫瘠的，而且在其他的自然环境下耕作也有很多不利条件。在我能发现的适合耕作的领土上，人口的数量与大自然的容量是相符的。[①]大约在10年前，利勒财政区（我认为是最强有力的例证）大概有404.5平方里格大，容纳了73.46万人，也就是说，每平方里格容纳了1 772人，而法国的其他相同面积的地方却容纳了90万人左右。

我没有把这种人口状况归功于那个已遭废除的政府，因为我不喜欢称赞在很大程度上是由于上天的恩赐而产生的发明创造。但是这个遭受谴责的政府没有妨碍，甚至极有可能大大促进了这些原因的产生（不管它们是什么），不管是自然的土地，还是人们勤劳的习惯，都在整个王国产生了如此巨大的人口数量，并在某些特殊的地方展示了这样的人口奇迹。我从未假设过，凭经验发现包含有利于人口增长原则的那种国家组织是所有政治制度中最糟糕的。

国家的财富是另一项不可轻视的标准，根据它我们可以判断，一个政府总体上是保护人民的，还是摧毁人民的。法国的人口数量大大地超过英国，但是我担心它相应的财富并没有我们的多，而且没有我们分配得均匀，在流通方面也没有我们这么迅速。我认为，两国政治制度的不同是英国这一占优势的原因之一。我所说的英国，并不是英国的整个领土；如果是用整个领土的财富去和法国相比较，那么在某种程度上势必会削弱我们这方财富的比较率。虽然法国的财富不抵英国，但是它也形成了一笔非常大的财富。内克尔先生在1785年出版的书[②]，包含了有关公共经济和政治算术的一项精确而有趣的事实收集；而且他在这个问题上的推测通常也是明智和自由的。在这本书里，他反映的法国状况远不止这个样子——它的政府完全是一个灾难和魔鬼，他还认为只有通过一场彻底革命，那残暴和反复无常的解药才能获救。他证实，从1726年到1784年，法国的造币厂铸造了各种金银货币共计1亿英镑。[③]

内克尔先生不可能弄错造币厂铸造的金银总额。这是官方的记录。当

① 《论法国的财政管理》第一卷第188页。

② 指《论法国的财政管理》。

③ 《论法国的财政管理》第三卷第8章和第9章。

这位能干的金融家写这本书时（即法国国王遭废黜和囚禁的4年前），他的各种推理并没有官方那么准确，但是它们依据如此明显可靠的事实，以至于在很大程度上很难不赞同他的计算结果。他计算法国实际存在的货币相当于大约8 800万英镑。尽管它是一个大国，但仍是一笔巨额的财富积累！当内克尔先生1785年在书里写到，考虑到财富的流入不可能终止，在他计算法国财富的那段时期里，他期望未来流入法国的财产的年增长率为百分之二。

一些充分的理由势必让造币厂最初铸造的货币流入这个王国；一些有效的理由势必让内克尔先生通过计算要保持在国内流通的巨大财富维持在国内，或重返它的怀抱。假设对内克尔先生的计算做一些合理的扣除，那么余数也仍然是一笔巨大的金额。因此，在衰败的工业、不稳定的所有权和必然有害的政府之下，不可能获得和维持财富。实际上，当我想到法国这个王国的面貌、城市的群众和财富、宽阔的高速公路和壮丽的桥梁，以及人工运河和航海为横跨大陆的海上通信的便利提供了可能时，当我回过头来看到它那港口和海港的惊人杰作和整个海军战争或贸易的装备时，当我看到构造如此大胆和娴熟的防御工事的建造和维护如此的巧妙，它对来自各个方向的敌人呈现出了一道全副武装的防线和不能逾越的障碍时，当我回想起法国广阔的区域里只有多么小的一部分不能耕作，而且什么样高度完整的栽培才能为法国带来许多大地上最好的产品时，当我回顾法国仅次于我们的卓越制造业和纺织业，并且它的某些特殊领域并不亚于我们时，当我沉思着公共的和私人的重大慈善基金时，当我调查一切美化和促进生活的艺术状况时，当我计算着在战争中为它扬名的人，它那有才干的政治家、群众中渊博的律师和神学者，它那哲学家、评论家、历史家和考古学家，它那诗人和神圣与世俗的演说家时，我从这一切中看到了令人敬畏和令人幻想的东西，它把人们阻止在突如其来的和不分青红皂白的谴责的边缘，并且要求我们必须非常认真地检查，是什么样的潜在罪恶能够批准我们瞬间把如此宽敞的建筑夷为平地。在这些事物中，我看不出土耳其的专制统治，也看不出一个政府的特征在整体上是如此压迫人，或如此腐败，或如此粗心大意，以至于完全不适合所有的革命。我必须认为有这样的一个政府，它完全有能力发扬自己的美德、改正自己的错误和过渡到英国的政体。

无论谁去调查已遭废除的政府前几年的行动都能观察到，在反复无常和起伏不定的宫廷里，有一种朝着国家的繁荣、进步的奋斗和努力。他必须得承认，在某些情况下完全废除和在许多情况下大力纠正的滥用权力的行为和例子在全国盛行；而且甚至毫无疑问，与法律和自由不一致的在人民之上的无限君主权力，它的运用仍然日益缓和了。政府目前还未抵制过改革，本着一种易受谴责的便利程度，它向有关的各种计划和计划者敞开了大门。倒不如说对革新精神给予了太多的支持，它很快就反过来反对那些支持过它的人，并且以他们的灭亡而结束。冷酷，公正，没有一点奉承。多年来，君主制更多的是受到各个计划轻率和缺乏判断的打击，而不是受到缺乏勤奋或公共精神的打击，然而这种说法冷静而公正地（不带任何夸张）把最近15年或16年的法国政府与某个或任何时期开明而体制良好的政府相比较，是不公平的。但是，如果针对开销方面的浪费或权力运用方面的严酷，把它与以往任何的统治时期相比较，我认为公正的法官是不会相信那些人（在路易十六的统治时期，一直琢磨着对佞臣的赏赐，或者对宫廷的开销，或者对巴士底狱的恐怖）的良好心愿。①

在古老的君主制废墟之上建立起来的制度（如果它配得上这个称号），是否能更好地照料这个国家的人口和财富，这是一个令人怀疑的问题。革命并没有带来进步，我担心要用好长的岁月才能弥补这个圣明革命的后果，国家才能回到它从前的基础。几年之后，如果普莱斯博士才认为适合给予我们一个法国的人口估计，那么他在1789年将很难计算出3 000万人口，或者国民议会计算的2 600万，或者甚至是内克尔先生在1780年计算的2 500万。我听说，法国有相当多的移民放弃了宜人的气候和迷人的希尔斯自由，而成为寒冷地区的难民，并且归属于加拿大的英国专制主义之下。

在目前消失的货币中，没有人会想到当今的财政部部长曾发现的8 000

① 卡罗纳先生反驳了可耻地夸大某些王室的开销和揭露了发放津贴的欺骗账目，世人应该感激他以邪恶的目的煽动民众犯各种罪行而承受的痛苦。

万英镑的硬币出自法国。从它的全方位来看，人们推断出在过去的某个时期里，它曾受到拉普达和巴尔尼巴比博学院士的特别指导。[①]巴黎的人口已经锐减到了如此的地步，以至于内克尔先生开始向国民议会提议，维持生存只需以前必需品的五分之四。[②]据说（我从未听说过有人反驳），尽管巴黎成为了被幽禁宫廷和国民议会的所在地，但是在这座城市里仍有10万人失业了。我得到的可靠消息称，在巴黎没有什么场面可以胜过乞讨那令人震惊和厌恶的场面。事实上，国民议会的投票让我们对此深信不疑。他们最近任命了一个处理乞讨的常务委员会，立刻为委员会配置了精力充沛的警察，而且第一次征收了济贫税，为了缓解乞讨人的现状，一大笔资金出现在了当年的公共账目上。[③]同时，立法俱乐部和咖啡馆的领导人却陶醉于对自身智慧和能力的钦佩。他们用最至高无上的鄙视谈论着世界的其他地方。他们安抚这些被他们弄得衣衫褴褛的人们，并告知他们是一个充满哲学家的民族；有时候，他们用骗人的游行、表演、骚动和喧闹的计谋，有时候用对阴谋和入侵的警觉，试图淹没贫穷的哭声和把观察者的视线从废墟和悲惨的状态转移开。一个英勇的民族当然宁可选择一种有道德的贫穷的自由，而不愿选择一种堕落和富裕的奴役状态；但是，在付出舒适和富裕的代价之前，人们应该非常确定他们所购买的是真正的自由，而且不是其他代价可以购买的。然而，我一直认为，看起来模糊的自由并没

---

① 参见《格列佛游记》对于哲学家统治国家的观点。

② 卡罗纳先生陈述道，巴黎的人口骤减，而且从内克尔先生统计后更是如此。

③ 在巴黎和外省补助事业的慈善工程款：3 866 920里弗；清除流浪和行乞现象款：1 671 417里弗；进口谷物津贴：5 671 907里弗；扣除已追回欠款部分的维持生活必需品的支出：39 871 790里弗；总计51 082 034里弗（约2 128 418英镑）。

当我把这本书送到出版社时，我有一些怀疑有关账目中的最后一项的性质和范围，它仅仅只有一个总头目，而没有任何的细节。从那以后，我看到了卡罗纳先生的著作。我没有条件早些读到他的作品，我一定会认为这是我的损失。卡罗纳先生认为，这个支出项目是由于通常的生活保障；但他不能理解在谷物的价格和销售之间竟会有高达166万英镑的差额，他似乎把这个巨额的名目归因于革命的秘密开销。关于这个问题，我不能说些什么。读者可以通过巨大费用的总额去判断法国的状况和形势；以及所采用的公共经济制度。在国民议会上，这些账目没有引起询问或讨论。

有智慧和正义可言，而且在它的引导下也不会通向繁荣和昌盛。

这场革命的拥护者不满夸大他们古老政府的弊端，他们通过把所有能够吸引陌生人（我指的是他们的贵族和教士）注意的东西当作恐惧的对象来打击他们政府的名誉。如果这仅仅是一种诽谤，那么它没有太多的影响，但是它已经产生了实际的结果。如果你们地产所有者的大部分贵族和绅士以及你们的军官像这些德国人一样，当汉萨各城镇为了捍卫自己的财产被迫联合反抗贵族时，如果他们像过去常常从防御窝冲出去抢劫商人和旅客的意大利的奥尔西尼和维泰利一样，如果他们像埃及的马穆鲁克或者马拉巴尔海岸的纳瑞斯一样；那么我得承认，过分挑剔询问从麻烦世界里解放出来的方式可能不太可取。公正和仁慈的雕像可以暂时被隐藏起来。当道德屈从于自己的规则而支持自己的原则时，那些分不清恐怖紧急事件的脆弱之人，在那些因残害人性而失宠的虚伪贵族被欺骗和暴力的手段被摧毁时，也许会转头避开。在这两种邪恶之间的内战里，那些与流血、背叛和任意没收格格不入的人们可能成为保持沉默的旁观者。

然而，按照国王在凡尔赛的命令或宪法，那些享有特权的贵族配得上被看作这个时代的奈瑞斯或马穆鲁克，或者古代的奥尔西尼和维泰利吗？如果我当时提出这个问题，那么我会被认为是一个疯子。从那以后，到底他们做了什么事以至于他们被驱逐流放，他们的手下被逮捕、屠杀和虐待，他们被迫妻离子散，他们的官邸被化为灰烬，统治者还会通过命令他们改变他们为大众所知的姓名，从而废除他们的地位和记忆（如果可以的话）吗？请阅读一下他们给代表团的指示吧。他们与其他等级一样，热情地呼吸着自由的精神，强烈地建议改革。他们自愿放弃了捐献方面的特权，正如国王从一开始就放弃了征税权方面的一切借口。关于自由捐献，在法国只有一种观念。君主专制结束了，它没有呻吟、挣扎和痉挛，就死去了。一切的斗争和冲突都是在相互制约的政府里偏爱一种专制的民主之后引起的，而胜利一方的凯旋则宣告英国政体原则的结束。

我发现对亨利四世的崇拜情绪多年来仍在法国盛行，而且甚至到了一种十分幼稚的程度。如果有任何东西可以让一个人讨厌对国王形象的美化，那么就是这种过分狡猾的赞美了。那些最常用这个工具的人就是结束他们的赞美、废黜他的继承人和后裔的人；有一个人，至少与亨利四世一样善良，也热爱他的人民，他比这位伟大的君主更为努力地纠正古老的恶习，我们可以确定这些恶习连他本人也没想过要纠正。幸好他的赞美者不是要针对他，因为纳瓦拉的亨利是一位果断、积极和精明的君主。他的确具有伟大的仁慈和善良，然而这种仁慈和善良从未建立在他的利益之上。他从未把自己放于令人恐惧的状态去寻求爱戴。他常用温和的言语伴随坚决的行为。他在总体上声称和维护自己的权威，而只在细节上才做一些让步。他爽快地花费他的特权收入，但极为小心地不损害这笔资金；他从未片刻放弃过他在基本法之下所做的宣称，也不遗余力地让那些反对他的人流血，一般在战场上，有时也在绞刑台。因为他知道如何让那些忘恩负义的人尊重他的德行，他值得这些人的称颂，如果他们生活在亨利四世的时代，那么他会把他们关进巴士底狱，并且让他们与弑君者一起挨饿到投降，然后再把他们吊死。

如果这些赞美者是真诚地赞美亨利四世，那么他们务必记住，他们对他的赞美不能高过法国贵族，这些贵族阶层的品德、荣誉、勇气、爱国主义和忠诚是他们永恒的主题。

但是自从亨利四世以后，法国的贵族就退化了。这是可能的。然而我在任何程度上都相信这是真实的。我没有假装像其他人一样准确地了解法国，但我曾竭尽一生让自己了解人性；否则，我就不配承担服务人类这一卑微的职位。在这个研究中，当人性在距离这个岛岸只有24英里的他国出现改变时，我是不可能注意不到的。根据我的最佳观察，以及与我的最佳调查进行比较，我发现，你们的贵族阶层在很大程度上是由人们的崇高精神、微妙的幽默感组成的，无论是单个看他们，还是从整体上看他们，他们都是超越其他国家的通常情况，具备一双自我审查的眼睛。他们相当地有教养，非常乐于助人、仁慈和好客；他们坦诚而爽快的谈话带着一种良好的军人腔调，而且有明显的文学痕迹，特别是当作家使用他们自己的语言时。然而许多有抱负之人远在这种描述之上，我指的是那些我们通常所见到的人。

关于他们对待低等级人士的行为，他们会用善良和别的东西去对待，似乎比我们这里上等级和下等级之间交往的通常行为更为亲密。殴打任何人（即使是最卑鄙的人），在某种意义上，也是一件鲜为人知和极不光彩的事。其他虐待卑微阶层的例子很少见，至于侵犯平民百姓的财产或自由，我从未听说过任何有关此类的事，而且古老政府之下的有效法律也不允许这样的残暴行为。至于地产的所有者，我还未发现他们的行为有什么不对的地方，尽管在过去的许多任期里受到了很多的谴责，而且人们也有改革的愿望。在他们的土地被出租的地方，我没有发现他们与农民订立的合同是繁重的；当他们与农民合作时，和通常情况一样，我也未曾听说他们占了最大的份额。这种比例看起来似乎不公平。也许有例外，但也只能是例外。我没有理由相信，法国的土地贵族阶层在这些方面比我国的土地绅士更糟糕；当然，他们在自己的国家在各方面都没有地主和贵族那么让人伤脑筋。在城市里，贵族一点权力也没有；在农村，权力也极少。先生，你是知道的，公民政府和社会治安中最重要的部分没有掌握在那些我们首先考虑到的贵族手里。法国政府中最为重要的部分——税收、制度和募捐，并未由佩剑的人来管理，而他们也不对其原则里的缺点或管理中可能存在的任何错误负责。

我有充分的理由否认，贵族在压迫人民方面应承担相当大的责任，即使在压迫存在的地方，我也认为他们没有特别大的过失和错误。愚蠢地模仿英国社会风俗里最坏的部分，损害了他们的天然属性，也没有取代他们想要模仿的地方，这确实让他们比过去还要糟糕。习惯性的放荡礼仪在可原谅的阶段之后，在他们中间比在我们这里更为司空见惯；尽管可能被外部的礼仪遮掩而使之看起来不那么有害，但是被纠正也基本无望。他们过分地支持那种加速他们灭亡的放荡哲学。他们之中还有更为致命的错误——那些在财产上接近或者超越许多贵族阶层的平民，依据理性和良好的政策，没有得到在任何国家应该被给予的地位和尊重；尽管我认为他们与其他的贵族并不平等。这两种贵族被小心翼翼地分开了，然而，他们还不如德国或其他国家的贵族。

正如我已经冒昧地向你提出过的建议，我认为这种分离是造成旧贵族灭亡的一个主要原因。特别是，军权只留给了世族。但是，毕竟这是一种看法上的错误，一种相冲突看法可以纠正它。一种常设议会（在这里下议院议员拥有自己的权利）可能会很快废除这些区别中非常不公平和侮辱人的一切东西；而且，甚至在贵族道德中的错误也可能通过各种更为伟大的职业和工作而被纠正。

我把所有反对贵族的大声抗议仅仅看作一种炒作。由我们国家的法律、舆论和根深蒂固的惯例在非偏见的时代里产生的荣誉，甚至是特权，没有激起任何人的恐惧和愤怒。即使过分地坚持这些特权也不完全是一种犯罪。顽强的斗争——每个人为了保护他能发现属于自己的和区别于他人的财产，是反对专制主义植入我们本性的一种保障。在一个稳定的国家里，它处于一种保护财产和社区的本能在发挥作用。这里有什么令人震惊的吗？贵族是公民秩序的一种高雅装饰物，它是一个优雅社会的科林多式建筑的柱顶。“所有的好公民都爱戴贵族”（某位善良而明智之人所说）。它倾向于对贵族的某种偏爱，的确是自由和仁慈心灵的一种标志。只有在心里感受不到高贵原则的人，才希望消除为一个团体提供想法、让易变的尊重化为永恒的那些制度。具有讨厌、恶毒和嫉妒性格的人，不会喜欢现实或道德的任何形象和代表，他们高兴看到在显赫和荣誉中长期繁荣过的东西被毁灭。我不愿看到一切东西被摧毁、社会生产的一切东西化为乌有，以及大地的表面变成废墟。我的调查和观察并没有向我呈现出法国贵族有任何不可救药的恶习，或者任何不能通过改革来废除的一切滥用行为，因此，我并不感到失望或满足。你们的贵族阶层不应该受到惩罚，但是罢黜就是一种惩罚。

我发现我对你们教士的调查结果是相似的，我对此十分满意。那些伟大团体中的人们腐败得无可救药，这不是令人慰藉的消息。当他们谈论他们正要抢劫的人们的邪恶时，我对他们就没有什么信任可言了。当利益来自对这些人的惩罚时，我宁愿怀疑这些邪恶是被捏造的或夸大的。敌人是邪恶的证人，强盗则是更为邪恶的证人。在这个阶层里，邪恶和滥用行为毫无疑问地存在。它是一个旧的机构，没有时常得到改进。但是我没有看到有任何的个人罪行理应遭受没收财产，或者残忍的侮辱、降级和违背天理的迫害，它们都代替了温和的改良。

如果这种新的宗教迫害有任何正当的理由，那么这些无神论的诽谤者——充当鼓动民众抢劫的号角手，是不会像对待现存教士的罪恶那样去热爱任何团体。

关于这一点，他们没有做到。他们发现，为了证明他们的不公正（因为它是非常不合逻辑的报复原则）、迫害和残酷是正当的，他们不得不翻阅过去的历史（以一种恶意的和恣意妄为的勤勉去找寻），他们这个团体制造的或者对其有利的任何压迫和迫害的例子。他们摧毁了其他的宗谱和家族的区别后，却发明了一种罪行的家谱。以人们直系祖先的犯罪去惩罚他们是非常不公正的；然而虚构人们以团体继承的祖先，并以此作为惩罚人们（他们与这些犯罪行为除了在名义上和政体概述上并没有其他关系）的依据，这是属于启蒙时代不公正的一种提炼。国民议会惩罚的大多数人（如果不是大多数）与痛恨现在的宗教迫害一样十分痛恨过去教士阶层的暴力行为，如果没有很好地意识到运用一切雄辩的目的，他们一定会大声而强烈地表达这种感受。

社会团体的存在是为了成员善良的永存，而不是为了惩罚他们。国家就是这样一个团体。我们同样可以认为，英国对法国发动的一切不可抵偿的战争，都是为了阻止我们相互敌对的多个时期里带来的邪恶。而你们可以认为，由于我们的多位亨利和爱德华的非正义入侵给法国人民带来了空前的灾难而进攻英国人民是正义的。不错，我们双方发动这种灭绝性的战争都有各自的理由，正如你们以过去某人的罪行无缘无故地去迫害现在与他同名字的人一样。

我们没有从历史中尽可能地吸取一些道德教训。相反的是，我们并不担心它会损害我们的心灵，摧毁我们的幸福。历史是一本指导我们的伟大书籍，它从人类过去的错误和缺点中汲取未来的智慧。但是颠倒过来，它也可能充当弹药库，为教会和国家中的各方供给进攻性和防御性武器，提供挑起或平息纠纷和敌意的工具，也为内战的爆发火上浇油。在很大程度上，历史包含着由傲慢、野心、贪婪、复仇、淫欲、暴动、虚伪、失控的狂热和一长串杂乱无章的欲望给世界带来的灾难，它像“动荡不安的暴风雨冲击着个人，让生活充满痛苦”这句诗一样震撼着公众。这些罪恶正是暴风雨的根源。宗教、道德、法律、特权、自由和人权都是借口，在某些真正徒有其表的善良中总能找到它们。你们不愿意通过根除人们头脑中这些欺骗性借口所应用的一些原则来使人们免于暴政和动乱吗？如果你们做到了，你们就会把人们心中一切有价值的东西都根除掉。正如这些借口，公众巨大不幸的大众演员和机构通常是国王、教士、行政官、元老院、议会、国民大会、法官和军官。你们不愿意通过决议来根治邪恶，以至于没有君主、国务大臣和福音，也没有法律的解释者、将军和公共会议。你们可能会改变这些名称。但事物一定会以某种形式而存在。某一力量的权力势必存在于社会中，存在于某些人的手中，以及处于某种名目之下。智者将会把他们的补救方法运用于罪恶中，而不是用于某些名称中；我们要根除的是罪恶的根源，而不是临时机构表现出的短暂形式。否则，你只会纸上谈兵，在实践中十分笨拙。两个时代很少有相同形式的借口和灾难。邪恶也善于创新。当你谈论形式时，这种形式就已经成为过去了，完全相同的邪恶会采取一种新的寄生体。这种精神在轮回，而且没有因为形式的改变而失去寄生的原则，它以一种清新的活力，在新的机构里革新。当你们绞死生命或拆毁坟墓时，它已经出现在公众面前，继续它的破坏。当你们为各种幽灵和幻影感到恐惧时，你们的房子已经成为强盗经常出入的地方了。因此，那些仅仅接触到历史外壳的人们，就认为他们与狭隘、傲慢和残酷做斗争；然而，在憎恶过去政党的一切原则的外表下，他们却在不同的派别内批准和发展了同样可憎的邪恶，而且也许比这还要糟糕。

你们的巴黎公民以前在加尔文教派追随者的大屠杀中（即臭名昭著的圣巴托罗缪节大屠杀）充当了现成的工具。对于那些可能由于过去的憎恨和恐惧而报复现在的巴黎人的人，我们应该怎样评价呢？他们的确憎恨那场大屠杀。虽然它很残酷，但是要让人们讨厌它并不困难；因为政客们和时髦的引领者们对于完全以同样的方式引导自己的情感毫无兴趣。然而，他们仍然发现他们的利益是保持同样野蛮性情的生机。但是不久前的某一天，他们在舞台上扮演的这场大屠杀仅仅是为了分散当年发动屠杀之人的后裔的注意力。在这场悲痛的闹剧中，他们造就了洛林红衣主教，他穿着长袍，下令进行大屠杀。难道这个场面是想要巴黎人憎恨迫害和厌恶流血吗？——不是的；它是要教会人们迫害他们的牧师，它通过激起教士们的厌恶和恐惧来刺激他们享受摧毁这一阶级的乐趣，如果这个阶级从根本上应该存在，而且还不只是安全地存在，那么它应该备受崇敬。各种各样的调味品刺激了他们凶残的食欲（人们会认为已经足够饱了）；如果它适合当下吉斯人的目的，那么这会加速他们在新的谋杀和屠杀中的警觉。拥有大量牧师和教士的议会不得不遭受这种上门的侮辱了。作家们没有被送到船上的厨房，演员们也没有被送到感化院。在这次演出后不久，那些演员们来到国民议会去要求进行他们胆敢揭露的特有的宗教仪式，而且在元老院中，他们展示了他们那种婊子的脸；然而，巴黎的大主教，他的职能只能通过他的祈祷和赐福为人所知，他的财富只能通过他的施舍为人所知，被迫放弃他的住所，逃离他的信众（正如逃离一群饿狼），因为在16世纪，洛林红衣主教是一个叛徒和杀人犯。[①]

这就是那些人颠倒历史的结果，他们为了同样邪恶的目的，歪曲了所有其他的知识。但是这些站到理性高度的人们，将多个世纪置于了我们的眼下，把事物引到了真正比较的要点上，他们隐去了一些较小的名字，抹去了一些较小政党的色彩，对他们来说，只有人类行为的精神和道德品质才能上升到这样的高度，他们会对王宫里的老师说——洛林红衣主教曾是16世纪的杀人犯，而你们光荣地成为18世纪的杀人犯，这就是你们两者的唯一不同。但是，19世纪的历史被更好地理解和运用，我相信它会教导文明时代的后裔们去憎恨这两个野蛮世纪的罪行。它会教导未来的教士和地方行政官不去因为当下现实中的狂热者和激进的盲信者犯下的暴行而去报复未来投机和懒怠的无神论者，这种谬论（无论什么时候被人们信奉）在静止状态下都不只是一种惩罚。它还会教导后裔们不要为了宗教或哲学的伪君子的滥用行为而向宗教或哲学开战，因为它们都是十分偏爱和保护人类的全能上帝给予我们的最有价值的恩赐。

如果你们的教士或任何国家的教士做出了超出人性弱点所允许的罪恶，以及犯下了与职业道德很难区分的职业错误，尽管绝不值得对他们的

---

① 假设这个故事是真实的，但是他当时并不在法国。也可以使用另一个名字。

罪恶进行镇压，但是我敢肯定，这会自然而然地降低我们反对暴君（对他们的惩罚超出范围和正义的限度）的愤慨。我可以允许教士们（尽管他们都不属于同一派别）有自己固执的见解、某种传播自己的过剩热情、对自己处境和职位的某种偏好、对自己团体利益的依附、对听从他们教义的人们的偏爱，超越了对他们的轻蔑和嘲笑。我容许这一切，因为我是一个与人打交道的人，不愿因为对宽容的侵犯而成为最狭隘的人。我必须容忍这些弱点，直到它们恶化成各种罪行。

毫无疑问，从弱点到罪恶的情感的自然进程应该由警惕的眼睛和坚定的手去阻止。但是，难道你们的教士团体真的越过了公正容许的那些范围吗？从你们近期各类出版物的一般风格来看，人们会被引导去相信你们法国的教士是一种怪物，一种迷信、愚昧、懒怠、欺骗、贪婪和暴政的恐怖结合体。然而，这是真的吗？随着时间的流逝，难道利益冲突的中断和党派之间导致的悲惨的邪恶经历真的没有渐渐影响他们的心灵吗？难道他们真的每天都侵犯公民的权利，给安定的国家制造麻烦，以致政府的运行变得危险而无力吗？难道我们时代的教士阶层真的用一双铁手去压迫世俗阶层，到处点燃野蛮迫害的火焰吗？他们有没有通过任何的欺诈手段去增加自己的地产？有没有使用超出地产应有的需求？或者有没有强行颠倒是非，把合法的要求变为一种令人厌恶的敲诈？当不拥有权力时，他们的内心是不是与嫉妒权力的人一样充满了邪恶？他们是不是被一种暴力、好斗的论战精神给激发？由于知识统治权野心的驱使，他们是不是准备公然违抗所有的地方行政官、烧毁教堂、屠杀其他派别的教士、推倒祭坛和在被颠覆政府的废墟上开辟一个通向帝国或教义的道路，这条路有时讨人喜欢，有时强迫人们的意识从公共机构的司法权屈服于他们的个人权威，以自由的要求开始，而以权力的滥用而告终吗？

这些或其中的一些，只是过去时代里几个教徒的罪恶（并非毫无根据），他们属于当时被分割和扰乱欧洲的两个重要政党。

如果在法国，正如在其他国家那样显而易见，这些罪恶会大大减少而不是增多，我们不应该用其他人的罪行和其他时代可憎的品行去惩罚现在的教士，而是应该按照公正的评价，对他们进行赞扬、鼓励和支持，因为他们抛弃了让他们祖先羞耻的精神，在内心里和态度上接受了一种更适合他们神圣职能的品行。

在接近统治的末期，当我有机会来到法国时，各种形式的教士引起了我巨大的好奇心。我反而发现（除了一群人，尽管当时并不是大多数，但是非常的活跃）人们以抱怨和不满反对着某些出版物。让我有理由去期待的这个团体，我认为由于他们的缘故很少或没有一起公共的或私人的不安。由于进一步的考察，我发现教士阶级一般都是比较中庸和有礼貌的人；当然这里的教士包括了两性的牧师和僧侣。我虽未能有幸了解许多教区的教士，但是我总体上却收获了一个关于他们的道德和其对责任专注的完好记录。我私下与某些高级别的教士有点交情，对于这一阶级的其他人，我也有一个良好的信息途径。他们中的大多数人都是贵族出身。他们与这一阶级的其他人一样，唯一的区别就是他们的偏爱不同。他们比军人出身的贵族阶级更好地接受了教育，所以他们绝不会由于无知或提出了不适合的要求，在行使其权威时而让他们的职业蒙羞。在我看来，他们超越了教士的品格，还拥有自由和豪放的品格，以绅士的心和人们普遍的荣誉感，在举止和行为方面既不傲慢也不卑屈。在我看来，他们是一个相当出众的阶级，是一群你发现有费内隆式之人也不会感到惊讶的人。我看见巴黎教士阶级中的一些人（他们中的大多数在其他地方很难遇见）非常直率而又有学识，而且我有理由相信，这一阶级并不只限于巴黎。我知道自己在其他地方发现的一切都只是一种偶然现象，所以我假设他们是一般的案例。我在一个偏僻的小镇上待了几天，这里的主教不在，我与三位教士共度了数个夜晚，这些代理主教对任何教堂来说都是令人尊敬的。他们三位都是见多识广之人，其中的两位是古今中外具有深远而广博学识的人，在他们自己的领域尤其如此。他们对我们英国神学家的广泛了解超出了我的想象，而且他们还以一种准确的评判研讨了那些天才作家。其中的一位叫莫浪吉的神父后来去世了。我衷心地把高贵、可敬、博学和卓越的颂词献给他，并且我也以同样的愉悦之情向另外两位致敬，如果我不担心会伤害到自己没有能力去帮助的人，那么我相信他们还活着。

这些拥有各种头衔的教士都值得我们尊敬。对我和许多英国人来说，他们都值得我们去感激。如果这封信终究落到他们的手里，我希望他们会相信，我们国家中的很多人以普遍的情感对他们不应受的打击和残酷的财产没收表示同情。我对他们说的一切乃是真理应给予的一种证词，尽管只是一个微弱的声音。无论什么时候涉及违背自然的迫害的这种问题，我都会站出来发言。任何人也阻止不了我的正义和感激。当那些非常值得我们和全人类尊敬的人遭到公众的谩骂和压迫权力的迫害时，就是我们表现出自己的正义和感激的时候了。

在革命前，你们大约有120位主教。他们中的少数具有突出的圣洁和无限的仁慈。当我们谈论英雄时，我们肯定谈论的是他们罕见的品德。我相信他们中间突出邪恶的例子也许和那些超级善良的人一样罕见。贪婪和放荡也许会从例子中被选出，我对此并不否认，那些乐于调查的人总能得出这样的发现。一个和我同岁的人不会惊讶，在各个行业都有几个人在财富或享乐方面并没有过一种自我克制的完美生活，这些财富或享乐被所有人期待着、盼望着，但是对此毫无索求的人却比那些最为关注自己利益或最沉迷于自己激情的人更为有活力。当我在法国的时候，我确定罪恶的教士还不是很多。在生活中，他们中的某些个人并不具有与众不同的规矩，但他们的自由精神却弥补了他们在庄严品德方面所缺乏的东西，赋予了让他们对教会和国家有用的品质。我被告知，除了少数特例外，路易十六在提拔这一阶级时比他的前任更加注重品行，而且我相信（由于在整个统治时期一些改革的精神已经在盛行了）这可能是真的。但是现在的统治当局表现出了一种专门针对抢劫教堂的倾向。他们惩罚了所有的高级教士，至少在名誉上，偏袒了那些邪恶的教士。它建立了一种可耻的津贴制度，让那些具有自由思想或自由条件的人甘愿把自己的孩子交与它。它必须下降到底层人们之中。由于你们下层的教士阶级在职位上的人数不够，由于这些职位不可估量地微小和卑微；由于你们让中层的教士阶级不安逸，因此将来在天主教会里就不存在科学或者教育了。为了完成这个计划，国民议会丝毫不关注资助人的权利，对未来提出了一个选举教士的制度。这种安排会把所有严肃的人和所有在自己的职位上或行为上假装保持独立的人驱逐出教士这个职业；还会把公众的心灵投入到那些放纵、狡猾、捣乱派和谄媚小人的手里，他们的这种条件和生活习惯也会让他们那可鄙的津贴（与一个税收官的津贴相比较，是有利可图和令人尊敬的）成为一种卑鄙下流的阴谋。那些他们仍称作主教的神职人员，将会被选举出来，他们的收入也是相当少的，而且同样也是通过选举的手段，由众所周知或有选举权的各类宗教派系的人选举产生的。新的立法者在有关他们的资格方面（无论是教义还是道德）没有任何规定，更不用说他们对下级的教士做过什么；上级和下级的教士似乎也仅仅只是随心所欲地赞扬或宣扬他们喜欢的一切宗教的或非宗教的形式罢了。我还未看到主教对下级的管辖权，或者说他们到底有没有这种管辖权。

先生，总之，在我看来，这种新的教会制度（在它的任何形式下）只是打算作为彻底废除基督教的一种临时的和预备的制度，无论什么时候大臣们受到普遍鄙视的计划得到实现了，人们在心灵上就准备好了这最后的一击。那些不相信哲学的狂热分子，以这些事情为指导，长期筹划着这个计划，他们完全不懂自己的性格和各种行动。这些狂热分子毫无顾忌地宣扬他们的观点——没有任何宗教的国家比有一个宗教的国家更好；还有他们有能力通过一个计划来代替国家中任何有益的东西，即通过一种他们想象出来的以人们生理需求的知识为基础的教育，逐步给人们带来一种开明的自利，当很好地理解到这一点时（据他们说），它就等同于一种更为广大和公开的利益。这个教育的计划早已为人所知。不过近来他们以公民教育的名义使其与众不同（正如他们用一个全新的术语命名）。

我希望他们在英国的同党（对于他们，我宁愿把这微小的行为而不是终极目标归于这个卑鄙的计划）既不会成功地掠夺教会，也不会把一种流行的选举原则引入我们的主教和教区。在世界的目前状况下，这将会是教会最后的腐败、教士品行的最终毁灭，以及国家由于一项错误的宗教安排会遭受的最致命的打击。我充分了解到，在国王和贵族的庇护下，主教和牧师的职务有时候是通过不正当的手段获得的，正如它们在当下的英国和不久前的法国那样；但是另一种竞选教士的方式则更为确定和更为普遍地屈从于卑鄙野心的一切邪恶手段，一旦把它们运用到更为广大的群众中去，就会相应地产生危害。

你们国家中那些抢劫过教士的人认为，他们应该可以很容易地把自己的行为与所有新教的国家相融合；因为被他们抢劫、废黜和给予嘲笑与蔑视的教士都属于罗马天主教，也就是属于他们自己所伪装的那个派别。我毫不怀疑，在这里像其他地方一样，总能找到某些卑鄙的顽固分子，他们憎恨和自己不同的教派和党派，胜于他们对宗教本身的热爱；他们对与自己有不同计划和体系的人的愤怒，胜于对那些袭击我们共同愿望的人的不满。这些人写作和谈论问题的态度都是依据自己的情绪和性格而定。伯奈特说，1683年他在法国时，“让最优秀的那部分人选择天主教的方法就是：使他们怀疑整个基督教。一旦做到这一点，他们似乎就会对表面上支持哪一方或采用哪种形式毫不关心”。如果这是当时法国的宗教政策，那么从此以后他们就会有一大堆理由去后悔。他们宁愿选择无神论而不是其他不符合他们观念的宗教形式。他们成功地摧毁了那种形式，然而无神论却成功地摧毁了他们。我可以很容易地相信伯奈特的描述，因为我在我们中间观察到了太多与之相似的精神（因为有一点点就已经是“太多太多了”）。然而，这种精神却并不普遍。

改革我们英国宗教的导师们与你们巴黎现在进行改革的医生们毫无相似之处。也许他们（像他们反对的那些人一样）在一个党派精神的影响下被寄予了许多期望，但他们却是更为真诚的信徒，拥有最热心和最高贵虔诚的人，像捍卫他们基督教特有观念的真正英雄那样随时准备死去（正如他们中的一些人那样死去），他们也会以同样的刚毅，更畅快地为普遍真理和以血为争的宗派而死。这些人会以厌恶之情否认那些宣称和他们有交情的卑鄙之人，没有别的理由，仅仅是因为这些人抢夺了与他们有争议之人的财产，以及鄙视过他们共同信仰的宗教，为了这种宗教的纯洁性，他们付出了满腔热情，毫不含糊地显示出了他们对期望改革的体系的本质的崇高敬意。他们后裔中的大部分都保留了这种热情，但表现得更为中庸了（比如，很少有人采用斗争了）。他们并没有忘记宗教的本质部分是正义和仁慈。不虔诚的人不会以邪恶和残忍与他们的任何一类同胞交流。

我们听说，这些新的导师在不断夸耀自己的宽容精神。那些应该宽容一切观念的人认为没有什么东西是值得尊重的，这是一个没有多大意义的问题。对此同样的忽视并不是真正的仁慈。源自鄙视的那种仁慈也不是真正的仁慈。在英国，许多人是以真正的宽容精神去宽容一切。他们认为，尽管宗教的各种教义的程度不同，但它们都是重要的，而且在这些教义之中（正如所有有价值的事物之中）存在一种公正的偏爱理由。因此，他们有偏爱，也有宽容。他们宽容不是因为鄙视各种观点，而是因为他们尊重正义。他们会虔诚而执着地保护所有的宗教，是因为他们热爱和崇敬自己认同的一切伟大原则，以及共同追求的一切伟大目标。他们开始越来越明显地意识到，我们拥有一个共同的事业，正如反对着一个共同的敌人。他们在军队里从属于另一个教派，他们不会被宗派的精神所误导，以至于不能从敌对行为中区分什么事情是对自己一方有利的。我不可能说，我们每一类英国人可能有什么样的性格。但我可以告诉你们，大部分的英国人认为亵渎神明不是他们善良作品里教义的一部分；他们非但不排斥反而会称你们为伙伴，如果你们的教授们加入了他们的宗教团体，他们一定会小心地隐藏他们有关无辜人士被剥夺公民权的合法性的教义，而且还一定会归还他们所偷窃的一切东西。在此以前，他们并不是我们的人。

你们可能认为我们不会赞成你们没收主教、教长、牧师以及教区神职人员从自己拥有的独立房产中获得的收入，因为我们在英国有相同的体制。你们会说，这种反对观点并不适用于没收修道士和修女的财物以及废除他们这个阶层。诚然，你们大量没收财物中的这一特殊部分作为一个先例不会影响到英国。议会长期在英国没收主教和牧师的土地和你们的议会出售修士会的土地的做法是一样的。但这是不公正的原则，存在着危险，而且不在于是谁是第一个受害者。我看见紧挨我们的一个邻国追求政策一体化，在反抗时集正义和对人类的普遍关注于一体。法国国民议会就认为财富、法律和习俗都是一无是处的。我看到国民大会公开斥责传统教义，他们当中最有名的一个法学家[①]告诉我们，伟大的真理是自然规律的一部分。他告诉我们，要积极地确定界限和不被入侵的安全，这些都是民权社会创立的原因之一。如果传统一旦动摇，并成为一个强大的诱惑足够吸引

① 多马（Domat）。

贪婪的贫困势力，那么没有一种财产是安全的。我看见他们所做的与藐视自然法则中的这一伟大的基本组成部分完全相同。我看到掠夺者从主教、教长和教堂开始，却没有看到他们从那里结束。我看到王公贵族们拥有大量的地产，这是那个王国最古老的做法（几乎是无可争辩的），却被剥夺了替换他们稳定的、独立的财物，导致他们依靠国民大会随意给出的慈善养老金。当它藐视那些合法的业主时，任凭议会的高兴，当然只会随意支付很少给养老金领取者。他们沉浸在最开始的不光彩的胜利的傲慢中，迫于他们亵渎钱财导致的危难，他们是失望的，但并不气馁，最终他们企图完全颠覆整个伟大王国的所有财产。他们已经迫使所有的人，在商业活动中，在处理土地上，在民事交易上，在全部的生活交往中，接受他们的证券，当成兑现的、良好的、合法的偿付形式，而这是他们预计出售他们财物的投机活动的象征。他们遗留下什么样的自由或者财产的痕迹？承租人对卷心菜花园的权利，对一间小屋一年的利息，对啤酒店或面包店的信用，隐藏极深的侵占财富的痕迹，这些在我们的议会上，与最受人尊敬的人手中的最古老的、最有价值的土地和最有钱的人及你所在国家的商业利益相比，更受到重视。我们接受立法机关的权威性；但我们从未想过议会有侵占财产，否决教义，强推谎言，或强制使用他们发行的假币来代替真正的、被各国法律认可的货币。但是你们从一开始就拒绝服从最温和的限制，而以建立起一种前所未闻的专制主义结束。我发现你们掠夺者掠夺的理由是这样的，就是他们的行为不会博得正义法庭的支持；但是所有习俗的规则都不能绑定一个立法议会[①]。因此一个自由国家的立法议会不是为了保障财产的安全，而是要摧毁它，并且不仅是财产安全，还包括每一条能使它稳定的规则和准则以及那些让它可以独自运转的手段。

当16世纪的明斯特再洗礼派以他们的平均制度和关于财产的野蛮意见使德国陷入混乱时，他们这场风暴的升级对欧洲的哪一个国家没有提供拉响警报的正当理由呢？在所有事物中，智慧最害怕这种传染性的狂热，因为在所有敌人中，这是它最不能够提供什么资源加以反对的了。我们不能

① 加缪（Camus）先生的演讲，由国民议会下令发布。

无视无神论的狂热精神，它受到了众多著作的鼓舞，以令人难以置信的勤勉和费用传播开来，在巴黎所有的街道和公共场所都有各种说教鼓吹。这些著作和说教向大众传输一种黑暗野蛮的残暴精神，取代了他们自然的共同情感以及一切道德和宗教的情操，致使可怜的人们以无动于衷的忍耐力来承担着财产权引起的剧烈痉挛和变更带给他们难以忍受的苦难。[①]这种狂热的精神又伴随着这种改变信仰的精神。他们有团体在国内外进行阴谋策划和联系，以宣传他们的信条。世界上最幸福、最繁荣、治理得最好的国家之一——伯尔尼共和国，就是他们准备摧毁的最大目标之一。我被告知，在某种程度上，他们已经成功地在那里播下了不满情绪的种子。他们在整个德国也在忙碌着。在西班牙和意大利也并非未尝试过。英国也没有被排除在那假慈悲的完备计划之外；在英国，我们发现那些向他们伸出了双臂的人不止在一个讲坛上推荐他们的例子，不止在一个定期集会上公开呼应他们，吹捧他们，当成我们模仿的对象；从他们那里接受他们在仪式和神秘活动中供奉的团体标志和旗帜；[②]他们就在我们的宪法已经委托政府全力维护这个王国而政府同样认为该向他们作战的时候，还在建议与他们结成永久友好的联盟。

我担心的是我们教会的财产并非根据先例被没收，尽管我认为这是一种极大的罪恶。我最关心的是，将来在英国也会把为寻求财富而没收

① 下面的描述是否完全真实，我并不知道，但这确是发布者想要发布以鼓舞他人的。在图勒的一封信中，只摘选其中某页，如下便是对那一区人们的描述：“在目前的革命中，他们抵制诱惑、偏见以及革命的敌人的迫害和骚扰。忘记了自己最大的利益，而同意大会的意见来决定国家的一般性质。他们看到的，没有争议。人群中，他们的教会机构依然存续，然而甚至于失去了他们的主教，这个唯一一个拥有所有资源的人，或者更确切地说，平心而论，应该保留他们最可怕的苦难，对不足够的爱国主义的谴责。他们仍然愿意以流血来维护宪法，而这将减少他们城市中最可悲的无效婚姻。”这些人其实没必要为了自由的抗争而忍受这些遭难和伤害，因为值得这样做的国度本来一直都是自由的；他们对乞讨和废墟的容忍、所承受的苦难、不反抗，以及最明显、最公认的伤害，若完全真实，那将毫无意义，不过是彻头彻尾的狂热分子罢了。法国上下，一大批民众也处在同样的境遇和状态中。

② 参见在楠梓（Nantz）对联盟的诉讼。

任何财物看成一项国家政策，或者公民中的任何一个类别都会把其他类别看成适合自己的猎物。各个国家都越来越深地涉入无边无际的债务的海洋中。最初公共债务是政府的一种安全保障，因为许多人因此而关心国家的安宁；但超过了一定的限制，也可能意味着政府将被颠覆。如果政府通过征收沉重的税收来弥补这些债务，那么就会为人民所憎恨而灭亡。如果他们不提供债务偿还，他们将会在所有政党中最危险的那一个政党的努力下而被取消；也就是说广泛的、不满的金钱利益，虽受到伤害却并没有被摧毁。组成这种利益的人们为保障自己的安全，首先向政府表现自己的忠诚，其次则是依靠政府的权力。如果他们发现旧政府疲惫不堪、筋疲力尽了，没有足够的精力来满足他们的目的，他们就会寻求一个新的具备更多精力的政府。这种精力不是来自新力量的获得，而是来自对正义的藐视。革命是有利于实现没收行为的，我们也不可能知道接下来的没收行为会以什么样的名义而被授权。我确信在法国起主导作用的原则会波及所有国家的很多人、很多阶层人民，他们把自己无害的懒惰当成自己的安全保障。业主中的这种无知可以认为是无用的，这种无用对他们地产的保护也是不恰当的。欧洲的许多地方都处于公开的混乱中。在其他许多地方的地下已经发出了潜在的呻吟声，人们已经感受到了一场动荡即将来临，警示政治界将有一场大地震发生。在一些国家正在形成一些性质极不寻常的联盟和联系。这种情形下，我们应该保持警惕。在所有的突变中（如果这些突变必将发生的话），最能消磨他们伤害的锋芒并促进其中可能美好的事物就是我们对正义的顽强精神和对财产的维护。

但有争论说，法国的没收行为不应该惊吓到其他国家。他们说这不是来自肆意掠夺；而是国家政策中的一项重大措施，采取这项措施以便移除一种广泛的、根深蒂固的、迷信的伤害。把政治和正义区分开来，对于我来说是极为困难的。正义本身就是公民社会的基本政策；在任何情况下，对正义的任何明显的背离都会让人怀疑根本就没有政策存在。

当人们受到现有法律的鼓励而接受一种特定的生活方式，并在那种模式下受到像从事合法职业一样的保护时；当他们已经满足于他们所有的想法和所有的习惯时；当法律让他们长期遵守规则以维护他们的荣誉，而背离则是一种耻辱，甚至是一种刑罚时——我相信在立法中，通过武断行为向人们的思想和情感提供突如其来的暴力行为是不正义的。这种暴力行为强制性地降低了他们的地位和条件，并用羞耻和丑名来玷污他们认定的快乐和荣耀所依的性格和习惯。如果在这基础上再把他们驱逐出住宅，没收他们的所有财物，那么我不能足够睿智到区别由人们的情感、良心、偏见和财产引起的专制行为与暴君政治有什么不同。

如果在法国遵循的方针的非正义性是显而易见的，那么这项措施的政策也就是人们希望从中获得公共利益的政策，至少应该是同样明显和同样重要的。对于一个行动不受任何情绪影响，在他的活动中除了公共利益再无其他想法的人，体制最初设立时要求的政策和彻底废除存在问题时要求的政策，这两种政策间的巨大差别立马就会打动他。这些政策早已广泛存在并根深蒂固，长期的习惯使许多比自身更有价值的事物都适应了，并以一种形态与它们交织在一起，这让人们很难做到摧毁其中一个又不明显地伤害另一个。如果情况真如诡辩家在辩论中所表现的卑鄙风格，那么这个人就会处于尴尬境地。但是在这方面，正如大多数国家的问题一样，有中间道路可取。在绝对毁灭或者未经改造而存在的纯粹的二选一外，还有其他的某些事物。“你的命运在斯巴达注定了，就认命吧。”在我看来，这是一个具有深刻意义的规则，应该永远不会被一个诚实的改革家所背弃。我无法想象任何一个人如何让自己傲慢到那种程度，无视自己的国家到只把国家当成一张他可以在上面随意乱写的白纸的程度。一个人心中充满热情，勤思考又善良，可能希望他所处的社会构成并不是他看见的那样；但是一个好的爱国者和一个真正的政治家总是在思考他将如何充分利用国家的现有资源，保护现存物质的发展方向和对其的改进能力，这是我对政治家的标准。而其他的一切事物，在观念上都是庸俗的，在实际操作中都是危险的。

曾几何时，在国家的命运中，有些特殊的人会被召唤，通过极大的精神努力进行改善。在那些时刻，即使当他们看起来享有了他们君主和国家的信任，并赋予全权，他们也并不总是恰当的工具。一个政治家，要做伟大的事情，就要寻求一种力量，那就是工人们称之为杠杆的东西；如果他在政治中得到了这种力量，就像在机械中一样，那么他应用起来就会顺手得多。在我看来，在修道院的体系中能发现具有政治仁爱的体制的伟大力量。那里存在着受公共监督的收入；那里有人一心致力于公共目的，除了公共联系和公共原则外再无其他联系和原则，人们不可能把公共财产转化为私人财产；人们否定个人利益，他们的贪求为的都是集体；他们的个人贫穷是一种荣誉，绝对的服从代替了自由的位置。当人们需要这些东西的时候，就能把它们制造出来，这种可能性是徒然的。这些体制是热情的产物，是智慧的工具。智慧本身不能创造出物质资料，这些东西是大自然或者运气给我们的馈赠；智慧的骄傲来源于它能够被使用。团体机构及其财富的常年存在对于一个有远见、考虑着需要时间进一步筹划并在完成之后能持续下来的人来说是特别适宜的东西。一个人获得了诸如存在于团体中的财富、纪律和习惯力量的控制权和指导权，却不能把它转化为自己国家的伟大长远利益，他就不值得拥有很高的地位，或者甚至不值得在伟大的政治家队列中被提及。一个具有创造思维的人看见这种情形，就会有上千种建议。在道德世界中，要摧毁在人类精神的旺盛创造力中快速生长起来的任何力量，就几乎等同于在物质世界中摧毁人体中明显的最积极的品质。这好比是试图摧毁（如果我们有能力摧毁）硝石中固有气体的膨胀力，或是摧毁蒸汽、电和磁的力量。这些能量永存于大自然中，也总是可以辨认的。它们中有些似乎是无用的，有些是有害的，有些只能供孩子娱乐；直到思考能力和实践技术相结合，征服了它们的野性，让它们有用，让它们立刻成为受命于人类的伟大观点和规划的最有力、最驯良的工具。难道你们能够指挥那5万人的脑力和体力劳动，以及既不懒惰又不迷信每年有几十万收入，这似乎太大让你们无法应用了吗？难道除了把传教士转变为领国家津贴者外，就无其他方法来使用他们了吗？难道你们除了对资源进行挥霍无度就没有其他方法把收入转化为储蓄了吗？如果你们的精神寄托相当贫乏，那么就只有顺其自然的过程了。你们的政客们不懂自己的领域，因此他们就只好变卖自己的工具了。

但是他们的原则具有迷信的味道，他们也在永久地通过影响来培育它。对这一点，我并不打算争辩；但是这并不妨碍你们从迷信本身获取任何资源，这些资源可以提供公共利益。你可以从人类的思维中获得许多性情和激情的好处，在道德的眼中就具有和迷信一样的怀疑色彩。纠正和减轻激情中的有害因素是你们的事情，就像在一切激情中一样。但是所有可能的恶习中最大的就是迷信吗？我认为在它可能过度的时候，它就变成了一个极大的恶魔。然而它是道德的主题，当然也就可以容许有各种不同的程度和各种不同的表现。迷信是精神脆弱者的宗教；他们必须容忍迷信混合体的存在，有些是琐碎的、有些是热情的或者其他的形式，否则你将剥夺精神脆弱者的力量，这种力量对于强者也是必须的。可以肯定地说，所有真正的宗教主题都服从于世界主权者的意愿，坚信他的宣言，模仿他的完美行为。剩下的就是我们自己的。它可能对伟大的结局有害，也可能起辅助作用。作为智者，他们不是仰慕者（至少不是大地礼物的仰慕者），他们不会极端执着于这些事情，也不会极端憎恨。智慧不是最能校正愚蠢行为的武器。他们那些愚蠢的竞争对手，才会挑起一场如此无情的战争，才会如此残忍地利用他们的优点，这使他们在他们的争吵中在这一方或那一方发生无节制的粗俗行为。审慎是中立的；但是如果面对一件其本质上不该有过激情绪的事情，一方誓死拥护，另一方激烈反对，那么一个谨慎的人也要被迫做出选择，辨别自己应该谴责或应该容忍哪种错误和过度狂热。也许他会认为构建迷信比破坏迷信更能得到容忍：那种点缀一个国家的要比扭曲一个国家的，那种赋予的要比掠夺的，那种实施错误的善行要比那种刺激真正的正义的，那种致使一个人拒绝自己合法的乐趣要比从别人那里抢夺他们自我否定了的仅有的生活必需品的，都更能得到容忍。我认为这就很贴近我们所处问题的状况了，这个问题存在于修道士的迷信的远古创立者和如今伪哲学者的迷信之间。

现在我暂不考虑人物扬言的出售教产是为了公共利益，尽管我认为它纯粹是骗人的。我在这里仅仅把它看作财产转移。在财产转移这个政策上，我要说一些想法打扰你们。

在每一个繁荣的社会，生产者生产的产品要比维持目前所需更多。这种过剩就构成了土地资本家的收入。这收入将会被不劳动的资本家花费。这种闲逸本身就是劳动的源泉，包含着对产业的刺激作用。国家唯一关心的就是从土地中收取的租金应该再次回到它来的产业中去，及花费应该尽可能不损害那些人的道德以及它的那些返还对象。

一个清醒的立法者会从收入、支出和个人职务的角度，来对人们向他提出要驱逐的一个所有者与一个人们向他推荐的陌生的替代者进行比较。通过大规模的没收而进行的所有权的一切剧烈的革命，必定会导致种种麻烦。在此之前，我们就应该有合理的保证，使购买被没收的产业的人比旧的所有者在很大程度上更加勤劳、更加严谨、更有道德，而不是更加倾向从劳动者的收入中榨取不合理的那一份；或者说他们自己去消费比一个人正常所需更大的份额；又或者说他们应该有资格以一种更稳定和更平等的方式去支配剩余部分，以此符合政治消费的目的。旧的所有者——可以称他们为主教、教士、受奖的修道院院长、修道士或者任何你高兴叫的名字。修道士很懒，假设他们没被聘用而是在一个合唱队唱歌会怎么样？他们和那些既不会唱也不会说的人一样有用，甚至他们和那些受雇于在大舞台上唱歌的人一样有用。他们是有用的，如果他们从早到晚都在从事那无数的奴隶般的、有辱人格的、不体面的、不人道的、往往是最不健康的和易被传染疾病的工作的话——由于社会经济的缘故，许多可怜的人不得不置身其中。

经济社会这么多可怜的职业不可避免地注定要失败。如果不是一般有害干扰事物的过程，并且在一定程度上有所阻碍的话，循环的大趋势就不会被这些不高兴的人变得诡异。我应该更倾向于要无限强行救他们脱离悲惨的行业，而不是粗暴地去打扰修道院的平静和安宁。人性或者是政策，或许能更好地从不同角度来证明我的正确。这是一个我经常思考的课题，但是我每次思考从来不能不带任何感情。我确信在一个治理良好的国家里，没有任何一种考虑可以论证应该容忍这类职业和其用人的正当性，除非是有必要屈从于奢侈的枷锁下或者是荒唐的专制主义之下——那他们就会按其自身的专横方式去分配剩余的产品了。但是这种分配的目的，在我看来，修道士们的无用的消费和世俗懒汉的无用的消费，其导向是一样的。当财产的进步性和项目达到标准时，就再也没有动机来做出改变。但是在当前这种情况下，或许他们还未达标，不同之处在于他们只对财产有浓厚的兴趣。在我看来，你们要加以驱逐的那些人的花费，事实上并不比你们现在正闯入其家门的那些宠儿们的花费更直接、更普遍地通向腐化堕落，并使他们所践踏的人变得更可悲。对一个大地产的消费是对土地剩余产品的一种分散，这对我或者对你来说似乎都是不可忍受的，尤其是当它采取的途径是大量藏书，是大量收集古籍、奖章、钱币（它们印证和解释了法律和习俗），是大量收集绘画和雕塑（它们由于模仿自然仿佛是延伸了造化的极限），是为死者建造宏伟的纪念碑（它超越坟墓而继续关怀和联系着生命），是收集自然界的标本（它成为一切品类和种属的代表，由于人们的嗜好和我们的好奇心而开辟了通往科学的大道）。

这些宏伟的永久的建设会使所有这些物品的花销更好，使之免于变化无常的个人任性或挥霍浪费，难道它们让这些有同样情趣的人更糟糕吗？难道石匠和木匠在劳动中分担农民的汗水、在建设和维修庄严神圣的宗教建筑时流下的汗水，与建设和维修肮脏而奢侈的画廊和暖室时流下的汗水一样快乐和健康吗？难道他们修复那些因年代久远而破败不堪的神圣作品时流下的汗水，与他们在建设满足一时之乐的临时厅堂时流下的汗水一样光荣和有益吗？难道歌剧院、妓院、赌场、俱乐部和马尔斯大道的尖顶纪念碑不都是一样的吗？难道用橄榄和葡萄的剩余产品来为那些由于虔诚而为上帝服务的节俭之人做生活必需品，比供养那些不计取数、屈服于人类骄横而沦为无用家奴的人更糟吗？难道装饰寺庙比绶带、徽帽、小别墅、昂贵夜宵和数不胜数的纨绔子弟挥霍的行为和做出的蠢事，更配不上一个聪明人吗？我们容忍它们，并不是因为喜欢它们，而是因为担心更坏的东西。我们容忍它们，因为财产和自由在某种程度上需要这种宽容。但是，为什么要禁止在各方面看起来都值得肯定的地产呢？为什么要通过破坏所有的财产和侵犯自由强行把地产变得更糟呢？对新分散的个人和旧集体的比较是基于后者不可能进行任何改革的假设之上。但在改革的问题上，我总是认为集体比分散的个人能做的或应该做的更容易受到国家的指导。就我看来，这一点对于那些把任何事都称作政治事业的人而言，是一个十分现实的因素。目前为止，我对寺院的产业谈得够多了。

关于主教、教士和被推荐的男修道院主持所拥有的财产，我不能找到为什么除了继承以外就不能以其他的方式拥有不动产。对于那些拥有一大部分不动产的人来说，这些地产大多是通过一些人继承的。他们对地产等方面永远都是达到了最优秀的程度。有哪一个哲学家能够证明它是很坏的事情？这种财产权是以其主人的优点为依据，相反，这恰恰给了贵族的生活最好的支持，也给了那些社会地位低下的人一种提高。要想获得这些财产，那么就必须要履行某些不可推卸的责任。除此之外，所有者的人品、外貌等方面都必须达到顶尖水平。他们要表现出他们很慷慨又好客的精神，还有就是他们的收入的一部分都会作为慈善来捐助社会。他们即使辜负了自己的信任，即使他们滑到了自己性格之外而变成一个普通的贵族或绅士，但在任何方面与那些要接收他们的被剥夺财产的人相比较，难道还会更坏吗？难道这些不动产由那些没有责任的人拥有，就比由那些责任心强的人拥有更好吗？难道由那些在花费财产上，除了自己的意愿和贪欲之外就没有任何规则和方向的人拥有，就比那些在性格和目标方面都倾向美德的人拥有更好吗？更不用说这些不动产整个来说也没有永久性产权本身所应具备的一切特征和毛病啊。他们的转手流通要比任何其他的都快得多。任何过分都是不好的；因此过大的一份地产尽管可能是终身正式拥有，然而存在某些不是只要事先交钱而是以另外的办法也可以获得的产业，我觉得似乎也不会对任何国家构成实质性的损害。

这封信写得太长了，虽然就这个题目的无限内涵来说，它确实是很短的，有许多其他的附带问题时不时地从这个题目跑到我的脑海里。我把我的空闲时间用来观察，在国民议会的议程中，我是否能够找到来改变或者修正我某些最初情绪的理由，这并不能让我感到遗憾。所有事情都强有力地证明了我最初的看法。我原来的目标原本是要观察国民议会对重大基本机构的原则，以及你们用一些你们所摧毁的旧东西的全部新东西来与我们英国体制中的某些成分之间做比较。但现在这个计划的范围比我最初计算的要大得多，而我发现你又没什么欲望来利用什么例子。目前，我必须使自己满足于对你们的体制做一些评论，而再找另外的时间来讨论有关我们英国君主制、贵族制和民主制的精神，因为它们确实存在。

我已经观察了法国政府力所能及的一切。我的确是自由地谈论它的。

那些其原则在于轻视人类古老的、永久的观念，并把社会的计划建立在新原则之上的人，肯定会期望我们这些认为全人类的判断比他们的判断要好的人，会认为他们和他们的设计都必须要经过试验。他们肯定会误认为我们更愿意相信他们的理由，但一点也不相信他们的权威。他们承认对（公众的）意见有敌意。当然，他们也肯定不会期望从那些影响中得到任何支持，当然这其中也包括那些在其他审判的职位上被免职了的权威。

我从来不认为这个议会除了是一个利用环境来抓住这个国家的指挥权的人们的一种自愿结合，还能是其他什么别的东西。他们并没有最初集会时的那种制裁和权威。他们假设有另外一种截然不同的自然，也有了完全改变了和颠倒了的他们原来所处的关系。他们并没有那种可以在国家宪法下运用的权威。他们已经偏离了派遣他们的人民的指示，而当议会不再凭借古老的管理或稳定的法律做事时，这些指示是他们权威的唯一来源。他们最重要的议案不是由大多数决定通过的，在这种只能代表整体的建设性权威的微弱多数中，局外人就要考虑其原因和决议了。

如果他们已经建立起了这样的实验性的政府，是作为已经被废除了的暴政的一个必要的替代品，那么人类就能预期这种处理的时间会通过长期的惯例，会成熟从而成为合法性的政府，这种政府在开始时是暴力的。那些凡是具有维护社会秩序的感情的人，都会承认由那些强有力的便利原则所诞生的社会秩序的合法性——即便他还在摇篮里；而一切正当的政府就诞生于此，并根据此来论证自身的延续性。但是一个政权若不是由于法律和必要性产生的，相反，而是来源于往往是扰乱甚至有时候是足以毁灭社会的那些邪恶和有害的做法，他们就会迟迟不愿意给任何一方以支持。这个议会几乎还不到一年。我们听到他们有自己的说法，说他们已经进行了一场革命。进行一场革命就是要破坏我们国家古老的政府，任何普通的理由都无法用来论证这场暴力行动的正当性。人类的常识就授权我们要检验获得新政权的模式并批评由它所形成的运作，而不像通常对一个已成定局的并被公认的权威一样有敬畏之情。

这个议会夺取和维持政权的行动所用的原则，与看来似乎在指导他们运用这种权力的原则是极其相反的。对这种差异的观察会让我们能够领会到他们行为的真实精神。他们所做过的一切事，或者说继续在做的事都是为了夺取和维持政权，这些都是最普通的方法。他们这样做就好像他们的祖先在他们之前所做的一样。通过对他们全部的诡计、欺诈和暴力进行追踪，你可以发现那些东西全都不是新的。他们以一丝不苟的精确的精神在追随他们的前人及前例。他们从未有半点偏离暴政和夺取政权的真正公式。但在一切有关公益的条例中，他们的精神则恰好相反。在这里，他们把一切都归结于那些未经检验的投机的仁慈；他们把公众眼中最可贵的利益归结为那些不精确的理论——他们之中没有一个人会选择把他私人关注的最细微之处交付给这些理论的。他们造成了这种差别，是因为他们有那种欲望来认真夺取并维持政权，所以他们就只有在那些路上前进了。那些公众利益，因为对于那些他们并没有真正地关注，所以他们就完全寄希望于机会，我说的是机会，因为他们的计划在实践中没有任何东西来证明他们的意愿是美好的。关于那些在指向人类幸福的问题上胆怯犹豫的人所犯下的错误，我们必须总是带着几分尊重来可怜他们。但是对那些先生来说，丝毫没有那种害怕为了实验而伤害到婴儿那种为人之父的焦虑。在他们那种没有边际的承诺和他们语言的那种自大等方面，他们远远超过了任何经验主义一派的自夸。他们那种自夸的傲慢，就以某种方式激发并挑战我们对他们的基础做一项调查。

我坚信在国民议会中那些优秀的领袖的确是有值得赞扬的方面的。他们中的一些人在他们的演讲和作品中表现得很有口才，而这不可能是没有过人的和有教养的天赋的，但是也可能是智慧程度不高却有很好的口才。当我谈论到能力的时候，我必须要求自己区分开来。他们为了支持自己的制度愿意做一切事，这也显示了他们不是普通的人。对于这制度本身，被当作国家建立起来的一个计划，这是为了保证公民的富裕和安全，是为了促进这个国家的强大。我承认我自己不能找到任何东西，在一个简单的例子中，可以认作是那种很有理解力和决断力的头脑的作品，或许甚至是那种通俗的谨慎的头脑的作品。他们的目的看来似乎是想要躲避和绕开困难。在一切眼前的艺术品中，那些大师们的光荣就是要克服困难；当他们攻克首道难关时，还会把它转化为一个克服新困难的工具。因此，这就使得他们能够扩大自己在科学上的领域；甚至是把人类智力本身的界标向前推，超越自己原有的思想。困难是一个严厉的指导者，它是一个保卫者和立法者，它比我们更了解自己，也比我们更爱自己。陛下自己没有走偏。那些和我们用力较量的人强化了我们的神经，磨炼了我们的技能。我们的对手就是我们的帮手。这种友好的争斗促使我们对我们的目标有一个更清醒的认识，并且强迫我们考虑它的全部关系。这就不能允许我们是浅薄的人。正是对这样一桩事业少了理性的神经，正是因为人的堕落性好走捷径和喜欢虚假的便利，世界上才有这么多的地方建立起了专制的政府。他们建立了前法国专制君主制，他们建立了巴黎的专制共和国。他们的智慧不够，就提供充分的暴力，他们却什么也没得到。他们以懒惰的原则开始他们的工作，他们有着和懒惰人一样的命运。那些与其说是已经避免了倒不如说是逃脱了的困难，还会重新在他们的道路上与他们不期而遇。它们对他们来说会越来越多，越来越重；他们通过细节上一团混乱而陷入了一场没有止境、又没有方向的忙碌之中，并且终于使他们的全部成果都变得脆弱、有害而又不可靠。

正是因为没有能力和困难对抗，法国蛮横的议会才被迫通过废除并彻底毁灭来开始他们的计划。但是难道这种技能要在毁坏和推翻之中才表现得出来吗？你们的暴民至少和你们的议会就这点而言是做得一样好。最浅薄的理智、最粗糙的双手就足够胜任这项任务。暴怒和疯狂在半小时内可以毁掉的东西，要比审慎、从容和远见在一百年之中才能建立起来的还多得多。旧制度的错误和缺点都是看得见的、摸得着的，并不需要什么才能就可以指出它们来；而一旦他们有了绝对的权力，只需要一句话就能够废除这些替代品和制度。当这些政治家开始做事来替代他们所毁坏的那些东西时，就是这样既懒惰又焦躁不安的情绪，喜欢懒惰又讨厌安宁的情绪在为他们指路。把他们所见到的一切事物都颠倒和毁坏是一样的容易。在从来没尝试过的事情中，都没有困难出现。批判精神对于发现过去所从不曾存在过的事物的缺点，几乎没有能力去解决；而那急切的热情和骗人的希望却体验着漫无边际的想象力，他们的议论可以在其中畅通无阻。

及时的保存和变革已经是另外一回事了。当一个旧机构的有用部分依然存在，并且所增加的东西符合保留条件时，一个果断的想法，坚定的注意力，进行比较和结合的各种能力，解决任何问题的办法等都将被利用；它们被运用于在各种恶势力的相互冲突中、在拒绝一切改进的顽固派势力及对它所拥有的一切事物感到厌倦的轻浮的不断冲击中。但是或许你们会反对说“这种过程是缓慢的，它并不适合于一个在几个月之内就要完成光荣任务的集会。像那种形式的变革或许要经过很多年才能得以实现的”。它会是那样毋庸置疑的，而且它本应该如此。这是时间能够成为其助手、运作缓慢且无法被察觉的最好方法之一。当我们在对毫无生命的东西进行工作时，小心谨慎是明智的一部分时；当我们所要摧毁和建设的主题并非是砖石木材，而是有生命的物体时：由于它们所处的条件、环境和习惯的突然转变，那么大批的人就将因此陷入悲惨的境地。这样看来流行在巴黎的意见是，一个完美立法者必须具备冷漠无情的心和冥顽不灵的信念。然而我对那种高职位的看法却有所不同。一个真正的立法者必须具备良好的鉴赏力。这种鉴赏力能让他的资质仅仅凭直觉一瞥就能抓住自己的最终目标。但是他实现这一目标的行动应该是深思熟虑的。为了实现社会性目标而成为一项工作的政治安排，则只能通过社会性手段来造就。在那种情况下，心灵只能同心灵共同合作。想要获得那样完美的心灵配合——单凭它就可以产生我们所追求的所有目标——时间将会是最好的催化剂。我们的耐心将会比我们的力量成就得更多。如果我能够冒昧地说出如此不合乎巴黎时尚的东西的话，我指的是经验，那么我就应该告诉你，在我的一生中，我认识伟人，也曾经和他们一起做过事。而我却从来没看见任何计划是被那些理解力比领导他们的低下的人能通过观察而加以修正的。通过缓慢但维持良好的过程，每一个步骤的效果都是显而易见的；第一步的成与败就照亮着第二步，并且，随着这样一步步的照亮，我们就在整个系列中被照亮着前进。这样，我们就能发现，各个部分和整个系统之间并未发生任何冲突。在那些最有希望的制作中潜藏着的邪恶，一旦它们露出马脚，人们就已经准备好消灭它们了。一种有利条件尽量被牺牲而去有助于另一种有利条件，我们尽量去弥补着、协调着、平衡着。于是我们便有能力把人类思维和人类事物中所发现的各种特例和相互冲突的原则统一起来。这样产生的并非是一种简单的优异，而是一种更为高级的优异。在经过世代延续而获得重大利益的地方，这种延续就应该被允许运用到对他们有很大影响的会议中去。如果正义也需要如此，那么这种工作本身也要求能有不仅只是一个世代的心灵所能提供的帮助。从这样一种对事物的观点来看，最好的立法者对政府中建立的某些确定的、稳定的主导原则就感到很满足；那种力量被一些哲学家称为可塑性。而原则一旦确立之后，他们就让其自由发挥作用了。

以这种方式来办事，也就是说，以一种固有的原则和精力来办事，这对于我来说，是一种非常睿智的标准。你们的政客认为那是天才的表现，那只能证明是他们的无能。因为他们自己的暴力急躁和对自然规律进程的遵守，他们只能被盲目地交付给冒险家和规划家、炼金术士和江湖郎中。他们对于自己被用来分析平常事物而感到绝望。在他们的所有治疗中，日常饮食是毫无作用的。更糟糕的是，他们的这种绝望并不仅仅是出于理解上的缺陷，恐怕是出自某种性情上的邪恶。你们的立法者可能采纳了所有讽刺家对所有的职业、社会等级和职务的特点；而当这些讽刺家被带到他们自己写的文字面前时，一定会非常震惊的。听过这些，你们的领导者都会以邪恶和错误的眼光看待事物，并且把这些邪恶和错误加上色彩。这是一个不争的事实，即使听起来很矛盾，但是大体上来说，这些习惯于用邪恶和错误眼光看事物的人是没有资格参与改革之事的。因为他们的思维不仅不具备善良公正的模式，而且他们的习惯也对那些事物不感兴趣。因为对邪恶的过于憎恨，因此也就变得不太爱人类了。因此他们不准备，也没有能力去为人民服务。因而你们某些领导者的那种要砸烂一切的习性就出现了。在这种心怀恶意的游戏中，他们表现出了他们的活力。至于其他的，善于雄辩的作家的谬论被作为一种想象的游戏提了出来。而这些谬论被那些老好先生捡起来，却不是以原作者的意愿来提高他们的鉴赏力和改变他们的风格的。这些谬论成为了他们严肃认真的行动基础，他们就以此来管理着国家的大小事务。西塞罗曾说，加图力图在斯多葛哲学系低年级学生们用于锻炼智力的校园波轮的基础上进行一切形式的国事活动。如果对于加图力图这些传闻是真实的话，那么这些绅士就以跟他生活在同一时代的人的方式来效仿他的做法。休谟先生对我说，他从卢梭那里得到了他写作原则的秘密。那位古怪却敏锐的观察家已经意识到，要想符合大众的口味和喜好，就必须创造出更加新颖的东西，抑或奇迹，异教神话的奇迹已经失去了它原有的作用了。随后而来的巨人、巫师、仙女和浪漫的英雄们已经失去了他们那个时代的信心。现在对于作家来说，除了那些还能被创造出来并且有着原来相同作用的奇迹以外，已经没有任何东西了。而那往往就是在生活上、行为上、特征上和在特殊局势下所创造出来的奇迹。我相信卢梭如果依然活着，那么在他某个清醒的时刻，他绝对会对他的学生们的实践热情震惊——他们在自己的理论中是十足的效仿者；并且他们即使在毫无信心的情况下依然会找到一丝信仰。

能够担当大任的人，通常情况下也应该让我们有根据可以判断其才能。然而一个国家的医者——他们不满足于治疗病痛，而是担当着重建国家体制的重任，那么他们就必须表现出比常人更多的才能来。在那种既不付诸实践又不复制样板的那些人的设计中，表面上应该表现出某些不同寻常的智慧来。曾经有没有这样的现象显现过呢？我就来看一下（对于这一主题将会是短暂的）这个国会所做的。首先提到的是立法机关的组成部分，其次是执法能力的组成，再者是军队的模式，最后便是经济制度。看看我们是否能在他们规划的任何部分发现其惊人的才能，可以来证明这些自大的承担者有着与普通人不一样的优越条件。正是在这个新共和国的统治集团和领导组成部分的模式中，我们就能期待着看看他们的精彩表演。在这里，他们要证明对自己的傲慢要求所应有的名义。对于这一计划本身和对它所依据的理由，我参考的是1789年9月29日的国会报纸，以及随后对这一计划所做的任何改变的记录。就这一事件，我多少有点困惑，然而这个体制却像它原有的那样被保存下来了。我的一些评论着眼于它的精神、它的趋势，以及它对建立一个人民共和国的适应性——他们声称自己的国家是人民共和国——是否符合任何一个共和国，尤其是这样一个共和国所建立的目的。与此同时，我所要考虑的是，它与它自己本身是否具有一致性。

旧的机构是由其效果来检验的。当人民是幸福的、统一的、富裕的及强大的时候，我们就可以猜想其余的一切了。好处来自哪里，我们就可以断定哪里是好的。在旧的机构中，对于它们理论上的偏差，各种各样的修正方法已经被找到了。它们的确是各种各样的必要性和便利性的产物。它们不是根据任何理论建立的，更别说理论的来源是它们了。在它们那里，我们常常看到，在手段似乎并不完全与我们所能想象的原来规划的地方协调时，目的却得以最好地实现。这些通过经历得到的手段或许比那些原来所计划的规划更适合政治目的。同时它们也反作用于旧的体制，并同时改变着看似要偏离主题的原始计划。我认为这些都可能很奇特地展现于大不列颠的宪法中。在最坏的情况下每一种估计中的错误和偏差都被发现和估计到了，而船只却继续沿着它的航线前进。这就是旧机构的情况；但是在一个新的理论性的体系中，每一种设计都被期待着在表面上看来能适应它的目的，尤其是在那些设计者们全然不必烦心去努力使新的建筑物适用于旧的建筑物的地方——无论是在墙壁上还是在地基上。

法国的建设者们，把他们所发现的一切当作垃圾给清除掉了，并且像他们精于装饰的园丁一样地把一切事物都纳入一个精确的水平上。他们提出要把全部地方的和全国的立法机构建立在三个不同种类的基础之上：第一个是几何学的，第二个是算学的，第三个是财政的；其中他们称第一个为地域基础，称第二个为人口基础，称第三个为赋税基础。为了实现这些目标中的第一个，他们将他们自己的国家划分为83个正方形，各为18 × 18。稍微大点的我们称为省，而那些以正方形的量度分成为1 720个的地区，称之为公社。他们又继续划分，以正方形的计量方法来进行，分为更小的地区，他们称为区，总共6 400个。

乍一看来，他们这种几何学基础并没有很多值得赞扬和责备之处。它并不需要伟大的立法才能。对于这样的计划而言，除了一个拥有很好才能的土地勘察员之外，其他什么也不需要了。确定这个国家旧有的区划的是不同时期的不同偶然事件，各种财产权和司法权的起落确定了它们的疆界。毫无疑问，这些疆界并不是根据任何一种固定的体系来规定的。它们要服从某些不利的条件；但它们同时又在那些不利条件的运用中找到了弥补办法，并且习俗已经提供了适应性和耐性。在并不是根据任何政治原则，而是根据恩培多克勒和布丰式这种方块套方块的新方法的组织或半组织中，要使那些不便利不出现在人们不习惯的场所，那是不可能的。但这些问题我不想提及，因为这需要对这个国家有充分的认识来说明它，而我却不具备这样的认识。

当这些国家的监察人来考察时，他们就会发现，在政治上的一切事物中，最困难的莫过于几何学的证明了。因此他们便求助于另一种基础（抑或是另一种支撑物）来支撑那些快倒的建筑。很显然，土壤的肥沃、人民的数量、他们的财富以及他们纳税的多少，造成了方块与方块间的巨大差异，导致测量法成为衡量共同体的一种荒谬的标准，并且使几何学成为一个唯一的标准。然而他们又不能放弃它。但是由于把政治与公民的权利分为了三份，他们就把这些部分中的其中一部分归于方形的度量，但我们却找不到任何一种方法来确定这种分配是公正的，而且根据某一原则来说应该是三分之一。可是我设想，既然从那么高深的学科中给予了几何学以这种比例（她亡夫遗产的三分之一），所以他们就留下了其余两份来让其他两部分（人口与赋税）发生冲突。

当他们以此来为人们服务时，他们不能像对待他们的几何问题那样顺利进行。在这里他们的运算法要以他们形而上学的司法为依据。如果他们坚持他们的形而上学原理，那么算术的过程将是非常简单的。所有人和他们在严格意义上是平等的，在他们自己的国家里都享有平等的权利。在这个政策下的每个人都有权投票，被每个人直接投票选举的人是立法机关的人。“但是只是轻轻的，按照常规的话就相差很远了”这个物理原则必须遵从于法律、习俗、用法、政策、理性，还要让自己心甘情愿地接受。在代表团和他的成员达成一致之前，一定还有很多阶段和过程。事实上，正如我们即将看到的，这两个人是没有什么交流的。首先，对他们初级议会的投票人有资格限制。什么！对于不可剥夺的人权会有资格限制？是的，但它应该是非常小的资格限制。我们的不公正具有非常小的压迫性，它仅仅是支付给公众当地三天劳动的价值。为什么？我很乐意承认，这对于任何而言都算不上多，不过是对你的平衡原则的完全颠覆。更不用说它可能会作为一种资格，因为它没有对任何有目的的人做出为什么要建立资格的回答；而且，在你看来，它排除了一个投票权，这个人是所有天生平等的人中最需要保护和防御的：我的意思是这个人已一无所有，除了作为公民应该被保护以外。你命令他购买权利，在这之前你告诉他在他出生时，他已经获得了基本权利，世界上任何权威都不可以剥夺他合法的权利。对于不能进入你市场的人而言，暴虐的贵族在建立之初就与其相对，你不过是假装成他宣誓的敌人罢了。

这些分级制度仍然在进行。这些主要州被选为公社的代表是从每两百个合格的居民中选出一个的。这是选民和代表立法者之间的第一个媒介主，这里新的收费制是以人类的第二个资格来固定征税的权利：因为只要没有缴纳十天的劳动力所值就不能被选入公社。这并没有结束，因为还有另一个层次。[1]这些被选的公社再选入省，省的代表再选出他们的代表进入国民大会。这是对于毫无意义的资格限制的第三个障碍。每个代理国民议会必须支付马克——银币的直接税。所有这些资格限制我们必须认为是一样的，他们无力争取独立，只有在毁灭人类权利时是强大的。

在所有这些过程中，在其基本元素的影响下只考虑有自然权利的原则的人口，有着一种对财产的明显关注；其中，无论在其他方案里是如何合情合理，但在他们的规划中还是得不到支持。

当他们来到他们的第三个基础，即赋税基础，我们发现他们更完全忽略了他们的人权。这最后的基础完全是基于财产的。一个完全不同于人类平等和完全与之不同的原则，却得到了承认；但是这个原则刚被承认，就（像往常一样）被颠覆了，而且它被颠覆（正如我们现在所看到的）不是要让财富的不平等接近自然的标准。在第三部分表示额外的份额（一个部分专门预留的更高的赋税）只给这个地区，而不是他们纳税的个体。通过他们的推理过程，很容易发现他们是怎样被他们的人权和富人特权两者

① 公社是为了执行其委员会的决议，在这过程中做了一些调整。他们剔除了这些等级中的一个阶段；但却是主要目标，即在他们的方案中，第一轮选举投票与立法委员代表无关，他们保留所有权利。但这里有一些其他改变，其中一些可能更好，一些可能更坏；但对笔者而言，这些小小的改变的优点也罢、缺点也罢，都没有任何意义，因为过程本身就极为邪恶而荒谬。

所困扰的。宪法委员会也几乎承认他们是完全不可调和的，关于赋税的关系，当这个问题在个人与个人的政治权利的平衡时，没有这个原因，个人之间的平衡将被摧毁，而一种富人的贵族制将被建立起来，无疑（他们说）是没有任何意义的。但由此引起的不便完全消失时，委员会在执行该计划时做了一些改动。他们已经在这些阶段中减少了一个，这消除了一部分异议，但是最主要的反对意见是在他们的方案中第一批有选举权的投票者已经不能代表立法者了，但仍然有选举权。还有其他的改变，一些可能会更好，一些肯定会更糟糕；但是对更改者来说，这些更小的改变的优点或者缺点似乎没有什么意义，这个计划本身也基本上是邪恶和荒谬的。赋税的关系只考虑了群众，并且仅仅是省与省之间，它在这种情况下，只有形成一个只是在城市之间的反比例，没有影响公民的个人权利。

这里，赋税的原则是人和人之间的，是被谴责为无意义的，并且也是破坏平等的，因为它会导致建立一个富人的贵族制。然而，它绝不会被摒弃。摆脱困难的方法是在部门和部门之间建立不平等，让所有的人在每个省中都处于真实的平等地位。注意，当资格限制在这个部门已确定时，这种个人之间的平等在之前就已被摧毁了；人们的平等无论是聚集的还是个人受到伤害，似乎都没有多大关系。一个人处于由少数人所代表的和处于由很多人所代表的地位，是具有不同等的重要性的。告诉一个人要珍惜他的平等地位，投票选出三个人和他投票选出十个人是具有相同选举权的，那就说得太多了。

现在，从另一个角度来看它，并且让我们假设他们是按照纳税的代表原则，即根据贵族制，从最好的方面来想象，是他们共和国的一种必要的基础。在他们的第三个基础里，他们认为财富应该是受人尊敬的，正义和政策要求他们应该赋予人权，以这样或那样的形式，得到公共事务管理机构的更大份额；现在可以看到大会是怎样通过授予他们的地区，而不是授予个人凭借他们的财富而获得更大的权利，从而为富人们提供了安全感和优越感的。我毫不犹豫地承认（事实上我应该把它作为一个基本原则）在一个有民主基础的共和政府，富人真的需要在他们君主制下所必需的额外的安全保障。他们受到嫉妒，又由嫉妒变为压迫。对于目前的计划是不可能完美的，群众的不平等代表就是从中建立的，他们是不会从贵族的优先性中得到什么好处的。是否作为对贵族的支持，或作为对财富的保障，富人是不可能察觉到的：因为贵族制是从普通群众中产生的，而授予普通制的特例是没有任何意义的，对于这种建立在财富上的优越性没有联系到群众。如果创制者的这个计划意味着以任何形式支持富人，由于他们的赋税，他们应该已经被授予特权，无论是对富人个体，或是对一些由富人组成的某种阶级（就像历史学家们所陈述的塞尔维乌斯·图利乌斯在罗马早期体制中所做的那样）；由于富人和穷人之间的竞争并不是群体与群体之间的较量，而是人与人之间的斗争；不是各个区域之间而是不同类别之间的竞争。如果该计划被倒置，那么也许会更好地达到它的目的，就是使得群体的选票是平等的，也就是说群体之间的选举权和财产是成比例的。

让我们假设一个人，在某个地区（它是一个简单的假设）所缴纳的赋税和他的一百个邻居是一样的，但他只有一票反对这些人。如果这个群体只有一名代表的话，他的那些穷邻居在投票选举那一名代表时，还是会以100：1的票数而胜过他。这真是太糟糕了。但因为他还是做了一些修改。怎样修改呢？该地区由于他的财富，比如说，选择十名代表而不是一个：也就是说，通过缴纳非常大的赋税，他就有幸在一百个穷人选十个代表中而胜出，而不是被穷人以100：1而淘汰。事实上，富人还会受到额外的阻碍，而不是通过这种数量上的优越性而受益。在他的省份，代表人数已经增加另外九个了，以及民主制的候选人已远远超过九个了，就是为了制定阴谋诡计，以牺牲他为代价来讨好人民并压迫他。通过这种方式下层人民还得到另一个利益，就是获得了每天有18个里弗的工资（对他们来说已经是一个非常大的目标了），但是除了住在巴黎的快乐人群，和参加了王国政府以外的人，野心目标越是增加得多，就会越来越变得民主化，仅仅因为这个比例，富人就受到了威胁。

因此，它就似乎成为具有贵族性的省份里穷人和富人之间所发生的情形。在其内部关系是与此特征完全相反的。在它的外部关系，即它关系到其他省份，我很难看出那种按财富而给予群众的不平等的代表制是怎样成为为了保证共和国的平衡和安宁而造就的一种方式。如果它其中之一的目的是以确保弱小被强大压碎（就像在所有社会都有的现象），那么这些群体中的弱者和穷人该如何从富人的暴政中得救呢？通过增加富人进一步和更多的系统就意味着压迫他们吗？当我们谈到团体之间代表制的平衡时，地方性的利益、争执和嫉妒是完全可能出现在他们之中，就像出现在个体之间一样；他们的分歧可能产生一个更强烈的精神分裂，也许还会出现一些很可能引发战争的东西。我知道这些贵族性的群体是建立在所谓的直接纳税的原则之上的。没有什么会比这更加是不平等的一种标准了。由消费税而产生的间接税，实际上是一种更好的标准，而且要比这种直接纳税更为自然地在追随和发现着财富。要根据这一种或另一种或者两种赋税来确定地方受重视程度的一个标准，的确是困难的；因为某些省份可能由于并非其内在（而是产生于它们某些地区因其显著的税额而博得了偏爱）的原因，而在某一种或在两种赋税方面缴纳得更多。如果各种群体乃是独立的主权体，它们要以显著的份额供给联邦国库，而且税务局并没有（像它往常那样）对于全体课以很多的税；它们只是个别地而非集体地影响人们，并且由于它们的性质而混淆了所有的地域界限，那么我们就可以谈谈基于群众的纳税基础了。但是在所有的事物中，这一根据纳税而确定的代表制是一个国家中最难以确定公平原则的事物了，因为一个国家要把它的各个地区都视为一个整体中的成员。因为一个大城市，例如布尔多或巴黎，看来似乎缴纳了几乎与所有指派给其他地方的份额不成比例的一笔巨大的税额，并据此对它的群众加以考虑。但是这些城市是按照那种比例的真正纳税者吗？不是的。遍及全法国的商品消费者们都来自布尔多，支付了布尔多的进口税。吉耶讷（Guienne）和朗格多克（Languedoc）的葡萄酒生产，给这个城市提供了从出口贸易中所增长起来的税收的手段。把产业置在巴黎，因而地产主们就是巴黎这座城市的创造者，用他们的地租为巴黎纳了税的吗？非常近似的同样论点，也可以用于根据直接纳税而分配的代表份额，因为直接纳税必须根据实际的或认定的财富加以评论；而那种地方的财富其本身却并非出于本地的原因，而且因此就公平而言就不应该造成一种地方性的偏向。

非常令人瞩目的是，在这种确定依据直接纳税的群体代表制的根本规划之中，他们并没有确定直接纳税将要怎样规定以及如何分派。或许在这种奇怪的程序中有着某种潜在的政策趋向于延续当前的国民大会。无论如何，只有完成这件事情，他们才有可能有明确的宪法。它最终必然依赖于税收体制，并且必定随着该体制的每一变动而变动。当他们设计各种事物时，他们的税制之有赖于他们的宪法，远不如他们的宪法之有赖于他们的税制。这一定会在各群体之间引起巨大的混乱，正常地区对于投票的资格变化的限制必然会造成无穷无尽的内部纷争——只要是进行真正竞争的选举的话。

把这三个基础放在一起——不是它们政治上的原因，而是就国民大会赖以工作的那些观念而言——进行比较，并且检验一下它与它自身的一致性，那么我们就不可避免地发觉，被委员会称为人口基础的那项原则，并不是与其他两项具有贵族性质的所谓地域的和纳税的基础，都从同一个出发点开始运作的。结果便是，在所有三项原则都一起开始运作的地方，前一项原则就对后两项原则产生了最为荒谬的不平等。每个区有4平方里格，据估计平均有4 000名居民，或者说在初级议会中有680名选民（这一数字要随着该区的人口而变化），而每200个选民要选出一名代表到公社。9个区组成一个公社。

现在让我们来看一个区，包括有一个海港商业城或一个大制造业的城镇。我们假设这个区的人口是12 700名居民，或2 193名选民，构成三个初级议会，并向公社派出10名代表。

相对于这一个区的是同一个公社其余八个区中的其他两个。我们可以假设其中每一个的一般人口数为4 000名居民和680名选民，或者二者一共是8 000名居民和1 360名选民。这些将仅构成两个初级议会，并且仅仅派出6名代表到公社。

当公社的议会根据那个议会中被承认首先要起作用的原则，即地域基础，而来进行选举时，那个只有其他两个区的地域之半的单一的区，将依据明确的区域代表制的理由在选出3名代表进入省议会的选举中，具有10：6的投票权。倘若我们正如我们很有理由的那样来设想，公社中的其他几个区在比例上少于平均人口（正像是主要的区超过了它那样），这种不平等尽管是惊人的，还会大大地加重。

现在，再看也被承认为在公社的议会中起首要作用的一项原则的纳税基础。让我们再来看看上面所说的那样一个区。如果大商业或大制造业城镇所缴纳的全部直接税平均分派给居民们，那么每个人都会发现所缴纳的要远远多于一个农村居民依据同等平均数所缴纳的。前者的居民所缴纳的总额会比后者的居民所缴纳的总额要多——我们可以公允地假设是三分之一。那么这个区的12 700个居民或2 193个选民就要和其他区的19 050个居民或3 289个选民——这近于其他五个区的居民和选民的估计比例数——缴纳的一样多。而这2 193个选民，正如我前面说过的，只派出10名代表参加议会；那3 289个选民则要派出16名代表。这样，就整个公社的纳税中的同等的份额而论，在依据代表整个公社的总税额的原则选举代表时，却会出现16票对10票的差异。

用同样的计算方式，我们会发现其他区的15 875个居民或2 741个选民只缴纳不到整个公社纳税的六分之一，却比那一个区的12 700个居民或2 193个选民还要多3票。

在这一个地域和纳税而产生的代表制之奇特的权利再分配中，群体与群体之间的怪诞的和不公正的不平等便是如此。这一切所加的资格限制事实上都是消极的资格限制，它所赋予的权利与他们的财产成反比。

无论你愿意从什么角度来考虑，在整个这三种基础的设计中，我并没有看到把各种目的协调为一个一致的整体，而是有好几种互相矛盾的原则被你们的哲学家们勉强地而又无法调和地拼凑到一起，就像是被关在笼子里的那些野兽要互相撕咬直到它们互相毁灭为止。

我恐怕对他们考虑制定一部宪法的方式已经说得太多了。他们有着大量的但是很坏的比例算学；然而假如它完全像形而上学、几何学和算学所应该的那样精确，而且假如他们的规划在它们的所有各部分都是完全一致的话，那么它也只不过造成了一幅更美妙好看的幻景而已。值得注意的是，在一种对人类的伟大安排中，居然对任何道德事物或对任何政治事物找不到任何一种参照系，找不到任何东西是关系到人们的关注、行动、情感和利益的。

你看，我仅仅是从选举上考察这部宪法，一步一步地直到国民议会。我并没有深入研究各省内的政府，以及它们经历的公社和区的谱系学。在原来的计划中，这些地方政府是尽可能地要以选举议会的同样原则和同样方式来组成的。它们每一个的自身都是十分紧密而完整的。

你只能看到在这一规划中，有一种直接而当下的趋势要把法国分解为一大堆共和国，并使得它们彼此之间全然独立，除了它们默认来自各个独立共和国的使节们的全体大会所决定的东西之外，就没有凝聚、结合或从属关系上的任何直接的宪法手段了。事实上，国民议会就是如此，而且这样的政府我承认在世界上确实是存在的，尽管在形式上要无比地更加适合于它们人民的地域上和习惯上的情况。但是这种联合（而不是政治体）一般都是必然性的而非选择的结果；并非我相信，当前法国的政权正是那第一个在获得了随意处置他们的国家的充分权威之后，就已经选择了要以这种野蛮的方式来肢解它的公民体。

在几何分布和算术方法中，你可能会发现这些所谓的公民把法国视为如同一个真正的征服国家。作为征服者，他们借用了最冷酷的种族的最严厉的政策。这些异族的胜利者蔑视被征服的民族，侮辱这些人的情感。他们的这种政策差不多都能在他们身上找到影子。在宗教、政治、法律和礼仪方面摧毁所有古老国家的遗迹。突破领土界限，让其日益贫穷，拍卖其所有财产，打倒他们的王子、贵族和罗马教皇。让这些土崩瓦解的民族绝望，观念落伍，不合规范。他们使法国在礼仪上更加自如地行使人类的权利和对待那些真诚的朋友，即罗马人，获得自由的希腊人、马其顿王国和其他的民族。在促使它们的城市各自独立的幌子下，法国人摧毁了他们联结的纽带。

那些新行政区的机构、公社和部门的组成人员有意通过媒体让人产生困惑，然而他们在工作中发现彼此是多么陌生，尤其是在乡级行政区，选举者和被选举者经常缺乏文明的习俗或联系或天生的纪律，这些纪律是一个真正的共和国的灵魂。地方治安官员和收税者现在不再了解他们所在地区的情况。主教不再熟悉他们的管辖区，副牧师不再了解他们的教区。这些新殖民地人民享有和一些军事殖民地人民相似的权利，而这些军事殖民地是塔西陀在研究导致罗马衰落的政策时发现的。他们采用了一些更可取、更明智的方式（无论过程如何，他们是这样对待外来民族的），他们小心翼翼、有条不紊地对待一部分附属国家，并与之订下合约，甚至为军队中的公民权利奠定了基础。然而，即使所有优秀的艺术作品化为灰烬，这些公民权利仍然有所发展，正如立法机构所做的那样，在公民平等方面，缺乏判断力，忽略了那些使共和国长久不衰的东西。但是几乎在每个例子中，新兴联邦诞生、发展和衰落，那些腐败行为是一个衰败破碎的共和国的标志，你的孩子来到这个世界上，就有死亡的征兆。希波拉底面容的憔悴形成了相貌的特征，预示着它的命运。

构建了共和国框架的立法委员会知道他们的事业太艰苦又复杂，比起玄学派的初学者没有更好的机构以及实践者的计算能力。他们必须与人民一起战斗，他们有义务去研究人类的本性。他们必须与公民一起战斗，他们有责任去研究那些与公民生活的环境相关的习惯的影响。他们认识到人类的第二天性的作用产生了一个新的结合体，由此在人类中产生了多样性，因为他们的诞生、教育、职业，以及他们生活的时期、他们居住的城镇或乡村，以及他们获取和控制财产的方式是不同的。所有这些都使得他们有如不同的动物种类一样繁多。因此他们认为自己有责任去把他们的公民分配到一些阶级以及让他们适应相应的习惯，并且授予其一些让他们安心的特权。关于法国大革命需要怎样的具体场景，怎样去描述这场因各方利益的不同而引起的冲突，以及如何利用冲突中的巨大力量来保护它，在这个复杂的社会里一定是存在的。立法委员会感到羞愧，因为一个可靠的喂养者知道怎样把牛、马和羊分类，并且有足够的常识，而不是把他们抽象化，把他们与动物平等化，不用提供合适的食物，不用照料，不用安排就业。经济学家在处理他和亲人关系的过程中，把他自己升华成一个无忧无虑的形而上学者，由于这个原因，孟德斯鸠客观地观察到在公民的分类上，古时候伟大的立法委员展示了最大的威力，甚至超越了自我。在这里，现代的立法委员已经严重地与此背离，甚至自己一无所知。作为管理不同类型的公民的第一种立法委员，把他们组成一个联盟，其他的立法者、形而上学者却背道而驰。他们试图竭尽全力征服所有公民，把这些公民融合成一个集体，然后他们使其分裂成形形色色的共和国。他们让人们放弃了反对意见，而不去弄清楚谁的权力是从那张谈判桌上产生的。他们的玄学派可以给他们更好的启示。他们中形形色色的投饵人也许会让他们知道在知识的世界中，除了实体和数量，还有其他东西。他们也许从玄学派的问答手册了解到，在每个复杂的思考中都还有八个要点①，这是他们从未想过的，尽管在全部的十点中，这八点是人类技能可以完成的事情。

到目前为止，从一些老的共和党立法委员做出的妥善安排看，他们严格遵守了道德的条件和人类的习性，他们巩固又破坏了自己建立的秩序（君权神授）。这一种政府用来划分公民等级的模式，在共和国并没有那样重要。然而的确，如果每次这种划分能恰当处理，在政府形式中会是很好的，会对专制统治形成强大障碍，这对实现共和国的永久统治和发挥它的职能是必要的手段。因缺乏这种类型的东西，若共和国现在的中心任务失败，伴随而来的是在适当的自由范围内不能保证国家的安全，所有对缓和专制势力的间接限制都会被移除。在这种情况下，如果君主统治在法国占支配地位，在这个或任何其他朝代的统治下，如果不是从一开始就由明智而有德的君主顾问们有意加以抑制的话，那么这将是地球上出现的最强大的专制力量。这将是在进行一场最残酷的游戏。伴随这样的过程而来的是混乱，而这甚至是他们宣称的目标之一。他们希望让邪恶势力复活的恐惧能巩固国家的宪法，这种恐惧对他们的成功起了很大作用。“用这种方法，”他们说，“专制势力要搞破坏会变得困难，不把整个国家的制度搞乱，是无法打破其统治的。”他们设想，若专制势力甚至拥有与他们得到的同等程度的权力，再使用权力进行惩罚会更谨慎，并且虔诚地担心整个国家的制度会被那些人用他们用过的野蛮的方式摧毁。他们期望从专制势力复苏的好处中获得安全，这种安全能被他们在后代流行的恶习中享有。

先生，我希望你和我的读者们会留意并精读一下德·卡罗纳的作品。关于这个主题，它不仅表现得很有雄辩力，而且是一次出色的有教育意义

① 除了实体和数量，还有质量、关系、主动、被动、姿态、时间、地点、具有。

的表演。我把自己局限于他所讲的一些与这个新国家宪法密切相关的事情以及自己的收入。至于这位大臣与他的对手之间的争执，我不希望对此发表意见。虽然我不打算对他的方式和手段做任何评论，金融上或政治上，他的国家从现在丢脸的、糟糕的、混乱的和卑劣的受奴役局面中摆脱出来，但是我不能像他那样有乐观的判断。然而他是一个法国人，对相关的目标有密切的责任感。比起我，他有判断它们的更好方式。我希望他提到的由议会的一位重要领导公开宣布的关于不仅要把法国从一个君主国家引向一个共和国，还要把这个共和国带入一个纯粹的国家联盟的事情能得到特别关注。这件事为我的发现注入新的动力。德·卡罗纳的许多关于大部分主题的新观点弥补了我的这封信的不足。[①]

这个决议把他们的国家分裂成独立的共和国，让他们陷入空前的困境及矛盾中。否则，所有关于真正的平等以及平衡的问题绝不会得到解决。个人的权利、人口和个人做出的贡献将会一无所用。表现出的责任，尽管是从过去演变而来，同样被视为全体的责任。议会的每一位代表将会代表法国，成为所有对法国描述的化身，代表多数人和少数人，代表富人和穷人，代表大地方和小地区。所有这些地区本身附属于一些出名的当局，而这些当局脱离他们的存在。在这个权威机构中有他们的代理人，和属于它、起源于它和它所指向的任何事物。真正合理地维护领土统一是一个长久、不发生变动的基本政府将会做且唯一能做的事情。和我们一起选出受人欢迎的代表，让他们进入委员会。在里面每个人都是主体，在完全发挥它的全部职能上必须服从政府。你们选举产生的议会是独立的，并且是唯一独立的机构，所有的成员都有不可缺少的主权。但是我们选举的情况就完全不同了。我们的代表独立于其他成员，没有任何作用，也就不存在了。政府是我们的代表制的个别成员和地区进行商议的场所，这是我们团结的核心。作为咨议的政府不是部分而是所有人的受托者。我们的公共委员会的其他分支机构也是如此。我指的是上议院。我们的国王和贵族是实现每个地区、每个省和每个城市共同的几个安全保证。你何时听说过英国

① 《论法兰西国家》，第363页。

的任何省份有过不平等的表现，哪个地区会没有一个代表？不仅是我们的君主和贵族获得了我们团结所依赖的平等，而且这是众议院的精神所在。代表们的不平等，被愚蠢地抱怨过，但这也许是阻止我们作为地方成员进行思考和采取行动的事。康沃尔和苏格兰一样，选出了许多议员。但是康沃尔比苏格兰做得更好吗？你们得自某些浅薄的俱乐部的任何根据，几乎没有让他们动过脑筋。大部分希望有改变的人，都有一些看起来是真的依据，而且都有不同的观点。

你们的新宪法在原则上与我们的相反。让我惊奇的是，每个人怎会梦想到履行宪法的每一条内容，英国就是一个例子。你们议会的首位和最后一位议员几乎没有或根本没有联系。国家议会的成员不是由人民选出来的，也不对人民负责。在他被选举之前会经过三次选举，在他和初级议员之间会有两轮执法官的调解，正如我说的，这是专门为他提供的，作为国家的大使，而不是国内人民的代表。这样一来，选举的精神就变了，也不能做任何矫正。有中间人改变了这种精神。除了他自身，一无所有。这样的尝试会不可避免地带来混乱，如果可能，会比现在更加恐惧。起初的议会代表之间没有联系的途径，用迂回的方法也许会在第一种例子中让候选人申请初级选举者的资格，为了能有他们权威性的指导，这些初级的选举者也许会让接下来的两个选举机构必须做出符合他们意愿的选择。不过这显然打乱了这个计划。这会把他们拖回到选举的混乱和骚动中。通过干涉选举的阶段，他们将会避免，在时间上避免，将整个国家的命运交由那些一无所知的人，或者对此完全不感兴趣的人执掌。法国大革命他们自己选择的邪恶的、差劲的和矛盾的原则让他们陷入永久的困境。若人们不打碎等级制度，他们显然不能从根本上被选进议会。事实上，他们在表面上和在实际中一样几乎没有被选举过。

在一场选举中，我们在追求什么？为了回答它的真实目的，首先你必须有方法了解你的选举者的健康状况，然后根据个人的责任和信赖持续关注他。这些初级选举者是因为什么目标受到称赞或者嘲笑？他们从不知道他身上具有的服务他们的品质，他不用对他们负任何责任。为防止滥用权利，初级选举机构决不会让代表描述他的行为。他在代表的联系中脱离了他们。如果他在两年的契约快要结束时有不合适的行为，两年后他不会受到重视。通过法国新宪法，最好的、最明智的代表和最差的代表会一起进入炼狱（Limbus patrum）。其底层是糟糕的，必须改头换面。在议会只能工作两年。这些治安官开始学习他们的工作时，正如打扫房顶一样，他们是没有资格操作的。你们的宪法有太多虚幻的东西了，以致在其中不会有多少实际意义。你们把代表是否会违反信赖作为原则来考虑，却完全忽略了其执行力。

这种间断的暂时苦难对一个没有信念的代表是不利的，他也许会是一个好的游说者，正如他是一个差劲的管理者。在这个阶段，他也许会要小手段，以取得对最明智和正直的选举者的优势。最终，选举出的所有成员同样有被淘汰的命运，因为他们只在选举中存在。也许不会有同样的人选择他。即使他请求重获信任，也要对自己负责。让所有第二轮的选举者叙述他的行为是荒唐的，是不实际的，是不公平的：他们自己在选举中会受到欺骗。作为第三轮的选举者，他们也许会选择争取部门的选民。在你们的选举中，责任是不可能存在的。

由于法国的几个新共和国的性质和构造之间没有一致性准则，我认为是这些立法者结合在一起为他们提供了一切的外来物质。我不会花心思留意他们的联邦、他们的观点、他们的盛宴以及他们的激情，因为这些都仅仅是骗局。但根据他们的行为可以推测出他们的政策，这样我就可以区分他们为使这些新共和国结合在一起所做的准备。第一种是征用，且实行强制性的纸币政策。第二种是巴黎的最高政权。第三种是国家的全部军队。关于最后一点我会保留我的意见，直到我认为军队本身作为一个单独的题目来考虑。

对于第一点的实施（即征用和货币政策）仅仅是作为一个黏合剂，二者相互依赖，不可否认的是，如果他们疯狂愚蠢的管理和对各个部分的调和不能在一开始就产生排斥反应，那么这些就可能在将来形成某种黏合剂。但是在我看来，考虑到该计划的某些一致性和连续性，一段时间之后，如果征用政策不足以支持纸币政策（我确实认为不会），那么非但不会产生凝聚力，反而会无限地增加这些相互关联的以及自身内部相关联的联邦共和国之间的分裂、分散和困扰。但是如果征用政策成功地渗透了纸币政策，这种黏合就会随货币流通一起消失。同时，这种黏合力将会非常靠不住，它会随着纸币信用的每一次变化或强或弱。

在这个计划中仅有一件事是确定的，那一种影响，看似间接但却有直接关系。毫无疑问，在那些执行这笔交易的人心中，想造成的效果就是在每个共和党人心中产生一个寡头政治。对于纸币的发行，没有基于任何储存或有保证的真正的金钱之上，总计已经达到4 400万英镑。这种强制实施的纸币政策代替了王国货币的地位，因此成为国家收入的实质以及所有商业和文化交流的媒介。不管政府将以任何形式承受什么，纸币的发行必须把所有权威力量交到货币流通的经理人和指挥者手中，剩下的只是它的影响力。

在英国，我们可以感觉到银行的影响力，虽然这仅仅是一种自发的行为。政府对于金钱对公民的影响充耳不闻，也看不见涉及金钱的管理部门的力量。这比我们的政策要宽泛得多，而且其性质上更依赖于货币经理人。但这不仅仅关系到金钱。在这个系统中，有另外一个因素和金钱的管理密不可分。它存在于随机取出征用待售的土地中的部分比例的手段中，并且不断进行将纸币变为土地，土地变为纸币的过程。根据这个过程的影响，我们就可以设想到要实施这套方案必须依靠武力的强制性。通过这种手段，那些包工做零活的和进行投机活动的精神就会与大量的土地交易混合在一起。这种经营模式会让财产的种类（仿佛）发生变形，呈现出反常的荒谬的活动。随之，主要的和次要的，首都的和地方性的，所有金钱的代表和法国所有土地的百分之十便会落入少数几个经理人的手中。这就是发行纸币给社会带来的最糟糕、最恶劣的后果——纸币价值的不确定性。他们把拉托娜对于德洛斯的地产的善意颠倒过来了。他们把自己的纸币吹落到处都是，就像一堆绕着海岸和海滨的小小碎片残骸。

新政的拥护者都是积习成性的投机商，没有固定的习惯和特殊的偏好，由于纸币、金钱、土地市场呈现出有利条件，他们就会购买然后再分包出卖。即使一个神圣的主教会认为农业很大程度上受益于购买教堂的开明的贷款人，但我虽不是个好农夫，却是个老农夫，要谦卑地请求允许我告诉后来的贵族们：高利贷并不是农业的导师；面且如果“开明”一词根据新字典的解释来理解的话——就像它一直在你们的新学派那里那样——我无法想象一个不信仰上帝的人能够以最贫乏的技术和鼓励教会一个人怎么耕种。当一位年老的古罗马人握住犁头的一端而死神握住另一端时，他说：“我为永恒的上帝播种。”即使你即将参加包括贴现银行的所有主管的委员会，但请记住：一位经验丰富的农民超过他们所有的价值总和。在和一位加尔都西会的修士进行简短的谈话之后，我又获得了更多关于耕种的有趣的信息，比我之前和所有银行管理者的交谈获得的信息还多。然而，没有理由能够解释那些金钱交易者对于田园经济的干预。这些先生在他们那一代真是显得太过睿智。刚开始，也许他们幼稚和敏感的想象力会让他们因田园生活的朴实和没有利益纠纷而高兴从而被迷惑。但稍许之后，他们便会发现，相比于他们所离开的金钱交易，农业活动是一种更加艰苦、更加无利可图的贸易活动。在他们念完颂词之后，便会像他们的先驱和模范一样对农业漠然视之。他们也许会唱道“幸福的人”，但什么时候才是个头呢?

高利贷者阿尔弗乌斯这样说，
他总是想成为一个农民，
这个月中旬收回了所有的钱，
是为了下个月一开始再把它放出去。

他们会在高级教士神圣的赞助之下培养出教会银行，比他们的葡萄园和玉米地利润丰厚得多。他们将根据各自的习惯和利益来运用他们的才智，他们不必使用犁头就可以管理国债和统治各地。

焕然一新的立法者将会史无前例地依靠赌博建立一个联邦，并且将这种思想贯穿于生死攸关的瞬间。政治上的伟大目标就是将法兰西从一个帝国变为一张赌桌，将它的国民变为赌徒；使投机活动广泛渗透于生活之中；使所有关注点混合在一起；对于那些靠机遇生存的人，使他们的全部希望和恐惧通过平常通道转移为冲动、热情和迷信。他们高调地宣称自己的意见：如果没有这种赌资，那么现在的共和制度根本不可能存在；生命的主线就是使投机买卖的主要产品勉强够用。这种资金的赌博确实有害无益，但不料它竟会涉及个体。即使在密西西比和南太平洋地区达到最大程度，它影响的也只有相对少数的人。就像买彩票，它扩散得更远，但也仅有一个目标。但是，在大多数情况下，法律对于赌博都是禁止和不予支持的，它本身就是一种堕落，以致颠倒了它的本性和方针；且明显将赌博的精神和象征意义变成微不足道的事情，强迫国民走上这张毁灭性的赌桌，使得人人参与进来，这是从未出现过的、扩散至整个世界的、恐怖的传染病。这场赌博使得一个人如果不进行投机活动，连自己的晚餐都挣不到；他早上所获得的东西到了晚上价值就变了；他迫使别人还清的旧债当他按照自己拟定的合同付款时价值也不一样，即使他为了避免任何债务而立即付款，也会出现同样的情况。工业枯萎，经济被驱逐出国，详细的条例将不复存在。谁会愿意在不清楚自己的报酬的情况下去劳动？谁会愿意去学习增长无法估量的知识？谁会愿意去积累没有确定价值的财富？如果你根据它的用途在赌博中将它抽象化，去积累你的纸币财富，那么你就不是一个具有深谋远虑的人，而只是思绪紊乱的寒鸦。

使全民成为赌徒的这项系统的政策真正悲哀的地方在于，虽然所有人都被迫参与，但只有极少数人真正理解这个游戏，更少的人还认为这是有益的。大多数人都成了少数操控投机活动的人的受害者。这对于农村居民的影响是清晰可见的。城镇居民会每天计算，但农村居民却不会。当农民第一次把自己的玉米带向市场时，地方官员强迫他接受纸券。但是当他拿着这些纸券去商店时，他发现只剩下百分之七的价值。相反则更为糟糕。那么，他再也不会到这个市场来了。城镇居民就愤怒起来，他们强迫农民把玉米运来。这样反抗就开始了，巴黎和圣丹尼斯的谋杀者将会重新遍布整个法国。

分配给农村的份额或许比在你们代表制的理论中的更多，但这种空头馈赠又有什么意思呢？你把掌管金钱和土地循环的权威置于何处？你把控制每个人自由保有价值升降的手段置于何处？那些通过操控可以从法国人手中夺取或是给他们增加百分之十的价值的人，必将是每个法国人的主人。通过这次革命所获取的所有权力将分散到城镇里的各个公民，由有钱的指挥者来领导他们。那些拥有土地的绅士们、自耕农以及农民，没有一个有自己的习惯、癖好或经验，这样就能使得他们享受到这仅有的权力对法国产生深远的影响。乡村生活的本质，土地财产的本质，各行各业，他们能承受的享乐，使得他们以一种不可能存在于农民中的方式联合和安排（唯一能固化和施加影响的方式）。尽管以各种艺术把他们联合在一起，以及所有的工业，他们总是会融解成个体。团体组织的一切性质在他们中都是行不通的。希望、恐惧、警告、嫉妒和短暂的传说各司其职，并且在一天之内消失。所有这些领导者用来检测和激励跟随者的利器都不能轻易采用。他们冲破重重阻碍，不惜一切代价聚集、武装、行动。他们开始努力却不能持久。他们有系统地前进。如果农民们试图对他们仅有的财产收入施加影响，那么那些拥有他们十倍之多的财产的人呢？谁将他们的掠夺品卖给市场而会损失财富呢？如果土地拥有者想要抵押土地，那么他就会降低他的土地价值升高纸券价值。也就是，他增强了敌人的力量，而这正是他需要与敌人进行斗争的手段。因此，没有职业的乡村绅士、海陆官员、自由主义者将会像被合法地剥夺公权一样驱逐出国家政府。在城镇中，明显的是一切反对乡村绅士的事情都会以有利于货币经理人和理事的方式结合起来。这是一种自然现象。公民的习惯、职业、消遣、生意以及懒惰使得他们不断地相互交流。他们交流他们的美德与罪恶；他们总是处于戒备之中；他们有纪律地归顺那些打算组织他们进行全民军事行动的人。

我对所有这些并没有存有疑虑，如果这个政体继续存在下去，法国就会完全被一群企业的挑拨者控制，被由纸券管理者组成的城镇社团控制，被教会土地的受托人、律师、代理人、批发商、投机者以及投机商控制，从而基于对王权、教会、贵族和人民的摧毁，形成一个不光彩的寡头政治。从此就结束了人民对平等权利的虚无的梦想和憧憬。在此卑鄙的寡头政治的绝境中，他们通通被卷入、沉沦，然后永远迷失。

即使人类能够明察这些，他也会想到对于法国社会的这些特大过错是应该痛哭的。他宁愿选择服从这个卑鄙可耻的统治来惩罚它。在该统治之下，即使对于虚伪的玩弄专制的显赫者也没有安慰和赔偿。它阻止人们在受到压迫下也不觉得屈辱。不得不承认，我被一种夹杂的愤慨的悲伤所触动，我气愤那些有高职位、美好品格的人的行为。他们以华而不实的名望欺骗人民；他们太忙于生意而无法用自己的理解力去看透这一切；他们以自己纯洁的名誉和高调的权威去谋害他们也许根本不认识的人。这样，他们用自己的美德毁灭了自己的国家。

关于第一种黏合的原则，就谈到这里。

新共和国凝聚力的第二种因素就是巴黎的优越性，而且我认为这种优越性与纸币流通和没收财产的那种黏合原则紧密相联。伟大革命进行到现在这个阶段，我们必须寻找旧的省市和司法政权、教会和牧师颠覆的原因，以及传统关系的土崩瓦解，还有如此多的不相关的小共和国的形成原因。巴黎的影响无疑给政界带来了一股清新的力量。正是通过现在已成为工人运动中心的巴黎的力量，这个小政团的领导人领导或者说指导了整个司法机构和整个行政部门。因此我们要全力去做任何能让共和国的优势惠及其他共和国的事情。巴黎是一个团结的城市，它拥有无限的能量，在一种精神的号召下得到了凝聚与强化后，这种力量远远超过其他类似的共和国。巴黎城的内部之间自然而紧密有机地联系在一起，因此不会被任何无机组合在一起的组织影响，它的结构成分刚好合适不多不少，因为它已为自己设计好所有的蓝图。导致这个封建王国土崩瓦解与传统方式背离甚至差点四分五裂的各阶级之间的矛盾，至少在一段时间内还不能与它抗衡。从属的成员只剩下脆弱、分离和混乱。为了保证这次计划的进行，议会最近得出了一个解决方案——任何两个共和国都不能共用一个总司令。

对一个纵观全局的人来说，巴黎现在累积形成的力量将来也势必会衰弱。有人吹嘘说几何学的政策——即所有的褊狭的思想都应该被摈弃，这个世界的领导者不应该再是加斯科涅人、皮卡德人、布列塔尼人、诺曼人，而应该是拥有统一的国家、统一的思想、统一的军队的法国人——已经被采纳了。但是更大的可能性是不是到处都是法国人，而是原住民的地区将不会有统治阶级的存在。当听到对广场政策的描述时，没有人会怀有骄傲、敬爱和真正的被爱护的感觉。人们不会因为是71号方格或者其他任何号码而感到骄傲。我们对人民的博爱从关爱每个家庭开始。冷漠的人际关系不会培养热心的公民。我们国家的这些因习惯传统而不是一个突然性的政策而形成的分歧成为这个国家的国情特征。而这个国家的中心城市发现了一些可以挽救它的东西。对整个国家的热爱不会因为对小集体的热爱而削弱熄灭。也许那是一种能影响人的想要做得更好的思想，至少被影响者是这样认为。在它的那片土地上，它的那些旧的城市，人们没有被旧的偏见和不合理的习惯惠泽，也没有分享它的财富。只要存在一天，杰出的、强大的巴黎就能够将这些共和国紧紧地团结在一起。但是正如我已经提到过的原因，我觉得巴黎不会存在得太久。

从革命和宪法中公民凝聚原则的确定到拥有至高无上权力的国民议会，我们看到一个没有基本法律、没有格言、没有前进的法则的政体，没有什么能让这样的政体稳固。他们认为要想增强自己的力量就是要尽最大可能地扩大立法机构的职能权力。未来很有可能就像现在的国民议会，但是在现在新的大选和新的传播的形式下，存在于由各阶级中选出来的代表组成的具有这种精神的小团体的内部控制力量可能被消除。如果可能的话下一个议会比现在这个更糟。现在这个军队通过破坏和改变一切事情，将不会留给接班人多少有意义的事情去做。被先例所鼓舞，他们将做出最大胆、最荒谬的事来。设想这样一个军队在那里无所事事、无所作为，真的太荒谬了。

你们这些无所不备的立法者们在匆匆立法的时候却忽略了一个非常重要的东西，而那却是之前任何一个共和国的立法者无论是在制定宪法还是在付诸实施的过程中都没有忽视过的东西。你们竟没有设立一个参议院，或者是任何具有参议院性质的机构。在此之前从来没有听说过哪个政体是由一个立法活跃的国民议会以及没有委员会的政府部门构成。没有外交部门也没有处理政府细小事务的部门，没有人民可以寻求帮助的地方，也没有在国家的发展过程中能给予大家持续稳定保障的东西。君主们总是将其作为管理国家的基本工具。在封建社会一个君主没它似乎也行，但它却是共和国政府的本质。它平衡普通民众和最高管理者之间的权力关系。而这在你们的宪法中丝毫不存在，就这样让我们看到的是一个无能的君主。

现在让我们看看他们为建立一个政权都做了些什么。对于这个，他们选择了一个无能的国王。这样一来他们的最高领导者就是一台机器，没有做出自己决定的自由。他充其量不过是用来传达给国民大会某些东西，但公共情报和申明可能通过其他途径以同样的准确性传递到议会。至于让一个发言人享有至高无上的特权，那么这种信息机构的存在也没什么意义。

考虑到法国人企图能在民众与政府的矛盾中产生一个最高执行者的计划，首先我们应该看到根据新的宪法，司法部门的高层不是国王。法国的国王不是来主持公正的。一个法官被任命了他该履行的职责。他既不能提议候选人，也不能消极地做出决定，他甚至不是普通的起诉人。他的职责仅仅是对几个地方的法官做出的决定进行公证。官员们的职责就是执行法官的判决。而深究司法部门的本质时，它的作用无非是法院首席执行官、警官、法警、狱卒和刽子手。不可能把任何被称为王权的东西，置于更有辱人格的观点之下了。像他那样被剥夺了一切可尊敬的东西和在那个职位上一切可慰藉的东西，没有发起任何审判的权力，没有悬置权、减刑权和赦免权，如果他和司法行政根本就毫无关系的话，对于这位不幸的君主的尊严来说，倒还要好上一千倍。司法中的一切卑鄙可憎的事体都丢给了他。当他们决心把那位最近还是他们国王的人放到仅仅比刽子手高一级的地位上，而且差不多是同样性质的一个职位上时，国民议会如此煞费苦心地要抹掉某些职务的污点并非是一无所图。像把法国国王安放在现在的位置上，使他无法尊重自己，也无法得到别人的尊重，这并不是自然的事。

以前的法国国王并不像现在的国王这样自尊，也没能被人民尊敬。看看新的执行官在国民议会的要求下的政治才能。执行法律是一个君主的职责，执行命令就不只是一个君主了。然而，一个尽管像这样的政治地方法官执行职位，也是人们心中值得信任的东西。这种信任很大程度上取决于主要负责人和下属人员的忠诚和勤奋。要履行好这个职责就得制定好相关的规章制度；对它的处置应该被冠以基于信任的环境。它应该充满庄严、权威和考虑，而且它应该为我们带来荣耀。执行部门应该是一个努力的部门，不是因为位高权重，所以人们想要成为这种权力的执行者。这种权力的执行者应该是个怎样的人呢？什么才能成为他优秀工作的报酬呢？不是在执法所的永久任职权，不是在一个伟大的国家，不是每年50镑的退休金，也不是徒有虚名的头衔。在法国，国王不再是荣誉的象征者而是权力的维护者，所有的荣誉都是其他人的。那些服务于君主的臣子们不会被自然的动机激励，而是被对除君主外的所有东西的一种恐惧所激励。他的内心的高压政治如他在执法部门施加给别人的高压一样令人憎恶。如果应该让任何市政当局缓解压力，国民议会会这样做的。如果军队应服从国民议会的安排，那么国王就该发出相应的命令。任何情况下不惜牺牲国民的生命。他不能软弱，他的头衔和权力就是为了保障任何残酷法令的实施。他应该赞成处死那些企图逃脱该有的牢狱生活的人，和民众保持最起码的联系。

地方政府应该以这样一种方式建立：它的所有官员应该尊敬和爱护那些遵纪守法的公民。但故意忽视，或者无视以及违反这些忠告，无疑是对这些最明智的忠告的毁灭，简直就是自取灭亡。因为法律难以预见这些深思熟虑的恶意行为。让公民自觉，不是法律能够办到的。即便是国王也必须遵守那些让他们觉得讨厌的法规。如果能促进国家的发展，在不损害皇威的情况下，国王们也会察言观色。路易十三就非常憎恶黎塞留主教；但他对反对大主教的大臣的支持正是他当政期间所有荣耀之源，亦是他国王宝座的坚固基石。路易十四在位期间并不喜欢马萨林主教，但为了个人利益他不得不保护马萨林主教。但在他年老的时候，他又憎恶卢伏瓦；但是他又虔诚地为自身的崇高而献身好些年，与此同时，他却一直忍受着他的臣民。当乔治二世从与他关系不好的皮特先生手中接过王位后，没有做过任何错误的决断。这些通过正当方式而不是通过关系提拔获得官职的大臣，他们为国王办事，并受到国王的信任；国王对他们来说并不是那对外宣称的、宪法上的、表面上的君主。我想不是每个君主在经历过恐怖事件之后都能采取他自认为会被那些最不被人民爱戴的官员津津乐道的积极措施。是不是所有为一个只是表面上被人尊重的君主（什么称呼都好）服务的官员，都会发自内心听从将来某一天在君主的命令下被他们送入巴士底狱的那些人的命令呢？他们会听从一方面把暴政加诸其身，一方面还认为自己对其很宽大的那些人的命令吗？他们还觉得监狱就是那些人的避难所。如果你期待在你其他的发明中有这样的服从，你应该发起一场革命，并为人类创建新的宪法。否则你们的最高政府不能与最高法院和谐相处。有一些我们不能认知名字与抽象概念的例子。你可以把我们有理由讨厌和害怕的十几个人称为政府，这与让我们更加惧怕他们和讨厌他们没什么区别。如果大家觉得权宜之计是由这些人通过这样的方式发起这样的一场革命，那么恐怕完成十月份的第五和第六次生意会更好，那么新的最高法官应该感谢他的上司兼创造者，他也可能与利益、与社会中的犯罪、与感激（犯罪行为中也可能有美德）联系在一起。他要为那些把他推上这个拥有高收入还能过上世俗的极度放纵生活以及更多好东西的职位的人服务。至于更多的东西他们必定是从那些没有一人之下万人之上权力的人那里获得的，因为他们做了他顺从的对手。

目前，一个国王在某种情况下，他会被他的不幸完全惊呆的。他们有时认为没有必要这么做；但要保证他们的经费和特权、吃饭和睡觉，他们没有任何的荣誉，也不用去办公室上班。当他的感觉和人们的感觉是一样的话，那么他必须要理智，在这种情况下，这是一件关系到他是否可以获得名誉和名声的事。没有丰厚的利润可以激发他行动起来，最多他的行为就会变为被动的防御，但是下层人民认为这种事情可能和我们有关。但是，被提升到这种职位和被降低到这种职位却是完全不同的两码事。他真的以部长作为名字吗？他们同情他，是他们强迫他的吗？在他们和名义上的国王之间，贸易在相互抵消。在其他国家，部长办公室是国家最高尊严的象征，在法国，它是充满危险、无任何荣誉可言的。然而，他们不会在他们的海岛上，他们有着自己小小的野心，或者他们所渴望的那些可怜的工资就是他们小小的贪婪。这些部长的竞争者们有能力依据你们的宪法在他们最致命的地方攻击他们，而他们除了像个落魄的犯罪者一样，没有任何办法驳斥别人对他们的指控。在法国，部长们是仅有的不能参与国家议会的人。什么部长！什么议会！什么样的一个民族啊！但是，这是他们的责任。这是一个很糟糕的服务。恐惧的教育思想不会成为一个国家的荣誉，我们的责任是防止犯罪发生，它使得所有的法律都变得危险起来了，但是作为积极和热诚的服务，没有人会那样认为，除了白痴。战争的进行使得人们可能厌恶他所信赖的真理，但每一步都有可能使人成功，并且证实谁被权力所压迫。各国将认真对待自己的特权、和平和战争，甚至每一个人都应该投票给他自己或者他的代表，或任何一个他所能影响的人。藐视一个国家并不是藐视他国家的王子，最好的处理办法就是尽快离开。

我知道人们会这样说，这些荒诞事会通过法院和我们的政府继续传承下去，并且国王会宣布王子将在一个符合自己处境的地方接受教育，如果在符合他情况的前提下他没有接受过教育，那么他将比任何一位君主都要更多地接受培训。如果他读书，无论是读了或者没读，读的是一些好的书或者一些不好的书，总之，有人会告诉他，他的祖先曾经是国王。从此之后，他的目标就是保全自己为他的父母报仇，可能他会说这不是他的责任，可是这却是真实的，而他却赌气似的不承认，他愚蠢地不相信这就是自己的责任。在这种无效的国家政体中，国家在自己的胸膛培育了方法。总之，我没有看到任何的执行能力（我不能称之为权威），即使是外表上的生机，或者最小程度的只是权力或者存在，要么它现在存在，因为它是未来政府的规划。

由于经济和政治一样误入了歧途，你们已经建立了两套政府建制（把地方的共和建制计算在内，事实上是三套），一套真实的，一套虚幻的。两套都会花费巨大，但虚拟的那套我认为花费是最大的。这样的机器费用过高，因为后者是不值得用涂有润滑油的车轮的，它的外表和用处都抵不上花费的十分之一。但我不会不公正地对待有才能的国会议员，我不允许，这是我应该做的，他们不能选择他们方案的执行能力，但盛会必须被保持。人们不同意其中的一些部分，是的，我知道你在做什么，尽管你有宏大的理论，但是你的道路却要像天堂和地球那样弯曲，你知道如何遵照自己的性质和事物的情形来做吗？你应该要使得自己再向前一步，而有时你被迫成为一个适当的工具，使用结束之后，你就是你的力量。和许多国家一样，你的力量会离开你的国家、和平和战争；离开最危险的执行者，我知道没有更多的危险，也没有任何一个人值得信任。对于你的国王而言，我不说这些特权应该是可信的，除非他相信其他机构会相信他。但是如果他真的拥有这些，他们无疑会有危险，会产生这样一种情况：会带来补偿这一风险的更大好处。没有其他的方式来防止欧洲的列强公然地或暗地里与你们的议会成员勾结，干预你们的事务，并在你们国家的心脏煽动最有害的派别（它们代表着外国列强的利益并受其指挥）活动。感谢上帝，我们现在仍然是自由的，如果你有技能将会找出问题的所在并加以控制。如果你们不喜欢在英国我们所选择的办法，那么你们的领袖们就应该竭尽全力去设计出更好的来。如果有必要对你们那样的行政机构在管理重大事务上的后果举出例证的话，我应该提醒你们关注德·蒙莫兰先生近日向国民大会所做的报告，以及所有其他有关大不列颠和西班牙之间的分歧的讨论。但要向你们指出这些，未免对你们的理解力太不尊重了。

我听说有一个人想要辞去他的职位，但是我很惊讶为什么他很久都没有辞去，我们所不了解的情况是，这是他们最后一年的任期了。我认为他们希望这样来解决革命，事实是看起来他们可以这样做，但是他们却不能那样做，因为他们被放在了一个高处，虽然这个高处是一个屈辱，但是却使得他们第一次看到和感受到了集体的存在；并且感受到了邪恶使得他们的每一个部门都产生了革命，每一天革命都在爆发，他们感受到了他们的国家在退步，社会服务正在消失。这是一种从属的奴役，没有人见过这种情况，他们不再信任他们的元首，他们被强迫，所有崇高的职责都是由他们来制定的，被压迫的他们没有了人身自由和职权。他们没有权力，却还要执行；他们没有自由决定权，却还要负责；他们没有选择权，却还要苦思冥想。对于两个统治者，他们感到很困惑，对他们都没有任何的影响力，他们必须采取这样一种方式（实际上，无论他们有什么打算），即有时他们会背叛这个人，有时又会背叛其他的人，而有时又会背叛他们自己，这就是他们的情况，这是那些成功人士的情况。我很尊敬，并且对内克尔先生我有很多的祝愿。我很感激他的关注，我以为当他的敌人把他从凡尔赛驱赶出去时，他的流亡会受到很严重的打击。

他现在正在废墟中的君主制的法国中，他更大的兴趣是研究新的政府制定的奇怪的宪法，但劳累会影响他们讨论的主题，这本身就没有任何的界限。

在国民大会所形成的司法规划中，我未能看出有什么聪明智慧的地方。根据他们不变的规则，你们宪法的缔造者们是从彻底废除最高法院开始的。这些古老的机构，如原来的政府，是需要改革，即使这并没有改变君主制度。它们要做一些改变以使它们能适应一部自由宪法的体制，但是这必须得到宪法的认可，这是值得赞许的智慧，它们有一个根本的优点：它们是独立的。在被出卖时，最令人怀疑的情况却是他们的办公室，然而就是因为意识到了这一点，他们拯救了他们的生命，确实可以这么说，遗传是重要的。他们由君主任命，但他们认为这是超出了君主的权力，他们用最坚决的努力和权威来显示他们激进的努力，他们用常见的策略来构成任何的创新抵制；并从团体的构成来看，他们也借鉴了相当大的经验，他们也会对法律的稳定性和确定性进行计算，在所有情绪和见解的革命中，他们也在保障这些法律。他们拯救了那个神圣国家统招期间的任何首领和任意派系之间的斗争。他们用自己的记忆来记录那些宪法，他们自己就是自己最大的私有财产。这可以说（当个人没有坚持自由）事实上，法国以及其他地区，而那些霸权国家尽可能地使得他们国家的司法结构不仅不依赖这里，而应该使其保持某种平衡；这种平衡应该让司法机构似乎是国家以外的东西。

这些最高法院提供了不一定是最好的，但却是相当可观的对于君主制的放纵和恶行的解决方案。当一种民主制成为国家的绝对权利时，这样一个独立的司法更是十倍地必要。在那种情况下，选举人、临时雇员和地方法官如果被发现他们有欺诈行为，在那个狭隘的社会里，终究会被送到最残酷的法庭上去；然后他们将会徒劳地寻找那些外表看起来正义的人，主要是针对那些有钱人、少数民族的人和那些在选举中支持落选的人。保持法律的严肃性这就是不可能的事，我们发现了虚荣和幼稚是我们防止所有计谋的办法，在那里他们的回答可能是隐蔽性的，他们会对他们的答案产生怀疑，这是一个更加有害的原因。

如果最高法院得以保留，而不是被这个灾难性的国家所融解了，那么他们可能在这里建立一个新的，或许不是完全相同的联邦政府（我不认为那是一条平行线），但几乎是相同的。在雅典，法院和参议院都是最高的国家机构，也就是说，它能调节民主社会中不公正的现象，每一个人都知道法律是伟大和神圣的，每一个国家都在关心、坚持和敬畏它。此外，我承认最高法院不可能完全免除派系，但是这邪恶却是外部的、偶然性的，而不是在它们的构成本身中就有那么多的邪恶，就像你们六年一次选举产生的司法机构的那种新发明中必定会有的那样。有些英国人对取消旧法庭的行动表示赞许，认为它是由腐败和贿赂来决定一切事情的，但是它却经受住了君主制的和共和制的审查。当它在1771年被解散时，审判庭很想证明那些机构的腐化。那些再次解散它的人，如果能够的话，会做出同样的事情的。但是两次审讯都失败了，所以我得出结论：在它那里，经济腐败是相当罕见的。

和这些最高法院一起保留下他们对国民大会所有法令进行登记和至少是抗辩的古老权利的做法会是审慎的，正如他们在君主制时代对所通过的那些法令所做过的那样。这是一种获得民主权利的手段，并且也符合法律的一般原则，古代那些民主的城市之所以会被毁灭，因为它们像你们的做法一样，是以偶然的法令，即决议，来进行统治的。这种做法很快打断了一般法律的进程，它减弱了人们对他们的尊敬，并最终彻底摧毁了它们。那时的巴黎公社时期属于君主立宪制，并在执政官（尽管你经常坚持不懈地呼唤国王）的领导下，这是十分荒唐的。你绝不应该使抗辩权在要去执行它的那个人的手里遭殃，他们既不明白理事会，也不明白执事会；既不明白权威，也不会去服从。那个被你称为国王的人，他不应该有这个权力，否则就应该有更多的权力。

你们现在的安排是严正公道的。你们的目标不是让君主端坐龙椅，高高在上独断专权，而是尽可能地使他们变得盲目服从。既然你们已经改变了所有，那么你们就已经发明了新的立法制度；你们第一次主持正义，我想是以法律为标准的。然后你们打算在某个时候，把准则公之于众，让他们知道裁决的依据。他们做的所有研究（要是真有的话）对他们而言都是无用功。然而为了能够满足研究的需要，他们立誓恪守一切规定、命令和议会时不时下达的指示。要是这些他们全然屈从，对于国民来说，法律便一无是处。他们成了政府玩弄于股掌之间的工具，彻底且又危险至极。个中的原因抑或这种变化带来的后果，很可能导致决策、准则的改变。假使议会下达的命令违背了人民意愿，本来当地人是想自己选择当地的法官，像这样的矛盾肯定会有，其后果也是难以设想的。因为这样选出来的法官把辖区交给了政府，也因为他们发誓遵从的命令都出自那些跟他们的工作毫无干系的人之口。同时，也有这样的例子，比如人民法院在法官行使自己的职权的过程中加以鼓励和引导。人民法院试图通过议会让法官来处理罪犯，或者让罪犯走一个控告过程。他们在看守的监护下行事以求生路，他们不知道审判的法律依据何在，不知道自己行使的是何种权利，也不知道自己的任期。这或许是不一定的，可也不敢断言；一旦他们卸任，我们知道他们曾看到过释放了的人头悬于法院大门，而行事者却逍遥法外。

议会郑重承诺颁布一部法律，其内容短小精悍、浅显易懂、简洁明了。也就是说，通过这一内容简短的法律，议会将赋予法官许多的自由衡量权；甚至他们早已推翻了各领域的权威，使得公正的裁断（最为危险的事）堪称智绝。

奇怪的一点是，可以看到行政机构在精心盘算从新的法院中豁免，法院是掌握着司法权的。换句话来说，那些最应该服从法律管制的人，却不受法律的约束了。那些承担公共财产依托的人应该是最为坚守他们的职责的。有人会认为那定是在你最初所关心的事之中。如果你并不赞同行政机构应当实实在在，权力独立；不赞同主权国家建立一个令人敬畏的法院，就像国会或者国王王位那样的东西，在这其中全体官员行使权利义务的过程是会受到法律保护的，当那些官员玩忽职守时，你会有一种被胁迫感。但是可以得到法律豁免的原因显而易见。这些行政机构正是现任领导者强有力的工具，在从民主到寡头政治的过程中亦是如此。他们因此须凌驾于法律之上，他们会说依附法律的法庭不再适合让国民臣服。毋庸置疑，对他们任何理性的想法都无从谈起。有人会说行政机构该为立法机构负责，这恐怕是对立法机关和市政当局的性质有欠考虑的说法。然而，取悦了立法机构就不能迎合法律，不论是从保卫制度还是从限制的角度来看。这种法官的建制还有望继续完善，它要由一个新的法庭来加冕。这将成为一个宏伟的国家的司法机构，而且它是要审判抵触国家、反对国会的犯罪行为的。似乎在他们看来，高等法院有着英国大革命时期的性质。在完成这部分计划之前，他们不可能做出任何正确的判断。然而，若不予以足够的重视，在一个偏离方向、引导他们背离国家的思想的指引下，这样的法庭将成为宗教法庭的附庸，研究委员会和解决世上所知道的最可怕的霸权和暴政国家的想法将会像是法国的自由之光一样，最终消隐殆尽。假使他们想要给法庭自由与公正，那他们就由不得自己的兴致再提起关系到自己同僚的事情。他们也不得不从巴黎共和国中脱离出来。[①]

比起对于司法机构的规划，在军队的编制上你们表现得更为智慧吗？在这部分要安排得精明是更为困难的，需要最为娴熟的技能和最全心的关注；不仅仅是用心本身，也体现于新的共和体的第三项黏合原则，正如你称之为法国的国家。预言一支军队最终会是怎样，确实不是件简单的事。身居不错的官职，你投了重大的一票，至少跟你现在的偿付方式是一致的。不禁要问，这种纪律的原则是什么，这样的原则又是遵奉给谁的？你遇见了为你心动的人，我也愿你以自己选择的归宿为乐，在这个归宿里你有思考的自由，比之于那些当兵的甚或其他一切都要好。

这位战事部部长兼国务卿叫德·拉·杜尔·杜班（M. de la Tour du Pin）。他和在行政部的同事一样，浑身散发着绅士风度，对革命热心忠诚，充满希望。新宪法的推崇者就是始自其中。他关于法国军事事实的陈述有着举足轻重的作用，不仅取决于他的职务和个人的权威，也因为它很清楚地展示了法国军队的实际情况，因为在行政的关键问题上，它点明了立法机关开展工作的原则。这可能让我们形成某些看法，不知道效仿法国军事政策，多久才可以在本国有所助益。

去年6月4日，德·拉·杜尔·杜班跑来把他部门的状况数落了一通，就像是议会给他罩着的。没有人对那里的情况有这般了解，没有人可以讲得这么头头是道。他像是代表议会："陛下今天派我来跟你们说，他每天收到的信，是最令人感到心烦意乱、焦头烂额的。军队（陆战队）有陷于无政府状态的危险，社会将动荡不定。整个军队已经胆敢藐视法律的权威、国王的威严，忽视律令的存在，摈弃曾经立下的庄重誓言。迫于责任我得把这些不人道的事告诉你。在我一想到是哪些人做的，心就开始不断滴血。十五年来，我和战友们历经风雨，携手共度。那些事情恰恰是军人

① 对于所有的这些司法机构和调查委员会的论题的进一步说明，请参见德·卡罗纳先生的著作。

的一方面，我没有任何能力可以挽回深重无比的伤痛，但在今天来看是显得荣耀无比、忠诚万分的。

“是什么不可思议的谵妄症、妄想症引他们误入了歧途？尽管你为建立一个一统帝国而任劳任怨、不辞劳顿；尽管你从法国人那里懂得了一旦法律有欠尊重人权、民众不守法律，那么军事机构除了带来动荡混乱什么也不是。我不止一次看到过军队纪律涣散甚至瓦解；恣意妄为的情景前所未有，公开行事不知羞耻；法律形同虚设，政府当局威信全失；军队的箱箧和旗帜被掠一空；国君威信受到挑衅；军官被鄙视、被贬斥、受威胁和被驱逐，他们中的一些人成为军团中的囚犯，只能在飘忽不定的生活中聊以求生，厌恶感和耻辱感笼罩在周围。军营首长把嗓子吼破了，也只是增添了恐惧，在每个士兵的眼中，在所有的武器上也都充斥着恐惧。

“这种罪行危害极大，但这不是最可怕的后果，最糟的是它会带来军事暴动，进而军队迟早会危及国家自身。事情的本质在于军队绝不是扮演一种工具的角色，其本身就是一种工具。这时，军队自身组建成一个议事机构，它根据自己的决议行事，做应该做的。政府将很快蜕变成一个军事民主政府，一个政治怪胎，最终吞噬掉它的母体。

“出现了这一切后，还有谁不害怕某些团队中由普通士兵和从未受任命的军官所组成的非常规的协会和骚动的委员会呢？他们不知道有上级，蔑视上级的权威，尽管那些上级的出席和同意并不能赋予这些怪物式的民主议会任何权力。”

画幅既成，再没必要画蛇添足了，就它的画面所容许的而言，已经很完备了。但就我来看，这并不能解释军事民主糟乱的本质和复杂性，这种本性反映了一个国家体制的真实状态。对于这一点，征战中的将军看得明了实在，那些浮云一样飘过的虚名。因为即便他告知议会有相当大的一部分军队不但没有脱离管辖，而且从未擅离职守，那些看到过军队“最好品行”的旅行者，仍然会坚持认为军队可能叛乱，这比律令更不可动摇。

我忍不住要在此住笔，回想起一个牧师在说起他曾犯下越轨的行为时，那种诧异的表情。对他来说，要离开部队，罔顾他先前的信条和荣誉是不可想象的，当然引起那些情愫的缘由他再清楚不过。他们理解他们宣扬的教条、他们所承接的天命、他们支持践行的言行。士兵们还记得10月6日那天的法国警卫。他们没有忘记在巴黎和马赛攻占国王城堡的那一刻，两地州长无故被杀的事实。尽管显得张扬恣肆，但他们却没有放弃做人的原则。他们不能对法国贵族阶级的衰落视而不见，对富绅意见的抵制置之不理。全面废除头衔和等级制度对他们是有影响的。在议会议员给他们上了堂要尊重法律的课之后，德·拉·杜尔·杜班可是为他们的不忠诚吃惊了一番。不难断定两门课程中哪一门更适合手拿武器的人学习。至于王权，我们也许可以从首相（如果关于这位领导的争论不太多的话）那里了解到，对于军队的考虑是不比其他任何人多的。"国王，"他说，"已无数次下令要杜绝这种不人道行为，但是面临这样一个巨大的危机，要防止这种恶行危害到国家，你们（议会）的一致赞同显得尤为必要。你们要将立法机构的力量团结起来，更重要的是要把舆论的力量团结起来。"可以肯定军队不会质疑国王的权力。也许，士兵有了这次学习，知道议会不希望自身有比皇室更大的自由。

现在该看看在遇到紧急情况时，有哪些提议了。紧急情况是一个国家会面临的最严峻的问题。首相要求把议会置于恐惧之中，从而让议会的权威呼之欲出。他期望严肃庄严的行为准则由他们宣布，或许那样可以让国王的布告更有威信。在这之后，我们本当寻找民事法庭和军事法庭；军队搞破坏和损害他人利益，所有的极端行径在这种情况下都用上了，以遏止这种灾难的进一步恶化；特别是人们可能会猜测，在那些士兵眼里，一次正儿八经的查究将导致首长被杀。没有任何一句话、一个词是像这样的。在他们被告知军队蔑视由国王颁布的议会法令之后，议会就会颁布新的法令，委托国王做出新的声明。这位军事部部长陈述了团队无视他们做出的最庄严的宣誓——他们又提出了什么呢？只有更重的誓言。在人们的思想中，在宗教信仰的束缚下，当他们体会到不足，就会新颁法令和更新公告；在体会到不断变弱时，就会加倍立誓。我希望伏尔泰、阿朗贝尔、狄德罗和爱尔维休关于灵魂不朽、关于天意、关于未来赏罚严明的国度的长篇大论能有一个缩写本，与他们的公民誓词一道送到这些士兵手中；对此我毫不怀疑，因为我理解某一类别的读物对于他们的军事训练并非是无关紧要的一部分，而且那也像补充弹药一样地被充分补充了宣传手册的火力。

为了防止由士兵们的密谋、不合法的磋商、煽动性的委员会和怪异的民主议会而产生的各种灾难，以及源于懒惰、奢侈、浪费、不服从而产生的混乱无序，用上了那些人们曾经尝试过的，甚至在发明项目与日俱增的时代也是最极端的手段。它竟是这样的：国王颁布公告，在他直属的兵团中，要有几个加入到俱乐部和直辖市联合会当中，以融入他们的宴会和民间娱乐。这种舒心的训练方式似乎可以缓解头脑的狂暴，让他们接受其他共事者的说法，把各种谋划融合在更普遍的联系之中。[①]这个方案正合了士兵的意，因为德·拉·杜尔·杜班是这么写的：我当然确信无疑，他们将忠实于皇家宣言，反之则会是暴动。但我要问，是否公民的宣誓、宴会和庆祝会使得他们比目前更愿意服从他们的长官呢？或者教他们更要遵守严苛的军事纪律？这将使优雅的人群去追赶法国的潮流。但是，判断一个好的士兵没有任何固定的模式。疑虑也可能由此而生，不确定宴会上的谈话是否得当，是否仅仅作为一种手段而已。那些资深官员和政治家会公正地看到事情的本质，是需要一支军队的。

由士兵与市政喜庆会自由交谈关于改善这种纪律的可能性，是受到王室权威正式批准的，我们可能是由市政的陈述来评判，由战争部部长来给我们演讲。他心怀美好希望，目前想从某些纪律好的兵团中好好努力，然后理清头绪，但他发现未来却是一片迷雾。至于预防混乱，“为此，政务部（他说）不会对你负责，只要他们看到市政当局的权力凌驾于军队之上，而你的机构是完全为帝王服务的。你已确立了军事机关和市政当局的权力范围，制约了行动，虽然你先已允诺了后者的要求，但从来没有按你的信条来允许平民百姓在市政局里搞破坏；也没有下达命令，驱使军队离开驻地保持警惕，阻止他们在国王的命令下行军。一句话，就是让军队在每个城市恣意行事，甚至是在他们路过的每个小镇也是如此”。

① 既然国王陛下这里所承认的并不是一套特殊的组织，而是所有法国人为了共同的自由和繁荣，以及为了维持公共秩序的一种志愿的结合，所以他认为每一个团队都应该参加这些公民的节日庆祝，以便在公民和部队之间增进和加强这种团结的联系。

这就是市政社会的特性，为了改造军人，并把他们带回到军事附属关系中成为真正的信条，使他们成为国家最高权力掌控者的左膀右臂！这就是法国军队的症结，这就是治他们的良药。陆战队如此，海军也如此。各市政府接替议会做出指示，所有海员轮流接办。我从心底同情作为社会公仆的人，他们是值得尊敬的。像战时部长一样，在他的晚年心怀感激地向议会承诺，要把旧年的思想带进一个少年政治家的奇妙幻想中。这样的构想不像出自一个历经五十年辛酸磨难的男人大脑中。他们更似是寄期望于那些活跃在政治舞台的大债主，以便走取得社会地位的捷径；能够确定内心对于所有事物都保持着热情，看得到其光明的一面；关于信誉，有一位医生曾以极大的赞同和更大的成功认为，应该告诫国民议会不要理睬老人或者任何把自己的价值置于自己的经验基础之上的人。我想所有的国务大臣必须合格通过每项测试，放弃经验主义错误和异端邪说。人都是各有所爱的嘛。但是我想，如果没能保持理智，我至少会保留一点时代不容扭曲的庄严。这些富绅致力革新，但无论如何我很难让他们改变我本就刚直的性情，在更年期就开始发飙似的大喊大叫，在我生命第二个阶段结结巴巴，说一些蛮化的玄理。[①]但是，如果有哪位神灵要让我重新年轻，并在摇篮里哭叫，我就会断然拒绝！

这种弱智迂腐的制度，民众尊之为宪法的制度，在交际的各方面体现的低能无知，决然不能在其不足以全部揭露的情况下公之于众，或者承担着那些远之又远的关系的部分。如果你不把议会的软弱数落一番的话，你就不能为王国政府的无能提出一点补救良方。如果不暴露市政武装的动乱，你就不能论及国家军队秩序的混乱。军方对民众保持公开，让民众反叛军队、为所欲为。我希望每个人都用心细读蒙斯·德·拉图·杜肖的动人之词。他认为市政当局的救赎是军队的一种善行。这些军队是为保护那些城市中的用意良好的那部分人（被认为是最弱的那部分）免于遭受用心最恶劣的那部分人的掠夺。但是这些城市却要装出一种主权在握的样子，并且要指挥那些对于保护它们是不可或缺的军队。这时，战时部长离开教

① 这位军事大臣从此就退了学，辞了职。

场，辞去公务。当然他们得受其统率，对其殷勤备至。市政部门由于情势所迫，由于他们所取得共和政权的压力，不能不是主人或是奴仆，或者为涉及军事行动的共事者，或者各种角色兼有。他们得视形势而定，把所有的事都搅成一团。是政府胁迫军队，还是军队要挟政府呢？为保持与权力削弱之势一致，议会试图用自己的狂乱治愈瘟热病。他们希望给其在市政局中的不正当利益，以保护自己免受纯粹的军事民主的损害。

如果士兵们再随时跑到市政俱乐部、密谋集团、联盟去商谈，一个任选的有吸引力的东西将会把他们引入一个最底层、最绝望的境地，伴随着的将是他们的脾性、感情和同情心。军事阴谋将要通过公民联盟剪除；给叛逆的政府当局提供怂恿国家军队维护治安的手段，而将之教化得唯令是从，所有这些荒谬可怕的狂想也会激化由此产生的混乱。结果必定是血腥的，对公众意见的不足将会使之大量涌现，它在全部权力的构建中，都显示出民事和司法威信。动乱也会在某一时间沉寂下来。动乱也会在其他的地方爆发，因为罪恶的本质才是事情的根本问题所在。所有这些关于叛变的士兵和参与煽动的公民的计划必定会将关系削弱，这种关联到士兵与他们的长官的关系，也会在骚动的军队技术兵和农民中激起军事和反叛性的放肆行径。为保障一个真正的军队，警察在士兵眼里应该是第一个也是最后一个引起他注意和尊重的。似乎官员首要的限制是他的性情和耐性。他们将为管理他们的军队而参加选举活动，他们也不得不承认自己是一个候选人而不是一个发令官。但是如果推行这种方式，就意味着权力将有可能落在当局者的手里，进而他们就能加以委任更重要的职务。

你最后想要做的并没有完成；尽管这种存在于军队与共和国之间各方面奇妙而矛盾的关联，以及各部分之间、部分与整体之间的矛盾关系，很多时候并没有一成不变。你要是被任命为临时提名的长官，在这种情况下国王通过议会是有权准许的。有不懈追求品质的人，在端正权力地位的过程中是尤其有判断力的。他们必须立马注意到那些可以在现实中模棱两可地拒绝委派的人。军官因此必须依赖于他们在议会的诡计，这是唯一的可以晋升的途径。然而，一直以来你得通过新宪法在法庭提起诉求。这一关于军衔的双边谈判，就我来看是一种创新。那种没有任何捷径可走的谈判，相对于这一巨大的军事赞助，也可在议会中引起内讧；然后，随着本质上的派性区别，军纪败坏，最终危及政府的安全，实际上最后对于军队效能来说这一点是可以确定的。那些失去君主宠幸不得升迁的官员，就不得不成为反叛议会的一个派系；议会拒绝了他们的要求，因此必须在士兵心中激起不满以反对统治阶级。另一方面，那些通过议会中的利益关系实现目标的官员感觉极佳，仅次于君主亲信，虽然就这点来说，那是在议会中感觉最好的，但必须忽略不能促进也不能滞碍他们晋升的权威的影响。如果要遏制这种恶行，如果除了资历你们就没有别的任用或晋升的规则，那么你们就会有一支形式上的军队；不仅如此，它还将变得更为不受约束，更像是一个军事共和国。不是他们，而是君主成为机器。一个王国并没一分为二，他在军队的控制下也不是什么，或者说什么也不是。要是权力只是名义上凌驾于军队之上，那么军队又将对谁抱以感激、对谁心有胆怯呢？这种无足轻重之人对于某一专门的行政部门来说并不适合。他们得受到的是现实的、实在的、坚决的和个人能力的制约（他们的意向会引导他们知道真正需要的东西）。议会当权者会因通过早已选择的使人虚弱的途径而受到困扰。军队也将不会长期指望议会起作用，仅是官方机构的虚假景象和明显的欺骗，他们不会郑重地屈服于一个犯人。他们要么鄙视一个盛会，要么同情一个被俘的国王。要是没有大大曲解我的意思，这一关联着军队和王室的关系将会使你的政见陷入两难境地。

此外还要考虑的是，像你们这样的议会即使拥有了一种可以传达命令的机构，那么军队对它的服从是否就合适呢？众所周知，迄今为止，军队对任何的议会或人们权威的服从都是不稳定和不可靠的；而且他们尤其不会屈从于一个任期只有两年的议会。如果军官们以十足的屈服和应有的崇敬来看待乞求者的管辖权，特别是当他们发现他们得重新巴结那些无数的乞求者时——那些人的军事策略和指挥才能（如果他们有其中的任何一点）与他们的短暂的任期是不确定的，他们一定会失去军人的本性。当一种权威软弱而所有的权威都在变化的时候，军队的军官在一定时期内总会处于反叛的状态，直到一位懂得如何安抚军人，并且具有突出的指挥才能的、受人拥戴的将领，把所有人的眼光都吸引到自己身上来为止。由于他个人的原因，军队会服从他。在这种情况下，要维持军队的服从就只有这个办法了。但是，这样的事情一旦发生，真正指挥军队的人就变成了你们的主人了：成为你们国王的主人，你们议会的主人，还有你们整个国家的主人。

以国民议会现有的权力，它会如何对待军队呢？让士兵们不效忠他们的军官，这一点是可以肯定的。他们已经从一种最可怕的措施开始了。他们已经触动了军队的各个组成部分围绕着它得以安宁的那个中心点。在军官和士兵之间最重大、最根本和最本质的联系中，他们破坏了服从的原则，这是军队服从这个链条开始的地方，所有的服从体系都依赖它。士兵被告知，是一个公民，享有作为人和公民的权利。还被告知，一个人的权利在于成为自己的主宰，只有被委派自己到政府的人统治。很自然的是，他应该认为首先要做出自己的选择，即向谁付出自己最大程度的服从。因此，他极有可能会系统地做出自己偶尔做出的事情——至少在对军官的选择上，会行使一种否决权。目前，根据军官的良好作为，人们都知道军官们最多也只是被容忍。实际上，现在已经有很多军官被自己的队伍罢黜的先例了。对于选择国王的，还有第二种否决权，它至少和国民大会的否决权一样有效。士兵们知道这是在国民大会中顺利通过的一个问题，难道他们不应该直接选择自己的军官或其中的一些人吗？当考虑到这样的事情时，他们会倾向于最有利于他们的那一种见解，而不会过分地去猜想了。他们不会容忍，被看作一支被囚禁了的国王的军队，必须与国家中的另一支军队联欢和结盟，却被当作自由宪法的自由军队。他们将会把自己的目光投向另一支更持久的军队（市镇军队）。他们清楚地知道，这支军队是自己选择军官的。也许他们不清楚不去选择自己的拉斐特侯爵或者其他所称的新名字，是基于什么样的基础。如果选择军官是人权的一部分，那么为什么这个人不是自己呢？他们看到了选出来的治安官、法官、牧师、主教、市政机构和巴黎军队的指挥官。为什么仅把他们排除在外？难道英勇的法国军队是民族中唯一不能成为对拥有军事才能而又合格的军官的资格的裁判者吗？因为他们由国家支付报酬，就丧失了人权吗？他们本身就是民族的一部分，而且为了这份报酬还做了贡献。难道国王、国民大会和所有被选举出来的人没有得到这份报酬吗？他们看到的是，在所有的情况下，对于权利的行使都支付了一份薪水，而不是看到了由于得到一份报酬而失去了所有的权利。你们所有的决议、文件、辩论、宗教、政治和医学方面的工作都置于他们的手里；而你们却期望着他们只在符合你们意愿的程度上，把你们的学说和范例运用到他们的事情上。

在这样的政体下，一切都取决于军队。因为你们努力地摧毁了所有的意见、偏见以及所有支持该政体的本能。因此，目前任何出现在你们国家议会和其任何部分的问题，你们必须依靠武力来解决。其他什么也没有留给你们，更确切地说，你们也没有留下什么给自己。你看，根据你们的军事部长的报告，军队的分布在很大程度上是由内部的高压政策决定的。[①] 你们必须依靠军队来统治，你们也必须将其灌输给你们的军队以及整个国家，但一段时间后，也必定是这些你们用来塑造他们的原则会使得你们无法再命令他们。国王将调用军队，用行动反对他人，当全世界被告知，不应该向公民开火的断言将会萦绕在我们的耳边。断言自己是一个独立的宪政和自由贸易的国家，他们不得不受制于军队。他们能读到在你们执政时期男性权利的章程。这是一个安分男性权利的商业垄断，这对他人有益吗？正如殖民者反抗你们，黑奴反抗他们一样。军队再一次进行大屠杀、酷刑和绞刑！这些是你们的子民。这些是形而上学肆意宣称的后果，它可耻地退缩了。就在前几天，农民的土地在你们的一个省拒绝支付某种租金。由于这个原因，你们这个国家的法令要求人们应当支付所有的租金和税捐（除了那些对你们不满的）。如果他们拒绝，那么你们命令国王调军队攻击他们。你们放下形而上学主张，推断出通用的后果，然后你们再试图限制专制。现行组织的领导人告知他们的权利，作为人，他们有权利攻取堡垒、谋杀守卫和抓住没有权威的国王。同时随着立法机构权力增加，国会就会徒有虚名，然而这些领导人同意在这样混乱的情况下调出军队，去强制那些要审判这些原则和遵循那些保证认可他们自己的人。

各国领导人教育人们要如同对待野蛮暴政那样去厌恶和拒绝所有的暴

① 《法国通讯》，1790年7月30日。《国民议会》，第210期。

力行为，同时也告诉他们后来要忍受多少那野蛮的暴政。因为他们大肆渲染自己的苦处，所以人们发现他们对于矫治方面极其吝啬。他们知道不只是你们批准让他们赎回某些免疫税和个人税（但无钱提供给他们赎回），对于那些你们未作规定的负担来说是无足轻重的。他们知道，几乎整个制度的地产起源于封建性的，它是由一个野蛮的征服者按照起初拥有者的财产分配的。毫无疑问，每一种地租都和原来一样。

农民很可能是这些古代产权的所有者——罗马人或高卢人的后裔。在任何程度上，如果他们根据文物学家和律师的原则而确定原则遭到失败后，他们会撤退到人权的城堡里去。在那里他们发现，人类是平等的，大地——那种所有人的仁慈而平等的母亲，不应该垄断而培养任何人的骄傲与奢侈，这些人的天性并不优于他们自己，如果他们不为自己的面包而劳动的话，还要更糟糕。他们发现，通过自然法则，土地的占领者和开拓者才是土地真正的所有者，不存在任何违背自然的规定，而在奴隶时代与地主达成的协议（在任何协议存在的地方），都只是胁迫和武力的结果，当人们重新进入人权领域时，这些协议就和旧封建和贵族的暴政盛行之下所确立的所有东西一样尘埃落定。他们会告诉你们，戴着国徽和帽子的懒汉和一个披着白色法医斗篷的懒汉毫无区别。如果你们沿袭了这种地租的方法，他们就会告诉你们来自加缪先生的演讲，起源万恶的事物不能享有因长期占有而获得的权益，这些贵族的资格在其根源上是邪恶的，这种武力和欺骗一样糟糕。通过世袭头衔，他们会告诉你们那些耕种土地的人继承的财产（而不是腐烂的羊皮纸和愚蠢的替换品）才是财产的真正来源；那些领主们享受他们的窃取物的时间太长了；如果他们允许给这些世俗的僧侣发放任何慈善的年金，那么他们就应该感谢真正所有者的慷慨解囊（对于对他的物品的假冒的要求者，他是如此慷慨）。

当农民们把刻有你们的肖像和铭文的那种诡辩性的硬币还给你们时，你们却当作伪币而拒收它，并告诉他们你们会让法国的卫兵、龙骑兵和骠骑兵付出代价。为了惩罚他们，你们抬出了国王的第二手权威，而国王只是摧毁的工具，并没有任何保护人民或他自己的力量。通过他，你们似乎会使自己被服从。他们回答说：你们教导过我们不存在绅士；你们的原则中有哪一条教导我们要听从我们没有选出来的国王吗？没有！无须你们的教导我们也知道，土地是为了维护封建尊严、封建头衔和封建官职的。当你们把这种原因视为弊端而取消时，为什么还要保留更严重的后果呢？既然目前不存在世袭的荣誉和显赫的家族，那我们为什么纳税给那些本不应该存在的人呢？你取消了我们旧的贵族地主，他们再没有特权和头衔了，只是你们强行征税的收租者。你是否竭力使这些收租者受到我们的尊敬呢？没有。你们派他们到我们这里来，他们的武器被折断了，他们的盾牌被打碎了，他们的徽章被损坏了，如此赤裸裸地遭到蜕化和变质，成为这样一种两条腿而无毛的东西，以至于我们没有必要再了解他们了。他们对我们来说是陌生人。他们甚至不以我们的古老领主的名义行事。从肉体上，他们可能是同样的人，虽然我们按照你们关于人的身份的新的哲学教义来说，我们对此并不是很确定。在所有其他方面，他们彻底改变了。我们不明白为什么我们不能像你们那样有权取消所有的荣誉、头衔和等级。这一点我们从未委托你们做，而且这确实是你们冒用未授权的权力的众多实例中的一个。我们看到了巴黎市民，通过他们的社团、他们的暴民、他们的国民自卫军随意地在指挥你们，并且作为法律给了你们那些在你们的权威之下作为法律而传达给我们的东西。通过你们这些市民处置我们所有的生命和命运。为什么你们不应该像关怀这些傲慢市民的荣誉和头衔那样，去关怀这些劳苦农夫有关租金的愿望呢？但我们发现你们付给他们的幻想多于我们的必需品。向与自己平等的人缴纳赋税，难道这就是人权吗？在你们实施这些措施之前，我们可能会认为我们不完全平等，我们可能会提出一些习惯性的旧观念来支持这些地主；但我们难以想象摧毁对人类所有的尊重观念，你们会以什么样的观点来制定贬低他们的法律。你们吩咐我们以旧的尊重礼仪对待他们，而现在你们却调兵用刀砍或用刀刺，这使得我们在恐惧和武力中投降——你们没有让我们屈服于温和舆论的权威。

这些争论的实质对所有理性的人来说，是可怕的、荒谬的，但对形而上学开办了诡辩学校并确立了国家无政府状态的政客而言，它是确凿的。很显然，仅考虑权力，国会的领导人将毫无顾虑地废除租金连同头衔以及家族徽章。他将只遵从这个规则来完成类似的行为。但他们现在拥有了自己的一个靠没收来的庞大地产。他们在市场上有这样的商品，如果他们允许农民以他们如此自由地使自己陶醉过的那些想法进行叛乱的话，市场将被完全摧毁。任何一种财产所能享有的唯一保障是，出自他们对其他人的贪婪的利益。他们仅凭自己的恣意任性来确定所保护的财产以及要破坏的财产。

他们没有为市民留下一定要服从的原则，或是自觉遵守的义务；甚至都没有从整体中分离而闹独立，或者与其他国家联盟。里昂人似乎近来拒绝纳税。为什么他们不呢？没有合法的权威让他们遵守。国王征收了他们中一些人的税收。由各等级所程式化了的旧三级会议确定了更为古老的税种。他们可能向国会说，你是谁？这不是我们的君主，也不是我们选择的国家，更不是根据我们的原则选举的，你们是谁呢？当我们看到曾经下令要上缴的盐税完全取消时，当我们看到服从的行为随后被你们认同时，我们又是谁？我们并不能评判我们应该或不应该上缴什么税，以及不利用那些我们自己的权利和你们同意的别人的有效权利，我们又是谁呢？对于这个答案，我们将靠军队来解决。国王的最后一个原因，总是你们国会的第一条。军队支援可能维持一段时间，同时报酬也是照涨不误，裁判员的虚荣心也在争论中得到了奉承。但这种武器将对不忠于它的人迅速消失。议会保留了一所学校，在那里，凭着坚持不懈的毅力，他们系统地教导了各种原则，并制定了各种规划，破坏了所有附属于国家的民间和军队的精神，然后他们期望一支无政府状态的军队去使无政府状态的人民保持服从。

据说新政策下的市镇军队是平衡这个国家的军队，如果就其本身而言，那组织就要简单得多，而且在每一个方面都更少有什么例外之处。这是一个纯粹的民主机构，与王权或国王并无关系，在地区各自的陆战队的随意的指挥中武装和训练，和个体的以及组成的个人服务的权力相等①，没有什么特权。然而，如果从它对王权、国民大会、公共法庭和其他军队的任何关系考察，它似乎是一个怪物，几乎成功终止了一些导致民族灾难

① 我看过M.内克尔的账户，即巴黎国民警卫队的收入，超过了其自己城市征收的金额，大约为14.5万英镑，超过了公共财产。至于这些到底是对于他们工作九个月应该确有的支付，还是对他们全年要价的评估，我并不很清楚。这都不重要，确定的是他们可以用这笔钱买任何想要的东西。

的混乱的运动。这是一个普遍宪法的一种更坏的保护品，比克里特同盟、波兰联盟，或任何其他由一个结构很糟糕的政府体系所产生的必要性之下所曾想象出来的设计的矫正方法还要糟糕。

在总结我对最高权力、行政、司法、军队和这些组织之间的相互关系的评论之后，我要说一些关于你们的立法者在国家收入方面所表现出来的能力。

在他们诉讼这个对象时，如果可能的话，就会更少有迹象表明政治判断力或财政上的才能。当三级会议召开时，看起来重大的目标是要改善税收体制，扩大征收，消除它的压迫和干扰，使其建立在最坚实的基础上。整个欧洲都对那个项目抱有很大的希望。法国的存亡就系于这一宏伟的安排，而且这就成为了（在我看来是非常恰当的）那些主宰着国民议会的人们的能力和爱国心所要经受的一场考验。国家的收入是国家的。实际上，无论是为了支持或改革，全都依赖它。每个职业的尊严完全取决于其中所反映出的美德的质和量。像所有伟大的头脑的特质在公共场合运作，不仅仅是痛苦的、被动的，还需要武力为之说明一切。我几乎认为，为了它们的明确存在，收入在管理中成了一种积极的美德。公共美德是宏伟的、光荣的，它是为伟大的事物而树立的，需要广阔的空间，不能束缚在狭窄、肮脏的环境下。只通过收入，政体可以以其真正的精神和性格而行动，因此它将显示同样的集体美德，并且可以体现那些推动它而且仿佛就是它的生命和指导原则的那些人的特征的美德。因为不仅自由、仁慈、刚毅和远见等获得了成长，而且节欲、勤勉、警戒和节俭在公共财富的供应和分配中占有更多的恰当成分。因此理论和实践上的财政科学（必须得到很多辅助学术分支的协助），得到不仅仅是一般人的，而是最睿智和最优秀人的高度推崇，不是没有道理的；当这门科学随着研究对象的进展而不断成长，国家收入普遍增加了；只要平衡个人和国家的努力，并保持适当的比例，它们都将继续增长和繁荣。也许，可能是由于在这紧急时刻丰厚的收入以及必需品的供应，那个老滥用宪法中的财政问题被发现了，而他们的本性和合理的理论更为完整地被人理解；一个较小的收入在一个时期内甚至可能比一笔大的收入在另一个时期内更令人痛苦，而财富的比例甚至保持不变。在这种事态下，法国国民大会发现了在废除和改变的同时，还要保持、维护和明智地管理收入中的某些东西。尽管他们骄傲的假设可能被证明是最严厉的测试，但是在检测他们在财务方面的能力时，我只会考虑什么是一个普通财政部部长明显具有的责任，并根据这一点而不是根据理想的完美模式来检验他们。

金融家的目标是确保充足的收入，以明确和平等来征收它，节约地使用它，并且当迫使他必须利用信贷时，要求他以行事的清白和正直来计算出基金的精确性和稳定性。在这些方面，我们可能需要一个有明确的优点和能力的国会采取相关的管理。根据韦尼耶先生8月2日的报告，我发现他们手中的收入不但没有增加，而且比革命之前减少了2亿，即800万英镑，大大超过了总额的三分之一。

如果这是伟大才能的后果，那确实绝不会有什么才能会以更卓越的方式表现出来或者能带来如此强有力的后果。没有常见的愚蠢，没有粗俗的无能，没有普通官员的过失，甚至没有犯罪，没有腐败，没有贪污，几乎没有任何直接的敌意，我们已经看到的现代世界能在如此短的时间内摧毁了财政和与之相伴的拥有强大力量的帝国——请问你们是怎样丧失了你们那样伟大的国家的?

议会一开始，那些辩论家与演说家就开始谴责旧体制中收入的许多最重要的部分，如公共垄断的盐的专卖。他们真正反驳的是不明智的、人为的、压抑的、病态的部分。这表示他们并不满足于使用演讲的一些改革的初步计划，他们以一个庄严的决心或公共的审判来宣布它，好像它是被公正地通过一样；他们把它传播到整个国家。在他们通过了这一法令的时候，他们又同样庄严地命令，必须缴纳这种同样荒谬的、压迫的和偏袒性的税收，直到他们能找到一个收入来取代它。其结果是不可避免的。一向被免除了这种盐的垄断的各省——它们之中有些其他的（也许是相同的）赋税——完全不愿承担任何部分的负担（由于一个平均分配抵偿了其他税种）。至于议会，因为它正忙于宣布和破坏人权以及对普遍混乱的安排，它既不空闲也没有能力来设计，没有机构来执行，也没有权威来推行任何类型的任何计划来取代税收或平衡它，或补偿哪些省份，或者引导他们的心智转向与别的要被减免的地区相调和的任何方案。

产盐省份的人民不耐烦这种税收，他们不能忍受掌管他们交款的这种上级权威规定的税款，很快发现他们的耐心耗尽了。他们认为自己与议会在破坏方面一样在行。他们抛掉了所有负担而解放了自己。受到了这一鼓舞，每个区或每个区的各个部分就依据自己的感觉判断自己的委屈，都以自己的意见来判断解救方法，对其他的税收也随意而为。

我们接下来看看他们怎样去设计各种平等的课税——与公民的财富成比例，又不可能倚重活跃的资本。通过损害几个地区和每个地区的一些人，新的更具压迫性的不平等政策就被用来判定哪一部分是他们可能会保留的收入。支付是受制于配置情况的。对联邦来说最温顺的、最有序的或最深情的是国家的部分孕育了整个国家的负担。在软弱无能的政府下，这是最富于压迫性以及不公平的。为了填补旧体制下的所有的缺陷，新的不足也会随之到来，一个国家没有权威还能留下什么？国民大会呼吁自愿的仁慈；公民的第四部分的收入以支付它为荣。他们比可以合理计算得到的获得了更多的东西，但远不能满足他们实际生活的需要。明智的人不太可能期望这个捐赠掩饰下的税收，这是一种不平等而无效的税收；这种税收掩盖了奢侈、贪婪和自私，把负担抛给了生产性的资本、正直、慷慨和公共的精神，这是一种管制美德的税收。最终，面具被抛弃了，他们现在尝试依赖武力征收他们的捐赠。

这种捐赠，这种虚弱的软骨病的产物，得依靠另一种力量来支持，那是同一种百般无能的孪生兄弟。爱国捐款是用来弥补爱国赋税的。约翰·多伊成为理查德·罗伊的担保。通过这个计划他们从给予者那里获得了许多钱，对获得者来说，只有一点价值，他们却毁了这些交易；他们掠夺皇家的饰品、教堂的金属板和全国人民的个人装饰品。这些稚嫩的乔装自由者们的这种发明，事实上只不过是对于老朽的专制主义的最贫乏的策略的一种奴性的模仿罢了。他们用一个路易十四用过的无用的古老的巨大的宽底的假发衣柜遮盖早已枯萎的国民大会。他们创造了这个老式的正式的愚昧，尽管它已经如此充分地暴露在《圣西门公爵会议录》里，如果对于理性的人，他们想用一些争论来显示它的伤害和不足。我记得在路易十五的理论里，是一种相同的方法，但从未奏效。然而，毁灭性的战争是一些令人绝望的借口。灾难审议是不明智的，但这正是做出安排和筹备的时期。这是和平的时期，享受了五年，并承诺还将延续一个更长的时间，他们依赖这个绝望的微不足道的闲聊。在严峻的形势下，他们玩弄财政玩具让他们失去了更多声誉。那些采用了这种措施的人对他们的情况浑然不知，或者毫无办法。无论这里面可能具有什么美德，很明显的是，它再也不能求助于爱国的馈赠或捐赠了。公共资源很快将被愚蠢地耗尽。的确，他们的收入计划需要施展所有的诡计，由此造成国库充足的假象；同时，他们也切断了常年供应的泉水的源头。内克尔先生前不久的报告显示了前途有望。他给出了一种诱人的办法来度过这一年，但他又表示出了（正如他认为的那样）对未来的忧虑。由于他以适当的远见去研究这种忧虑，并避免了预言所带来的恶果，因此他得到了议会议长友好的谴责。

至于其他的税收计划，他们是没有绝对把握的，因为他们到现在为止都还没有自己经营管理。没有一个人可以很乐观地想象说自己有可以填补任何一部分可察觉的突破口的能力，他们的无能反映到了其收入上。目前，国家的财政情况是，每天用越来越多的现金，通货膨胀越来越严重。当发现里里外外除了纸币——纸币不是财富的代表而是匮乏的代表，不是信用的产物而是权力的产物——就没有什么东西的时候，他们就想象英国的繁荣不是因为银行的政策，而是因为银行里面的钱。他们忘记了，在英国1先令所发挥的任何用途都在于选择；实际上，这些整个都起源于现金的沉淀，它是兑换的乐趣，可以在瞬间没有任何损失地再次变成现金。因为法律上没有规定我们金融在商业上的价值，所以它的价值在法律上无法规定，但是它的强大在于流通，像威斯敏斯特大厅一样重要。在偿还20先令的债务的时候，债权人可以拒绝英国所有的银行，因为在我们中间没有一个单一的公共安全机构可以有强制执行任何品质或者任何性质的权力。事实上它可以很容易证明，我们的金融资产，而不是减少的真正的硬币，有增加的趋势，它不是作为一个替代品去替代钱，而是为了方便资金的出入境和循环。它是繁荣的象征，而不是一个困扰的标志。它也绝不是稀缺的现金和数目庞大的支票，而是一个国家的根源。

当然，减少挥霍浪费，在经济发展中引进有效力的、合理的措施来补偿之前收入中所遭受到的损失，就这一点来说，至少他们履行了一个金融家的义务。那些说这些话的人，有谁看过国家议会的费用，看过各市镇的、巴黎城的开销，看过两支军队增长的开支，看过新的司法机构的开支没有？甚至他们有没有仔细地对比过目前的和原来的退休金报表？这些政客是残酷的，不考虑经济效益的。同前一届铺张浪费的政府花费相比较，它关系到新政府的财政收入，而不是其新的财政状况。我相信现在所知道的税将超过所有可支付的费用。①

它仍然是唯一验证经济能力的证明，当法国经理人需要提高信用卡额度的时候，为他们提供资金。在这里，我有一个小小的观点，对于信用，严格地说，它们不值一文。古老政府的信用实际上是一点用都没有的，但是他们总是，或者在某些方面可以控制钱，这不仅仅表现在国内，而且表现在他们可以制定大部分欧洲国家剩余资本的积累和信贷。政府信用日臻完善，为建立一个自由的制度给予了新的力量。如果一个自由系统可以被建立，那么它将可以完全做到。从荷兰、汉堡、瑞士、热内亚、英国这些国家的金融交易里，为他们虚假的自由政府提供了些什么？为什么这些国家的经济和贸易可以与任何一个人的金钱进行着交易？那些试图扭转事物的自然性质的人看到了债务人用刺刀作为偿还债权人的手段，因此他们偿还那些信贷人的方法就是，对其做出承诺，把自己的贫穷变成力量，并用自己的资源来支付债权人的利息。

他们狂热的信心和教堂无所不能的掠夺，导致这些哲学家忽略所有

---

① 读者可能会注意到，我只是简单地触碰到法国的财政（我的计划要求不止这一些），如果连接到他们的身上的话。假如我打算那样做，我手上关于这个任务的材料却不够丰富。关于这个问题，我建议读者可以看维尔克隆的作品。他关注公共财产的巨大破坏和毁灭，以及所有的法国事物所造成的好意的无知和无能。造成这些问题的原因总是不断地产生。纵观在这只严厉的眼睛下的解释以及对我们太多的操纵，扣除一切可能被金融家存放资本的地方，谁可以想得出他的敌人利用他的原因。我相信它会被发现，针对革新家们的大胆精神，有一种比由法国的代价所提供的更为有益的有关审慎的教训，那是在任何时候都未曾向人类提供过的。

的公共财产，被梦想的点金石诱导愚弄，妄想在合理的炼金术下，忽略所有合理的手段，来提高他们的财富。这些哲学家、金融家用这种普遍的药物去治疗所有罪恶的国家。这些绅士们也许不会相信大量虔诚所带来的奇迹，但是它也不能被质疑，因为他们有着不屈不挠的信念去悖理逆天。他们有债务问题？——钱的问题。有没有对那些不动产在办公室被抢或者失业的人采取补偿维护措施？——分配措施。有没有快速制定一个措施？——分配措施。如果将1 600万英镑分给那些被迫离开的人，如同解决国家重要问题一样。有人说需要3 000万英镑去分配，还有人说分配问题需要8 000万英镑。这中间唯一的不同就是这些金融派系是用更多还是较少的数目去分配解决公众的苦难。他们是按照授予分配，甚至是那些本质上有良好的思想和商业知识的人都不能被这种哲学给排除在外，他们提供决定性的意见去反对这种错觉。总结他们的观点，就是提出关于分配的新看法。我猜想他们一定会谈论分配的问题，因为除此之外没有其他语言可以将其理解了。所有有关他们效率低下的经验都不能阻止他们。是不是市场上已经分配好的都在贬值？有什么补救的方法吗？新的分配问题。“分配”这个词是个小的改变。你现在的拉丁医生可能会比较喜欢你的旧喜剧，他们的智慧和其他各种资源是相同的，他们的歌曲里没有大量的音符。虽然，远没有黄鹂在夏日里的歌声柔和和丰富，但是他们的声音是严厉的，像不祥的乌鸦。

但是，最绝望的冒险者在哲学和金融上面可以摧毁国家已经建立起来的安定，可以破坏唯一安全的公共信用，以期用没收的财产来重建一个新的系统。然而，一个过度热心的国家会导致有一个虔诚、庄严的教士[①]（通过主教的支持）去掠夺财富从而为自己所有。同时，那些良好的教会和人民却承受着其所在地的金融家和审计长们的掠夺，还有亵渎。他们和他们的助手，在我看来必定会呈现出一些后续的动作，他们知道一些办公室的事情，所以当他们适当解决一些财政问题时，他们就从被征服的国家里取得一定比例的资产。这是他们的业务，为了使他们的银行有真正的信

① 此处系对塔列朗的嘲讽。

贷资本，有能力成为那样的银行。

要在当前建立一个可以在任何地方自由流动的银行信贷，迄今为止，无论在任何情况下都被证明是很难的，尝试最终都以破产而告终。但是大会的领导通过对道德的蔑视、对经济原则的蔑视，可能至少达到预期，为了防止这种破产的加剧，因此这些困难是不可以被省略的。它是可以预见的。为了你的本地银行可以有收益，所以容忍、采取一切手段，如公开地对安全声明，一切方法都可以拿来帮助恢复需求。抓住事物最有利的一点，你的处境就相当于一个大型的房地产商，他希望能够处置债务并且提供某些服务。你希望提供抵押而不是立即出售。在这种情况上，人的公平意识是什么，怎样才能有个清晰的认识？该采取怎样的措施，从最有利于自己的方面获取利益。他不应该首先就确定房地产总值，他还需要考虑管理、产权这些会不会成为永久的负担，还有突发的各种影响以及计算取得的净盈余是否安全。当盈余（只有安全债券人）已经清楚地确定下来，并且受托人掌握在手里，接下来他就可以表示商品要出售了，告诉出售的时间以及出售的条件。此后，他将承认公共债券人。如果他选择了它，认购了他的股票到这个新的基金，或许他就可能会收到关于分配的建议，增加资金来推动这个品种的安全性。

这个会像人类的商业活动一样有条不紊地进行，那些主要的原则和私人信用将会继续存在着。经销商会准确知道他已经购买的商品，而在他脑中唯一恐惧的是，赃款可能被重新收回。或许有一天，这些恶劣的亵渎神明的坏蛋在他们无辜的同胞公民的拍卖会上可能变成买家。

对于尽可能抹去迄今烙在每一种地产银行上的耻辱而言，一个开放和确切表明财产价值的声明，包括时间、销售地点，都是很有必要的。另一个必要的原则就是，因为以前抵押信用的问题，所以他们可能会在第一次接触上，来确定未来对此灵活的关注。当他们终于决定将教堂的战利品作为国家资源的时候，他们来了。1790年4月4日，为了保障他们的国家，一个庄严的决议产生了，“声明每一年的公共费用里，都会有一笔足以支付罗马天主教会的费用，以及支持主持祭坛的牧师、救济穷人、增加神职人员的年俸的开支，这些同样是长期的。这都是国家在处置不动产和物品时可能会遗忘的费用。所有代表或者立法机构都是伟大国家最迫切需要的”。在同一天，他们进一步参与商定该条款应该在1791年确定下来。

在这项决议中，他们承认他们的责任，明确指出上述费用使用的对象。其中，通过其他的决议，他们首先确立了秩序上的规定。他们承认，他们应该清晰地展示财产和所有自由不动产。他们应该马上展示出来。他们马上做了吗？或者后来做了吗？他们提出过一份不动产的地租账目，或者公布过一份他们所没收作为他们的证券的不动产清单了吗？既然未确定财产的价值或支出的数量，他们是以何种方式履行对公众承诺的要给公共服务“一笔清偿了所有债务的财产”呢？我将它留给了对英国崇拜的人来解释。在此保证，它和以前的任何步骤一样的好，他们的问题归结到了对信用的非常帅气的声明——1 600万英镑的信贷。这是男子汉气概。有谁在这么精彩的举动后，还可以怀疑他们的财政能力？但是对进入金融的任何赎罪券，他们至少要履行自己最初的承诺。如果这样估计，无论在不动产的价值还是数量的限制上，它已经逃离本我了。我从未听说过它。

最后他们变得肆无忌惮，并且对他们令人最憎恶的诡计有了完整的认识。他们把教会作为任何债务或者无论其他什么服务的抵押品。他们这样掠夺只能促使他们去欺骗，不过在极短的时期内他们巧立名目胜于一切抢劫和阴谋，使他们的骗术和力量膨胀。我不得不向德·卡罗纳求助引用文件的参考以证明这不同寻常的事实，因为它们通过一些渠道已经被掩盖了。至于对1790年4月14日宣言的背叛，的确没有必要由我来做出判断。他们的委员会报告表明，现在看来，除了700万及以上的债务，保持缩减了费用的教会机构和其他维持宗教男女教士的开销，超过了教会地产每年高达200万英镑的收入。这就是骗术的计算能力！就是哲学家的财政学！这就是促使一个悲惨的民族投身于叛乱、谋杀和亵渎神明中，并使他们成为毁灭自己国家的迅猛而热忱的工具的全部骗局的结果！从来没有一个国家，在任何情况下，通过没收公民的财富来使国家富裕。这个新的实验和其他的一样成功。每个具有坦诚胸怀的人、每个对自由和人道的真正热爱者，必定会欣喜地发现，不公平既不总是好政策，劫掠也不是致富之路。再者，在一份研究报告中，我很高兴附上雄韬伟略、意气风发的德·卡罗纳在这个事件上的意见。①

为了说服世人相信没收教会财产而得来的滚滚不断的财源，国民议会对那些享有公职的社会等级采取了其他的没收行动，而不由这一对地产的大举没收来加以补偿的话，它们就无法以任何通常姿态来完成。他们纷纷抛出该基金后，我不能确定整个司法部门被遣散的补偿和被压制的办事处和房产的补偿有多少，但毫无疑问相当于好几百万法郎。48万英镑用第一次流通的纸券的利息以每日付款的方式付清（如果他们选择坚持信念）。他们曾经自寻烦恼地给了国家相当于市政公债中的管理教会土地的费用，给了那些谨慎、有技术、勤奋的人，与手下不知名的人来代理，他们选择承担失去管理房地产的所有权。南锡主教巧妙地指出了这种结果。

但没必要详述这些明显累赘的核心。他们已对所有巨大的产权负担做出了明确的说明了吗？我是指对整个市政和各种机构，并将其与一般情况下的财政收入相比较。这之中的每一点不足，在债权人有机会将白菜种到教会土地之上前，成了对没收地产的控诉。没有其他比没收财产更合适的手段来维持国家完整性，避免其四分五散。在这种情形下，他们故意掩盖了所有他们应该努力弄清楚的东西，而却冒着浓雾、闭着眼睛，自己飞向了公牛群，撞向刺刀。他们的奴隶蒙着自己的眼睛实际上不逊于他们的领

① 在这里，我绝不是向整个议会发难，我只是想对那样一些人讲话，他们把议会引入歧途，向议会伪装掩饰自己想要达到的目的。我要向这些人说：你们并不讳言你们的目的，就是要剥夺教士的一切希望，造成他们的毁灭；正是在这里，人们应该相信你们提出的可怕的办法中所具有的东西，而无须猜测其中任何的贪婪成分以及哗众取宠的手法；这就是它所应有的结果。但是你们所关怀的人民，他们从中得到了什么好处呢？你们不断地利用他们，你们为他们做了些什么呢？什么也没做，绝对什么也没做；相反，你们的所作所为只是加重了他们的负担。你们出于对他们的偏见而攫取了一笔4亿的捐款，而接受它的话是可以有助于他们的喘息的；你们用一种毁灭性的不公正取代了那种合法又有利的财源。它正如你们自己所承认的，会给国库，因而也会给人民增加每年至少5 000万的支出以及1.5亿需要偿还的债务。

“可怜的人民！这就是对教会的掠夺以及这样一个仁慈宗教的神职人员的征税法令残酷性所给你们带来的最终结果：从此，他们的一切就都要由你们来负担了；他们的仁慈抚慰了穷人们，而你们却为了维持他们而承担了负担！”——《论法国》，第81页，又见第92页及以下。

主，而且一次就要吞下3 400万英镑的纸药丸。然后，他们倒自豪地宣称在未来的信用，他们过去所有的失败，过去的承诺，在同一时间（如果有的话，这样的事项是可以明确的），剩余的地产永远不会为他们的抵押贷款负责，我想说的是4亿纸券（或1 600万英镑）。在此过程中，我既看不出牢靠的公平交易，也看不出微妙灵巧的诈骗。在大会的反对派为欺诈这股洪水所拉起的防洪闸还未打开前，他们彻底击碎了10万个金融家在交易所打烊后进行的交易。这些就是形而上学的数学家计算出的数目。这些就是建立在法国哲学的公共信用上的计算。他们是建立在法国的哲学公共信用的神圣的计算。他们不能提高供应量，但是可以增加暴民。让他们在邓迪俱乐部的掌声中欢欣鼓舞吧——为他们把掠夺公民的所得用于为国家服务的智慧和爱国主义。我没有从英国银行的董事那里听到任何关于这件事的演讲；尽管他们的认可将会比邓迪俱乐部在信用范围内占据更大的规模。但是，要做正义的俱乐部，我相信组成的男人比他们看起来聪明；他们对演说比对金钱更慷慨，而且他们不会用皱巴巴的苏格兰币去换你们最美的纸券。

早在今年议会发表的文章中就提到金额达到了1 600万英镑：如此巨大的一笔供应所支付的救济居然几乎难以被人察觉，而国民议会把你们的事情弄到了怎样一种地步呢？这种纸币本文也觉得几乎在瞬间贬值百分之五，过一个小时又到了约百分之七。纸券在税收的收入结果是显著的。内克尔发现，征收者们收到的是硬币，交纳到国库的是纸券。因此征收者赚了百分之七。不难预见，这一点必定是不可避免的。但是，它并不就更少使人尴尬。内克尔被迫（我相信，在伦敦市场有相当一部分）为了铸币而购买黄金白银，数额超过所获商品的价值1.2万英镑。该部长的意见是，无论他们的美德可能是什么，国家不能只依靠纸券存活，一些真正的白银是必要的，特别是对于那些手持利剑的人来说，他们的耐性不会太久，因而需要博得他们的满意；当他们察觉到时，必须得以真正的钱来表明增加，而不是用欺诈的折旧的纸张。部长在这种自然的困境中，就向议会提出申请，要求他们应当责令征收者以硬币上缴他们收到的硬币。但问题在于，如果为使用一种现钞支付百分之三的货币，而它回笼时却要收取百分之七的货币，这样的交易没有可能使公众致富。议会并没有理会他的建议。他们在这种困境中进退两难，如果他们继续接纳纸券，财务现金将会变得更没价值。如果美国财政部拒绝那些纸护身符，或在任何程度上都不赞成它们，他们必然会摧毁他们唯一的信用资源。于是他们似乎不得不做出一些选择，通过自己囤积这些纸币来赋予其一些信用价值，并同时在发言中大张旗鼓地声明。这些东西在我看来，更像是立法权限，即在金属货币和他们的纸券之间，没有什么区别。这是一个好的、大胆的对信仰的证明，几乎是在诅咒下宣告的，是令人尊敬的哲学教父宣布的。谁愿意相信，谁就去相信吧——反正犹太人阿培拉（Judceus Apella）不会相信。

当你们受欢迎的领导人听到其金融表演中的魔灯秀与法律先生的欺诈展相比时，脑海中腾起了高尚的愤慨。他们不能忍受将密西西比河的沙子拿来与建立自己的体系于其上的教堂的岩石相比。祈祷让他们来抑制这一光荣的精神，直到他们向世界展示哪一块是他们纸券坚实的基础，且没有预先被其他费用占有。他们将其与那拙劣的模仿相较是不公平的，连母亲都会皱眉。关于法律仅仅建立在对密西西比河的推测上，这一说法是不正确的。他补充说，还有东印度贸易，他加入了非洲的贸易，还加入了法国种植业的收入。所有这些加在一起也毫无疑问不能支持公众所热情期盼的结构，当然也并不是他来选择建立在哪些基础之上的。但无论怎么说，这些相比之下都是慷慨的错觉。他们期望的是，或者说他们的目的在于增加法国的商业。他们打开了两个半球的整个范围。但没有想过从自己本身来使法国强大。在这个商业起航中，被一个巨大的想象给迷惑了。眩惑雄鹰眼睛的往往是穷途。和你们一样，鼹鼠也不是被一股气味就迷住了，然后拱着鼻子把自己埋在了大地母亲的土堆里。人不会就因为一个卑鄙龌龊的哲学就从自然的困境中退缩了，而去拥抱低俗的骗局。总的来说，记住一点，那是建立在想象力上的气势，不过这个系统的管理者对人类的自由进行了恭维而已。这在我们的时代被保留了下来，来缓解对理性微光的渴望，但也许能打开光明时代的黑暗。

回想起来，我并没有谈到有关财政规划的一切东西，这种规划可以是强调有利于证明这些先生们的经济才能的，而且还是在国民大会里非常轰动地被提出来，尽管最终还是没有被采纳。随着有助于纸币流通的有关信用的某些东西的固定，关于它的优点和效用，人们谈得已经太多了。我指的是，把被管制的教堂里的钟拿出来铸成货币的计划。这就是他们的炼金术。在这里人们的论证被某些愚蠢扰乱，它们不只滑稽可笑，而且在我们中间除了厌恶就不能激起其他情感，因此，对此我不再多说了。

同样不值得进一步评论的是，他们的一切规划和再规划、他们为拖延惠美之日到来而采用的那种货币流通、国库与贴现库之间的游戏，以及所有这些现在已被提升为国家政策的已破产的古老商业骗术。对税收不能掉以轻心。对人权的唠叨也不会为人接受，当作是付一块饼干或一磅弹药的钱。于是，形而上学的思想家们就从他们虚无缥缈的思辨中走了出来，而且忠实地寻找着先例。那么什么是先例呢？破产的先例。但是当他们的生机、力量、发明和幻想都抛弃了他们，让他们遭受挫折、阻碍和耻辱的时候，他们的信心依然如旧。当他们的能力明显丧失时，他们就把信贷当作仁政。当岁月从他们的指尖流逝时，他们在最近的一些行动中还说是给了人民救济，并高度评价了自己。然而，他们并没有救济人民。如果他们怀有这样的想法，那么他们为什么要下令收取令人厌恶的税收呢？是人民而不是国民大会救济了他们。

但是，对于声称这不合理救助的好处的双方来说，事实上放弃所有的争论已经是任何形式下对人们的慰藉了。贝利先生是一位纸币流通的经纪人，他能带你深入到这次救助的本质。他在国民大会上的讲话包含着对巴黎人民的高调而吃力的赞颂，因为他们饱含坚贞和不屈的决心，但也因此而遭受着痛苦和苦难。一幅呈现公众幸福的优美画面！忍受利益和救济的那种多么大的勇气和不可战胜的意志啊！从这位博学的市长的演讲中，有人可能会想巴黎人遭受了可怕的阻塞的困难达一年之久；事实上，他们不是被别的敌人而是被他们自己的疯狂、愚蠢、轻信和堕落所困。但是，当巴黎受到哲学的“寒冷的化石锤子敲打”时，贝利先生将用比恢复巴黎中部供热更高的温度去融化大西洋地区的寒冰。演讲之后的一段时间，也就是去年8月13日，在同一个集会的大厅出于对政府的考虑，同一个地方官亲自表达如下：“1789年，7月，永恒的纪念。”巴黎市的财政状况良好，收支平衡，那时，它在银行存有100万（4万英镑）。在随后革命中它限制使用的费用达到了250万里弗。从这些费用中大幅削减自由礼物的产品，需要钱不只是一时的，而是全部的。这就是巴黎，在过去的一年里，对它的养育关乎整个法国的命脉，耗资巨大。只要巴黎能够达到古罗马的地位，受制职权就会保持如此之久。主权民主共和国的奴才必然是邪恶的职员。当它发生在罗马的时候，也可能在共和党的控制下生存下来，而共和党也曾推动过它的发展。在那种情况下，专制本身必须服从普及的恶习。罗马在其君主的统治之下，结合了两种体制的阴暗面。而这种不合自然的结合是其毁灭的重大原因。

一种残酷、无礼的惩罚就是为了告诉人们，公共财产的毁坏让他们放心。政治家们在评价他们自己之前，通过破坏他们的收益给人们慰藉。首先应该让埃德蒙·伯克细心地关注这个问题的解决：对于人民，是让他们付出许多而又成比例地获得更有益呢，还是免除所有的税负但获得很少或毫无所获更有益？我的意见是支持第一种提议。我相信，我的经验也是对我最好的评价。为了保持这个话题的获知力量的平衡，及这种情形下他回应的需要就是一个真正政治家的基本技能。而获得的方法就是在时间与安排方面优先。良好的秩序是一切美好事物的基础。为了能够获得这种良好的秩序，没有卑躬屈膝的人必定是温顺的。地方官必定有自己的尊严，法律也有其权威。人们的重心绝不是找到植根于人们思想艺术的天然从属原则。他们必须尊重那份他们自己不能分享的财产。他们必须努力劳动去获得那通过劳动才能获得的东西，正如他们通常所做的那样。当他们发现成功与努力不成比例时，在永恒裁判的最后比例中他们必定会得到安慰。无论谁剥夺了他们的这种慰藉，使他们的产业失去活力，以及以保护的名义破坏了所获得的一切，那都是残忍的压迫者，也是贫穷及可怜之人的无情的敌人。同时，通过他所暴露出来的邪恶的投机买卖，使成功产业的果实及堆积的财富被任意掠夺，令人失望，也不繁荣了。

太多的职业金融家容易在银行、流通领域及关乎生活的养老金、联合养老保险、无期租金及商店的所有小商品处看到收益。在稳定秩序下，这些东西不可轻视，用于琐碎估计的技巧也不可轻视。它们都是美好的，而且只有它们是那种稳定秩序的结果才是美好的。但是，当人们认为这些低劣的计谋可能给由于破坏公共秩序基础及使财产原则遭受损失的邪恶提供资源时，他们就会毁灭自己的国家，在法国大革命后只留下一段忧思和荒谬政治影响的不朽的纪念碑及专横的、目光短浅的、思想狭隘的智慧。

在共和国所有重要成员中受欢迎的领导人所表现出来的无能的影响被自由的“弥补一切名誉”所掩盖。我看到一些人在行为上有自由，而许多人，即使不是最多的人，却处于受压迫、受耻辱的奴隶状态。但是没有智慧，没有美德，自由又是什么呢？是所有可能不幸中最大的不幸。因为缺乏教养和节制，这就是荒唐事、恶习及愚蠢的行为。那些明白道德自由是什么的人不能忍受看到无能的领导丢脸，因为他们嘴里都是些冠冕堂皇的话。我明白，我不会轻视这巨大而膨胀的自由之情。它们温暖人心，它们使我们的心灵宏大开阔，它们在斗争时激发我们的勇气。虽然我已经老了，但是我还是愉快地读了卢肯及高乃依的优美作品。我并不完全谴责小艺术及小玩意。它们促进了许多重要观点的流传；它们使人们保持一致；它们使思想在其运用中得到更新，偶尔会在道德自由紧锁的眉头传播快乐。每个政治家都应该为宽容献身，并结合顺从和理性。但是，当这样的事业发生在法国，所有这些附带的情感及技巧都无济于事了。成立政府不需要多么审慎。安排好权力的位置，教导人民服从它，工作便完成了。给人自由更加容易，这不需要引导，只要放开缰绳就行了。但是，要形成一个自由的政府，也就是说，把自由和限制这两种对立的因素调和到一种兼容的思想中，需要深思、远见和兼容并蓄的心灵。在国民议会中，我并没有发现这样的领导。也许，他们并不像我们看到的那样有严重缺陷。我宁愿相信它。这将会使他们低于人类理解的一般水平。但是，带头人却选择让他们自己在受欢迎的拍卖中投标，他们在州建设上的天赋不是服务性的。他们将会变成阿谀奉承者而不是立法者，是人们的工具而不是向导。如果他们中有人恰好提出一种要以恰当的标准严格限制和界定的有关自由的规划的话，那么他会被那些能炮制出更加动人漂亮的货色的竞争者们马上压倒的。他对事业忠诚的猜疑心会上涨。节制被污蔑为懦夫的美德，妥协被污蔑为叛徒的谨慎，直到为了保持他在某些情况下能起到调和的作用，群众领袖才积极宣传教义，这将在后来打败其本可能最终获得成功的、任何清晰的目标。

难道我就如此不理智以至于在这次不懈劳动的大会中一点都看不到值得赞扬的东西吗？我不否认，在许多暴力及愚蠢的行为中，有些行为还是好的。摧毁一切的人当然会略去一些不满。让一切都焕然一新的人可能会建立一些有利的东西。为了给予他们在所篡夺的权威优点方面所做的一切的肯定，或者是得到权威原谅其罪行，它必须出庭，没有发动这样的革命，同样的事情就不会取得成功。当然，他们也可能取得成功，因为他们所制定的几乎每一条条例都很明确，无论是在国会会议中、国王自愿让位上，还是在命令的并行指令上。一些基于合理理由的惯例废除了；但是他们这样，如果他们就像永恒那样站立的话，那么他们就会有一点偏离了任何一个国家的幸福及繁荣。国民大会的改进是表面性的，犯的都是基本的错误。

无论他们是什么，我希望我的同胞不如向我们的邻居推荐英国宪法作为他们榜样，而不是为了改善我们自己而从他们那里拿过来模型。他们从前者得到了无价之宝。我认为，他们不是没有忧虑及抱怨的原因的，而是他们不应把那些归咎于宪法，而应归咎于他们自己的行为。我认为，因为有宪法，所以我们很幸福，这不是归功于宪法本身，但要归功于它的整体而不是任何单一的部分，法国大革命在很大程度上是由于在我们作的一些评论及改革中我们坚持不变的，以及我们所改变的和所添加的东西。我们的民众发现有真正爱国、自由、独立精神，及保卫他们所拥有的不受侵害的人是有足够的职位的。我不排除会做这种改变，但是当我做出改变的时候，它应该受到保护。我受到的委屈应该得到补偿。我应该效法我们的祖先所做的，使修复尽可能和建筑风格一致。是审慎、谨慎、细心及品行端正而不是天性的胆小，都是我们的祖先在其行为中最明确的统治原则。不被法国绅士之光照亮的他们告诉我们，他们已经得到了如此丰富的份额，并在一阵强烈的忽视感及人类的犯错感下行动起来了。他使他们因此犯错，又因他们按照本性行动而奖赏他们。如果我们想得到他们那样的财富或者是保留他们的遗产的话，那么让我们来效仿他们的那种谨慎吧。如果我们愿意的话，让我们增加一些事物，但是让我们保护好他们所留下的，站在英国宪法坚定的立场上，让我们满足于赞美他们，而不是试图在他们孤注一掷的飞行中去追随法国飞机的驾驶员们。

我已经向你坦言了我的感情。我认为这些感情不可能改变你。我知道他们应该能改变你。你还年轻，你不能操纵，但是你必须密切注意你们国家的财富。但是以后，他们可能会对你有帮助，在将来联邦也许会采纳那种形式。目前，这种形式几乎不能保存下来；但是在做决算之前必须通过，正如一位诗人所说的“未知的千变万化”，并且在它的全部轮回中都被火和血净化了。

我没有太多的理由来推崇我的见解，它们不过是长期的观察和公正无私的精神。它们来自一个手无缚鸡之力、不会阿谀奉承的人；来自在生命尽头不希望掩盖生命进程的人；来自一个几乎所有的努力都在为其他人的自由而斗争的人；来自一个胸膛没有被持久点燃愤怒和激情的人，因为他自认为那是暴政；来自一个在被邀参与你们事务时，就从被好人们用于怀疑富人压迫的各种努力中攫取了自己应有的一份，而且在做这些事时，也没有脱离职守的人；来自渴望荣誉、勋章和很少报酬的人；来自不再有所期望的人；来自不会轻视名誉，不会惧怕毁谤的人；来自即使遭受意见分歧也会保持沉默的人；来自希望保持一致的人，但是是通过各种方法确保结局一致的人；来自当他所航行的船只因一边超载而失去平衡陷入危险之中时，他愿意把自己理性的轻微重量移到另一边去保持船的平衡的人。

给贵族的一封信

To A Noble Lord

主编序言

伯克在结束对沃伦·黑斯廷斯的审判后即将退休，有人提议授予其贝克菲尔德贵族爵位。伯克之子理查德满怀期待地等待着，但在此事有眉目前，理查德却离开了人世，留下了他孤苦无依的父亲。是否世袭不是问题，问题是：只要他的妻子还活着，他们两人每年就可获得1200英镑；国王还得为“伯克目前的财政吃紧”请求国会予以重视，为他提供更开放的服务项目。但是，皮特或许为避免遭到伯克死对头们的非议，便直接为他提供每年2 500英镑的退休金。伯克自是欣喜，但同时也有一分失望，因为他未能获得更多的国家级殊荣。

皮特的谨慎看起来也合情合理，因为接下来的日子，当党派间的对立情绪愈演愈烈时，贝德福德公爵和罗得大勒伯爵定会抓着养老金问题不放，并以此来攻击内阁。在贝德福德一派的攻击下，伯克认为此时应做出巧妙的应答，而且这也是有利于他个人的绝妙时机。这封信不仅记录了伯克作为政治家的视野，而且作为文学作品，其语言在高贵和讥讽方面也是难以超越的。

查尔斯·艾略特

下议院议员埃德蒙·伯克给贵族的一封信

关于上议院贝德福德公爵和罗得大勒伯爵在1796年

国会会议上对他本人及养老金问题的攻击

尊贵的陛下：

我唯恐我的期望难以实现，因此在此之前，我要特别感谢贝德福德公爵的尽职尽责，当然还有罗得大勒伯爵。这两位贵族对于授予我荣誉一事，真可谓“刻不容缓”。这充分表明了他们对本职工作的胜任，我想这简直是他们本性和旧习的真实再现！

不管这群新兴的哲学迷和政治迷以何种“鸟语”混淆视听，他们的想法都是很宽厚、合理的；我对此也没有丝毫的不安与惊异。但这已然引起了奥尔良公爵和贝德福德公爵的不悦，博瑞索特及他的朋友罗得大勒伯爵也对此大加指责。这表明，我也得尽力发表点自己的感受了，因为这样才符合要求嘛！贵族大爷们给予的真的是太慷慨了，我“收”都来不及“收”。说句冒犯的话，我都不知道拿什么来回礼。他们对我的反对，真可谓“热情有加，有理有据”。好！太好了！我得向他们恭敬致敬，我也得感谢贝德福德公爵“们”和罗得大勒伯爵“们”。正是因为他们的如实反映，我才获得了清白，也才能让我“无法清偿”欠“普锐斯和佩蒂”的债务。

可能有人会说他们执法不当，但我可是丁点儿抱怨都没有。要知道，他们的公正比“天还高，海还深”。好得或许远超过了他们能给我的眷顾。他们的痛骂让格伦威尔无比善良，和蔼地给了我一份大礼，并声言这是为我好。我就要退休了，我也得离开这些乐事、好事了。但我得承认他们的“所作所为”又照亮了我枯干的心灵，他们的攻击也真切地让我感到满意，我不得不对此大加赞赏一番。令我宽心的是，居然有一位年富力强、见多识广的政客称赞了我；他那副雄赳赳的决心，真是一点也不愧对他那副尊容和他所干的那些事情。要知道，他的那份决心不仅要对自己和独立政府有所保留，而且还要捍卫我们的律法、自由、道德以及人民的生活。不管怎样，能下定决心斥责这类事情，的确是与众不同。我的人生观绝对达不到那样的高度，更别说超越了；为此我是如此的悲伤，悲伤到完全不知“那是他的那份荣耀”。

他们为什么就不能让我保持一分低调和迟钝呢？他们是为我的存在感到忧虑了吗？难道他们这个派别还怕我引爆什么吗？我得像老约翰泽斯卡那样被处决吗？难道是我的皮能绷成鼓，还是我这个人能让欧洲陷入“反暴政”的持久战争？难道这会席卷整个欧洲，会影响到全人类？

我想说，贵族们，革命这个话题想起来真是可怕。法国历史上可真没出现过这样彻底的革命。那革命似乎已经渗透到人们的思想里面。它的美妙之处在于它类似于主维鲁拉姆说的业务性质。从一开始，它就是很完美的，不仅在其基础和原则上，而且在其成员和机构上。法国的道德法案提供了唯一一种众所周知的模式，是那些欣赏的人会立刻模仿的模式，这的确是让效仿的人取之不尽的储备仓库。虽然还不能和生存相提并论，但是在这种恶劣的条件下，我与他们相处也是极不安全的。他们的力量可以让老虎猛烈进攻，也可以让鬣狗捕食尸体。当时的第一批生物学家们收集了全国的动物标本，但遗憾的是缺乏这些野生动物的描述。他们甚至像我一样追求一种最模糊的解决方式，也把问题交给他们的革命法庭。性别、年龄以及坟墓对他们都不是神圣的。他们如此坚决地仇视所有享有特权人的命令，因此他们甚至拒绝离开令人悲伤的坟墓。他们也并非完全没有目标，他们的卑鄙心理让他们产生恶念，他们掩盖死亡却让子弹杀人。如果所有的革命者都没有对此提高警惕，我会建议他们思考这个问题：在历史上，没有任何人，无论是圣人还是罪人，会为死后的坟墓而烦恼，也不能用他们的能力或巫术阻止事物的进展，包括他们自己灾难性的命运——“不要管我，让我安静。”

有一件事我可以原谅贝德福德公爵，即他对我和我的丧葬抚恤金的抨击。因为他难以理解那种他所诟病的交易。我所得到的是既定的结果，没有阴谋、没有妥协，也没有乞求。向陛下或任何一个大臣就这件事所提出的第一条建议，不管是直接还是间接，都不可能是我提出的。不久我的事情就会得到解决，这是很久以前就知道的。面对最严重的灾难谴责，我采取完全退却来解决问题。我已经用过这种方法了。大臣们慷慨豪爽地奖赏了如此多的金银，即使我不为任何政治家或政党服务，但也完全不会伤害他们。这两种立场都适合他们：我不能再为他们服务时，大臣们考虑到了我的境况；当我不能再伤害他们时，他们就抓住了我的弱点。我相信，我的感激之情等同于他们所授予的好处。事实上，在任何年龄阶段，不管是物质还是精神好处，都能真正引起我的兴趣。但是皇家或大臣们在高兴时的捐赠，这是没有错的。公开承认一个无用的官吏的优点，可以减轻一个凄凉老人的痛苦。

它将成为我炫耀的东西，也将成为一种疾病伴随着我。因此，我呼吁，贬低长生不老的价值，用无可比拟的时间为国家服务。我为了国家鞠躬尽瘁，并且保持思想的公正，获得应得的价值，并急于展现在他们面前。把我自己和贝德福德公爵与相应的社会并排，这对我来说是荒唐的。或者，尽我所能在宪法所允许的范围内让当局尽快解决争端，就已经能取悦他们了。

不真实的诽谤应该在沉寂和漠视中消失。我知道只要我还在公共场合出现，我就会一直活在恶意诽谤和不公判决之下，他们对我一直都是如此。如果我碰巧错了，和其他人一样的错了（谁不会错呢），我必须承担我所犯错误的结果。现在的诽谤和过去的诽谤是一样的，但是他们从一个有地位的人那里得出一个重要的结论，是关于他们出生的地方和他们所讲的地方的重要性。在某种意义上我应该注意他们。坚持自己不是诽谤的那种虚荣和傲慢。这是一个公平的要求，也是我感激之情的表现。如果我不配这样的要求，那么那些大臣更不配。在这一假设下，我完全同意贝德福德公爵的话。

无论我身居何职（现在已不是了），我都把自己奉献给了国家。我应该有合理的自由，因为我在自救；即便是罪犯，也不会诉诸暴力。即使是在最大限度地坚守自由，我也希望尽可能做到礼貌。无论这些贵族在他们自己眼中是什么样，在我眼中，他们都要求获得由衷尊敬的地位。如果我不经意冒犯了，我相信我不会，但就假设是吧，可能是因为这混乱的文字引起的错误；就好似在我们时代盛大的狂欢节舞会上，会有古怪的冒险活动，会有人讲奇怪的事情并快速传开。如果我在对这些达官贵人致敬时，不小心错失了某一点，请不要认为我是指参议员中的贝德福德公爵或劳德代尔伯爵，我是指居庙堂之高的贝德福德公爵和劳德代尔伯爵！——布伦特福德公爵们和伯爵们。他们在人行道时，似乎才离我这样卑微的人近些；我是说，至少，看上去要近些，因为他们暂时搁置了他们高高在上的特权。

我拒绝通过大革命式的法庭来抗议。通过法庭他们只会因为已经获得了皇家的恩惠而被判死刑。我要求的是精神上的而非物质上的东西，也就是经得住考验的东西。我拒绝他作为一个法官的恩典式的判决。我挑战的是贝德福德公爵作为一个陪审员对我所做贡献的价值的判断。不管他的天赋怎样，我不能理解闲置多年的他有能力评判我长时间艰苦的生活。如果我能帮助他，他不会审理关于我合理价值的案子。可怜的有钱人啊！他几乎不知道任何公共事业中所付出的努力，或估计工作做完时应得的报酬。我不怀疑他的恩惠是经过粗略的计算，但是我敏锐地发现，他没有多少道德理论上的学习，并且从来没有正式学过数学比例法。

他认为我已经获得了很多恩惠，我的回答是金钱上的奖励是不可能激发我付出任何努力的，没有金钱上的报酬还可能激发。在金钱和贡献之间，如果是比我更有能力的人所做，就没有比较的共同点。他们是不可比较的量。金钱是为了像动物般生活得舒服方便。它不可能单纯是为了延续生命，但永远不能鼓舞生命。顺从他的恩典，就不能满足我的要求。至于使用问题，我相信我知道如何使用，才能发挥比它拥有的更大的价值。在一个更有限的范围内，我当然需要更多的慰藉。当我说我获得的比我应得的少，这是我坚持自己的话语吗？不！远远不是。在那之前，我根本没有价值，一切对我来说都是好的。对和蔼的恩人是一种方式，对骄傲的、损人的敌人是另一种方式。

他巴不得通过控告我接受他的恩惠来加重我的罪过，让我离开，并且控告我行为的实质是为了金钱。如果真是这样，我要求退休金就是我的错，并且无正当理由。但是那是贝德福德公爵的想法，不是我的，我是反对这一想法的。如果他是暗指1782年某些法案给我的一些信息，那么我告诉他我没有任何反驳这些法令的行为，不管是字面上还是实质上。他是特指公用费用吗？我想当然不是，我想他暗指的法令是机构的法令。我很怀疑他的恩典是否给别人看过。首先，这些体制的成本，就算用尽我所有，其经历的艰难困苦也是难以置信的。我发现了一个所有政府都有的现象，它一般在广大公众面前，显示出改变财政政策是不可能的。然而，我进行了改变，并且我成功了。不管是兵役还是我们的财政经济状况都从那一法令中获益。我可以让那些熟悉军队状况和财政情况的人来判断这一法令。

除此，在大众中还盛行着另一主张，但却没有提出任何制度性的东西。他们试图介绍其中的方法，并且说明他们处境的局限性，这都是很荒谬的。我还没见过谁就那一主题提出过合算原理或经济的计策。除了裁员或征税这些下等的方法，他们俩都束手无策。盲目、轻率、弄巧成拙就是他们全部的贡献。在这种场合下，用最嘈杂的声音有助于公众的满意度或安慰国王。

让我来告诉我年轻的审查员：那个时代要求的生活必需品与后来别人所指的或他所恩典的东西很不同。让我来告诉他：那是我们历史上极为关键的时期。

天文学家们想象过，如果某一颗彗星的路径拦截了黄道，遇到了地球的一些标志，这会使我们与它所在的奇怪的圈道上，且只有上帝才知道的地区旋转。有预兆彗星能力的人（“从它可怕地发起瘟疫和战争”和“对国王困扰”），可以让彗星从英格兰内部穿过，没有什么人可以阻止我们极速离开天堂，进入法国大革命的所有丑陋场景。

令人高兴的是法国还没有改变，它还保持着理智。我们弃车保帅，失去了殖民地，但保存了自己的土地。事实上，内部有很多可怕的争议。野蛮残暴的叛乱不仅毁坏森林，而且以改革的名义深入我们的街道。公众之中出现犬瘟热，即没有疯子在他的疯狂思想和疯狂计划中可以不依靠任何人去支持他的原则、执行他的计划。

确实许多改革因为用词不当被称作议会改革，且没有得到教授和支持者们的支持。但是在他们看来，并且我也认为，这些对这个王国国土的彻底毁灭没有间接影响。如果发生在英国而不是法国，我会有幸领导民主革命的死亡进行曲。还有人记得的一些暴怒和别人的孤立无援：在这里，从一个惶惶不安的恐惧到一片狼藉，在那里，从一个愚蠢的不关心到同样的不作为；在这里，祝福者们表演恶作剧，在那里，周围人漠不关心。与此同时，一种全国性的大会，其本质是可疑的，其特征是危险的，侦察出国会的权威性，带着某种监督性质和它并存；它太小了，无论在法律上、形式上，还是在立法机构的本质上，都不值一提。在爱尔兰，事情的发展更为离奇古怪：政府感到不安、困惑，最后就以某种方式停止了。它的平衡性完全消失了。我并非对诺斯贵族不礼貌。他是一个令人钦佩的人：有广博的知识，多才多艺，理解各类型的业务，拥有无限的智慧和幽默，且有着令人愉悦的脾气和最完美又无私的心灵。但是这些奉承会贬低自己，否认了他所倡导的警惕性和指挥能力，而不是为了纪念这位伟大的人物。事实上，糟糕天气中近似黑暗的浓雾会使整个地区都阴沉下来。有一段时间，掌舵者似乎已经放弃了——

他拒绝区分白天和夜晚的天空，

更不会在意时间的差异。

那时，我与这群高级别的人保持着联系。他们对自由的热爱就像贝德福德公爵一样，至少，他们很明白。也许就连他们的政治也沾染上了他们的品质，让他们深受喜爱事物的陶冶。他们追求自由，与秩序、美德、宗教、道德紧密相连。此外，他们既不伪善也不狂热追随。他们首先对自由本身抱着期盼，不希望它成为落在人类身上最大的诅咒。这是为了维护宪法的完整，也几乎等同于是为了所有伟大目标的形成，因此他们非独立而是全面地视其为首要对象。在他们那里，声望等同于权力；只不过包含的意义有所不同罢了。他们彼此之间并不存在偏向，不过是在达成目标的过程中，有一个或多个更可靠或不怎么确定的前景。在我的生命进入黑夜、沮丧昏暗之时，这多少安慰了我。同他们一道，我开始了自己的政治生涯；而且现实中，无论时间长短，从未表示过有任何时间脱离他们的良好祝愿和建议。

靠什么机遇并不重要，是否放弃也不重要，重要的是一连串且纠缠我一生的谩骂和责骂。关于这点，我对公众还是有极大信心的。我相当清楚从“模棱两可”的民意测试中能获取何种价值。并非我自夸，要知道，我对无法把握的任期还是相当了解的。前面就提过，并非我有意拔高，而是我有权评估这类事情的价值。我要努力把短暂的优势转变为“让我国永久受益”。那样，不管执不执政，我都没想过贬低绅士们的功绩。不！——我不会以这样的方式拒绝“对司法完美、完整的权衡”，就算我曾受益于这样的司法。这一生，我愿意将一切都奉献给他人，对自己无所谓“保留”。而且，我也不用去忽略“良心上发现的什么痛楚”，也能毫无痛感地受到鼓舞和训导，进而直接为国家服务；并将其当作荣誉，改善和点缀“生命的时限”。这良心我有。我从没有压迫过任何人，也从没在他们的事业上利用嫉妒或某种政策阻止过他们；从最高意义上来说，我总准备着超越自己的能力（它们常无限地低于我的要求）。他是一个不幸的承包人，没有生产资料，只有靠自己的双手劳作。这个群体很穷，我曾经还以为自己在他们中算是富裕的。另外，在那困难且危险的时候，我真诚地与有着同样倾向的各党人士或他们当中的大多数人讨论或合作过。任何能阻止混乱的事情都没有被省略。就我所能控制的，只要出现了混乱，就会尽力想办法并在实践中抑制它。我谈到的这些只是一个短暂的，极具辅助性和鼓舞性的引导，如一个强权者手中微弱的工具；我没有说是我拯救了我的国家，可以肯定的是我为国家做出了重要贡献。十三年前，不会有人承认这点。这不过是一个声音；然而这个王国中没人能比我更应得这份荣誉。

我在1780年到1782年那场可怕的危机中发挥了主要作用，一般意义而言，这样的行为能让我国复兴。但我作为改革者（特定的情况下，贝德福德公爵也是改革者），所持的观点和原则是与可怕的变革紧密相连的。从那时起，法国的“野蛮扩张”威胁到了整个世界的政治与道德秩序，它似乎就需要更多详细的讨论。

我的经济改革，多少没有像想象中那样“压制”微不足道的养老金或就业。在我的计划中，节约应该是第二位的、次要的、辅助性的工具。我基于国家原则行事。我发现英联邦传染上了严重的犬瘟热，而且我从邪恶和事物的本质方面对这病进行了诊治。这病已根深蒂固，其原因和症状都很复杂，且处处充满禁忌。一方面，政府随着明显的权力膨胀而越来越令人反感，由于弱点的日渐暴露而让人感觉卑鄙。这种卑鄙并不仅仅局限于所谓的一般政府，且逐渐扩展到国会，而国会由于其行为的无价值性已经在尊严和声望方面损失惨重。另一方面，人的欲望（部分通过自然，部分通过社会注入）在经济面前变得如此狂野和轻率，（暂时不提宪法机构本身可怕的贿赂），如果他们的请愿一一实现，国家早已被撼动；如果打开这样一扇门，所有的财产都会被洗劫一空。除了荒谬，没有什么能够将民众从错误改革的危害中拯救出来；这也很快将真正的改革带入声名狼藉之中。这将在民众的心中留下痛苦的伤口，他们会知道他们不能实现他们的愿望，然而，他们会像人类历史中的其他人一样，将责任归咎于客观原因，而不审视自己。但是，世上也有人能够从抱怨中获益；如果人们以前是满意的，他们反而非常失望。我没有那样的幽默。我祝愿他们如愿以偿。我的目的是在民众的希望变成愚蠢的请愿之前，无论他们是否愿意，给予他们所希望的，且我认为是正确的。我知道变化和改革之间是有明显区别的，这种差别很容易被那些坏人和弱者所混淆，坏人只能设计出邪恶的设计，而弱者却无能力设计。前者改变物质对象本身，抛弃了所有赋予物质的偶然的邪恶，也抛弃了所有的优点。变化是新奇的，无法预测它是否能够影响改革的某一方面，或者是否能够否定改革的基本原则。改革不是事物内部的变化，也不是事物基本的修改，而是对最不好的地方最直接的纠正。只要能移除不好的，一切就应该得到肯定。改革就停留在那里；如果失败了，最糟糕的情况是经历改革的事物仍然保持原样。

事实上，我在其他地方也说过，我想过这些，但是不大确定。这个时候不能太重复，线条就是线条，规则就是规则，在变成人们所能接受的事物之前，创新不是改革。法国革命者抱怨一切，他们拒绝改革一切，并且他们什么也没留下，不，什么都没有改变。结果就摆在我们的面前——不在遥远的历史中，不在未来的预言中，就在我们周围，在我们之上。他们动摇公众安全，威胁私人享受。他们阻碍年轻人的成长，打破了古老的平静。如果我们旅行，他们就阻止我们。他们在城市里骚扰我们，又追赶我们至乡村。我们的工作被打断，我们的安宁被干扰，我们的快乐变成忧伤，我们的学习被污染和扭曲，这场可怕的革新带来的恶果是把知识当成比无知更糟糕的东西。法国革命就像一个残忍贪婪的女人，半夜从地狱中跃起，或者从混乱导致的荒诞不经的无政府状态中跃起，像布谷鸟一样到处产卵、孵化，并且是在每一个邻近国家的鸟巢中孵化。这些可憎的女人居住在我认为是不干净的甲板上。事实上，她们就是被捕食的、肮脏贪婪的鸟类（包括母亲和女儿），在我们的头顶盘旋，扑腾到我们的餐桌上，留下撕裂的、开膛的、毁坏的、被污染的、带着泥泞的和肮脏的内脏。[①]

没有怪物更悲哀
害虫提出了自己对神的愤怒
少女到处寻找鸟类
最后脸色苍白，但总是祈祷饥饿

如果公爵能够预测这次完整变革（或是他的一些朋友所谓的改革）的结果，我将非常惊讶于这种病态的力量或是他思想的自然病态；因为，改革是一个坚实且复杂的过程，正如哈姆雷特所说，一提到改革，上帝的脸都会变得恐惧和愤怒，另外，事实上，改革也会让每一种闪耀的思想和每

① 这里诗人打破了诗行，因为他（即维吉尔）没有用诗或语言来描述他所设想的怪物。如果他生活在我们这个时代，他就会更多地被现实制服而不是想象力。维吉尔只知在他这个时代面临的恐怖。如果他生活在法国，看到法国的革命者和立宪派，他会用更多可怕的、令人作呕的特征去描述他们，并且在描述时遭遇更多的困难。

一颗感动的心灵都变得极其病态，且人们对他们所说的和所做的毫无知觉。

于是，正是我对变革的仇恨，而不是热爱导致了我改革计划的产生。我没有认真思考过逻辑的准确性，我用完全相反的方式思考问题。为了阻止邪恶，我提出了各种解决措施，这使得他感到高兴；为了能够勾起我的回忆，我并不会为了他的高兴而歉疚（我希望高贵的公爵会记得他所做的一切）。我有一个国家需要保护，同时也有一个国家需要改革。我需要让一个民族感到高兴，而不是激怒或误导他们。对于我所做的事情，就像我所阻止的事情一样，我绝不会宣称他们的真实性。在那种公众意识下，我并没有像建议的那样重塑下议院或上议院；或者改变国王任何官员的执行权力，这些官员终究会为生存而痛苦。国王、贵族、议员、司法机构和行政机构会一如既往地以他们曾经存在的模式和方式存在。我的措施是我后来真正像议院所表达的那样，符合他们的意图，具有调解作用，能够解决问题。大家抱怨下议院的影响太大，我在上议院和下议院都很少抱怨，我一遍又一遍地为减少抱怨寻找理由，并表明为了国家这是应该的。每前进一步，我都要试试测深锤。财政开支预算被抱怨，关于这一点，我建议不仅仅是节省，而应是一整套节约机制，这样可以避免未来的随意开支、没有计划或远见的开支。我开始研究我分管事物的执行原则；研究能够管理事情的方法原则；研究能够确保和保证付诸实现的民众思想和民政事务。我绝不随意想象构思；也绝不按照他人或自己的意愿和喜好建议任何事情；而是依靠理由，且只依靠理由。从开始理解到模糊，正如从第一线曙光到黄昏，我憎恶政府事务中所有的意见、建议、倾向和意愿，因为在政府中只有至高无上的、高于任何形式的司法和行政的理由才能起到作用。在这些人心中，包括改革者和被改革者、管理者和被管理者、国王、议员或者民众，政府设立的目的就是随意地、任意地反对理由。

因此，为了尽可能地让各种项目成为可以估计的（所有正常的、能够顾及未来经济的基石和基础），在对民事费用所有项目进行检查和分析后，在对各项目之间进行权衡后，我非常清楚地知道这样是不可行的；同时那个被叫作养老金的部分在总量上就完全是随意确定的。出于此原因，仅仅因为这个原因，我建议在一定程度上减少这部分，既减少其总量也减少其较大的个人比例；否则，如果没有一个基本限制，它会吞掉所有的民事费用；如果允许基金中的这部分比例太大，它最后会毁了自己；而且，无限制地向一些人发放补贴可能会损害政府为其他民众服务的能力。养老金被当作一种神圣的基金；但是如果某些需求要将它完全吞噬，它不可能作为一种持续的、开放的基金，足以满足日益增加的要求。法案的宗旨将表明我最大的目标是将养老金减少到某种可以估量的程度。

我不会触及其他官方资金，因为它们有不一样的关系。公爵是否想象到这些四分之一的东西能够远离我，或者远离与我在这种规则中共事的生意人？我知道这种基金的存在，也知道早在公爵出生以前基金就包括了养老金。我完全了解这笔基金。那些和我一起工作的人也了解。基金保留下来是有原则的；原则是我做了我曾经应该做的；没有做的就省略了。我不敢占用任何国家资金来论功行赏。如果我强烈地推行这一点，我就违背了我公开坚持和承认的原则。绅士们都喜欢引用我的语言；但是如果任何人认为值得了解我改革计划中的指导原则，他应该阅读我关于这个话题的所有书面讲稿；至少曾经有一位朋友在理解我出版的作品集的第二卷230页至241页时就有困难。事情就是事情，这两个法案（尽管是议院内和议院外都极尽努力和管理能力才获得的），仅仅是一个庞大系统的一部分，而且还是很小的一部分，包含了我在文章开始谈到的所有问题，另外也涵盖了我对布里斯托选民们演讲时所暗示的内容。所有这些，在某种状态下或更早的时候，我早就提到过。

但是我用这些理由为国王的恩惠辩护过吗？我认为至少这些应该是我的服务！时间赋予它们短暂的价值。我用政治经济的方式所做的一切还不仅仅局限于这些机构中，我的确到国会去宣讲我的教训。在我进入圣史蒂芬教堂之前，我已挣够了我的养老金。对于这种政治福利，我早已做好了充分的准备，且接受了充分的训练。在我参加第一届议会时，我就认为有必要分析整个商业、金融、宪法，以及大不列颠和其帝国的海外利益。那时已经做了大量的工作；如果允许，将承担较多的，甚至更多的工作。然后，在我年轻力壮的时候，我的宪法在我的劳动中崩溃了。如果我那时死去（我感觉我几乎接近死亡了），我会为那些属于我的人挣够一切，远远超过贝德福德公爵的服务思想所能估计的。然而，事实上，我所解释的服务不是最能体现我价值的那些东西。如果我要求赔偿（我从未这样做过），那是因为十四年来我毫无间断地勤奋工作但是却收获不多；我是指在印度事件上。它们才是最能体现我价值的地方，也是最为重要的，最能体现劳动价值的，最具判断力的，最能体现追求的坚定和不屈。其他人可能认为意图更为重要。当然，就这一点而言他们是不会被误解的。

公爵是否认为那些建议国王让我轻松退休的人仅仅把我看作一名经济学家呢？这很容易理解，但是，这是一个很好的交易。如果我不认为它有一定的价值，我就不能完成我那不值一提的关于政治经济的研究。我坚持这项研究很久了，从青年时代一直到我结束自己在国会的服务，甚至早在（至少以我所知）政治经济开始吸收欧洲其他国家善于思考的人们的思想之前。那时政治经济在英国仍处于发展初期，但是，十七世纪的英国也是它的发源地。伟人和学识渊博的人都认为我的研究不应完全摒弃，并试图不时地与我交谈他们不朽作品的某些细节。这些研究内容也可能会偶尔出现在我早期的出版物中。议会已经见证过它们的效果，并多多少少从中获益达二十八年之久。

他们估计我不了解这事。我并不像贝德福德公爵那样，是在束缚中摇摇晃晃勉强成为立法者的；像我这样的人，座右铭是“有反对，我斗争”。我不具备这种品质，也没有培养帮助人们获得公众喜爱和保护的能力。我生来就不是仆从或工具，也不会通过向人们施加影响而赢得他人的赞同。在我生命过程中的每一步（我所走过的和反对的每一步），以及在我所遇到的每一个收费关口，我都需要出示我的护照，一次又一次地证明我对国家有用的唯一的头衔，证明我非常了解国家法律，以及国内外与国家利益相关的整个体系。否则，对我而言就没有任何尊严，也没有任何宽容。我没有任何能力，除了男人的能力，这也是我所能依靠的能力。上帝啊，无论贝德福德公爵和罗得大勒伯爵怎样，我一定要坚持到最后一口气。假如公爵屈尊询问这个他认为太卑微而不值得责备的人，他可能会发现：在我整个生命过程中，就像这样一个简单的例子，从服务和追求的最高端到最底端，我从来没有以任何经济的借口或其他借口，干预任何人和他的服务报酬，或者是他有用的才智和追求。相反，在很多场合中，我用一种简单的热情极力推荐每一个人，包括那些可以容忍的自命不凡的人。朋友们不止一次劝诫我不要做那些容易让人责骂的事情。这种行为，无论其是否具有优点，部分是由于自然的选择；但我却认为全部是出于理性和原则的选择。我从旁观者的角度认为公共服务，或者公共装饰，是真实的和公正的；我由于缺乏公正性而错误地看待了事情的本质。结果，我认为这是世界上最糟糕的经济。存钱时，我把我所做的一切好事都算在一起；然而，当我残酷的贫穷超越一个国家的底线且阻碍其活跃发展时，我可能做过的不好的事情将远远超过预期的。无论是多是少，我所做的一切都具有普遍性和系统性。我从来没有做过那些无聊的、让人厌烦的以及令人压抑的事，但这些却被错误地、极为可笑地全部强加在我身上。

从我提出计划到执行计划，我谴责过巴雷先生和杜宁先生的养老金吗？没有！肯定没有！这些养老金是属于我原则范畴内的。我可以肯定，那些绅士们是值得领取养老金的，因为他们的头衔——他们所拥有的一切；如果他们拥有的更多，我应该会更高兴。他们是有智慧的人，他们是提供过服务的人。我向他们提一个法律范畴的问题。服务就应该有服务的价值。然而，尽管他们的公共服务毫无疑问地远远超过我的服务的价值，他们服务的数量和期限却没有提及。在我的生活中，无论什么事情，我从来都不会与人争吵；我也不懂得怎样讨价还价。我未领取分文养老金，我也绝不乞求。但是我却仇恨那些背地里对我所做的事情，也仇恨那些所有对我的诽谤。那时，那些人还是被授予者和他们狂热追求者所谓的朋友，为了反抗他们粗鲁的攻击，我只有接受那个曾经对我而言是极为珍贵的、对世界而言是极为庄严的名声。我从来没有听到罗得大勒伯爵抱怨过这些养老金。在他和我谈论之前，他一直没有发现任何错误。这就是真实的、当代的、革命风格的公正。

无论我在那个时候做什么，只要是与秩序和经济相关，那就是稳定的、永恒的；所有的原则也是如此。事物某个特定的秩序可能会改变，但秩序是不会失去其自身价值的。其他的特征会随着时间和环境发生变化。规章制度不是基本的法律，所有这些法律都取决于公共状况。公共状况控制法律，但却不受法律约束。当时执行立法权的那些人必须要权衡判断。

公爵先生可能不了解这些，我请求不要告诉他，因为纯粹的节俭不是经济。在理论上，节俭和经济是分开的；事实上，在具体实际中，节俭可能是，也可能不是经济的一部分。在真实的经济中，开支以及大笔的开支可能是其主要部分。如果节俭也被看作开支的一种，应该有另一种或更高层次的经济。经济有分配的特性，不仅包括存储也包括筛选。节俭不需要深思熟虑、远见睿智，不需要各种能力的综合，也不需要比较和判断。仅仅是本能，还是那种不太高贵的本能，就可以产生这种完美的错误经济。其他的经济拥有更大的范围，因此需要有鉴别力的判断，需要坚定的、睿智的思想。对无耻的强求关上一扇门，是为了向众所周知的优点打开另一扇门，一扇更大的门。如果只是奖励那些立功表现好的人或者真正的天才，这个国家现在没有，将来也不会需要任何方式去奖励或鼓励那些即将做出工作和成绩的人。自从社会建立之日起，没有任何一个国家因为这种慷慨的奖励而变得贫穷。如果这种有选择性的、有一定比例的节俭一直存在，就不会有现在发展迅速的贝德福德公爵。他压迫工厂里卑微的工人，用他自己的概念标准限制司法和奖励，或者，如果他愿意，可以限制国王的慈善事业。

公爵可能会尽可能简单地考虑我凄凉的处境，但在生活中像我这样的人是很多的。他是有权利这样做的。就政治服务的价值而言，总有一些不同的意见。但我却拥有一个他以及这个时代所有的人都没有注意到的优点。我曾经以极大的热情工作，却被告知仅仅取得了一点点成绩。那些意见，用公爵较喜欢的语言应该是陈旧的偏见，产自他对贵族、财富和头衔那些陈旧的、呆板的认识。我努力地阻止公爵和他的同伴堕落到那种地步，但这却是公爵和他庸俗的法国派所卖弄的。我努力阻止一切，竭尽全力反对他们调查那些毫无成绩却拥有绝大多数财富的人的财产。我竭尽全力地使贝德福德公爵处于更胜于我的境地，因为阁下也是他所制造的杰出成绩的证人。

然而，无论怎样，这就是美德！无论怎样，这就是这个充满严厉竞争的社会的美德，但这些美德并不是随时对所有人都是公平的。毫无疑义，也有犯罪，在任何时候都让人极端反感的犯罪行为；犯罪能够激起愤愤不平的正义，也需要一份温暖的、活生生的追求。我所能提及的相关事情包括道德的预防作用，以及所有严格的、严厉的、具有监督作用的事情，然而那些我曾经在其膝下成长的守旧的道德家们却不会认为这些是最能培养年轻一代优秀品质的最恰当的事情。那些一直一帆风顺的人们，那些曾经从古老、苛刻、暴躁的加图身上获得了夹杂着敬畏和恐惧的崇拜的人们，都会在他们的盛年时期在罗马贵族的代表、年轻的西庇阿斯身上寻找某种品质。但是时代、道德、大师们和学者们都经历了一场变革。尚科·罗特，这家新兴的法国研究院是一所卑鄙的、无教养的学校，这里没有任何适合绅士们学习的东西。

无论这所学校多么时尚，我仍然会自吹自擂，这个时代的父母将为孩子们在威斯敏斯特、伊顿或温彻斯特所学的知识而满意；我甚至非常希望我们这个时代没有任何一个绅士或贵族，即使自己国家古老学校的教学不完整，也不会在特伯威尔先生的课堂结束学业。在此，我想为格伦威尔先生和匹特先生引用罗马检察官或执政官（或其他什么职位）的一句格言，这是他根据元老院法令要求关闭某些学院时讲到的：

“下令关闭这些厚颜无耻的游戏。”

法国每一个家庭的每一位诚实的父亲都会为这种假日而欢呼，也会为所有这样的学校都有一个这样的较长假期而祈祷。

我写这封信的真正原因不是我自己或我自己的理由，而是这个时代糟糕的状况；这也是我今后写作和演讲的真正原因。世界没有任何暗示像我这样的，或者甚至像贝德福德公爵这样的，会变成什么样子。我所讲到的我们中的任何一方的情况都只是一种媒介，正如公爵你也没有经过调查就简单地理解和表达我对事物的看法。我应该道歉的是我坚持我的第一个明显的观点，而不是放弃。因此，我请求公爵阁下原谅我在短暂的偏离之后又继续；我还要向你保证，就像那些比我能干的人追逐某种利益一样，我绝不放弃对这类事情的关注。

贝德福德公爵认为他有责任呼吁参议院对我表示恩惠，他认为这种恩惠是超额且不受限制的。

我不知道事情是怎样发生的，但看起来像是公爵在思考他对我早已深思熟虑的谴责时，就已经陷入了困境。贝德福德公爵可能会梦想荷马也会表示赞成；当梦想（他的金色梦想）趋于破碎并且被极不协调地拼凑在一起时，公爵保留谴责我的观点，但是把这种国王的恩赐变成了他家族的恩赐。这就是“构成他梦想的东西”。公爵在解决这类问题时总是完全正确的。对于罗素家族的恩惠不仅在掠夺型经济方面，而且在摇摇欲坠的可信度方面都是意义巨大的。贝德福德公爵在国王的官员中就像是一个海怪。他体积笨重而跌跌撞撞；他戏弄、玩要皇家优厚的奖励于股掌之中。尽管他非常庞大，但是当他躺在漂浮的十字架上，他仍然是一种动物。通过他的肋条、鳍片、鲸须、鲸脂以及脊椎，他能喷出旋涡似的海水从而将我全部笼罩于其喷射之中——他的一切以及与他相关的一切都来自王权。他有权质疑皇家恩惠的分配吗？

我只是不知道应该如何在这两者间寻找平衡，即公爵认为他有理由拥有他所有恩惠的政府功绩，和公爵强烈反对的我所做出的社会服务。在我私人的生活中，我毫无荣幸能够认识尊贵的公爵。但是，我应该假设公爵绝对值得与他生活在一起的所有人的尊重和爱戴，这种假设对我没有丝毫损失。然而，就公共服务而言，最为荒谬可笑的不是比较他的贡献和我为国家付出的努力，而是对比我和贝德福德公爵的官衔、财富、血统、年龄、力量或体形。毫不奉承地、却是非常直接地想表明公爵拥有任何一种公共功绩都可以保留他的服务理念，这样就可以保留他丰厚的、根深蒂固的养老金。我的功绩，无论怎样都是原始的、个人的；公爵的就是有价值的。是公爵的祖先、最早的养老金领取者建立了这种无穷无尽的功绩基金，使得公爵对于其他国王养老金领取者的功绩都极其敏感和容易生气。假如他允许我保持沉默，我可能还会说“这是他的财产，这一切都够了”。法律都支持他，我还能就此事或此事的历史做些什么？他可能会很自然地站在他的立场上说这是个人财富——他会像我二百五十年前的祖先一样的好，因为我是一个只有可怜养老金的年轻人；他是拥有大笔养老金的老人——事情就是如此而已。

为什么公爵攻击我、强迫我极不情愿地把自己微不足道的成绩和从国王那儿获得的丰厚资助这一奇事相比较呢？公爵正是通过这些来践踏卑微、勤劳的平民。我很愿意推荐他去先驱大学，那里尚科·罗特的哲学（迄今为止远远胜过那些曾经被朋友们称作贵族或暴君的人，比如卡特、诺雷、克莱伦西和胡达根斯）会傲慢、轻蔑地终止一切。这些道德和纹章历史学家、记载者以及宣传者与其他历史学家的描述是绝不相同的，那些历史学家绝不会给政治家的行为都强加一个好的动机。相反，这些温柔的历史学家的笔墨只会书写人类表面的善良，他们旨在专利前言或墓志铭中寻找功绩。对他们而言，任何一个贵族首先应该是一位英雄。他们判断人们工作能力的标准是所服务的工作部门；工作部门越多，能力越强。对他们而言，每一个普通的工作人员都是马尔堡，每一位政客都是伯利，每一位法官都是默里或约克。他们活着的时候被所有熟悉的人嘲笑和怜悯，但是在圭里姆、埃德蒙森和柯林斯德的书本中却尽可能地被塑造成最优秀的人物。

这些记载者的本性太好、太完美、太丰富，我自愿远离早期的拉塞尔男爵、贝德福德公爵以及他们养老金的功绩。但是，养老金的数量、总量和尺度却不会让我们在养老金领取时对王权统治的能力保持沉默。对挣取养老金的人而言，养老金是远远不够的。好的，既然领取养老金的新人和老人之间产生了矛盾，王权这个话题也没有被提及，我们就回顾一下历史，伟人们在历史中总能找到被当作家族英雄史迹关注的快乐。

养老金的第一个购买者，第一个贵族应该是拉塞尔先生，一个古老绅士家族的成员，也是亨利八世的宠臣。一般而言，这种关系的建立都有相似性，最好的就是尽可能地成为主人的影子。第一次毫无节制的养老金并不是来自国王古老的领地，而是来自充公的古老贵族的封地。狮子吸干了猎物的鲜血，把内脏残骸扔给了等候着的走狗。吃掉这些食物之后，这些走狗变得更为凶残和贪婪。第一次有价值的、最好的养老金就来自不相关的贵族。在第一次暴行的基础上，第二次更是毫无节制、变本加厉，主要来自教堂的掠夺。事实上，在某种程度上，公爵不喜欢我这样的人领取养老金是可以原谅的，因为我们养老金的数量不同，种类也不同。

我的养老金来自这个温柔的、慈善的国家，他的来自亨利八世。我的养老金的来源不是杀死任何有一定官职的无辜的人们，也没有掠夺任何无害的人们。[1]他的养老金来自非法的、不合法的裁决所判定的大量固定资金的累积，来自戴着绞刑架站在门口向合法经营者自愿屈服的人的财产。

他所属的那个享受养老金的群体的优点是成为某个暴君敏捷的、贪婪的工具，这个暴君不仅压制人民，而且仇恨所有伟大的、高尚的事情。我的优点则是努力筛选来自不同阶级受压迫的人，特别是为了保护在困难时期最容易遭受羡慕嫉妒而又被没收了权利的王子、统治者和煽动者。

他的养老金是用来投入工作并和王子分享战利品，分享王子的国家与教会的。我的是用来保卫国家和国家的教会的。如若不这样，从那些事例当中我们可以得知这将导致教会被掠夺，法规被藐视，财产被掠夺，世界将变得荒凉。

他的财富来源的优点是成为王子最喜爱的首席顾问，不给自己的祖国任何自由；而我却努力为我所出生的国家，为所有人民和教派争取自由。我的财富源于我时刻带着警惕性支持我所生长的、热爱的、广袤的祖国的每一种权利、每一种特权、每一种公民权；不仅保护王国本土的权利，还保护王国属地的权利，包括每一个民族，每一寸土地，每一种风俗、语言和宗教，这个属地非常广阔，远比英国国王的属地大得多。

他的创办人的优点是通过各种手段为国家带来贫穷、悲惨和人口减少，这些手段也是他为主人服务和赚钱的手段。我的优点则是在仁慈的王子的领导下，促进这个国家的商业、制造业和农业的发展；王子做出表率，在娱乐的时候也不忘爱国，在休闲时间也不忘让自己的国家变得更好。

他的创办人的优点也是某位绅士的优点，这位绅士在艺术的熏陶下、在沃尔西的保护下成长为一名身份显赫、有权势的勋爵。他所谓的显著功绩就是教唆暴君行使不公，引起人们暴乱。我的优点则是，如果这个国家头脑清醒的人试图以完全相反的方式做同样的事情，就唤醒他们，让他们反抗那些有权势的贵族或贵族群体，或任何这一类群体；即鼓励崩溃的平民反抗，通过反抗引入另一种暴政，这种暴政比公爵祖先支持的、我们在亨利八世时期所看到的获利的暴政更加残忍。

---

① 参见亨利八世白金汉公爵忧郁结局历史。

公爵家族第一个领取养老金的人的政治优点也是国家顾问的政治优点，即在法国处于不光彩的和平期间可以行使建议权或执行权，包括放弃要塞布伦和对欧洲大陆的警戒。这种投降导致不久以后彻底失去囊中之物——加来——法国的要塞城市。我的优点是一直以来以法国制度的形式抵抗所有强权和自满；然而，当法国制度表现极为糟糕时，我也以最大的热情和谨慎抵抗；最为糟糕的是这些制度成为所有罪恶的基本理由和原则。我想尽各种办法努力在我有一席职位的议院中激励一种精神，即用最初的热情和决心坚持一场最公平必需的战争，这个国家或任何一个国家都曾坚持这种战争；目的是为了拯救我们的国家于战争的铁轭和更为可怕的战争“传染病”之中，也为了在受到可怕的瘟疫入侵前，保护纯洁的无污点的古老的本性、虔诚、品性和英国人的幽默感。瘟疫起源于法国，过去和现在都在以极其狠毒的方式威胁和毁坏人类道德和整个物质世界。

公爵创办的养老金的劳动者应该得到下议院的责骂，骂声不大但却很有力度。公爵和他的主人已经对下议院实施了一系列全面的议会改革，在奴役和谦卑的基础上使他们成为低俗、堕落和无所作为的人民的真实的全面的代表。我的优点是，在我所生活的时代，在每一条毫无争议的宪法实施时，毫无例外地拥有一种积极的，尽管不是炫耀的权利。同时，在任何情况下，都支持大不列颠平民的权利、效率和特权。我在他们的宪法权利期刊上发表了一篇前所未有的、理由充分的声明，并且为他们的宪法行为进行了辩护，然后我结束了自己的服务。为了得到他们由衷的赞赏，我在各个方面都努力地工作；在我付出了最大、最全面、最优质的努力之后，我得到了他们免费的、公正的、公开的和庄严的感谢。

总之，这些就是国王奖励的相对优点的阐述，国王的奖励是贝德福德公爵财产的主要部分，也是和我的财产相抗衡的部分。一般情况而言，为什么贝德福德公爵认为除了拉塞尔王族没有人值得受到国王的青睐呢？为什么他认为除了亨利八世有资格评判而其他英国的国王都无能力来判断优点呢？事实上，他会原谅我；他只是有一点误会；第一任贝德福德伯爵也不是没有一点美德。上帝闭上了眼睛，但仍能看到一切，仍能洞察一切。在权衡他人的优点和奖励时，公爵可以减少些苛刻，宽容一些，公平一些，人们绝不会询问他财富的来源。在漫长的历史岁月中，无论他的家族是否由于长期处于天堂之中，都已经从坚硬的、尖刻的、金属特性的泉水变成更为柔和的，如果他能够多思考他人的优点，人们会更满意地褒奖他。

毋庸置疑，他有几个祖先是具有无上荣耀和美德的。就让贝德福德公爵（我肯定他会）讥讽地、厌恶地拒绝演讲者们的建议，拒绝那些贪婪的、有野心的、邪恶的谄媚者，这些人在他的祖国困难的时候，诱使他通过没收其他贵族的财产和掠夺其他教堂来获取更巨额的财产。让他（我相信他会）使用他所有的能量、青春和财富，来镇压没有任何道德基础的叛乱和没有专制政权挑衅的造反运动。

这类叛乱会被遗忘，因为叛乱的目的首先就值得——就犯罪而言——公爵的祖先就曾挑起和平息过这类叛乱。公爵的同胞们可能，并且有理由（强烈的感激之情）接受尊贵的公爵的这种行为；同胞们会用成功演讲者的潇洒风格大声地煽动，如果他们别无选择[1]，不能在这个摇摇欲坠的世界中支持贝德福德公爵和他的财富，白金汉公爵的屠宰场也就可以接受了；甚至还可以骄傲地认为：他们从被没收了财产的子嗣中看到了殉道者似的同情和安慰，因为这些人经历了史上最残酷的财产没收；同时，他们以崇拜的心情接受公爵对法国正直的、忠实的贵族的狂热保护，接受公爵对其弟兄们和其祖国历史悠久的贵族们的强烈支持。如此一来，公爵的优点就会是纯洁的、新鲜的、强烈的，正如刚获得的荣誉一样。只要公爵愿意，他可以继承前人的荣耀，也可以将荣耀传给他的继承者。他想当然地认为他应是这种荣耀的传播者或是这种荣耀的发起人。

上帝乐意让我继续拥有子嗣延续的权利。就我和我所生活的时代而言，一般情况下，我应该早已建立了一个家庭，应该已经有一个儿子。且我的儿子在人性特点的各个方面，包括科学、学识、天赋、品位、荣耀、慷慨、每一种自由情绪，以及每一种自由成就，都不会弱于贝德福德公爵或其家族的任何一个人。公爵很快就会需要为其攻击辩护，他对我家族的财产的攻击远远多于对我个人的攻击。他很快就会补充完整其不足之处，

① 如果黑人的命运不是如此，还有其他选择吗？

使其从不均衡变得对称。从我或从任何祖先那里寻找不切实际的优点绝不是为了上面所提到的继承者。公爵本人就是慷慨和男子气概的典型的、活生生的源泉。公爵在生活中的每一天都在不断获得国王的奖励，如果他得到的奖励超过十倍，他重新购置的也会超过十倍。公爵是一个公众人物，除了职责所需要的抛头露面，他没有任何娱乐。在这种关键时刻，一个完美人物的损失是很难弥补的。

然而，上帝用另一种方式，或者说一种更好的方式（易怒且弱小的我是无论如何也不会提出这样的建议）规定了一切。我们无法抵抗上帝的力量，也不能质疑上帝的智慧。暴风雨过去了，我像一棵被飓风吹倒了的老橡树，就那样躺着。我的荣耀被剥夺，我被连根拔起，俯伏在地上！在那儿，就在那儿叩头，我由衷地意识到了上帝的公正并臣服于他。然而，尽管我在上帝面前是如此的卑微，我却不知道反抗那些不公正的、不近情理的人的攻击也是禁止的。“极度耐心”只是神话。在与我们愤怒的本性经过激烈的斗争之后，公爵屈服了，悲切地忏悔了。尽管如此，我认为不应该责备公爵用某种比较粗俗的语言指责他的那些品行不端的邻居们，这些人在参观他的简陋住所后，希望在他的痛苦中寻找到道德、政治、经济领域的训诫。我是孤独的，在家门口没有碰见敌人。事实上，上帝啊，在这个艰难的时刻，如果我能够坚定地拒绝这个世界上的名誉和声望，我的确是在欺骗自己。荣誉是一种欲望，但是属于少数人的；它是一种奢侈、一种特权，也是对能随心使用荣誉的人的一种纵容。然而，我们却是这样一类人，应该像逃避痛苦、贫穷和疾病一样避免耻辱。这是一种本能；在真理的引导下，本能总是正确的。我生活在一个颠倒的世界：应该是我子嗣的人先我而去，应该是我后代的人成了我的祖先。我把公爵曾对我所做的一切虔诚的行为归功于这种最亲密的关系（它必将永存于记忆）；我感谢公爵证明了自己没有理所当然地继承毫无价值的父母。

在长期为国服务后，国王考虑过我的感受，却已经提前兑现给贝德福德公爵了。公爵早已拥有一张可以支付他以后任何服务的长期信用卡，并且无论他是否为国王服务，这张信用卡都是有长期保障的。然而，应该让公爵知道他是如何威胁到社会稳定的，正是这个体制为他的尸位素餐提供了保障；或者让他知道他是如何让群众感到气馁，尽管群众力量微弱，也会站起来保卫社会秩序，就像天堂的阳光同时照射在肥沃和贫瘠的土地上一样。他的养老金受到欧洲法律的影响，并且充满无数可怕的、灰色的时代烙印；受到神圣的惯例和规则的保护，存在于丰富的法律体系中。这些法律体系在某种程度上作为补充增强了我们空洞苍白的市政法律。我参与（完全参与）了法规[1]的健全。只要我们熟悉的文明国家稳定的财产法能够保持完整，而不掺杂一丁点儿其他的法律、箴言、原则或者大革命的判例，贝德福德公爵就会像这种规定的法律一样长期存在。这些法律不会改变，只有一种例外，即人民生活迄今为止赖以生存的各种政府法律的改革系统、机构、摘要、法典、书籍、文章、注释和评论不仅是不同的，而且是相反的，在根本上是相反的。博学多才的人权教授认为法规不仅从表面上禁止财产认领、反对财产拥有，而且它本身就是对财产持有人和所有者的约束。这些法律将作为长期持续的、极度的不公平而永远存在。

这就是他们的想法、他们的宗教、他们的法律。但对我们的国家和种族来说，只要教会和国家的体系完整，庇护所完好，古代法律依然神圣，被敬畏的态度和力量所保护，英国君主立宪制不废，堡垒和神殿[2]在大不列颠神圣不受侵犯。不受国家秩序的限制，要像骄傲的温莎家族一样，在王室的地位举足轻重，命运与王室相生相依。只要用体系一直管理这个国家，那每一寸土地和贝德福德都不会惧怕法国。只要我们至高无上的陛下能和他的臣民，上议院和下议院万众一心，就会变得无坚不摧。庄严、誓言和宪法为这个国家提供了明确的保证：对人生和权利的保证；为共同财产和个人财产提供了保证；在每一个地方，为它的质量提供了保证。只要保证延续，贝德福德公爵就是安全的：我们就都是安全的——从具有嫉妒和劫掠欲望的人到受压迫和蔑视的人都是安全的。哦！阿门！就这样吧！永远会这样！

但如果高卢的骚乱以其诡辩的方式侵入我国，伪造理由，以高贵伟大

---

① 乔治·萨维尔条令也称作“无时间法”。

② 神殿塔西佗，属于耶路撒冷的神殿。

的假象侵犯我的国家，城市民众将会被误导，然后我们所有的人都会被杀死，埋在同一片废墟中。如果狂风经过海岸，它将会用链子把留在海岸的鲸和海螺拴起来。他所服侍的王室不会幸存，不，不会超过一年。如果国王向高卢寻求安全，这就太愚蠢了。

如果国王是努力改变宗教信仰的一分子，他应该知道教派的性质，教派会邀请他加入的。他们的起义是对国家的责任，具有神圣的革命性。对恩人的忘恩负义是革命的第一个美德。忘恩负义的确是四种美德的浓缩，认识到这一点，他能从中发现哲学理论的革命以来发生的所有事情。

如果他承担曾执行反对他生活秩序起义的责任（上帝所禁止的），其他人将会履行职责来反对他。如果他为了自己家人的存活而对国王的忘恩负义做出请求（上帝也禁止，我也不会怀疑他会），别人同样会以友好的态度原谅他。他们会笑，真的，会嘲笑他的羊皮纸和蜡子。他的房契会和他装满证据的屋子一起被烧掉，与愤怒保持一样的调子，在谈及贝德福德房子案件的法庭上被烧掉。如果我尝试着反击他的敌意，那么我该受到责备吗？他就是以一种自以为友好的劝解方式责备我的。因为给他指出他可能会被某种方式影响，我就可能受到责备吗？是否凶残的法国哲学家的不同宗派就暗示着一定要劝诱这些人当中大部分的人改宗呢？他们合力劝服他人改宗的武装力量一定就意味着他们要征服这个国家吗？在我看来，他并没有向国家提供他自身安全所需的所有支持。当然，他和那些跟他一样的人还是知道这个宗派里真正的掌权者是谁。要知道他们的意见、他们的作为以及他们为谁效忠。如果预言是由人们的性情和行动而形成的话，他还需要了解他们以后肯定会干什么。他应该知道，他们已经向这个国家所有的人宣誓说要提供援助了，这也是他们会一直遵守的唯一誓言。那些人和他们自身有着许多共同之处，而且他们也认为人类的全部责任存在于毁灭之中。他们是尼姆罗德家族勇敢的猎人中的害群之马。他们是贝德福德公爵天生的狩猎者，而他是他们天然的猎物；他没有思考，睡得极度安宁。与此相反，他们却一直警醒活跃而又富于进取。而且，尽管他们远离那些在所有生产资料方面使他们获得尊重实现价值知识，他们的领导者却并不是只接受了简陋的教育或者说装备不充分。法国大革命的一切都是新的，而且由于所做的准备不足以应对那些没有预料到的罪恶，一切又都暗藏危机。这之前，从来没有发生过大批文人转化成一帮强盗和刺客的事儿，也从来没有一窝亡命徒和匪徒一起改变装扮和声音冒充学院哲学家的怪事儿。

让我来告知贝德福德公爵这些荒诞不经的个性并不是想用来造就卑劣的敌人的吧。但是如果他们像敌人一样令人敬畏，作为朋友他们的确很可怕。法国有产业的人都很信任军队。军队看起来确实不可抵抗，那是因为它还没有打过仗；此外，军队也疏于用他们自己的武器为与敌人间的冲突做准备。当他们遭到船只、装甲部队、铁娘子以及火药袭击时，他们的反应就跟受袭击的墨西哥人一样。事实上，他们并不知道有少数散发着光芒的人存在。我认为这是一项人为的对比，也仅仅是一项对比。在法国，他们的敌人或许就藏在他们家里，甚至是在他们的亲人之中。但是他们不具备识别敌人野蛮特性的聪敏。敌人看起来温顺甚至亲切，满嘴仁义道德。他们不能忍受对罪大恶极的罪犯哪怕是最温和的法律惩罚，就连最轻微的严格公正都使得他们的肉体起鸡皮疙瘩。世界上存在战争的想法干扰了他们的美梦，对他们来说，军队荣耀只是一种灿烂的恶行。他们很少听说自我防卫，在这些边界内他们很少甚至不进行防卫。这阵子，他们计划了我们所看到的没收、征用以及大屠杀。有人曾告诉过这些不幸的贵族和绅士，他们赖以繁荣兴旺的法国君主制的华丽帷幕是怎样被推翻的，又是被谁推翻的吗？对于作为空想家的他而言，他们不会对他感到一丝同情；作为在群众眼里又坏又滑稽的人，群众只会对他感到厌恶。我们也没有看到到底发生了什么。遭受过法国食人族哲学家之苦的那些人和贝德福德公爵很像，他和我们的不同之处也就只有他的爵位，而不是说得一口流利的法语。他们中很多人拥有跟他一样华而不实的头衔，他们的家族也是极其著名的；其中很少有人有大笔的财富，也只有几个人同他一样：聪明善良、英勇博学、有着受人尊敬的人的所有特征。这一切并不意味着对贝德福德公爵的一点点轻视。此外，对所有这些他们增加了强有力警戒哨的军事职业，从某种程度上说，它们本质上比那些无所事事、好逸恶劳的职业更值得人们关注。但是，安全是这些职业的死穴。当暴风雨来临时，他们可能会被彻底摧毁成碎片，而我们的城市也会遍地残骸。如果他们已经意识到这种事情的严重性，他们会采取行动避免发生。

我向公爵保证，我将会以一种在他看来滑稽而不可能的方式给他一点点地讲述确实发生过的事情，而不是那些跟我们没什么关联的事情。我向他保证，他设法用法国所发生的一切警告派系中那些得到更多鼓励的人，他们立刻把他和他的财产当作好奇和贪婪的目标。在他们双重性格的各个方面，公爵都是为了他们的目的。作为强盗，对他们而言，他是一件高尚的战利品；作为世俗论者，他是他们实验哲学的光荣目标。他为广泛的分析提供了原因，包括科学、几何、物理、公民、政治等所有分支。这些哲学家都是狂热分子；当他们独立于任何其他东西而单独运行时，会使他们变得更温顺、更有趣味，他们正在朝着所有不顾一切的审判冒进，以至于他们宁愿牺牲整个人类来完成哪怕一丁点儿的实验。现在，我比那些高贵的公爵更能讨论这里所描述的人类特性。我在这个世界上以不同的身份生活了很长一段时间。我自身没有任何值得考虑的借口来修饰，我一直对书信充满热爱。我习惯了和这些伪装自己的人长期生活在一起。我对那些由个性、名望以及从知识和才能、病态歪曲的状态那里得到的财富发展而来的事物抱以容忍。因为这一切似乎合理而不做作。自然而然地，这样形成和毁掉的人是上帝给这个世界的第一批礼物。但是一旦他们摆脱了从古至今对神的恐惧以及现在对人的恐惧，而后处于那种状态的他们便开始相互了解、一同作战，一场起于地狱的可怕灾难便开始蹂躏全人类。每当想到这些，会觉得没有什么比受过严格训练的精神治疗师的心更冷酷无情的了。它更接近一种不道德精神的冷漠怨恨，而不是人类的弱点和热情。它就像罪恶主义本身，是一种无实体的、纯粹的、除去了过量水分和污物的罪恶。把人类的仁慈从他们的胸怀中根除并不是一件易事。莎士比亚所说的“自然的内疚来访”会不时敲打他们的心门，反对他们残忍的打算。但是他们拥有一套和他们本性相混合的方式。他们的仁慈并没有被融解，只是被搁置不理会罢了。他们打算这么说，“对于美德，我们认为花两千年来追求它时间不算久”。他们从没有发现通向他们预计的美好而不是罪恶的任何道路，这一点很不平常。尽管几百年的荒芜接着几百年的痛苦和忧伤，他们的想象力也没有疲于对人类遭遇的沉思。仁慈是他们眼里的仁慈——它就像地平线一样在他们面前飞逝。几何学家和化学家，一个来自枯燥的图表，另一个来自熔炉的煤灰。不同的性情使得他们对那些感情和习惯更加冷漠，而感情和习惯正是道德世界的支撑点。抱负突然成了他们的负担；他们沉醉于野心之中，因此野心就在其他人或者他们自己中产生，这让他们不再害怕危险。这些哲学家在他们的实验中对人类做出思考，但他们仅仅在抽水机或者装有有毒气体的容器里拿老鼠做实验。无论公爵怎样看待他本人，他们仰视他以及属于他的一切。无论是两条腿走路还是四条腿走路，没有什么让他们比对那小小的长尾巴动物的胡须更留意的了。那就是一直以来的死亡游戏和一群假装正直又阴险狡诈、嫉妒心强的哲学家。

公爵的陆地财产对有关土地的实验有无法抗拒的吸引力。他的土地是对人权的明显侮辱。那些土地比希腊共和国很多人的土地都要广阔；此外，比起大多数土地，那些土地更是无与伦比的肥沃。现在意大利、德国、瑞士都建立了共和国，但它们没有如此美丽丰富的地产。有专门的范围供七位哲学家进行他们的分析实验，其中包括哈灵顿七种不同形式的共和国以及这位公爵的几英亩土地。至今，这些土地完全没有生产力；除了养肥小公牛、生产酿酒用的粮食，也不适合干别的事情。这一切仍然需要发呆想想我们迟钝的英语理解力。贡斯当在西哀士拥有一个即将造好的鸽子洞，它们已经加了标签、分了类，甚至编好了号；它们适合任何人的任何想象；有一些是顶部模式却被放在下面，另一些正好相反；有一些装扮朴素，另一些则是用鲜花装扮；有一些因为简单而著名，而另一些则是因为复杂；有一些染上了血红色，另一些则是巴黎泥；有一些有目录，另一些则没有；有一些是年长者在做议会议员，另一些则是年轻人，甚至有些根本没有议员；有些是选举者选举代表，有些是代表推选选举者；有些人穿着长外套，有些人穿着短披风；有些人穿着男式马裤，有些人没有马裤；有些人有完备的任职条件，有些人完全不能胜任。以至于每个宪法发烧友都会心满意足地从他的店里走出来，假如一个人很喜欢掠夺、镇压、肆意监禁、没收、流放、革命审判以及合法谋杀的模式，他们能归于任何形式。令人遗憾的是，尝试哲学的进程要接受公爵独断的检查！我向他保证，这就是他们的情感；当他们敢说的时候，那才是他们的语言；当他们有行动的具体方法时，他们才真的有了进展。

他们的地理学者和几何学家有一段时间久不练习了。自他们把自己的国家划分成几块，已经有一段时日了。那种形象已失去了它新颖的吸引力。他们想要新的土地来做实验。不仅共和国的几何学家发现对公爵的意淫是一个好主题，就连化学家也在他和几何学家完事后预约了他。作为第一批瞄上公爵土地的人，化学家们深深地被他的房屋和建筑吸引了。他们认为迫击炮现在的状态是一种反革命的发明；但是如果处理得好，它又是推翻所有现有统治的极好材料。他们发现废墟中的火药是无限地制造其他废墟的最好工具。他们已经计算可转化成硝酸钾的物质数量，这些东西可以在贝德福德家族、沃本修道院找到，或许在公爵和受托人仍然不得不忍受的愚蠢的保皇主义者伊尼哥·琼斯家里、科芬园教堂、剧场、咖啡店找到，所有这一切都将以同样的方式融合、平衡、融入一堆普普通通的垃圾；之后，它们又被细心筛选和浸滤，结晶为真实而大众化的、可爆炸的、用于暴动的硝酸钾。他们位于特拉华州水门汀，以莫尔沃和海森福兹为头头的学院（反语）已经计算出那些没有女用裙裤的勇士可能会从贝德福德公爵建筑废墟里制造涉及所有欧洲贵族的、为期十二个月的战争。①

① 没有什么能使那些共和国的领导人，作为一个统一而不可分割的群体，比重视化学操作还要重视他们自己。通过科学，他们把贵族的骄傲转换成毁灭自身的乐器。他们以这样的行为削弱了他们贵族壮丽的古老的席位，从古代的装饰着封建的标题的公爵、侯爵、伯爵，到他们从杂志上知道叫革命火药的东西。他们告诉我们，这些迄今尚未被一种恰当的和一种革命性的方式探索。强大的城堡，以及些封建堡垒，被下令拆除，这些吸引了下一届委员会关注。这样很自然地重获的他的权利，如他所看上去的那样，用毁灭的极端手段来执行陛下的法令。从这些遗迹里，我们仍然能看见阻止共和国自由的迹象并从里面获取经验教训，和那些大量的至今充斥的骄傲豪强的暴君，并覆盖图拉旺代的阴谋，将很快提供必要的资金去驯服的叛徒，并以压倒异议者。反叛的城市，提供了大量的硝石，公社埃尔夫西（即里昂，这个高贵的城市的很多部分都已慢慢变为废墟）和土伦，将成为我们炮兵的第二个贡品。

1794年2月1日报告。

当马佛欧克斯和伯瑞斯特，在贝德福德公爵的房子进行这些实验时，西哀士和其余的分析立法者和宪法厂商，都在忙于其贸易分解组织，以将格瑞斯的诸侯国分为主程序集，国民卫队，第一，第二，第三申购，研究委员会，移动断头台，革命法庭法官，立法，刽子手，监事住处探视，勒索者和最多的评审员。

喧嚣铁匠铺或其他可能唤醒这一崇高的公爵，使其努力从他们的实验哲学解决一些小问题。如果他恳求从他的王位获得津贴，他在一开始就毁了。如果他恳求，那么他就会得到从迷信的企业掠夺，这的确将它们错开一点点，因为他们是所有企业和所有宗教的敌人，然而，他们很快就会恢复自己，并会告诉他的格瑞斯，他的理事会，所有这些产权属于国家；如果他希望以作为公民最自然的法则去生活将是更明智的选择（即，根据孔多赛的计算，平均6个月），国家财产的篡位者是不被认可的。这些是在法律上拥有权利的下议院警卫官对弱小的英国的普通法学徒所说。

哲学天才还不知道——人们可能会认为国民议会无理地展开缎带衣物遮掩杜伊勒里宫花园从而阻止有主权的平民们干涉可怜国王的退位，这些脆弱的蜘蛛网成为野蛮的法国革命和其天然猎物之间的屏障。深沉的哲学家不是琐事主义者，勇敢无套裤汉也非形式主义，他们认为塔维斯托克侯爵只是普通的塔维斯托克。在他们眼中，沃本公爵不会比普通的沃本更受人尊敬；他们认为修道院的考文特花园和其他的考文特花园没有任何区别。他们不在乎外套是长是短，颜色是紫色、蓝色或浅黄色；他们也不会在意头发应该如何修剪，他们认为秃顶和平头是一样的。他们唯一的问题是他们的数学家勒让德或其他的立法权利者的问题，即怎样分割，怎样涂脂。

这不是一个奇异的现象：赤裸的牲畜屠宰者和混乱的哲学家们在他的身上刺上虚线，正如在查令十字街橱窗上印着的可怜的牛；尽管活着且对世界没有任何伤害，还是被划分成臀部、侧肉、牛腩，被划分成用于烤、煮、炖等各种肉类。当他们在衡量他时，公爵也在衡量我，正在极不公平地把国王的奖励和王权维护者的贫瘠进行对比，同时刻意讨好那些拔刀出鞘的人——可怜的无辜者！

“高兴直到最后，他收获了食物，
舔拭双手，举起，流血。”

那些靠精神支撑活着并逆来顺受的人不会活得太久，接受上帝的旨意或者忍受痛苦。但实际上他们给那些老年人带来了很大的不便。它不过是在另一天，将一些在我离开伦敦被带到这里的东西回归次序。我看着一些精细的画像，他们大部分的人现在已不在人世，在我比较安宁的日子，他们的社会，使这个地方变得快乐和骄傲。在这些图片中是可波尔公爵的照片，由一个称职的艺术家所作，优秀的他们从年轻时就成为莫逆之交，也是我们共同的朋友。我们一起生活了那么多年，直到离开的那天，也从来没有过冷淡、吝啬、嫉妒或者冲突。

我曾经把可波尔公爵看作他那个时代最伟大、最好的人。为此，我爱护他、栽培他。他对于我来说意义深重，而且我相信我对于他来说同样重要，一直到他生命逝去的那一刻。怀着热情和焦虑，我参加了这个审判，在他以一种痛苦的荣耀在朴次茅斯接受审判之后，他把这幅画送给了我。我儿子天性中的热情、兴奋以及他虔诚的热情所有部分都和我联系在一起。由于他的缘故，我们彼此在法庭上招致了各种各样的敌人。我相信他和我一样感觉到了这样的场合下的友谊。我的确与这个王国里几个最先、最好、最能干的人分享了这个荣誉，但是我没有落后于他们任何人。我确信，如果对于这个国家永恒的耻辱和国家所有荣誉和美德的湮灭，那么他们的行为就会改变境况。我本应该带着更多的善意和骄傲支持他，而不是加入那些带着国家热情的人群，参加对他品德的审判。

对不起，我的主，这是一个废话太多的年代，它喜欢宣扬伟大的过去，散播它的影响。在我们生活的这个年代，我们孤独地怀念过往，完全不适应生机盎然的社会，我们享受着能治百病的药膏和朋友的安慰，而这些人我们已经永远失去。我总是想到可波尔公爵已经离我们而去，我还能够清晰地回忆起我开始受到上议院攻击的第一天。

如果他活着，在这个地方，对他的尊敬还会高涨。而且，对于他的侄儿贝德福德，他应该给予温和的、慈父般的批评，并且告诉贝德福德，那个以大不列颠海军部门而获得殊荣的仁厚的王子曾经帮助过他。在他的王国有世袭的席位，在遭受粗鲁的审判下，他应该向他的朋友展示他生活中最好的部分以及忠实的伙伴和顾问。他本应该告诉他，对于其他任何人来说，这些指责迟早会到来，在他的近亲中他们并不正派。他本应该告诉他，当一个人在他那个社会阶层中失去了体面，他就失去了一切。

在那一天我失去了可波尔公爵，但是在这场可怕的危机中，失去他是公众的损失。我从一个有学问的人那里得知，他不会妥协于任何毫无胆识的法国乌合之众。他所具备的善良、理性、品位、公共责任、原则、偏见等性格，会让他永远远离那些恐怖的，混合着疯狂、邪恶、不虔诚和犯罪的东西。

可波尔公爵有两个故乡，一个是祖籍地，一个是出生地。两地人的爱好和荣耀是一样的，他的思维宽广得囊括二者。他的家族高贵，且都是荷兰人。也就是说，他是最古老和最纯洁的贵族，欧洲人可以自诩在所有有声望的人里他是最爱祖国的人。虽然它从未视作在侮辱任何人类，可波尔公爵确实了不起。它拥有充满荣耀的狂热的血统，最温柔的心和更温和的美德在此交融。他重视古老的贵族，他不是不愿为之增加新的荣誉，他重视新老贵族，他并不以此作为可耻的懒惰的借口，而是作为对道德行为的激励。他把它当作一种治疗自私和偏狭的良药。设想，一个人出生在一个高尚的地方，他自己什么都不是，但是在他之前和之后发生的事对他都意味深长。不需要多少猜测，仅需根据本能朴实的感觉以及天真无邪的自然理解，他觉得没有被荣耀所装饰或拥有特权的贵族存在的共和国是空中楼阁。这个贵族阶层构成连接民族的过去和未来的锁链，否则马上会得到世代断裂的教训。他觉得如果没有这样一些形式规则，如力量、时间来提供一个安全统一的、理性的、有希望的、和谐稳定的国家，就不能够建立稳定的政治组织。他觉得如果法庭不稳定、社会不稳定，那么任何事物都难以得到保护。至于那些世袭的君主制，说在共和国没有世袭的尊严，是一个卑鄙的谬论，仅仅适合那些可恨的“渴求当流氓的傻瓜”，这些人伪造1789年法国宪法中的假币——对所有新空想的和新伪造的共和国是一个致命的反对（在人群中，曾有一人拥有这样一种优势，而又居心叵测和无礼地拒绝了它）。偏见和高贵是不能被制造的。它可能被提高，可能被修正，可能被补充，人也可能因它或增或减，但事情本身关系到根深蒂固的观点，因此它也不能仅仅只关系到实际的制度。他觉得这种高贵事实上不存在于礼崩乐坏的国家，但是这些次序由他们制定，也因他们制定。

我明白我所谈及的这个人，如果我们不是以过去为前提来预测未来，那么将有人会以对他们祖先的忤逆罪而遭受轻藐恐惧。而且由奥尔良家族，尤其是佛卡迪家族、法雅迪斯家族、诺阿耶贵族将被绝望地褫夺公权，乃至他们所有的后代。虚伪的以及法庭上的不忠的激进主义者喜欢那些着魔的人，他们被骄傲占据心灵，雄心不再，丢失尊严，脱离家族，背叛了大多数神圣的信任，导致这个社会支离破碎。这个国家的束缚和财产国有化，给国家带来了永久的混乱和凋敝。那些罪大恶极、杀害父母的恶棍不会对他们自己的命运而遗憾。我真的好同情众生，他们的世界毫无价值，他们或者用自己的方式在监狱里湮灭，或者走上绞刑架，或者没有立足之地而陷于痛苦的乞讨和流浪，或者在一些有学问的大脑里产生这样的感觉。我们在压迫和被压迫之间没有丝毫的同情。

希望他看那些巴达维亚人的血统，他怎么能忍心看他的家族的后裔，那些勇敢的高贵的荷兰人他们的血液被浪费地流淌到他们国家的运河、小湖以及由此而来的河水泛滥，他们作为卑微的人类以卑躬屈膝之势来保护他们的独立。而这样的奴役是对于那些无论在哪方面都无高贵可言的人或者是渴求比暴君的刽子手更好的位置，这些暴君以被授予王权的骄傲而反对被压迫的高尚的灵魂，如同高贵的卡斯提尔，性情狂傲的奥地利，专横傲慢的法国。

那个高贵的孩子能耐心地忍受吗？他宁愿淹没他的国家，将其付诸大海，也不愿意向拥有最高荣耀以及受控于特鲁瓦、卢森堡、博福勒斯的路易十四屈服。当他的委员会受科贝尔路福斯的指示以及他的法院受兰姆格蕾丝和丹格索斯占领——那么他本应该放弃受皮罗兰、伯瑞斯特、哥凡、柔博斯皮尔、蓝波、卡鲁而、塔里，所有这些弑主，暴民的指派下的吉格雷斯、尔当、撒特雷的残酷支持。这些人扼杀了自己的国家，制造了一批最具破坏性的、如狼似虎的人，就像数不尽的蝗虫把世界上最美好的部分毁灭了。

可波尔本可以看见善良快乐的贵族和平民联盟的毁灭，而这个联盟以其谨慎和正直赢得国家长治久安。南部邦联共和国，珍惜自己国家的人名，否认商业本身，以一种空前的姿态保护他们的商业。可波尔真的能忍受这种邪恶的、毁灭性的、基于抢劫的民主建于伪造的民权派系之上吗？

他不是一个伟大的职员，但他熟知欧洲人的喜好。他本不该听信劳格秀斯作为国家法律里最富有的存储之一的摇篮的说法，而应该让言语尖刻的托马斯·潘恩教授其一个新的代码。专横的、拥有纨绔习气的拉斐特，用他窃取的权利和惨不忍睹的阴谋，和狂暴的马拉特，及诡辩的孔多赛无耻地写信给巴达维亚共和国。

可波尔极其喜欢拿索的房屋，在英国和荷兰革命的祝福下，他投身于英国革命。英国革命不仅稳定，而且将英国和荷兰两个国家的自由和利益永远地融为了一体。在受法国奴役期间，可波尔能看到英国自由的根基吗？他能有耐心目睹这一切吗？奥兰治亲王被当作小暴君被无礼地驱逐出自己的祖国，这里，拯救者们曾经经常解放奴隶；亲王被迫流放到另一个国家，这个国家的自由也源于亲王自己的祖国。

可波尔是否有耐心倾听这一切？并在这类情况下，屈服于杀人派系，请求他们默默撤退，这种事情越来越少。或者，假如战争能够幸运地将他们首次邪恶的、无缘无故的入侵驱逐出去，不采取任何安全措施，不做任何安排，不构成任何障碍，也不因安全建立任何联盟，在其他国家的眼中，哪一部分才是英国最宝贵的？假如奥地利、荷兰（它应该是荷兰的一道屏障和联盟的纽带，用于抵抗所有在法国可能建立的或者甚至恢复的规则）在英国的影响下依靠它的力量建立一个共和国，可波尔可能会说些什么呢？

然而，更为重要的是，假如他听说他的侄子贝德福德公爵攻击我是战争的策划者，他会说些什么呢？

但最重要的是，他该说什么？如果他以谣言通过他的侄子贝德福德公爵来攻击我是战争的筹划者，我是否应该为拥有如此高的区别待遇而骄傲？但从正义讲我不敢，他会从我的手中抢走他的市场份额以掌握致命的痉挛为结局。

假设属于他的王权、阁僚、议会的荣耀以及其大部分忠诚的人民属于我，这将是一个最傲慢的假设。但是如果我在商议中独立存在，而且所有决议都遵循我的建议并暗中实施，那么我就应该是战争的策划者。但是依据我的想法和我的原则，它本应该是场战争。然而，让公爵认为关于战争与弑君可能是我的过失，那么他会将罪过归结于我一个人。他永远也不，即使有最微不足道的理由，指责我是一个和平弑君的策划者。但那件事事关重大，而且不该与其他时间混合，就好像什么该属于我，什么该属于贝德福德公爵一样。

埃德蒙·伯克